高等教育应用型人才培养规划教材

人力资源管理精要

田 斌 编著

西南交通大学出版社
·成都·

图书在版编目（CIP）数据

人力资源管理精要 / 田斌编著. —成都：西南交通大学出版社，2014.5（2018.8 重印）
高等教育应用型人才培养规划教材
ISBN 978-7-5643-3067-5

Ⅰ.①人… Ⅱ.①田… Ⅲ.①人力资源管理－高等学校－教材 Ⅳ.①F241

中国版本图书馆 CIP 数据核字（2014）第 103914 号

高等教育应用型人才培养规划教材
人力资源管理精要
田 斌 编著

责 任 编 辑	邹 蕊
特 邀 编 辑	颜 燕
封 面 设 计	墨创文化
出 版 发 行	西南交通大学出版社 （四川省成都市二环路北一段 111 号 西南交通大学创新大厦 21 楼）
发行部电话	028-87600564　028-87600533
邮 政 编 码	610031
网　　　址	http://www.xnjdcbs.com
印　　　刷	四川五洲彩印有限责任公司
成 品 尺 寸	185 mm × 260 mm
印　　　张	17.5
字　　　数	437 千字
版　　　次	2014 年 5 月第 1 版
印　　　次	2018 年 8 月第 2 次
书　　　号	ISBN 978-7-5643-3067-5
定　　　价	36.80 元

图书如有印装质量问题　本社负责退换
版权所有　盗版必究　举报电话：028-87600562

前　言

21世纪的信息社会中，电脑和电信手段使拥有物质资本积累不再是优势，掌握技术和拥有人才才是真正的优势。企业在激烈竞争中获胜的重要因素已由物质资本的雄厚转为对信息和技术的占有，而要占有信息和技术没有高素质的人才是不行的。人力资源（Human Resource，简称 HR）是所有资源中最宝贵的资源，人是生产力诸要素中最积极、最活跃的因素，企事业单位的各项生产活动和管理工作都要靠人完成。

同时，世界经济区域集团化、国际化、全球化趋势明显，中国企业也必须走向世界，参与国际竞争。当今社会，企业竞争关键在于人才，尤其是高素质的科技人才，他们是企业在未来竞争中的真正优势。因此，中国企业如何进行卓有成效的人力资源管理以获取竞争优势就成了目前各个企业的当务之急。

管理是一门科学，更是一门艺术，管理包含着两个方面的要素，即管理者与被管理者，而管理者与被管理者都离不开人，从这个层面来说，任何管理归根到底其实都是对人的管理。随着管理学学科的发展，人力资源管理已经成为学习管理必须要学习的一门学科。无论是在本科层次还是研究生层次，国内的很多高校都在经济管理类专业中开设了人力资源管理课程；而企事业单位里，人力资源管理也越来越占据了重要的战略地位。

为了满足社会、各级学校对于人力资源管理知识的学习以及需要，按照高等教育人才培养规划教材编写要求，根据中共十八届三中全会全面深化改革对人才培养的新要求和企事业人力资源管理的最新需求，在参考借鉴国内外现有人力资源管理教材和最新研究成果的基础上，结合作者近年来在人力资源管理教学与企业实践方面的成果，充分考虑人才培养的特点和读者的学习需求，笔者有针对性地编写了这本教材。

本书涵盖了人力资源管理的主要模块，即人力资源规划、人才招聘与人才选拔、人才培训、绩效考核、薪酬激励等。本书从基础理论概念出发，结合管理心理学、社会学、行为科学等学科的相关观点概念，对人力资源管理的内容进行了精要阐述，因而本书具有很强的理论性以及实践性。本书还通过小故事、扩展资料以及案例让读者对于知识点能够有更加透彻的理解，有助于读者理论结合实际地学习。

本书精要阐述了人力资源管理的知识体系、方法及应用，不仅适用于经济管理类专业的本科层次人力资源管理课程教学，还适用于对人力资源管理感兴趣的其他专业专科生、本科生、研究生等不同层次的读者阅读，同时，对于党政机关、企事业单位从事管理或有志于从事管理的朋友也有一定的阅读参考价值。当然，成功的管理者不仅仅是通过学习书本知识便能够成就的，更需要通过亲身参与企事业实践，实践中学习，学习中实践，不断提高管理的技能与艺术。

  本书由田斌构思章节框架并完成写作，徐峰、熊顿、雷孟和杨翠华等人在文献收集整理与编辑中做了大量工作；西南交通大学出版社的编辑为本书的编辑出版做了大量工作，在此对为本书编辑出版做出贡献的同志表示感谢！

  限于时间及水平，在全书的内容组织和文献资料的取舍方面难免会存在疏漏或不当之处，恳请国内外同行专家学者及广大读者批评指正，同时对本书的参考文献作者以及对本书出版提供帮助的单位和个人表示衷心的感谢！

田 斌
2014 年 4 月

目 录

绪 论 1

第一章 人力资源规划 10
第一节 人力资源规划概述 10
第二节 工作分析 19

第二章 招聘过程 34
第一节 招聘准备 34
第二节 招聘选拔的基本程序和技术 40
第三节 招聘广告（启事）的写作技巧 50

第三章 人才选拔测试 61
第一节 人才选拔测试的效度及方法 61
第二节 笔 试 73
第三节 面 试 86
第四节 评价中心 98
第五节 情景模拟测试 102

第四章 人才培训与开发 122
第一节 人力资本及其投资 123
第二节 人才的培训与开发 125
第三节 培训的实施 134
第四节 人力资源开发 148

第五章 动机与激励 160
第一节 动机理论 160
第二节 激励理论 173
第三节 激励模型与激励措施 184

第六章 绩效考核 192
第一节 绩效考核概述 192
第二节 考核方法 197

  第三节 考核误差分析 ··· 200
第七章 薪酬制度 ·· 209
  第一节 劳动报酬 ··· 209
  第二节 奖励与福利 ··· 219
附录 相关劳动人事法规 ··· 231
  附录一 《中华人民共和国劳动法》 ·· 231
  附录二 《中华人民共和国劳动合同法》 ·· 240
  附录三 《中华人民共和国劳动合同法实施条例》 ···························· 251
  附录四 《全国人民代表大会常务委员会关于修改〈中华人民共和国劳动合同法〉
      的决定》 ··· 256
  附录五 《劳动保障监察条例》 ·· 258
  附录六 《职工带薪年休假条例》 ·· 263
  附录七 《中华人民共和国就业促进法》 ·· 265
参考文献 ·· 272

绪 论

【学习指导】

1. 学习目标

（1）了解人力资源的起源、发展。
（2）了解人力资源以及人力资源管理对于组织的重要性。
（3）理解掌握人力资源、人力资源管理、人事管理、人力资源开发的概念。
（4）理解掌握人力资源管理与人事管理的联系与区别。
（5）树立并逐步强化以人为本的管理思想和管理理念。

2. 学习建议

学习时间：3~5小时。
HRM 意义和管理思想建议学习时间：1.5 小时。
HRM 基本概念建议学习时间：1.5 小时。
HRM 与 PM 的联系与区别建议学习时间：0.5 小时。
HRM 的基本内容建议学习时间：1.5 小时。

3. 学习重难点

（1）HM 的意义与第一资源性重要管理理念。
（2）HRM 的意义与以人为本的重要管理思想。
（3）HR、HRM 的概念。
（4）HRM 与 PM 的联系与区别。
（5）HRM 的主要内容。

人力资源（Human Resource，简称 HR）是所有资源中最宝贵的资源，人是生产力诸要素中最积极、最活跃的因素，企事业的各项生产活动和管理工作都要靠人完成。在全球经济一体化趋势下，企业竞争关键在于人才，尤其是高素质的科技人才。科技人才是企业未来竞争中的真正优势。21 世纪的信息社会中，电脑和电信手段使拥有物质资本积累不再是优势，谁掌握技术和拥有人才才是真正的优势。企业在激烈竞争中获胜的重要因素已由物质资本的雄厚转为对信息和技术的占有，而要占有信息和技术没有高素质的人才是不行的。适于时代发展的高素质人才是企业实力的象征，是企业最富有挑战力和竞争力的资本。

例如全球著名的微软公司自 1975 年创立以来，始终以超常速度发展，目前是全球最大的电脑软件提供商，其生产的 PC 兼容软件占全球市场的 80% 以上份额，在 2013 年世界 500

强排行榜中微软排名第 110 位,其成功的秘诀正是因为拥有以比尔·盖茨(Bill Gates)为代表的一大批精通最新技术又善于经营管理的高技术人才。

正如同现代管理大师彼得·德鲁克(Peter F. Drucker)在《管理——任务、责任、实践》里说过的:"人是我们最大的资产。"

一、人力资源管理简介

人力资源管理(Human Resource Management,HRM)是企业竞争制胜的关键。即使拥有高素质的科技人才,也还只是获得了"硬件"优势(即潜在优势);管理是黏合剂、是第四生产要素,没有优秀的管理,先进技术的潜在竞争优势就不能释放;因此还必须善于对优势的科技人才进行卓有成效的管理,即具备卓越的人力资源管理这一"软件"优势,才能充分发挥人才优势。

21 世纪人力资源管理在企业中逐渐占据战略地位,企业逐渐实施战略性人力资源管理。它是企业管理的核心,是企业培养竞争优势的"重中之重"。因为,一般而言,随着技术的发展,产品的生产周期、设计周期、使用周期都变得越来越短。而新产品的层出不穷,使许多企业的模仿能力也越来越强。如果企业之间只是纯粹技术上的竞争,除非你在该行业技术绝对领先(如 Intel 公司的芯片技术绝对领先并还能持续保持技术优势,但大多数公司并不具备这种绝对优势),否则,别的企业就可以仿造。

真正长期的竞争优势应是企业组织能力、人才资源和人力资源管理的优势,即企业必须具备什么样的人才以及如何管理人才。如果雇员在工作时形成了一套很有效的系统流程,再加上特殊的人才结构,将使公司无论在开发产品,还是在销售竞争上都更有特色和优势。这种优势,绝不是可以模仿的。公司之间真正的差别在于企业的组织能力和流程的不同、企业的敬业精神和相互协作精神以及人才配置不同,正是这些关键环节才使得一个公司很难模仿另一个公司。

21 世纪,世界经济区域集团化、国际化、全球化,中国企业也必须走向世界,参与国际竞争。因此,中国企业如何进行卓有成效的人力资源管理以获取竞争优势就成了目前各个企业的当务之急。这也正是最近 20 年来中国境内兴起一股人力资源管理热潮的缘故。我们开设和学习这门课程也正是顺应时代的发展,也是希望以后大家毕业走向社会能很快适应社会的竞争和要求。

HRM 是人才学、劳动经济学、教育学、管理心理学、行为科学等学科有机结合而发展起来的一门边缘学科。其发展主要源于人力资本投资理论,代表人物是西奥多·舒尔茨(Theodore W. Schultz)。1960 年,Schultz 提出《人力资本投资》研究报告,在美国引起轰动,形成一股人力资本投资热。伴随着 1979 年 Schultz 获得诺贝尔经济学奖,美国在 20 世纪 80 年代中期逐渐兴起了一股 HRM 的热潮。后来另一位人力资本投资理论的代表人物加里·贝克尔(Gary S. Becker)于 1992 年也因该理论获得了诺贝尔经济学奖;由于中国人对诺贝尔有一种特殊的情结,因此,20 世纪 80 年代中后期,尤其是 20 世纪 90 年代中后期,HRM 逐渐席卷中国大陆,并一度涌现出了 HRM 的热潮。不管是外资企业,还是国有企业,都顺应时代发展的潮流,逐渐把传统的"人事部"更改为"人力资源部"。而且,纷纷打出"以人为本"的旗号。国内高校也纷纷开办 HRM 课程及专业。

人力资源管理在中国发展最显著的标志是：2008 年 3 月党中央国务院将原人事部、劳动和社会保障部撤销，合并组建人力资源和社会保障部。

二、HR、HRD、HRM 和 PM 的概念

1. HR（人力资源）

人力资源一般指有能力并愿意为社会工作的经济活动人口。广义地说，智力正常的人都是人力资源。或者说，只要有工作能力或者将会有能力工作的人都可以视为人力资源。狭义的定义有许多种，大致有以下 6 种：

（1）人力资源指能够推动整个经济和社会发展的具有智力劳动和体力劳动的能力的人们的总和，它应包括数量和质量两个指标。

（2）人力资源指一个国家或地区由劳动能力的人口的总和。

（3）人力资源指具有智力劳动或体力劳动能力的人们的总和。

（4）人力资源指包含在人体内的一种生产能力。若这种能力为发挥出来，它就是潜在的劳动生产力，若开发出来，就变成了现实的劳动生产力。

（5）人力资源指能推动整个经济和社会发展的劳动者的能力，即处在劳动年龄的已经直接投入建设或者尚未投入建设的人口的能力。

（6）人力资源指一切具有为社会创造物质财富、为社会提供劳务和服务的人。

仔细研究上述定义，我们不难发现对人力资源的定义重点都在"能力"，可是让我们看看人力资源的英文（Human Resource）显然是没有"能力"的。再来看看日本。人力资源对于日本是一个外来词，直接写作ヒューマンリソース，但是日本一般叫做"人的资源（じんてきしげん）"，和中文看起只差一个字，但就因为没有"力"字，涵盖的内容相去甚远。如果我们的重点放在"能力"，就会导致我们在管理中如同目前主流的企业家、管理者一样步入一个误区，即管理者关注的不再是"人"，而是"能力"，换言之一个员工对于老板、管理者的利润的贡献能力（或称可压榨性），而这显然是和人力资源管理的根本特征——以人为本是完全背道而驰的。

笔者认为，对于人力资源的定义是人力资源管理的最基本前提和假设，直接反映出一个企业家、老板、管理者对员工管理的基本理念；如果我们着眼点在于员工的能力，我们显然是站在员工的对立面，这也必然导致劳资关系紧张、恶化，甚至社会阶层分化、对立，这与我们建立和谐社会是完全背道而驰的。如果企业家、老板、管理者不能和员工站在一条线，那么企业采用的管理技术越先进，对员工的管制、压榨越严格，越容易导致社会矛盾的激化，进而导致员工负能量爆发，从而导致社会普遍蔓延一股负能量和戾气，严重影响和阻碍社会主义市场经济建设与和谐社会的建设，甚至危害国家民族的美好未来。

笔者认为，企事业组织的人力资源管理必须以激发员工的正能量为根本宗旨。如果我们对于人力资源的最基本定义都是误区，那么科学的人力资源管理根本无从谈起，简直就是南辕北辙。现阶段，我党对于人才管理的精神和立足点都是以人为本，都是在充分尊重人才的前提下再谈对于人才的管理。近年来，中央在梳理新中国成立以来对于人才管理的方法以后，

多次提出我们必须立足人才管理的顶层制度设计。

为此,本书通过梳理人力资源国内外定义认为,人力资源是企事业组织乃至一个国家民族的第一资源,比物力、财力资源都要重要得多;人力资源指一个企事业组织、甚或一个国家民族的所有人——上至老板、总统,下至最基层员工、乞丐,不管他身体是否健康、不管他是否具备某种能力等——只要他是我们研究对象组织(企事业组织,甚或一个国家或更广)的一员,那么他和组织中的其他任何一个成员一样大家都是平等的,都是组织的最宝贵的第一资源。因为,只要有人,一切皆有可能,其他物力财力资源都是可以被人这一资源创造生产出来的。

笔者认为,任何一个组织中的成员彼此完全是平等的,我们不能因为任何原因——种族、肤色、民族、国籍、语言、风俗、地域、能力、天赋等的不同——而对组织成员分成三六九等或者把某些人排除出去。我们应该也必须充分尊重和重视组织中的每一个成员,真正做到以人为本的"人本"管理。这样,我们就能充分调动和激发、挖掘组织成员的潜能——而且是正向的能量(也即正能量)——从而组织的事业也就无往而不胜!

因此,什么是人力资源?实际上,所有人都是我们的人力资源,我们应该把任何一个组织成员视作组织发展的资源,从而在人力资源管理中,把不管是高管、骨干,还是最底层的清洁工、临时工都平等、以人为本地看待并管理。

最后,我们应该关注到,人力资源的特性包括:能动性、时效性、智力性、再生性、两重性(既是消费者又是生产者)。因此,如果一个老板只是把组织成员的人员众多看成组织的负担、成本,总是盘算着怎么扔掉这些负担包袱,那他的事业是注定慢慢的衰退直至消亡于历史长河;相反的,如果一个老板不是把组织成员的人员众多看成组织的负担、成本,而是把组织成员的人员众多看成人员兴旺发达,看成自己的最大的宝藏与资源,随时在心目中都把组织成员放在第一位,把组织的发展和组织成员的个人充分发展统一起来,那他的事业注定会兴盛广大!

2. HRM(人力资源管理)

在界定好人力资源的定义之后,我们对人力资源管理就可以从以下四方面理解:

(1)认为人是一种资源,故具有资源的属性(可开发性、短缺性、保护性、有限性)。

(2)强调人不仅是一种资源,而且是第一资源,比物力、财力资源都要重要得多。

(3)人力资源是一个企业全体雇员所具备的现实和潜在的生产正能量,从而要求企业管理阶层不仅注重现有人员现有能量的管理,而且重视潜在的人员与潜在能量的导向、开发与管理,是一种动态管理。

(4)充分体现"以人为本"的经营理念。

3. HRD(Human Resource Development,人力资源开发)

HRD就是把人视为一种稀缺资源,以人为中心,强调人与事的统一发展,特别注重人的潜能的开发。

4. PM(Personnel Management,人事管理)

PM视人为成本,以事为中心,注重现有人员的管理,主要是人员的招收、任用、调配和奖惩的静态管理。

三、HRM 与 PM 的联系与区别

1. HRM 是在 PM 的基础上发展起来的

19 世纪后半叶，福利人事的概念产生并发展起来。福利人事的发展势头到第二次世界大战时开始弱化，那以后的情形多限于制定若干规定，使公司为雇员提供食堂和外出度假等便利。直到今天，我们还能从 HRM 中体会到福利传统的影响，如保健计划、建立雇员托儿所等。

PM 发展的下一个阶段是人事管理逐渐成形。具体在两次世界大战期间，主要关注人员招聘、岗前培训、考勤、报酬体系、在岗培训和人事档案管理。

第二次世界大战后到 20 世纪 50 年代，PM 又容纳了更多内容，比如工资管理、基础培训和劳资关系咨询，但仍然局限在战术而非战略水平。由于劳资交涉从行业群体交涉层次转向公司层次，PM 中逐渐出现了劳资关系专家。

20 世纪 60 至 70 年代，PM 的招聘、选拔、培训以及报酬体系发展较快，从而使 PM 中出现了培训专家。

20 世纪 80 年代，PM 进入企业层次，不断地适应市场经济和企业文化的发展。这期间，日本模式的劳资关系、以全面质量管理为核心的日式管理模式，为欧美企业及研究机构广泛吸纳。同时期，一些公司的 PM 重点转移，至中期逐渐开始发展为 HRM，从 20 世纪 70 年代传统型的劳资对立，转变为通过建立团结一心的雇员队伍，达到公司组织的共同目标。

（6）20 世纪 90 年代，PM 以 HRM 为其标准载体，强调与雇员的沟通，让他们了解本公司的主要发展动态与方向，从而培养雇员对公司的责任与认同感。人力资源管理未来的趋势是将完全包容和替代人事管理。

2. HRM 和 PM 的区别

（1）HRM 把部门经理的作用与公司战略相结合，部门经理充分参与到公司战略制定与决策，因此，战略制定以后，部门经理的执行力大大提高。PM 往往比较狭隘，只是努力影响部门经理，部门经理只是被动地听从、顺从老板、上级领导的旨意，执行起来不但不知其所以然，甚至不知其然，严重削弱组织执行层的积极性和凝聚力，导致执行力严重削弱。

（2）HRM 奉行以人为中心，实行主动开放性的、有预见性的管理，主旨是防患未然的事前管理；PM 是被动反应性的官僚控制式、救火式管理，主旨是亡羊补牢式的事后管理。

（3）HRM 把管理重点和 80% 的精力放在人才管理、使用、发挥潜能和人才发展上，把 20% 的精力用于选拔和吸引人才上；PM 刚好相反，主要精力只是年薪百万甚至更多诸如此类的噱头式的管理，企图高价购买一个人才就可以高枕无忧、叱咤业界，而不重视对人才的培养、培育、开发以及最佳配置的量材任用。

四、HRM 的职能、内容和任务

（一）主要职能

具体分为四方面：

（1）制定人力资源规划（Human Resource Planning，HRP）：评估现状、预测供给与需求。

（2）有效配置各种人员：考试、利用、安置、调配、辞聘等。

（3）雇员的个人发展：根据组织发展的需要以及个人的发展要求而对雇员开展的提高性的培训与教育。

（4）雇员的生活福利：安抚人心。

（二）具体内容（人力资源管理者的工作任务）

概述之，HRM 主要工作涉及四方面内容：

1. 选 人

这是人力资源开发与管理的第一步，也是十分重要的一步，如果人选得好，那么育人就比较容易，用人也得心应手，留人也方便。

（1）选人者本身要具有较高的素质和相应的专业知识。如果选人者不知何为人才，他就无法为企业招聘、选拔人才；如果选人者缺乏相应的专业知识，也无法去鉴别人才，这样势必造成"武大郎开店——高的一概不要"和"盲人摸象——盲目地选人"。

（2）被选者多多益善。这样更容易选出合适的人才。如果由于大环境或者渠道不畅，被选者人数很少，就很难选择到合适的人才。因此，需要培养发展市场中人才的保有量。

（3）被选者的层次结构要适当。并不是说任何岗位都应该选择最高级的人才来担任最好，有时高级人才反而干不好较低层次的工作。举例来说，一个硕士、博士可能打字速度比一个技校毕业生慢了很多，让一个硕士博士来做打字员的工作可能远不如聘用一个技校毕业生来做更高效和实用。因此，选人时应考虑最合适的人，即"最适原则"高于"最优原则"。

2. 育 人

培育人才，是人力资源管理的主要工作之一。企业的发展主要靠人推动，而育人就是加强推动力。

（1）因材施教。每个人的素质、经历不同，缺乏的能力和知识也不同，应该针对每个人的特点，安排适当的培训计划。有的人需要短期培训，有的人需要长期培训；有的人需要兼职培训，有的人需要脱产培训；不同的培训聘请的培训讲师也不一样。

（2）实用性、针对性。企业育人与学校育人有本质的不同，企业育人重点是实用性，有时不一定要系统地介绍许多理论知识，但一定要与实践紧密地结合起来，让雇员学以致用，解决实际问题。

（3）避免育人不当。主要指要避免有些能力较强、水平较高，身处骨干岗位工作较忙的人没机会参加培训计划，而让一些无所事事的闲人充塞培训班，这样会打击干事的人，鼓励大家混日子。

3. 用 人

这是人力资源管理的一个主要目标，只要用人用得好，有关部门的工作就会有成效。

（1）量才录用。尺有所短，寸有所长；大材小用和小材大用对企业都不利，前者造成人才浪费，后者给企业事业带来损失。

（2）工作丰富化。任何枯燥、呆板的工作都会使雇员感到乏味，应该充分考虑到雇员的身心要求，重新进行工作设计，使工作尽可能丰富化。

（3）多劳多得，优质优价。不仅要看雇员的劳动数量，更要看劳动质量，要衡量雇员的性价比。

4. 留 人

人才留不住是企业及人力资源管理部门的失职。人才留不住，不仅仅是本公司的巨大损失，而且会使竞争对手更强大，会造成与对手的此消彼长，长期留不住人才的企业将会慢慢衰退，最终会倒闭、破产。

（1）工资报酬。在今天的社会中，工资的收入不仅仅是衡量一个人的劳动代价，往往也显示了一个人事业的成功与否，因此，收入多寡对雇员不仅仅是物质上的影响，更是心理上的影响。

（2）心理环境。如果一个人在某企业得到重用，人际关系较和谐，心情较舒畅，这时哪怕工资较低，或者工作条件较差，他也会乐于为该企业做贡献。这是由于人除了低层次的物质需求外，还有高层次的心理需求。许多"跳槽"者往往并不是因为待遇不好，而往往抱怨原来企业的心理环境不好。因此，要留住人才，企业领导者和管理者一定要十分重视建设或者重建心理环境与氛围，尤其是平等公平的组织环境与心理氛围。

五、怎样学好本课程？

（1）人是一种可以开发的社会资源；但必须充分认识人力资源的独特性质，不能将其与其他资源等同对待。毕竟人有情感，人非草木、孰能无情？管理中必须要重视与尊重组织成员的情感和心理感受，这是一种经营理念。

（2）雇员能参与决策是一种价值体现，雇员应在多方面判断的基础上，对机会做出选择。因此，组织权力应下放到组织的各个部门，而不应集中，从而在具有现实判断力的雇员中培养信任和合作。人有创造性和责任感，并能通过参与可参与的管理过程有所收获，而且，雇员对组织的责任感，是在组织不断向其通告各种重要事物的过程中培养起来的。如果一个组织成员对组织中的很多事物一无所知或知之甚少，那他对该组织是缺乏主人翁感受的，也就不可能为该组织舍身奉献了。

（3）个体需求与组织需求并不能总取得一致，要认识到这是组织的常态现象，作为管理者不应抱怨，而应努力平衡需求差异。因此，管理层应对组织里各方的利益（如雇员、股东、供应商、顾客、社区、大众、政府）加以协调平衡。

（4）基于人的自然属性，每个人都有其不同的个性特征，因此，管理实践中应采取"权变管理"模式，一般不宜搞"一刀切"式的管理。

（5）基于人力资源管理的实践性，学习中应该多与社会、市场接触。即使身处学校，也要认识到学校也是社会中的一份子而已，不是独立存在；不要把学校和企业、社会孤立、隔绝，要将学习中实践和实践中学习融合平衡。

本章小结

【重点再现】

　　绪论在介绍了人力资源以及人力资源管理对于组织的重要意义的基础上,强调了树立"以人为本"的管理思想和管理理念的重要性。并在梳理国内外对于人力资源的定义后,给出了人力资源以及人力资源管理的概念界定,同时在回顾人力资源起源、发展后比较了人力资源管理与人事管理的联系与区别。最后介绍了人力资源管理的主要内容和学习方法。

　　人力资源是企事业组织乃至一个国家民族的第一资源,比物力、财力资源都重要得多。人力资源指一个企事业组织、甚或一个国家民族的所有人——上至老板、总统,下至最基层员工、乞丐,不管他身体是否健康、不管他是否具备某种能力等——只要他是我们研究对象组织(企事业组织,甚或一个国家或更广)的一员,那么他和组织中的其他任何一个成员一样大家都是平等的,都是组织的最宝贵的第一资源。

　　人力资源管理可以从四方面理解:① 认为人是一种资源,故具有资源的属性(可开发性、短缺性、保护性、有限性)。② 强调人不仅是一种资源,而且是第一资源,比物力、财力资源都要重要得多;③ 人力资源是一个企业全体雇员所具备的现实和潜在的生产正能量,从而要求企业管理阶层不仅注重现有人员现有能量的管理,而且重视潜在的人员与潜在能量的导向、开发与管理,是一种动态管理;④ 充分体现"以人为本"的经营理念。

【难点突破】

　　(1)人力资源是任何组织的第一资源,其他的物力财力资源是被人力资源发现、创造、生产出来的。

　　(2)人力资源是包括任何组织中的所有人,不能因为任何原因——民族、肤色、文化、语言等的差异而把某部分人排除出去;任何组织中的组织成员都是平等的,管理者必须平等公平对待每一个组织成员。

　　(3)人力资源管理的主要内容包括选人、育人、用人、留人,选人时应考虑最合适的人,即"最适原则"高于"最优原则"。

作业与练习

一、名词解释
　　人力资源　　人力资源管理

二、简答
　　人力资源管理与人事管理的联系与区别是什么?

三、论述
　　结合历史与现实实例谈谈自己对人力资源管理的"以人为本"管理思想的理解与看法。

本章术语

人力资源 人力资源管理 人事管理 人力资源开发

学习活动

利用绪论所学习的内容，回忆以往生活、工作中经历到的管理者的管理模式，描述一下印象中该管理者的特写镜头，并结合学习本书后的体会，谈谈你当时的感受与现在的感想。另外请换位思考一下，如果你是管理者，你的管理模式将会是怎样？

参考资料

[1] 马克思，恩格斯. 马克思恩格斯选集[M]. 北京：人民出版社，1972.
[2] 彼得·F. 德鲁克. 管理——任务，责任，实践[M]. 北京：中国社会科学出版社，1990.
[3] 彼得·F. 德鲁克. 有效管理者[M]. 北京：工人出版社，1989.
[4] 加里·S. 贝克尔. 人力资本[M]. 北京：北京大学出版社，1987.
[5] 西奥多·W. 舒尔茨. 论人力资本投资[M]. 北京：北京经济学院出版社，1990.
[6] 赫伯特·A. 西蒙. 管理行为[M]. 北京：机械工业出版社，2007.
[7] 弗莱蒙特·E. 卡斯特，詹姆斯·E. 罗森茨维克. 组织与管理：系统方法与权变方法[M]. 北京：中国社会科学出版社，2000.
[8] 赵曙明. 人力资源管理研究[M]. 北京：中国人民大学出版社，2001.
[9] 赵曙明. 国际人力资源管理[M]. 北京：中国人民大学出版社，2012.
[10] 劳伦斯·S. 克雷曼. 人力资源管理[M]. 北京：机械工业出版社，2009.
[11] 于桂兰，于楠. 劳动关系管理[M]. 北京：清华大学出版社，2011.
[12] 周三多，陈传明，鲁明泓. 管理学：原理与方法[M]. 南京：南京大学出版社，2011.

第一章 人力资源规划

【学习指导】

1. 学习目标

（1）了解人力资源规划的概念及概况。
（2）了解人力资源规划中的需求预测和供给预测。
（3）了解 HRIS 的基本概况。
（4）了解工作分析的方法。
（5）掌握职务和职位的概念两者的区别。
（6）掌握工作分析的基本流程。
（7）学会撰写一份合格的职务说明书。

2. 学习建议

学习时间：4~6 小时。
第 1 节建议学习时间：1.5~2.5 小时。
第 2 节建议学习时间：2.5~3.5 小时。

3. 学习重难点

（1）人力资源规划中的需求预测和供给预测。
（2）职务和职位的概念及区别。
（3）工作分析基本流程。
（4）工作说明书的写作。
（5）职务说明书的具体条款的用途和写作方法。

第一节 人力资源规划概述

一、人力资源规划技术

（一）人力资源规划的概念

人力资源规划指制定新的决策和方案来使人力资源管理在市场和组织需求变化的条件下保持有效应对的过程。因此人力资源规划的目标是：①让组织可以预见其未来人力资源管理的需要；②识别可以帮助它们满足这些需要的实践。

人力资源规划涉及一个公司的人力资源管理实践与它的战略性商业需要的联系，这种联系已经被战略规划过程识别出来。人力资源规划一般需要同时做短期（3个月到6个月）和长期（3年或更长）规划，目标是为了确保无论公司在何时何地需要，人力资源都将被量材任用和最优配置。通过人力资源规划，一个公司能够产生：①一个未来人力资源需求的清单（也就是未来工作的空缺和需要哪些类型的人去填补空缺）；②一个满足这些需求的计划。

为了推知其人力资源的需求，一个公司首先要预测它的人力资源需求（即在未来的某一时点上完成该组织的工作所需要的人员数量和类型），然后再预测公司的供给（即预期已经被补充的岗位）。这两个预测间的差额意味着公司的人力资源需求。举例而言，如果一个公司估计它将在下一个财年需求12名会计，而到那时预期通过供给只有9人到位，它的人力资源需求将是另外雇用3名会计。

现在让我们对一个公司如何确定它的人力资源需求以及设计满足这些需求的人力资源计划进行更详细的考察。

（二）需求预测

需求预测包括对组织在某个未来的时点上需要多少数量和类型的人进行预测。需求预测一般有两种方法：统计学法和判断法。

1. 统计学法

一个公司使用统计学的方法预测在某些商业要素基础上所需的人力队伍的大小。商业要素是商业的属性，如销售量或市场份额就是与所需的人力队伍的大小有紧密的联系。

举例而言，一个医院可以使用所计划的患者负担这一商业要素来预测它在某个时点上需要护士的数目。

需求预测的统计学方法被典型地运用于当一个组织在一个稳定的环境中运作时、在某个适当的商业要素可以在某种程度上被确定地预测出来时。举例而言，统计学方法对一个位于低人数（病人）增长区域的医院是适当的。而一个运作在一个不怎么稳定的环境中的组织（比如说一个位于有大幅度增长和变化区域的医院）则更可能依靠判断法。

需求预测的统计学方法经常被用在趋势、比率和回归的分析上。

（1）在趋势分析中，未来的人力资源需求是在过去关于某个商业要素的商业趋势的基础上加以预测的。

表1.1中举出了一个有关趋势分析的例子，它描述了一个商业要素（即销售额）和人力规模大小之间的关系。举例而言，就像人们可以从这个表栏中看到的那样，如果这个公司预计它2014年的销售额为10 000万元，它就需要把劳动力规模的数目增加到大约240人左右，也就是它在2010年销售额为10 200万元时所拥有的雇员数目。

表1.1 对一个制造业公司的人力资源趋势分析

年 份	2010	2011	2012	2013	2014
销售额（万元）	10 200	8 700	7 800	9 500	10 000
雇员人数（人）	240	200	165	215	?

（2）比率分析是通过计算特殊的商业因素和所需要的雇员的数量之间的一个精确比率来确定未来人力资源需求的方法。这样它就提供了一种比趋势分析更为精确的估计值。例如，在一个大学里对教授的需求可以以学生/教师的比率为基础来预测。比如说，让我们假设一个大学有 20 000 名学生和 1 000 名教授；这样学生/教师的比率就是 20 000∶1 000 或者说 20∶1。这一比率表明，大学对于每 20 名学生就需要 1 名教授。如果这个大学预期明年注册的学生将会增加 10 000 名，它将需要另外雇用 500（10 000÷20）名教授（假设目前的 1 000 名教授在明年前没有人要离职）。

（3）回归分析在预测中与趋势分析和比率分析间的类似之处在于：它们都是以一种商业要素和人力规模的大小间的联系为基础。然而回归方法更具有统计的精确性。组织首先要绘制一个散点图来描述商业要素和劳动队伍的大小间的联系，然后测算一条回归线——一条刚好穿过散点图中的那些点的中部的线，即线性回归方程。通过观察这条回归线，可以了解在每一个商业要素值上所需要的雇员的数目。

需求预测的统计方法是假定人力的规模和商业要素间的关系是不随时间而变化的常量。如果这种关系发生出人意料的变化，预测就会变得不准确。举例而言，如果大学决定改变其"智能学习"的班级，那么以学生与教师的比率为基础来预测教授的需求就会不准确。这种教学方式包括使用视频设备，这就可以把教授的讲课在不同的地方播放，这样一来就可以允许更多的学生加入到这个班中来，因此这个 20∶1 的比率就不再适用，因为这所大学现在用更少的教授就能完成它的职能。

2. 判断法

需求预测的判断法使用人的判断力，而不是使用处理数字的方法。最普遍使用的两种判断技术是头脑风暴法和销售力量估计。

【小资料】

头脑风暴法

头脑风暴法（Brain Storming），又称脑力激荡法，从 20 世纪 50 年代开始流行。常用在决策的早期阶段，以解决组织中的新问题或重大问题。头脑风暴法一般只产生方案，而不进行决策。具体操作如下：

1. 召集有关人员

参加的人员可以是同一行业的专家，也可以是不同行业的人员，甚至可以是毫不相关的人员。人数在 7~10 人为好。

2. 选择一个合格的召集人

主持头脑风暴法的召集人应该具备下列条件：

（1）了解召集的目的；

（2）掌握脑力激荡法的原则；

（3）善于引导大家思考和发表观点；

（4）自己不发表倾向性观点；

（5）善于阻止相互间的评价和批评。

3. 选择一个舒适的地点

选择的地点应该具备下列条件：

（1）一间温度适宜、安静、光线柔和的办公室或会议室；

（2）严禁电话或来人干扰；

（3）有一架性能良好的录音机；

（4）有一块白板或白纸夹板，以及相应的书写工具。

4. 召集人宣布会议开始

召集人在会议开始时要理清目的、拟解决的问题、会议规则（如相互之间不评论等）。再让每个人考虑10分钟。

5. 在头脑风暴中应注意以下几点：

（1）尽可能使每个人把各种方案讲出来，不管这个方案听起来多么可笑或不切实际；

（2）要求每个人把自己讲出来的方案简单说明一下；

（3）鼓励由他人的方案引出新的方案；

（4）把全过程都录音；

（5）把每一种方案写在白板上，使每个人都能看见，以利于激发出新的方案。

6. 结　束

脑力激荡时间一般不要超过90分钟，结束时要对每一位参与者表示感谢。

需求预测的群体头脑风暴法使用一般被称为"专家"（也就是组织中集体地了解市场、行业和关系到人力资源管理需要的技术发展的人）的讨论小组。这些专家被要求通过讨论产生一项预测。在使用头脑风暴法来预测人力资源的需求时，参与者必须做出关于未来的某些假设。这就是说，他们必须考察公司有关开发新的产品或服务、扩大新市场等方面的战略计划，然后设法预测如下事情：

（1）对于组织的产品和服务，来自市场的未来需求。

（2）组织将为之服务的市场的百分比。

（3）可能对所能提供的产品或服务的数量和种类产生影响的新技术的可获得性和性质。

预测的准确性依赖于这些假设的正确性。当然，未来是很难预测的，因为它会受许多不确定性的影响。因此组织必须不断地按照任何意料之外的变化对其需求预测进行监控。

销售力量估计的使用代表了另一种预测人力资源需求的判断方法。这种方法非常适用在由于新产品导入而产生增加新雇员的需要时。当一个新产品投入市场，销售人员被要求以他们的有关顾客的需要和兴趣的知识为基础来估计对这一产品的需求（也就是预期的销售量）。然后组织用这些信息去估计为满足这种需求将需要多少雇员。这个方法的一个缺点是存在偏差可能。也就是说，一些销售人员有可能故意低估产品需求，这样当他们的销售额超过预测值时他们将被认为是工作得很好的职员。另一些人则可能高估需求，这是因为他们对自己能销售的数量的估计过分乐观。

（三）供给预测

当需求预测完成之后，组织便获得了一个关于在特定时点上为完成它的工作所需要的职位数目和性质的规划。然后它要估计一下那时候有哪些位置会得到补充。用来做出这一预测的过程叫做供给预测。

供给预测有两个步骤。在第一步中，组织把它的职位按头衔、职能和责任等级进行分组。这些组合应该反映雇员们期望升迁的职位级别。举例而言，人力资源管理类可能包括的工作头衔为人力资源助理、人力资源经理和人力资源总监之类的职位；而秘书类则会包括秘书职员、主管秘书、高级秘书和行政助理。

供给预测的第二步是估计：在每个职位类别里，在制订计划期间有多少雇员将留在他们的职位上，有多少雇员将离开而到其他的职位上（例如通过调任、晋升和降职），以及有多少将离开组织。这些预测部分地以过去的流动率趋势（例如流动与提升的比率）为基础。组织还应该考虑任何关于合并、购买、单位或事业部的削减、解雇、裁员和缩小规模，甚至是敌对性接管的计划。

在做供给预测时，组织也应该注意那些特殊的个体。举例而言，有人可能已经宣布，他们将在年底退休、在秋天返回学校，或者要结婚以及计划在某月迁居到国内的别的地方去。

运用电脑处理的统计软件（如 SPSS 等），在帮助预计整个组织的雇员流动问题上是有用的。由这些统计软件产生的预测值在稳定的环境中可以是相当准确的。当然，在环境不稳定的时候，这种预计就不可信了。举例而言，一个组织可能把它的预计建立在过去的流动比率的基础上，在过去 5 年中这一比率一直在 10% 左右。如果这个流动比率发生剧烈的变化（因为工作不满、减员等原因），那么这个组织将大大低估它未来的职员需求。

（四）预测未来的人力资源需求

具体的职员配备需要把供给和需求预测结合起来放入每一个职位类别中。例如，我们假设一个公司目前雇用了 10 名秘书。供给预测结果表明，在规划阶段结束时将有 5 个秘书职位空缺（因为退休、提升等原因）。其需求预测显示，在即将到来的下个阶段将需要 3 个新的秘书职位（因为对公司产品的需求有所增长）。通过把这两项估计结合起来，现在公司就认识到，它需要雇用 8 名新的秘书（5 名替换那些即将空出的职位，3 名补充新增的职位）。

二、人力资源规划的结果

当制定人力资源规划的过程完成之后，公司应确定与贯彻人力资源实践，以帮助它满足其人力资源需求。接下来我们将讨论在战略规划和人力资源规划背景下，贯彻具体的人力资源管理实践的问题，旨在帮助组织处理预料中的人员供给过剩和供给不足的问题。

（一）应付人员的供给过剩

目前组织重组的趋势经常会产生更少的劳动力。因此，当一个组织的战略计划要求进行重组时，人力资源管理的反应往往是缩小规模。缩小规模常常意味着裁员，因此雇主最好寻求替代办法，像冻结雇用、提前退休、限制加班、重新培训/重新部署、转为非全时性的雇员、转为工作分担、转为顾问、使用不付报酬的休假办法、使用较短的工作周、使用减薪方法、使用休假年的方法等。

（二）应付人员的供给不足

当需求和供给预测表明，在未来的一些时点上会出现人员供给不足时，组织必须决定如何解决这一问题。解决的办法包括额外雇用职员等，现在我们就来讨论一下。

1. 额外雇用

当人力资源规划显示有雇员供给不足时，公司会为预期出现空缺的职位招聘人员。第一步是进行工作分析来确定每一个空缺的职位所需要的资格。这个关于工作分析的话题会在第二节中进行讨论。

下一步是确定从哪里以及如何招聘到所需要的人。例如，公司必须确定是从外部（也就是从外部人才市场中）还是从内部（也就是从它目前自身的人力中）来填补它的空缺。涉及有关考虑何时做出这种选择的因素的讨论会在第三节进行。在从外部进行招聘的时候，组织首先要评估它在潜在求职者眼中有什么吸引人的地方，"没有吸引力"的雇主会在汇聚足够大的求职者备用库的问题上遇到麻烦。这样的雇主应该努力去提高自身的吸引力，其可以通过提高起始薪金水平和（或）改善津贴来实现这一目的。另一种选择是瞄准某些受保护的群体，它们的成员可能是地方人才市场中没有充分就业的人，像老人、残疾人或来自外国的人。而内部招募可以通过职业生涯开发方案去实现。在制定这样一个方案的时候，组织应该收集关于它的每个雇员的工作历史和技能水平的信息。这些信息将包括年龄、受教育水平、培训、特殊技能（例如会讲外语）以及晋升记录。这些信息可以储存在计算机里。我们会在下文讨论计算机在这一过程中的作用。

这种信息使组织可以确定目前哪些雇员有资格承担更高级别的职责。例如，在熟练的经理供应不足的部门，可以准备一张列出现任经理补充人员的图表，建议在未来可能的代替人选，并对何时培训替补以及有可能填补空缺职位的候选人做出评估。这个被称作管理继承计划的话题，将在后面做进一步讨论。

2. 替代额外雇用的办法

除了雇用新员工去满足需求增加外，一个组织还可以决定通过额外培训去改进现有人力的生产力。其他的选择还有加班、额外替班、工作重新分配或使用临时工。

另一个选择是改进留人比率。在达到这个目标时，公司将有较少的工作空缺需要填补。在人力资源管理实践中很多问题都可以用提高留住雇员比率的方法加以贯彻实施。

当求职者们开始被聘用时，留人比率可以在雇主与雇员关系的开始加以改进。例如，像我们后面将要讨论的那样，当求职者们得到的是某种关于其工作实际上像什么（缺点暴露无遗）而不是一种过分美丽的现实预览时，留人比率就有可能得到改进。

雇员乐意接受，雇主器重而并非仅仅是需要他们。目前的合并、购进和解雇的气氛已经使许多雇员感到他们的工作非常不安全，持有这类感情的雇员们开始到处寻找其他工作。这些恐惧可以用下述办法去减轻：实施培训和交叉培训雇员去履行各种职能的人力资源规划，从而保证他们具有必要的技能以继续对公司做出贡献。

管理培训在这方面也十分关键。组织必须培训经理们成为优秀的主管。差劲的"人员管理"是自愿流动的一个首要原因。所有层次上的经理都应当知道，从管理人而不仅仅是管理预算的观点看，人们期望他们的是什么。

通过营造一种鼓励雇员们积极参与公司整体福利的工作环境，公司也能够改进留人比率。雇员们想要让别人承认他们对组织进步的贡献，但这种承认必须被"裁剪"得适合雇员们的个人需要。尽管某些雇员可能受到货币奖励的激励，但其他雇员可能寻求不同的奖励，如同事们和经理们的承认、某种成就感或工作满意度。

雇员们现在需要更灵活的日程安排，以便最好地适合他们的生活方式。通过实施诸如工作分担、缩短工作时间以及通过电脑和互联网的电子上下班之类的方案去适应这些需要，组织便能够提高它们的留人比率。

通过提供有吸引力的津贴包，诸如慷慨的退休计划、股权、健康和医疗保险、雇员折扣方案之类的福利，公司也能提高它们的留人比率。许多公司现在正提供"自助食堂计划"，这些计划已被"裁剪"得适合每一个雇员的具体需要。

三、人力资源信息系统

大多数组织的人力资源规划活动都靠电脑去存储和处理必要信息。这种人力资源规划职能通常是一个被称为人力资源信息系统（HRIS）的较大型电脑化系统的一部分。一个 HRIS 就是一个这样的电脑化信息包：它为管理机构提供跨越地理区域而到达许多用户的记录、储存、操纵和沟通等信息。这样的系统被用在人力资源规划以外的许多目标上。在以下几个段落里，我们将讨论一个 HRIS 所储存的资料类型以及这种信息的用法。我们将以讨论敏感资料的私密性和如何保证资料安全的话题结束本节。

（一）包含在 HRIS 中的资料类型

一个 HRIS 包含的典型信息如下：

（1）工作信息：职位头衔、薪金范围、目前空缺的数目、替代的候选人、所需要的资格、流动比率、职业阶梯中的位置。

（2）雇员信息：传记性的资料、职业兴趣/目标、平等就业机会类别、专门化的技能、受教育程度、荣誉和奖励、受雇日期、所获得的津贴、在公司里拥有的职位、所拥有的执照和证书、薪金历史、薪金信息、绩效评分、出勤资料、所受培训、扣税信息、以前的工作经验、养老年金缴纳、发展需要、流动信息。

如上，HRIS 带有关于一个公司的工作和雇员们的信息。工作档案典型地列出实现该组织的战略目标所需要的工作的数目和类型、每项工作所需要的人员数目以及完成每项工作所需要的资格（以工作分析信息为基础，请参见第二节的内容）。

雇员档案列出诸如个体的性别、受雇日期、薪金历史、绩效评分等之类的信息。

一个公司的人力资源管理人员通常负责收集信息并输入 HRIS，并且在雇员记录有所变化时负责维护该系统。当然,许多公司允许人力资源管理部以外的其他人增添资料。

(二) HRIS 的用途

包含在 HRIS 中的信息能够为许多事务服务。一个 HRIS 可以处理由人力资源专业人员做的大部分保存记录,使得跟踪报酬、薪金、津贴、保险政策、职业生涯和雇员历史的工作变得更为容易。通过让以前用手工完成的任务自动化,HRIS 能够减少纸张作业并削减行政支出。它提高了养老金给付几乎 90% 的准确性。

此外,人力资源管理部以外的组织成员也能更容易地接触到该信息。通过提供这种信息,人力资源管理部的行政职能也能变得更加分散化。例如,某公司是一个办公家具供应商,它使用一个 HRIS 从它的 3 个店铺地点跟踪薪金和人员的信息,通过把人力资源和薪酬的职能加以合并,该方案减少了劳动成本并得以改进与雇员的沟通,因为关于薪金、绩效评审、服务年限和技能的信息可以被更加有效率地跟踪。

从人力资源规划的某种角度看,包含在 HRIS 档案中的信息对填补空缺岗位来说是必不可少的东西。一个 HRIS 可以为职业生涯发展提供系统服务,方法是:让计算机检索全部雇员档案,以找出那些具有必要技能、经验、培训以及对某个空缺岗位感兴趣的人。

HRIS 所服务的人力资源规划以外的目的如下:

1. 做与预算有关的计算

HRIS 可以被用来计算超时报酬以及不同退休年龄的雇员养老金。它也可以被用来比较目前的付薪水平与预算。

2. 由部门报告流动比率

许多系统都允许使用者列出自愿和非自愿解雇的理由。HRIS 因此能提供每月报告,显示有多少雇员离开了组织以及为什么离开。

3. 追踪外部候选人

HRIS 能够追踪一系列关于求职者及其就业需要的高度详细的信息。

4. 追踪雇员参加每种津贴选择的情况

HRIS 使一个公司能够计算由雇主支付和由雇员缴纳的价值。

5. 追踪休假日数和病休日数的累计

HRIS 能够追踪每个雇员所度过的休假和病休日数以及所剩下的符合规定的日数。

HRIS 的具体用途见图 1.1。

(三) 保守 HRIS 信息的机密

因为包含在某个 HRIS 中的许多名录都包含有高度敏感的资料,所以组织必须保证使用者能接触的仅限于相关信息。作为一个普遍规定,敏感的和机密的材料只应被人力资源管理部或具体规定的个人接触到。

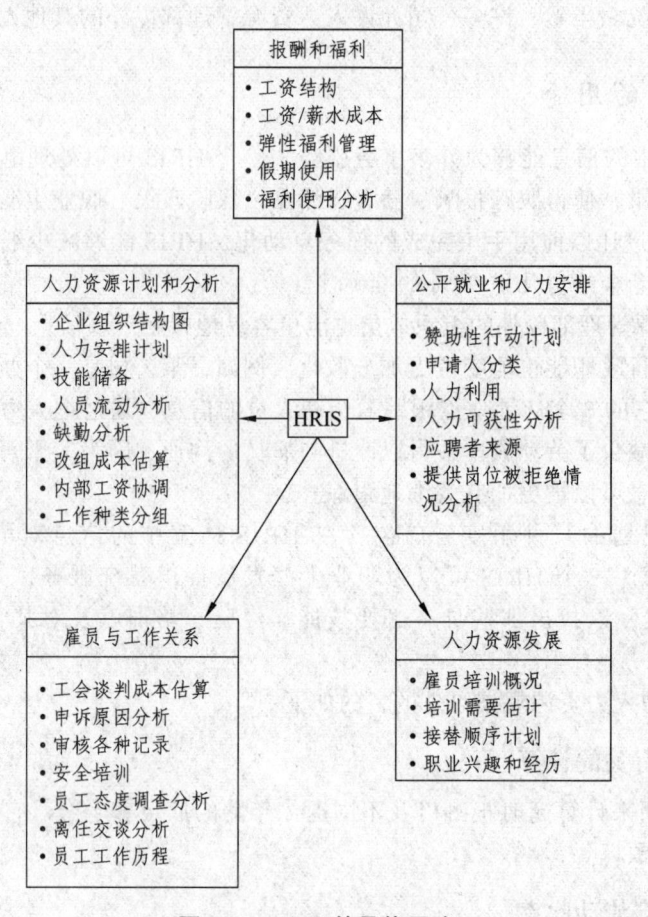

```
                    ┌──────────────────┐
                    │   报酬和福利      │
                    │ • 工资结构        │
                    │ • 工资/薪水成本   │
                    │ • 弹性福利管理    │
                    │ • 假期使用        │
                    │ • 福利使用分析    │
                    └──────────────────┘
                             ↑
┌────────────────────┐       │       ┌────────────────────┐
│ 人力资源计划和分析  │       │       │ 公平就业和人力安排  │
│ • 企业组织结构图    │       │       │ • 赞助性行动计划    │
│ • 人力安排计划      │       │       │ • 申请人分类        │
│ • 技能储备          │←── HRIS ──→  │ • 人力利用          │
│ • 人员流动分析      │               │ • 人力可获性分析    │
│ • 缺勤分析          │               │ • 应聘者来源        │
│ • 改组成本估算      │               │ • 提供岗位被拒绝情  │
│ • 内部工资协调      │               │   况分析            │
│ • 工作种类分组      │               │                    │
└────────────────────┘               └────────────────────┘
            ↙                                    ↘
┌────────────────────┐               ┌────────────────────┐
│   雇员与工作关系    │               │   人力资源发展      │
│ • 工会谈判成本估算  │               │ • 雇员培训概况      │
│ • 申诉原因分析      │               │ • 培训需要估计      │
│ • 审核各种记录      │               │ • 接替顺序计划      │
│ • 安全培训          │               │ • 职业兴趣和经历    │
│ • 员工态度调查分析  │               └────────────────────┘
│ • 离任交谈分析      │
│ • 员工工作历程      │
└────────────────────┘
```

图 1.1　HRIS 的具体用途

一种保护敏感信息的完整性和私密性的方法是制定强有力的书面政策和组织纪律，以保护雇员的隐私权。该政策和规定应当具体说明未获批准接触该资料或把该资料用在不正当用途上的后果。违反这一政策和规定应当受到严厉的惩罚。

其他可能的安全措施如下：

（1）保证所有使用者在离开个人电脑以前——哪怕甚至是仅仅离开一个很短的时间——都加上锁。

（2）提醒使用者不能将口令给任何人。

（3）在一个有规律的基础上改变口令。

（4）保证目前的和替代性的拷贝、资料档案、软件和打印输出都恰当地被控制在——只有被授权的使用者才能获取它们。

（5）建立监视程序，以保证个人电脑使用者正在维持某种有效的安全水平。

（6）为原始资料编上密码，从而使它对于一个未经授权的使用者来说都没有任何意义。

（7）保留一个详细的复核记录，确保在资料上所做的任何操作都被记录在一个详细的执行档案中。

第二节 工作分析

一、工作分析的作用

工作分析一般有以下方面的用途：① 招聘/挑选。② 挑选标准。③ 挑选方法。④ 培训和开发。⑤ 新雇员和现有雇员的培训需要。⑥ 培训方案的内容。⑦ 培训评价。⑧ 绩效评估。⑨ 判断工作绩效的标准。⑩ 评估形式。⑪ 向雇员们传达绩效期望。⑫ 报酬。⑬ 判断工作的价值。⑭ 薪金调节。⑮ 绩效改进方案。⑯ 绩效标准。⑰ 雇员惩戒。⑱ 划分工作责任和职权界线。⑲ 预防/解决申诉。⑳ 安全和健康。㉑ 身体和医学资格条件。㉒ 潜在工作危险的源泉。

1. 为人才招聘和挑选奠定基础

雇主的人才招聘和挑选的目的在于识别和雇用最适合的求职者。通过找出挑选标准（即成功地完成某项工作所必需的知识、技能和能力），工作分析的信息可以帮助雇主达到这个目标。公司的经理和人力资源专业人员可以使用这一信息去选择或开发恰当的挑选工具，例如面试的问题、测验。

人才招聘标准必须以工作分析的结果为准绳，工作说明书中的能力、资格、体质等要求必须以完成该职位工作为依据，否则可能陷入歧视、非法的难堪境地。法庭会要求一个面对歧视指控的雇主证明，他的挑选标准与工作有关。因此，组织必须明确，受到挑战的选拔标准是以工作分析信息为基础而定的。正如有人在一次歧视听证过程中指出的那样，没有某种工作分析作为招聘和挑选的基础，某位雇主"就是在黑暗中瞄准并且只能靠盲人摸象的运气达到工作相关性"。

例如，如果"阅读报告"是一项基本的工作职能，那么，不雇用那些因残疾而无法阅读的求职者就是合法的（假定没有任何办法让他们适应）。然而，如果"阅读报告"并非基本职能，那么，阅读方面的残疾就不能合法地作为拒绝雇用的一个基础。确定何种工作职能是基本职能，则要在工作分析过程中加以完成。

2. 为人才培训和开发奠定基础

公司可以使用工作分析的信息去评估人才培训开发的需要和方案。工作分析能够识别一个雇员必须完成的任务。因此，通过绩效评估过程，主管可以识别哪些任务已被恰当地完成以及哪些任务完成得不恰当。主管接着可以确定，那些不恰当地被完成的工作能否通过培训加以矫正。

人力资源专业人员可以使用工作分析的信息去开发相关的培训方案，以教会受训者们怎样一步一步地完成每个步骤。

为了评价一个培训方案的有效性，组织首先必须具体规定培训目标或者受训者们结束培训时人们期望他们达到什么水平，而这些在工作分析中会得到具体规定。

3. 为绩效评估奠定基础

从工作分析中获得的信息可以用来开发绩效评估系统。一个基于工作分析的绩效评估系统是这样的：它以清单列出该工作的任务或行为并且规定每项任务的具体绩效期望。

这里工作分析起的作用十分关键。如果没有工作分析的信息，组织在一般情况下会使用一种单一的、概括化的模式，按照这种模式，所有雇员都以一套被假定所有工作都需要的共同特点或特质（例如个人外貌、合作能力、可靠性、领导资格）为基础而加以评价。以工作分析为基础的评估系统优于概括化的模式，因为它们在传达绩效期望方面能起一种更好的作用并且为工作反馈和人力资源管理决策提供一个更好的基础。

4. 为报酬决策奠定基础

大多数公司都部分地把每项工作对组织的相对价值或重要性作为薪金水平的基础。工作价值一般要通过诸如技能水平、努力程度、责任和工作条件之类的重要因素去评价以确定。而工作分析所提供的信息为工作价值评价奠定了基础。

5. 为生产率改善方案奠定基础

工作分析在设计生产率改善方案方面也起着一种重要作用。各种各样的按绩效付薪金的方案为那些工作绩效达到或高于某种期望水平的雇员们提供奖励。工作分析则被用来界定此时的期望绩效水平。

6. 为惩戒雇员的决策奠定基础

经理们有时必须因雇员们未能恰当地履行其工作责任而惩戒他们。例如，工人们可能会因拒绝执行他们认为不属于其工作职责范围的任务而受惩戒。如果工作分析划定了责任及职权界线，那么，这种信息就可以被用来帮助解决这样的问题。

7. 为安全和健康的方案奠定基础

从安全和健康的角度看工作分析的信息也是有用的。在做工作分析时，雇主可以发现一项工作的潜在危险或危害。

二、工作分析的含义和内容

众所周知，人力资源是企业最宝贵的资源和最关键性因素。一个企业如果缺少核心的管理团队和优秀的人才，那明智的战略、有效的政策以及精干的组织机构计划，统统是纸上谈兵。因此，企业具备了所需的优秀人才，犹如有了依靠和骨架，才能发挥它的活力。GE公司和杰克·韦尔奇的成功足以证明这一点。作为企业在选人和用人（尤其是中高层经理人才的选拔）过程中，必须明了和解决两个问题：① 既定岗位的任务要求和岗位胜任素质；② 根据任务和素质要求，采用科学的技术，选拔最适合该岗位要求的人才。

（一）什么是工作分析

工作分析（Job Analysis）也可称为职务分析，是人力资源管理最基本的工作之一。它是一种系统地收集和分析与职务有关的各种信息的方法。这些信息包括各种职务的具体工作内容、每项职务对员工的各种要求和工作背景环境等。这些信息对于人力资源的其他管理工作来说，是必不可少的。

（二）什么是职务

虽然职务（job）与职位（position）这两个术语经常被交替使用，但两者之间的侧重仍略有不同。一份职务一般是将某些任务、职责和责任组为一体而成；而一个职位则是指由一个人来从事的工作。因此，如果有10个人在一家银行网点从事柜员工作，那么就有10个职位（每人一个），但却只有一份职务（银行柜员）。

职务群是各种具有相似特点的职务所组成的族群，可以采取许多不同的方式来确定和组成各种职务群。例如，某家保险公司的人力资源经理决定，那些需要有关信息系统方面的专门技术知识、技能和能力的各种职务被视为一个单独的职务群，而不论这些职务在地理上究竟处于什么位置。

（三）工作分析（职务分析）的内容

职务分析的目的，是确定什么是一份职务所应承担的任务、职责和责任。

（1）任务是一项独立的、可识别的工作，它由一些事项所组成。

（2）职责是一个更大的工作切片，它由一个人独立完成的若干项任务所构成。由于不论任务还是职责都是指各种事项，因此，试图将两者彻底区分开来并非总是一件容易的事，并且往往也无此必要。不过还是可以举例说明两者的某些差别。例如，如果一个就业负责人的职责是"对申请人进行面试"，那么与这项职责有关的一项任务就是"问一些问题"。

（3）责任，则是指执行某些特定任务和职责的义务。由于管理性的工作承负了更多的责任，因此对这类工作所支付的报酬通常也就比较高。

职务分析需要搜集使一份职务有别于其他职务的特点方面的信息，这些信息有助于管理者做出各种决定。

一般说来，职务分析所需获得的信息主要包括以下部分：

（1）工作事项和工作方式。

（2）与他人的交往活动。

（3）工作标准。

（4）所使用的机器设备。

（5）工作条件。

（6）该职务对于他人所负责任与他人对该职务所负责任。

（7）所需知识、技能和能力。

（四）职务说明书

职务分析所获得的信息，用来起草职务说明和职务要求细则。在大多数情况下，职务说明和职务要求细则的具体内容将被纳入一份综合性的文件材料，一般称作工作说明书或职务说明书（Job Description）。

1. 职务说明

职务说明就是描述一份职务的任务、职责和责任。它表明在这份职务上要做些什么，为什么要做这些，在什么地方做以及怎样做。即"3W1H"：What，Why，Where，How。

职务说明还应包括工作标准。工作标准告诉人们，对职务说明所确定的各项工作来说，什么样的工作效果才是符合要求的。遗憾的是，许多企业的职务说明常常省略了工作标准。另一方面，有些企业虽然制定了工作标准，并且在职务说明中也包括了这些标准，却只提供给企业管理层和人力资源部门，而不是发到所有职工。许多职工因此对这些工作标准所知甚少甚至一无所知。这就使得职务说明的作用未能得到充分的体现。

2. 职务要求细则

职务说明的作用，是指出一份职务所须从事的各种工作；而职务要求细则的内容，则是详细列出合乎要求地承担这份职务所需要的知识、技能和能力，如受教育水平、工作经历、工作技能、个人能力、智力和体质等。但需特别注意，一份准确的职务要求细则所要求的标准，应根据一份职务到底需要其任职者具有什么样的知识、技能和能力来确定，而不应根据该职务上的现任职工本人实际具有的知识、技能和能力来确定。

3. 职务分析的责任

在职务分析中，一般是要求一个熟悉情况的人来介绍一项职务做些什么，或者判断在该职务上将要从事哪些具体的工作。可以提供这类信息的人员包括：在该职务上任职的职工、有关方面的负责人、训练有素的职务分析员等。

三、工作分析（职务分析）方法

获取职务分析信息的方法有多种。常用的办法有观察法、现场访谈法、问卷调查和利用计算机职务分析系统。有时，在有必要且条件允许的情况下，企业也常常同时使用不同的方法，以下逐项讨论每一种方法。

（一）观察法

当采用观察法时，经理人员、职务分析人员或工程技术人员须对一个正在工作的员工进行观察，并将该员工正在从事的任务和职责一一记录下来。对一项职务之工作的观察，可以采取较长时间内连续不断的方式，也可采用断断续续的间或访察的方式，具体采取哪种方式，应根据该职务的工作特点而定。由于许多职务并没有完整的、容易被观察到的职责或者完整的工作周期，这就使得观察方法的作用十分有限。因此，观察方法一般只适用于工作重复性较强的职务，或者与其他方法结合起来使用。

（二）现场访谈法

搜集信息的现场访谈方法，要求经理或人力资源专家访问各个工作场所，并与承担各项职务的员工交谈。在进行现场访谈时，通常采用一种标准化的访谈表来记录有关信息。在大多数情况下，员工和其顶头上司都被列入访谈对象，以便全面彻底地了解一项职务的任务、职责和责任。

现场访谈方法一般非常耗费时间，尤其是当访谈者与两三个从事不同工作的员工交谈时，就更是如此。专业性和管理性的职务一般更为复杂和较难分析,从而往往需要更长的时间。因此,现场访谈主要是用作问卷调查的后续措施。

作为后续措施,现场访谈的主要目的,是要求员工和有关负责人协助澄清问卷调查中的某些信息问题;同时,分析人员也可借机澄清问卷中的某些术语方面的问题。

(三)问卷调查

一个典型的职务分析调查问卷通常包括下列方面的问题:
(1)该职务的各种职责以及花费在每种职责上的时间比例。
(2)非经常性的特殊职责。
(3)外部和内部交往。
(4)工作协调和监管责任。
(5)所用物质资料和仪器设备。
(6)所做出的各种决定和所拥有的斟酌决定权。
(7)所准备的记录和报告。
(8)所运用的知识、技能和各种能力。
(9)所需培训。
(10)体力活动及特点。
(11)工作条件。

问卷调查方法的主要长处,是可以在一个较短的时间内,以较低的费用获得大量与职务有关的信息,不过,后续的观察和访谈往往仍是必要的。

职位分析调查问卷是一种专门化了的调查手段。这类问卷含有核对表。在这种问卷中,每一种职务都从27个方面来予以详细考察,而这27个方面总共包括了187个要素。

(四)计算机职务分析系统

利用软件化的职务分析系统,可以大大减少用在与准备职务说明有关的各种工作上的时间和其他耗费。在这类软件系统中,针对每一项工作,都有成组排列的工作职责说明和关于问卷调查范围的说明。

职务调查问卷中的资料可以通过激光扫描方式输入计算机。然后,这些来自员工的资料被用来自动生成以职务特征分类的职务说明。在这些职务说明中,各种工作任务、职责和责任被分门别类,并且其相对重要性也被一一确定。

四、工作分析(职务分析)过程

职务分析应仿效有效的心理测试方法,并以合乎逻辑的方式来进行。但不论采用何种方法,职务分析一般都遵循一个多步骤的程序。以下提供一个典型的职务分析步骤。各企业实际采用何种步骤,应根据所使用的方法和所包括的职务种类来确定。不过,一般情况下,基本的程序大致如图1.2所显示的那样。

```
┌─────────────────────────────────────┐
│   确定职务种类和审查现有文件资料    │
└─────────────────────────────────────┘
                  ↓
┌─────────────────────────────────────┐
│     向经理和员工说明职务分析过程    │
└─────────────────────────────────────┘
                  ↓
┌─────────────────────────────────────┐
│ 采用现场访谈、问卷调查或观察的方法进行职务分析 │
└─────────────────────────────────────┘
                  ↓
┌─────────────────────────────────────┐
│     准备职务说明和职务要求细则      │
└─────────────────────────────────────┘
                  ↓
┌─────────────────────────────────────┐
│   保持和更新职务说明与职务要求细则  │
└─────────────────────────────────────┘
```

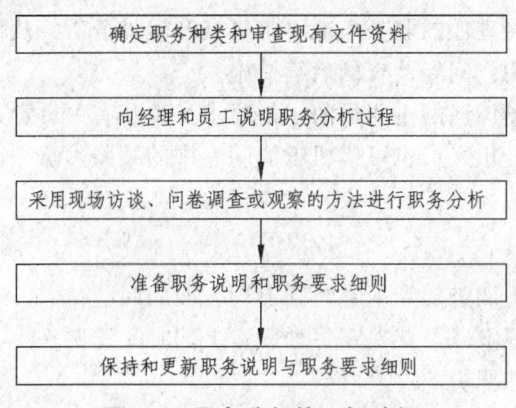

图 1.2 职务分析的一般过程

1. 确定职务种类和审查现有文件资料

职务分析的第一步，是确认被考察的各种职务的特点和属性。例如，这些职务是否属于拿工资的职务（拿工资与拿薪水不同）、是否属于职员性的职务、是一个部门内的全部职务还是整个企业的全部职务，等等。

确认阶段的另一部分工作，是对现有文件资料进行审查，如现存的各种职务说明书、组织系统图、以往的职务分析信息以及其他与职务有关的资料。在这一阶段，应选定参与职务分析的人员和所要使用的方法。另外，还须确定在职员工和管理人员将以什么方式参与这一过程，以及须将哪些雇员的职务列入职务分析范围。

2. 向经理和员工说明职务分析过程

职务分析的基本步骤之一，是向管理人员、将受到影响的员工以及其他有关的人员（如工会的工作人员）说明职务分析的过程。由于在工作中被人面对面地仔细考察时，员工往往产生出于本能的关注和不安，因此，在进行有关解释时，应注意有针对性地消除员工的戒备情绪。需要解释和说明的事项一般包括：职务分析的目的、采取的步骤、时间安排、管理人员和员工如何参与、谁来进行职务分析、有问题时应与谁联系等。

3. 进行职务分析

接下来的步骤，就是采取行动去获取职务分析信息，即分发问卷、安排面谈和到现场进行观察。如果采用了问卷和面谈的调查方法，那么，在此之后，分析人员还需与有关人员保持随后的联系，以提醒管理人员和员工归还问卷或按时参加面谈。在取得了职务分析信息后，分析人员应进行仔细审阅，分析其是否完整。如果需要，分析人员可安排进一步的面谈，以获取澄清某些问题所需的补充信息。

4. 准备职务说明和职务要求细则

在获取了所需的信息资料之后，首先应对其进行分类和筛选，然后就可用来起草职务说明和职务要求细则。起草工作一般由人力资源管理部门负责。在完成第一稿后，应分发给有关的经理和员工进行审阅。根据审阅意见，再进行各种必要的修改，直到形成最终的职务说明和职务要求细则。

职务说明和职务要求细则的初稿，应主要发给那些从事这些职务的员工，特别是那些在职务分析中给予了协助的员工。但不必将所有职务的工作说明和工作细则发给每个员工，一般只需发给一个员工关于其自身职务的说明和细则，让这些在职员工有机会参与审阅和修改、提出需要澄清的问题和与管理人员及负责人进行讨论，这样可以加强管理者与员工间的相互交流和沟通。在审阅和修改时，人们可能提出各种问题，例如：应以什么方式来从事某项职务；为什么要采用这种方式；可以在哪些方面加以改进等。此外，除了让员工参与审阅和修改工作外，在有工会的企业，还应邀请工会代表参与审阅和修订工作。这样做可以加强沟通，从而减少今后劳资双方发生矛盾冲突的可能性。

5. 保持和更新职务说明与职务要求细则

在形成了正式版本的职务说明和职务要求细则之后，还必须建立一套制度来使其能够根据新情况不断得以更新；否则，整个职务分析过程就可能不得不每隔几年重复一次。企业是动态的和不断演化的实体，所有职务在多年内始终保持不变的情况并不多见。

五、职务说明书（工作说明书）

企业的人力资源工作应以此为依据，以保证各种管理工作的合理性和始终保持与职务有关。对员工来说，职务说明书则是决定他们职务的资方的代表性文件，其内容对每个员工都具有一定的参考价值。

（一）职务说明书的组成部分

下面是一些最常见职务说明书的内容：

1. 职务定位

职务说明书的第一部分是职务定位。这部分一般包括职务名称、隶属关系、所在部门、所在地点及职务分析日期。企业在对职务和员工进行定位时，可参照人力资源信息系统中的有关信息。

在职务定位这一部分中，最常见的项目还包括：
（1）职位数量。
（2）工资等级。
（3）国家劳动法所规定的地位（加班/不加班）。
（4）企业统一编码。

2. 职务概述

第二部分是职务概述。这一部分简明扼要地归纳了该项职务的责任和工作内容。有一位人力资源专家认为，职务概述部分的叙述特点应该是："用 50 个或更少的字描述职务的特点。"

3. 职务的基本工作职能和职责

就一个典型的职务说明书而言，第三部分主要列出基本工作职能和职责。这一部分应清楚无误和十分精炼地表述该职务的工作任务、职责和责任。撰写这一部分是起草职务说明中最费时间的工作。

4. 职务要求细则

职务说明书中的第四部分列出了合格地从事这份职务所需具备的各种条件。一般包括的条件有：

（1）知识、技能和能力。
（2）教育程度和工作经历。
（3）体质要求及工作条件方面的规定。

5. 解除条款与核准

许多职务说明书的最后部分含有数位经理的核准签名和一项解除条款。这一解除条款使得企业可以改变某些工作职责，或要求员工从事那些未曾列出的工作职责。解除条款的目的，是避免人们将职务说明视为企业与员工之间的一份"合同"。

【小资料】

职务说明书范例[①]

职　　称：人力资源助理　　　　职　务　编　号：×××××
部　　门：人力资源　　　　　　职　务　分　类：办公室职员
呈　报　人：人力资源经理　　　规　定　地　位：不加班
起　草　人：吴维

概　要

协助人力资源经理管理和促进员工福利、公司安全计划、政府规定的遵从及健康和保健计划；协助经理招聘员工，帮助新员工熟悉情况，保存员工档案。

基本工作职能

1. 协助人力资源方面的各种工作活动，包括准备工作安排、发布招聘广告、进行招聘面试、安排对公司的现场参观、核实推荐材料、使新员工和实习生熟悉情况（25%）。

2. 根据人力资源经理的要求，撰写内部和外部来往信函，包括备忘录、员工通知和书信（20%）。

3. 从事符合国家安全生产法规的协调工作，包括主持常规的安全委员会会议、对日常遵守规定情况进行现场督察、组织员工安全培训（20%）。

4. 管理员工福利，包括储蓄、退休、因公伤残补偿、健康和医疗保健福利，回答员工的问题和调查索赔问题（20%）。

5. 准备解雇员工所需文字工作，包括退休金结算、储蓄退发、国家劳动法规定的福利、最后工时结算以及仍欠假期福利费（6%）。

6. 通过重新调整员工档案中的有关资料，使员工的休假病假等假期与实际相一致（5%）。

[①] 此处的说明意在描述雇员将要从事之工作的一般性质和层面，而不应被理解为是对这类人员的责任、职责和技能的要求之全部。此外，这些说明并非一份就业合同，这些说明的内容是否会有变动，将由雇方斟酌决定。

7. 协调指定员工的就业前药物检查和被指定员工的随时性药物检查（4%）。
8. 履行管理层分派的其他有关工作。

知识、技能和能力

1. 关于公司政策、程序、产品和服务方面的知识。
2. 关于人力资源实践工作活动和办事惯例方面的知识。
3. 关于就业法律方面的知识，如：劳动法、劳动合同法，等等。
4. 关于因公伤残补偿索赔管理方面的知识。
5. 关于健康保险索赔管理方面的知识。
6. 与该职务相关的基本要求方面的知识，如职业安全和食品健康法的要求等。
7. 分析思考能力和解决问题方面的技能。
8. 解决冲突的手段与措施方面的技能。
9. 书面与口头交流的技能。
10. 以谦恭有礼的和专业的举止与同事和各种工作上的人际关系进行交往的能力。

教育程度与工作经历要求

管理专业或相关领域大专毕业或同等学力，两年人力资源管理工作实践或同等经历。

体格要求

	0%～24%	25%～49%	50%～74%	75%～100%
视力：必须能够看清计算机屏幕、数据报告和其他文件。				√
听力：必须能够足以与同事、员工和顾客交流、参加各种会议和准备公司信息。				√
站立和行走：			√	
攀登、俯身、蹲跪：			√	
举、拉、推：用指拨弄、抓弄、触觉：必须能够写、打字和使用电话。			√	

工作条件

正常工作条件，不存在令人讨厌的状态。

职位设计和工作说明书在很多企业做得并不成功，这将直接影响到企业招聘是否顺利。下面引用一个实例予以分析。

【案例分析】

从一个招聘个案看高级职位的设计

一、蹩脚的招聘

A公司为一传统产业上市公司，隶属于B集团，由B集团公司控股。今年伊始，C投资公司通过控股并托管B集团从而间接控制A上市公司。C投资公司资产逾30亿元人民币，目前控股多家海内外上市公司，近年来在国内主要是以证券市场运作为主，较少涉足产业经营。在入主 B 集团后，C 投资公司公开高薪招聘派驻 B 集团的人力资源总监，并且委托多家知名猎头公司代为寻找。其中一家著名的猎头公司开列的条件如下：

1. 年龄在 32～40 岁，硕士以上学历；
2. 5 年以上大型企业人力资源管理经验，至少担任 3 年人力资源总监；
3. 熟悉中国劳动人事政策及相关法律、法规；
4. 熟悉中西文化、西方人力资源理论；
5. 富有团队精神和战略眼光，具有出色的组织能力、判断能力和沟通能力；
6. 年薪 20 万以上。

表面看来，这家猎头公司给出的资质要求较为明确，按图索骥即可。然而对于应聘者来说，仍然是一头雾水，不明所以。这里有许多标准难以有效量化的原因，关键还在于招聘方并没有给出详尽的岗位工作内容、流程描述与工作目标要求，而这对于一个真正懂行的人力资源总监来说是至关重要的，因为他（她）要借此判断自己的工作经验与能力特点能不能胜任工作，这涉及聘任的一个基本原则，即判断自己是不是最为合适，而不一定是最好的人选。在与 C 投资公司的接触过程中，我们发现 C 公司对要招聘什么样的人力资源总监，自身实际上也模糊不清。C 公司虽然在道理上明白人力资源总监这一职位的重要，然而并不能明确人力资源总监及其所属部门在公司经营战略及组织中的地位与作用，不能明确其真正的工作内容与流程及工作目标要求，因而就难以对这一职位提出客观的评价与要求，从而导致整个招聘过程充满不确定性，招聘周期过长，招聘费用加大，在社会上带来一定负面影响；并且难以设计、实施与此高管职位相对应的岗前定向培训和工作铺垫，导致不能理性规避其工作过程中由于能力原因及工作失误造成的失败风险，加大了聘任失败的可能。我们最不愿意看到这样的情况，而这种情况在聘任过程中却最容易发生，即聘任失败不是由于应聘者工作能力与人品的原因，而是由于应聘者的个人专长与岗位工作要求不相匹配，从而导致工作不能有效开展。这无论对于用人单位还是应聘者来说，都意味着巨大的实际利益与机会损失。

鉴于此，我们对 A、B、C 公司进行了较为详细的资料搜集与分析，明确所要聘任人力资源总监的具体工作环境，以期用现代人力资源的理念与方法，找出 C 公司人力资源总监聘任的解决方案。

二、详细工作分析

人力资源部门既然作为企业经营管理中枢，人力资源总监作为战略的制定与执行者，是如何通过其切切实实的工作体现出来的呢？这里我们要消除这样一个误解，就是说并不是要人力资源部门取代其他部门（譬如企划部、市场部、资本运营部等）的工作，也不是对其他部门工作的简单综合，而是在企业经营过程中制订切实的目标与计划、提供有效的组织与资源保障，并监督指导实施。与以往的行政支持根本不同的是，它不是被动地提供服务，而是以其为中心的主动参与。

具体到 A 公司（B 集团）战略制定，他要完成以下工作：

1. 对 A 公司（B 集团）自身及所属产业与市场格局进行全方位调研与深入剖析，了解自身及产业资源配置状况，把握产业发展趋势，寻找资产优化重组突破方向，明确相关资源调配途径；
2. 提出资产优化重组方案，进行可行性分析、筛选与论证；
3. 建立资本运作模型，探讨运作模式，进行可行性分析、论证；
4. 在此基础上给出人力资源配置及组织保证体系设计方案。

具体到这个调研过程，在明确调研目的、目标与计划的前提下，他要选择最为合适的人员（不一定都在企业内部），建立高效的组织（不一定是固定的部门），确定科学合理的流程（便于质量控制），规范制度保障体系（减少偏差），以保证调研结果的真实可信。在这个过程，从某种程度来讲，他类似于一个导师般的人物。

对于人力资源总监而言，如果说战略的制定还主要是程式化工作的话，那么战略的实施几无固定程序可循，他的水准高低正是从对资源的调配指挥得以体现。资源的优化配置首先意味着对资源的控制与争夺，在这里我们所说的资源已不仅仅指有形的资产，而是指无形的社会力量，它包括政府（包括证监部门）、媒体、专家等一切可以对经济活动施加巨大影响的组织群体。从某种意义上说，正是这种无形的社会力量控制着有形的资源分配。因而，他首先要优化整合的资源就是政府、媒体、专家网络，将三者与自身企业纳入共同的体系之中，以取得机制上的保障。

因而，从C公司托管B集团起，他就要明确，不能仅仅从C公司或者B集团（A公司）单独利益角度看待问题，他是要在兼顾各个利益集团整体利益的基础之上，寻求自己公司的利益最大化与最优化。

不能否认，他也必须领导人力资源部门完成B集团内部的组织再造，在这里已经非常明确的是，B集团的组织再造必须服从C公司整体产业整合的要求，它只是C公司整体人力资源计划的一个组成部分而已。并且从企业内部来讲，他首先要建立公司与企业内部不同利益主体之间通常的沟通与信息传递渠道，同时利用信息的不对称来平衡不同利益主体之间的利益冲突，消弭隐患于无形……

在全面完成对B集团的购并及组织改造并理顺B集团外部的生存环境后，他就要着手准备产业整合，落实战略实施所需的人力资源及组织保障体系。

三、清晰任职资质

通过以上的分析，读者应该已经可以很容易书面给出C公司人力资源总监的工作描述，有些读者也许会产生越来越大的困惑：这还算得上是一个人力资源总监的工作吗？

首先，在这位总监身上有太多部门与职位的影子，他已经由一位"专"家成为一个"杂"家。

实际上，这正顺应了现代职业发展趋势。现代职业发展，一个走向专业的极度细化，一个走向专业的高度综合。专业细化的结果使部门与岗位的界定标准越来越清晰；而专业高度综合的结果却使某些部门间、职位间的边缘界限越来越模糊，并导致某些职位向关键角色转换。这就迫使人力资源部门在传统的职位设定、工作分析、聘任级培训等方面做出相应调整甚至是革命性的变革。

其次，他的工作已与传统的（主要还是西方企业的）人力资源总监有着很大的不同。

这更容易理解。西方发达国家有一个良好的市场与法律环境，以及一个完善的职业教育体系。这种环境造就了整个体系规范的行为、良好的信用，因而人力资源部门往往借助于规范的流程运作就可以解决问题。

从工作经历角度，这个工作职位要求他具有相当的金融证券投资背景，有操持"虚"盘的理论与经验；同时又要求他具有确确实实中、大型企业经营管理（一定的高管资历与业绩）工作经历，明白"实"盘的结构与运作（这里一定要避免的是，由纯操作"虚"盘的人来运作"实"盘）；他最好还要具有政府与媒体的关系与网络，熟悉政府与媒体的思维运作模式、利益取向与特点，使自己作为通道枢纽有机地将"实"盘与"虚"盘联系起来；当然，他必须要有人力资源管理经验。

从知识结构角度，要求复合型，强调再学习能力，核心知识板块为金融投资、企业经营管理、人力资源管理；学历要求应不低于本科学历，当然以海外正式院校获取证书的 MBA 为佳。这里强调海外 MBA，是因为西方 MBA 教育是一种职业教育，注重的是职业技能的培养；而中国的 MBA 教育基本上是一种学历教育，"黑板经济学"背景，理论色彩浓厚。

从年龄角度，一般来说，一个人正常完成大学教育是在22~23岁左右，按照美国佛罗里达州州立大学心理学家阿里克森博士的实验研究成果，任何人在某一领域拥有长期工作记忆功能和由此产生的天才表现，差不多要经过这个领域十年左右的努力与训练，再考虑社会的认可程度，一般年龄在32岁以上为宜。这也与我们长期的经验感觉相吻合。

从技能角度，他要有出色的谈判技巧与场面控制能力，譬如劳资谈判要求的果断与速战速决，商务谈判要求的节奏把握与局势控制；他还要具备出色的社交与沟通能力……

从个性特点、组织能力、团队精神角度……

随着分析的深入及接近尾声，我们对他的任职资质越来越清晰，却也发现相应的资质标准越来越难以有效量化，这就难以消除在招聘过程中由于招聘测评人员主观因素导致的偏差；并且由于人才成长过程与环境的特殊性，使人才具备极大的个性化特点，完全符合资质标准也极不现实，这就不可避免地导致所聘任人员能力趋向与目标实际需求间产生偏差；同时，由于工作环境以及行业的变迁，地域文化差异，工作习惯、工作方式方法等不同都可能导致其实际能力与工作表现间产生偏差。因而如何减小及消除这些偏差，就成为人力资源管理新的课题。对于高级职位来说，职前目标定向培训，作为消除这一偏差的核心管理技术，为许多西方公司所采用，而中国企业在这个领域里基本上还属空白。

（资料来源：赵波，载《21世纪人才报》，2005-08-15）

本章小结

【重点再现】

本章首先简要地介绍了人力资源规划技术基础，包括需求预测与供给预测，并介绍了 HRIS 的基础知识；接着从工作分析的基本概念出发，介绍了职务和职位的概念以及区别，工作分析的基本方法和流程；最后用实例介绍了工作说明书的具体撰写。

（1）人力资源规划指制定新的决策和方案来使人力资源管理在市场和组织需求变化的条件下保持有效应对的过程，人力资源规划包括需求预测与供给预测。

（2）工作分析（Job Analysis）也可称为职务分析，是人力资源管理最基本的工作之一。它是一种系统地收集和分析与职务有关的各种信息的方法。工作分析的方法包括观察、现场访谈、问卷调查、计算机职务分析系统。

【难点突破】

（1）虽然职务（job）与职位（position）这两个术语经常被交替使用，但两者之间的侧重仍略有不同。一份职务一般是将某些任务、职责和责任组为一体而成；而一个职位则是指由一个人来从事的工作。

（2）人才招聘标准必须以工作分析的结果为准绳，工作说明书中的能力、资格、体质等要求必须以完成该职位工作为依据，否则可能陷入歧视、非法的难堪境地。

作业与练习

一、名词解释
人力资源规划　　工作分析

二、简　答
1. 工作分析的作用有哪些？
2. 回答职务和职位的概念，并对两者举例进行区别。

三、论　述
利用本章所学，虚拟一家企业，并为该企业的某职位撰写一份工作说明书。

四、案例思考

● 案例 1

工作职责分歧

一个机床操作工把大量的液体洒在他机床周围的地板上，车间主任叫操作工把洒掉的液体清扫干净，操作工拒绝执行，理由是工作说明书里并没有包括清扫的条文，车间主任顾不上去查工作说明书上的原文，就找来一名服务工来做清扫工作。但服务工同样拒绝，他的理由是工作说明书里没有包括这一类工作。车间主任威胁说要把他解雇，因为这种服务工是分配到车间来做杂务的临时工。服务工勉强同意，但是干完之后即向公司投诉。

有关人员收到投诉后，审阅了机床操作工、服务工和勤杂工这三类人员的工作说明书，机床操作工的工作说明书规定：操作工有责任保持机床的清洁，使之处于可操作状态，但并未提及清扫地板。服务工的工作说明规定：服务工有责任以各种方式协助操作工，如领取原料和工具，随叫随到，即时服务，但也没有包括清扫工作。勤杂工的工作说明中确实包含了各种形式的清扫，但是他的工作时间是从正常工人下班后开始。

【讨论思考题】
1. 对于服务工的投诉，你认为该如何解决？
2. 如何防止类似意见分歧的重复发生？
3. 你认为该公司在管理上有何需改进之处？

• 案例 2

绿色化工公司

白某三天前才调到人力资源部当助理,虽然他进入这家专门从事垃圾再生的企业已经有三年了。

白某面对桌上那一大堆文件、报表,有点晕头转向:我哪知道要我干的是这种事。原来副总经理李勤直接委派他在10天内拟出一份本公司五年人力资源计划。

其实白某已经把这任务仔细看过好几遍了,他觉得要编制好这计划,必须考虑下列各项关键因素:

首先是本公司现状,它共有生产与维修工人825人,行政和文秘白领职员143人,基层与中层管理干部79人,工程技术人员38人,销售员23人。

其次,据统计,近五年来职工的平均离职率为4%,没理由预计会有什么改变。不过,不同类的职工的离职率并不一样,生产工人离职人率高达8%,而技术和管理干部则只有3%。

再则,按照既定的扩产计划,白领职员和销售员要新增10%~15%,工程技术人员要增5%~6%,中、基层干部不增也不减,而生产与维修的蓝领工人要增加5%。

有一点特殊情况要考虑:最近本地政府颁行一项政策,要求当地企业招收新职工时,要优先照顾妇女和下岗职工。本公司一直未曾有意地排斥妇女或下岗职工,只要他们来申请,就会按同一种标准进行选拔,并无歧视,但也未予特殊照顾。如今的事实却是,几乎全部销售员全是男的,只有1位女销售员,中、基层管理干部除2人是妇女外,其余也都是男的;工程师里只有3个是妇女;蓝领工人中约有11%的妇女或下岗职工,而且都集中在最底层的劳动岗位上。

白某还有7天就得交出计划,其中得包括各类干部和职工的人数,要从外界招收的各类人员的人数以及如何贯彻市政府关于照顾妇女与下岗人员政策的计划。

此外,绿色化工公司刚开发出几种有吸引力的新产品,所以预计公司销售额五年内会翻一番,白某还得提出一项应变计划以备应付这种快速增长。

【讨论思考题】
1. 白某在编制计划时要考虑哪些情况和因素?
2. 白某该制定一项什么样的招工方案?
3. 在预测公司人力资源需求时,白某能采用哪些计算技术?

本章术语

| 人力资源规划 | 工作分析 | 职务 | 职位 | 人力资源信息系统 |
| 需求预测 | 供给预测 | 职务说明 | 职务要求细则 | |

学习活动

利用本章所学习的内容，回忆以往工作或者实践经历中所见到的的工作说明书，结合本章学到的理论分析该工作说明书的优劣以及改进建议。

参考资料

[1] 彼得·F.德鲁克.管理——任务，责任，实践[M].北京：中国社会科学出版社，1990.
[2] 彼得·F.德鲁克.有效管理者[M].北京：工人出版社，1989.
[3] 赫伯特·A.西蒙.管理行为[M].北京：机械工业出版社，2007.
[4] 弗莱蒙特·E.卡斯特，詹姆斯·E.罗森茨维克.组织与管理：系统方法与权变方法[M].北京：中国社会科学出版社，2000.
[5] 赵曙明.人力资源管理研究[M].北京：中国人民大学出版社，2001.
[6] 赵曙明.国际人力资源管理[M].北京：中国人民大学出版社，2012.
[7] 赵曙明.人力资源战略与规划[M].北京：中国人民大学出版社，2012.
[8] 劳伦斯·S.克雷曼.人力资源管理[M].北京：机械工业出版社，2009.
[9] 张磊.人力资源信息系统[M].大连：东北财经大学出版社，2002.
[10] 吴振兴.人事经理工作手册[M].哈尔滨：哈尔滨出版社，2006.
[11] 于桂兰，于楠.劳动关系管理[M].北京：清华大学出版社，2011.
[12] 周三多，陈传明，鲁明泓.管理学：原理与方法[M].南京：南京大学出版社，2011.
[13] 陈维政，余凯成，程文文.人力资源管理[M].合肥：中国科技大学出版社，2011.
[14] 宋联可，杨东涛.高效人力资源管理案例：MBA提升捷径[M].北京：中国经济出版社，2009.

第二章　招聘过程

【学习指导】

1. 学习目标

（1）了解招聘策略。
（2）了解招聘选拔的基本程序和流程。
（3）理解掌握雇员租赁、工作合适度、组织合适度的概念。
（4）理解掌握内部招聘和外部招聘的联系与区别。
（5）掌握招聘广告的写作技巧并能熟练写作合格的招聘启事。

2. 学习建议

学习时间：3~5小时。
第一节建议学习时间：1~1.5小时。
第二节建议学习时间：1~2小时。
第三节建议学习时间：1~1.5小时。

3. 学习重难点

（1）灵活雇用的重要管理理念。
（2）内部招聘和外部招聘各自的优缺点。
（3）工作合适度和组织合适度的协同。
（4）招聘广告的写作技巧和注意事项。

第一节　招聘准备

员工招聘和选拔就是选择潜在的任职者，本书将分两章来讲解：本章我们首先讨论招聘，第三章我们主要讨论人才的选拔与测试。招聘是为企业的职务空缺找到一批合格的申请人，如果合格的申请人在数量上正好等于所需雇用的数量，就不存在所谓的选择问题，因为"选择"已经自然而然地决定了。在这种情况下，企业如果不接受所有的申请人，就不得不让某些职务继续空缺。目前，许多企业都在为缺少具有所需求的相应知识、技能和能力的人力资源而苦恼。

一、招聘策略

随着各种竞争压力接踵而至，采用何种招聘策略对许多企业来说至关重要。企业无论规模大小，在招聘工作之前都必须做出下列的决定：
（1）企业需要招聘多少人员？
（2）企业将涉足哪些人力市场？
（3）企业应该雇用固定员工，还是应利用其他灵活的雇用方式？
（4）在企业内外同时聘用时，企业应在多大的程度上侧重从内部聘任？
（5）什么样的知识、技能、能力和经历是真正必需的？
（6）在招聘中应注意哪些社会与法律因素的影响？
（7）招聘时对多样性和赞助性行动的关注如何体现？
（8）企业应怎样传递关于职务空缺的信息？
（9）企业招聘工作的力度如何？

（一）招聘和人力市场

在各种人力市场上，企业为雇用人力而竞争。人力市场是企业吸收人力的外部源泉，如果在人力市场上，企业招不到理想的人员来开展工作，那么它们吸收和保持人力的能力就会下降，企业实现各种目标和战略的能力也将受到限制。

划分人力市场的方式多种多样，如可按地理区域划分、按技术类型划分或按教育程度划分等。人力市场也可以按管理人员、职员、专业和技术人员及蓝领员工等来进行划分。按区域分类，则可分为地方性的、区域性的和全国性的人力市场。在必要时，还可包括国际性的人力市场。

（二）招聘与灵活雇用

企业日益重视分析研究到底应该招聘全日制职工，还是利用其他的雇用方式。越来越多的企业发现，保持全日制职工的成本变得过高，而且由于政府强制规定的各种报酬（比如"五险一金"），企业用于全日制职工的费用还将进一步提高。

但花费只是问题的一个方面，另一方面的问题是政府关于雇用关系的大量硬性规定，这些规定使得企业即使在经济高涨阶段也不情愿雇用新的员工。而采用其他雇用方法，不仅可使企业避免种种争议和纠纷，还可免除诸如带薪假期和退休金计划等全日制福利所导致的成本费用。

灵活雇用制指利用企业外部的各种人员或机构，如利用个体承包商、临时工和雇员租赁等方式。下面就各种灵活雇用方式作简要介绍：

1. 个体承包商

有些企业雇用个体承包商来从事某些以合同为基础的特别劳务。不过，这些个体承包商必须是独立的。个体承包商被用于许多领域，包括人力资源管理等专业外包、建筑设施维护、安全保卫、广告制作和公关等。实践表明，由于此种灵活雇用制不必提供各种福利，雇主由此可以节省大约40%的成本费用。

2. 临时工

那些想用临时工的企业，既可以雇用自己的临时工，也可以使用专门提供临时工的机构所提供的临时工。这类机构按照日工资或月工资的方式收费。如果企业的工作量经常随季节或其他波动而变动（比如空调安装工），那么使用临时工就颇有必要。否则，如果全部雇用正式员工来应付旺季业务高峰期的需要，那么，在经营处于淡季低谷时，企业要么必须找些事情给这部分员工做，要么就只有解雇多余的员工。

3. 雇员租赁

雇员租赁是近年来广为人知的概念。雇员租赁的过程非常简单：企业与雇员租赁公司签订一个合同，然后，企业的雇员就由此变为租赁公司的雇员，租赁公司再将这些雇员回租给这企业。通过支付一笔小额费用，小企业主或独立经营者就将其员工移交给了租赁公司，此后租赁公司将负责发放工资、支付税收、制定和实施人力资源政策以及保持所有必需的记录。所有这些服务均需要一定的费用，租赁公司的服务收费大约占月工资的 4%～6%。

（三）内部和外部招聘

在填补职位空缺时，不论是从内部提拔还是从企业之外雇用，都各有其利弊。表 2.1 概括了这两种做法各自常被列举的优缺点。

表 2.1　内部和外部招聘的优缺点

	优　点	缺　点
内部招聘	• 可提高被提升者的士气 • 对员工能力可更准确地判断 • 在有些方面可节省花费 • 可调动员工的工作积极性 • 可促成连续的提升 • 一般只需从最低级别的员工中选拔	• "近亲繁殖"（企业视野逐渐狭窄） • 未被提升的人或许士气低落 • "政治的"钩心斗角 • 必须制订管理与培养计划
外部招聘	• "新鲜血液"有助于拓宽企业的视野 • 比培训专业人员要廉价和快速 • 在企业内没有业已形成的"小集团"	• 可能引来企业窥察者 • 可能未选到"适应"该职务或企业需要的人 • 可能会影响内部未被选拔的候选人的士气 • 新员工需要较长的"调整期"或熟悉时间

大多数企业实行内外招聘并举。如果某一企业的外部环境和竞争情况变化非常迅速，它就既需要开发利用内部人力资源，同时又必须侧重利用外部人力资源。对那些外部环境变化缓慢的企业来说，从内部进行提拔往往更为有利。

笔者认为：内部招聘和外部招聘各自的优缺点基本互补，考虑到企业的稳定发展，企业最好首先考虑实行内部招聘，优先培养发展现有人力资源潜能；内部实在找不到合适的人力资源，可以考虑从外部补充。当然，有时考虑到企业的远景规划与发展，也需要优先从外部延揽人才，占领人才的制高点，但要注意内部人才和引进人才的协同发展。

二、招聘程序

以招聘规划作为基础，企业就可对招聘视野予以恰当的定位。图 2.1 列出了一个典型的招聘过程所需经过的各个步骤。

招聘必须遵从各种法规的要求：招聘广告应当真实可信，不得有虚假的内容和违法的信息；招聘现场不得有非法的行为；招聘过程不得有歧视性做法，尤其是不得对内部外部的残疾人有歧视。所谓外部歧视，乃是指在企业所进行招聘的人力市场上，该企业所雇用的受残疾人保护法保护的群体成员，在比例上低于该群体成员应被雇用的比例。

（一）内部招聘

内部招聘来源包括当前雇员、当前雇员的朋友、以前的雇员和以前的申请人。提升、降职和调任等虽然不能为整个企业增加人手，却可使企业某个部门的人员数量得以增加。

在内部聘用优于外部招聘的各种情形中：其一，是内部聘用容许管理层有一定的时间对提升（或调任）候选人进行观察，从而可较准确地了解和估计其潜能和工作表现。其二，通过提升自己的员工来填补职务空缺，可以大

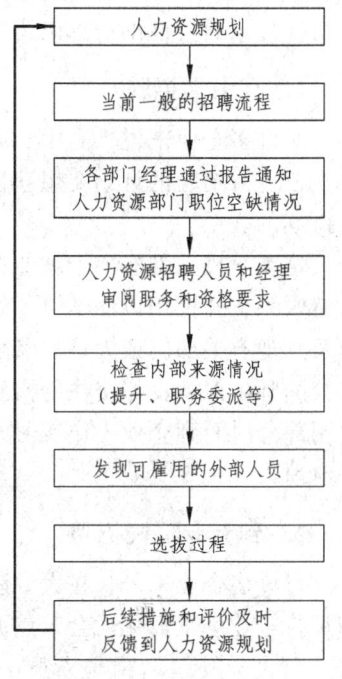

图 2.1 招聘流程图

大调动员工的工作积极性。如果管理层的政策主要是从外部招聘，那么现有员工就很少有理由认为自己应该比目前工作所要求的更卖力。企业之所以在一般情况下首先选择从内部聘用合格的人员，其主要原因就是基于这方面的考虑。

当企业需要聘用内部员工到其他职务上去工作的时候，所主要采用的方法是职务公开招募制度。职务公开招募和竞争上岗是一种制度，在这一制度下，企业公开发布职务空位的信息，员工可根据通知申请某项职务空缺。企业可通过张贴通告、散发通知书或其他方式，向员工通告现有职务空缺并邀请员工对这些职务提出申请。在有工会组织的企业中，职务委派和竞争上岗的程序往往是很正式的，其具体程序一般都列入了劳工合同。在内部聘用中，企业也可采取论资排辈的方法，使提升非常严格地以资历为基础，即根据候选人资历深浅的排序来安排提升。

如果处理不当，公开招募与竞争上岗制度也可能收效不佳。职务空缺通常首先从内部委任，然后再开始对外招聘。这就要求企业必须给予员工一个适当的时间期限，以使他们在对外招聘之前能够仔细查看现有职务空缺的通告并有足够时间准备相关资料。并且，当职工的申请被拒绝后，他们应有机会与主管或其他人力资源部门的有关人员进行讨论，以了解自己的欠缺之处，从而明确为提高自己今后的晋升机会所需要的具体知识、技能和能力而努力。

(二)外部招聘

对某项职位来说,如果没有合适的内部人选,就需要利用各种可资利用的外部来源。这些来源包括学校、学院和大学、就业服务机构、提供临时性帮助的企业、工会、媒介信息以及交换性或商业性的信息渠道。

1. 在中学招聘

对许多企业来说,高中、职业或技术学校是新雇员的一个很好的来源。不过,企业在这些学校进行招聘的计划要想获得成功,就必须对有关事项进行仔细的分析,并与有关学校保持持续的联系。

这类学校大都有一个就业指导或工作安排办公室,企业应与这些办公室的负责人建立并保持联系,并把用以使学生了解职务起点与发展机会的宣传手册分发到学校的辅导员、图书馆及其他有关部门或人员。参加学校的就业指导日和组织意向学生到企业实地参观,也是与学校的师生保持良好交往的措施之一。此外,企业还可与学校制订一种校企合作计划,让学生用部分时间到企业工作实习并给予一定的学分,这一做法有助于产生一批合格的全日制职务申请人。

2. 到大专院校招聘

对许多企业来说,在大专院校招聘毕业生是一项大规模的工作。尽管许多院校每年都定期举行毕业生供需见面会,然而院校内的招聘存在着某些值得关注的独特问题。

在大学校园内招聘人员一般要付较高的价码,因此,企业必须考虑,空缺的岗位是否确实需要大专以上学历的毕业生。实际上,不少职位并无此必要,但大多数企业却坚持用大专以上学历毕业生来填补这些职务空缺。结果导致,如果这类员工对这些职务缺乏兴趣,那么企业要么必须支付更高的薪酬来保留他们,要么就只好眼巴巴地看着他们离职而去。

3. 利用媒体信息资源招聘

媒体信息资源有互联网、报纸、杂志、电视、广播以及告示牌等,它们被广泛地用于招聘工作。当在媒体上作招聘广告时,企业应首先考虑以下问题:
(1)企业到底要完成些什么任务?
(2)企业究竟需要面向什么人?
(3)广告到底要传送些什么信息?
(4)这些信息应怎样呈现?
(5)运用哪种媒介形式最合适?

举例来说,如果只是招聘无需学历要求的年龄40岁以上的保洁人员,那么在互联网等一些新兴媒体做广告,显然是失策的;因为一般而言40岁以上的保洁人员少有对互联网等新兴媒体感兴趣或熟悉的。

(三)招聘工作考核

对招聘工作的成功与否进行考核是十分重要的,因为只有通过这种考核,才能发现有关工作在时间上和花费上是否符合尽可能节约的原则。招聘工作考核的主要角度包括：

（1）申请人的数量。由于一个好的招聘计划的目的是引来大量可供选择的申请人，因此申请人数量应作为评价招聘工作的自然起点。应考核的问题是：申请人的数量是否足以填满全部工作空缺？

（2）申请人的质量。除了数量以外，另一个应关注的事项，是申请人中符合资格者是否足以填满职务空缺。这方面应考核：这些申请人是否符合职务细则的要求，以及他们是否有能力从事这些职务？

（3）平均雇用一个人的成本。平均雇用成本因所需填补的职务数量而易。但是，欲知填补一个职位空缺的成本是多少，还需考虑到人员更替率和工资成本。须知，招聘工作所花费的最大一笔单项支出，是从事招聘工作的员工的工资。此外，应考核的事项还有：用于任何单个的发布招聘信息之媒介的费用是否过高？

（4）用于填补空缺所需的时间。用于填补空缺所花费的时间是评价招聘工作的另一个尺度。应该考核：合格的申请人是否很快填补了职位空缺，从而使得企业的工作和生产水平并未因空缺而延误？人力资源经理们一般都应该非常清醒地认识到，招聘工作是一项十分重要的工作事项。如果无法招到足够的、合乎要求的各类员工，企业就将为此付出重大的代价。

在对招聘工作的成效进行成本—效益分析时，应将直接成本（广告费、负责招聘的员工的工资、差旅费、中介机构费、电话费等）和间接成本（经理人员的工作参与、公关和企业形象等）都计算在内。

对效益得失的权衡应包括：

（1）从与申请人接触到正式雇用之间的时间长度。

（2）申请人的数量。

（3）接受职务的人数与被同意雇用人数的比例。

（4）符合资格的申请人占全部申请人的比例。

总之，由于需被填补的空缺职位在性质上和所需填补时间上不尽相同，每个招聘渠道的有效性也因此有所差别。除非进行核算，否则其效果究竟如何就无从知晓。

【小资料】

跨国公司员工招聘之怪招

日产公司——请你吃饭

日产公司认为，那些吃饭迅速快捷的人，一方面说明其肠胃功能好，身强力壮，另一方面他们往往干事风风火火，富有魄力，而这正是公司所需要的。因此对每位来应聘的员工，日产公司都要进行一项专门的"用餐速度"考试——招待应聘者一顿难以下咽的饭菜，一般主考官会"好心"叮嘱你慢慢吃，吃好后再到办公室接受面试，那些慢腾腾吃完饭者得到的都是离开通知单。

壳牌石油——开鸡尾酒会

壳牌公司组织应聘者参加一个鸡尾酒会,公司高级员工都来参加,酒会上由这些应聘者与公司员工自由交谈,酒会后,由公司高级员工根据自己的观察和判断,推荐合适的应聘者参加下一轮面试。一般那些现场表现抢眼、气度不凡、有组织能力者会得到下一轮面试机会。

假日酒店——你会打篮球吗

假日酒店认为,那些喜爱打篮球的人,性格外向、身体健康,而且充满活力、富于激情。假日酒店作为以服务至上的公司,员工要有亲和力、饱满的干劲,朝气蓬勃,一个兴趣缺乏、死气沉沉的员工既是对公司的不负责,也是对客人的不尊重。

美国电报电话公司——整理文件筐

先给应聘者一个文件筐,要求应聘者将所有杂乱无章的文件存放于文件筐中,规定在10分钟内完成,一般情况下不可能完成,公司只是借此观察员工是否具有应变处理能力,是否分得清轻重缓急,以及在办理具体事务时是否条理分明,那些临危不乱、作风干练者自然能获高分。

统一公司——先去扫厕所

统一公司要求员工有吃苦精神以及脚踏实地的作风,凡来公司应聘者公司会先给你一个拖把叫你去扫厕所,不接受此项工作或只把表面洗干净者均不予录用。他们认为一切利润都是从艰苦劳动中得来的,不敬业,就是隐藏在公司内部的"敌人"。

(资料来源:李健海,载《市场报》,2005-09-14)

第二节 招聘选拔的基本程序和技术

一、人才选拔的性质

人才招聘的关键就是人才选拔的问题,选拔是选择具有资格的人来填补职务空缺的过程。选拔工作起于各部门经理或负责人需要雇人来填补空缺之时。在大企业,这一需求将以需求报告的形式送往企业就业办公室或人力资源管理部门。与需求报告同时提交的还有每项职务的职务说明,有时也可能附带职务要求细则。人力资源专业部门根据这些职务说明和职务要求细则开始启动整个招聘过程。也就是从前来应聘的人员中,选择某些人来担任有关的职务。对较小的企业来说,则通常是企业经理本人亲自处理整个过程的各个事项。

与其他工作相比,员工的选拔更应被视为一个匹配的过程。应聘者的各种技能与职务各种要求间的差距是未能受聘的最普遍的原因。一个雇员与职务的匹配程度如何不仅影响该雇员的产出数量和质量,还会影响培训需要和经营成本。如果一个员工不能生产出企业所期望的数量和质量,就会给企业造成数量可观的财力和时间上的损失。

二、选拔标准

由于特定的知识、技能和能力对于履行一项特定的职务是如此的重要，因此就必须将它们作为选拔的标准。

选拔标准就是指那些非常重要从而若想被雇用应聘人就不得不达到的标准。这些选拔标准应该通过仔细的职务分析和工作说明来确定。确定这些标准的目的，是预计申请人卓有成效地从事某一项任务的可能性。例如，对一个簿记员来说，必须具备将收据和凭单中的数额准确地计入分类账或数据库的能力，这种能力就是一条选拔标准。一个申请人是否具备准确的抄写能力，可以在雇用之前借助一项抄写能力测验来衡量。有关如何测量应聘者的各种能力的技术将在本节予以阐述，并将在第三章结合招聘现场分别演示。

三、选拔程序

大多数企业采用某些通用的步骤来受理职务申请。除了这些基本步骤之外，各企业还可能采取其他一些不同的措施，采取这些不同措施的主要原因，在于企业在各个方面的差别，包括企业在规模上的差别、需被填补的职务在性质上的差别、所需雇用人数上的差别以及外部力量所施压力上的差别，如是否必须顾及平等就业机会要求以及照顾某些特殊人群等。

图 2.2 描述了选拔过程的一般流程。

（一）应聘接待

选拔过程的接待阶段给人的感觉如何，将影响应聘人对企业甚至对企业产品和服务的看法。被选来与应聘人初次会面的人员应该比较机敏，同时应能够以谦恭有礼和友好的举止提供应有的帮助。如果没有适合应聘人的职务，就应该在此阶段如实告之。接待人员必须以诚实和明确的态度告知申请人各种就业机会的可能性。

（二）事前交谈和兴趣甄别

在允许应聘人填写申请表格之前，一个比较适当的做法是与申请人进行一次简短的交谈。这种交谈被称为初步兴趣甄别谈话或者事前职务介绍谈话。这种交谈的目的，是了解求职者是否符合企业现有职务的要求。

在多数大企业，初步甄别工作一般由就业办公室或人力资源部门的有关人员来负责。在有些情况下，也可让申请人先填完申请表再与之进行短暂的交谈。

有些企业在招聘广告中过分吹嘘其职务，使这些职务听起来好于其实际情况。真实的事

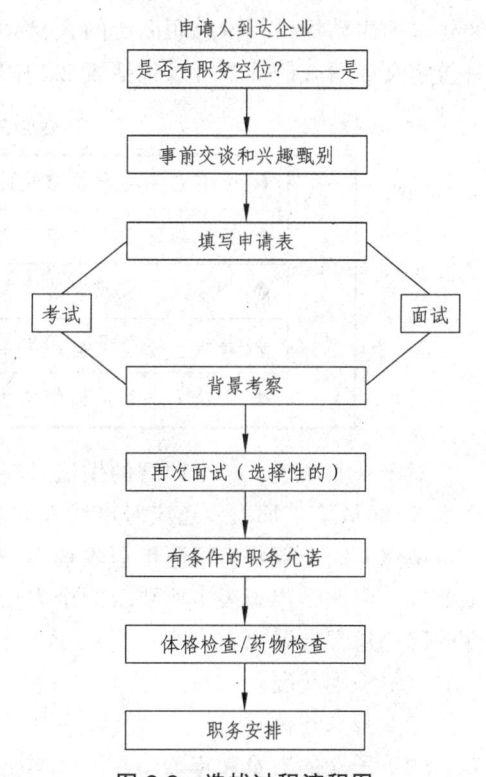

图 2.2 选拔过程流程图

（流程：申请人到达企业 → 是否有职务空位？——是 → 事前交谈和兴趣甄别 → 填写申请表 → 考试 / 面试 → 背景考察 → 再次面试（选择性的） → 有条件的职务允诺 → 体格检查/药物检查 → 职务安排）

前交谈的目的，就是告诉求职者企业自身对于某项职务的真实看法，以使求职者能够准确地衡量该职务是否符合自己的期望。企业应通过向求职者准确地描述各项职务的真实情况，来消除求职者不切实际的期望和降低各种过分的奢望。这样做可以最终减少在职者的不满程度和流失数量，确保雇员队伍的稳定性。

（三）填写申请表

在招聘工作中，填写申请表是一种被广泛采用的形式。一份精心制作的申请表可以具有以下四种功用：

（1）它提供了一份关于申请人愿意从事这份职务的记录。
（2）它为负责面试的人员提供了一份可用于面谈的申请人小传。
（3）它对于被雇用的求职者来说是一份基本的员工档案记录。
（4）它可以用于考核选拔过程的有效性。

考虑到招聘工作可能牵涉到的法律事宜，企业有必要就究竟谁属于申请人下一个准确的定义。如果没有一个书面的东西来定义成为申请人的必要条件，那么任何一个打过电话或未经要求而主动提供一份求职简历的人，都可以在事后声称他们是因为非法歧视而未被雇用的。一份定义申请人的规章可以包括表 2.2 中所列出的各种条件。

表 2.2　就业申请规章

就业申请规章	◆ 只有在存在职位空缺的情况下，各种职务申请才被承认
	◆ 只有填写了正式申请表的各个栏目的人才被认可为申请人
	◆ 一个人的求职申请在某一特定日期后自动失效
	◆ 超过一定数量后的申请恕不受理
	◆ 申请人必须申请特定的职务，而非申请"任何职务"

对于企业来说，一个明智的做法是将所有求职申请保留至少 3 年的时间。如果企业拥有至少 50 名员工，那么，还应对申请人的总量予以统计。

虽然人们一般不将填写申请表视为一种"测试"，但实际上，填写申请表本身属于就业测试范围。因此，申请表中所要求的个人信息资料必须与职务有关。申请表中经常包括的隐私性的问题通常涉及以下内容：

（1）婚姻状况。
（2）身高与体重。
（3）子女的数量和年龄。
（4）关于配偶的信息。
（5）高中毕业日期。
（6）紧急情况下的联系人。

求职申请表可简单也可复杂，具体情况要视本公司实际而定。表 2.3 给出了一份简略的图示性的求职申请表样本，我们将在课堂上给出一份比较复杂的求职申请表样本。

表2.3 求职申请表样本

个人基本情况	姓　　名		婚姻状况	
	籍　　贯		出生日期	
	联系电话		户　　籍	
	家庭住址			
	身份证号码			
	紧急情况联系人			
	备　　注			
学习经历	时期	受教育学校	证明人	联系电话
工作简历	时期	公司名称、曾任职务	证明人	联系电话
已拥有的技能	计算机级别			
	驾照类型			
	英语级别			
	其　　他			
工作申请	申请职位		如有身体上不能适应的工作，请注明	
	希望待遇		何时可上班	

（四）选拔测试

对于企业人力资源管理者来说，招聘到和企业发展相适合的人员是人力资源管理的基础工作之一。由于招聘对企业的重要性，企业在招聘上往往要投入许多精力和物力。企业招聘的核心就是运用各种方法对应聘者进行人才测评，发现适合企业发展的人员。

企业在招聘中进行人才测评的目的是发现适合企业发展的人员。根据国外人力资源管理学者在这方面的研究，比较流行的观点是：应聘者和企业的匹配程度越高，应聘者对企业的价值就越大。应聘者和企业的匹配程度又表现为两个方面：工作合适度（Job Fit）和组织合适度（Organization Fit）。

工作合适度指应聘者和所应聘工作的匹配程度，包括是否具有完成工作所必需的专业知识；是否具有干好这项工作所应具备的能力（主动性、判断力和独创性等）；是否和这项工作所应具备的内在动机相一致等。

组织合适度指应聘者和本企业的匹配程度，包括企业是否能提供让应聘者感到最满意的方面；企业是否不具有让应聘者感到最不满意的方面等。

招聘的目标就是要找到并招入工作合适度和组织合适度都比较高的人员,仅将注意力集中在两个合适度任何一方都是有害的。工作合适度高而组织合适度低,就是我们常说的"能干而不想干"的人,反之就是"想干而不能干"的人,这两者都不是企业欢迎的对象。

另外,把工作合适度和组织合适度高的人招入企业,为他和企业匹配程度进一步加深打下了良好基础。比如:工作合适度高的人比工作合适度低的人容易从工作中获得满足,从而能保持较高的工作满意度;组织合适度高的人比组织合适度低的人容易和企业建立良好的心理契约,保持较强的组织承诺度,并愿意长期保持企业成员的身份,而工作满意度和组织承诺度高的人一般能保持较高的绩效水平,并通过企业的绩效评估形成良性循环。而工作合适度和组织合适度低的员工往往表现出低绩效、高旷工和高流失行为。

现实招聘中,任何在就业方面的要求都属于测试,这里重点讨论正规的测试。如图 2.3 所示,就业测试有多种类型。值得注意的是,大多数测试侧重于测量与职务有关的各种水平和技能。有些属于笔试(如算术测试),有些属于动作能力测试,有些属于心理测试,还有一些是使用仪器进行的测试(如测谎器测试)。企业有时使用购自由专门机构所设计的试卷,有时则使用自己设计的试卷。

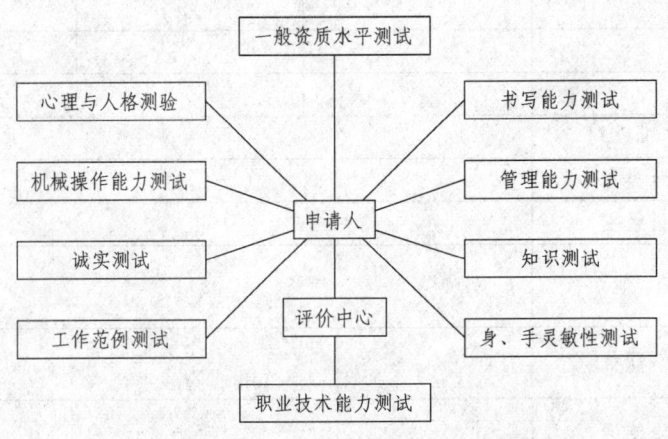

图 2.3 招聘选拔中可采用的各种测试

许多人认为,如果运用和管理得当,正式测试可以使选拔工作大大受益。这一判断为大量的实践证据所支持。出于对平等就业机会要求的考虑,一段时间以来,许多企业曾一度减少或取消了各种考试,主要是害怕这些考试在某种意义上被断定为歧视性做法,从而遭到求职者的投诉甚至司法诉讼。不过,如今运用考试的做法又逐渐增加起来。尤其是每年的国家公务员招录以及许多外资企业乃至大型的国有企业都比较青睐用测试来选拔人才。

当然,企业在招聘中具体采用测试时,应根据招聘的目标,结合招聘时间、金钱、人力预算以及其他人事甄选手段,采取符合企业实际需求的招聘测试策略组合,并决定每种测试方法的繁简程度,争取以较少的投入获取较大的产出。

从以上对招聘测试的评述中我们不难发现:如果一个企业在人力资源管理中工作和职务分析做得越好,那么它在招聘中的目标就会越清楚,就会有更大的可能性找到和企业发展相匹配的人。这一点我们在第一章的工作分析中做了详细的讨论。从这个角度讲,企业在人力资源管理中应当把工作和职务分析当作基础性的工作建设好。

最后应该认识到,我国的心理测量技术水平相对于西方工业发达国家还是非常落后的,心理测量技术在人事测量如招聘中的实际运用还处在初步探索的阶段。除专业知识测试外，图 2.3 中很多测试技术基本上都是从国外直接借鉴而来的。这些测试方法还需要通过大量的实践运用，以形成更符合我国企业和应聘者实际情况的招聘测试策略组合。

本章我们仅就选拔测试的基本概况作初步介绍，具体的讲解我们将在第三章进行。

（五）选拔面试

选拔面试用来判断与工作有关的知识、技能和能力，并确认来自其他来源的信息资料。这种深入的面试可对来自申请表、各种测试和推荐材料的信息进行综合性的核对，以便做出最后的选拔决定。由于综合考察的必要性以及面对面了解情况的理想性，面试在许多企业和事业单位的选拔工作中都被视为最重要的环节。

1. 选拔面试的有效性

虽然面试并不一定是今后工作表现的一个绝对有效的指示器，但它具有很高程度的"表面有效性"，也就是说，对雇用方来说，它至少看起来是有效的。实际上在未经面试的情况下几乎没有任何企业可能雇用某个人。

面试是否能成为一种有效的选拔工具，取决于面试所得结论是否与被雇人员今后的工作表现相一致。显然，面试的精确性将影响面试这一手段的有效性。应牢记的最重要的一点是，面试的有效性将取决于面试的方式和负责面试者的能力。

建议采用以下措施来减少求职者在面试时对平等就业机会问题的担心：

（1）确定在面试中与被求职务有关的各种客观标准。

（2）将这些标准用书面形式表述出来。

（3）为困难的或有争议的决策提供多层面的参考评价。

（4）采用规范化的面试，即对所有参加面试的求职者提问同样的问题。

2. 规范化的面试

规范化的面试指采用一组标准化的问题来询问所有的申请人。对每个申请人提问同样的基本问题，使得更容易对申请人进行比较。这一方式容许负责面试的人事先准备与职务有关的各种问题，并在面试后可形成一份标准化的关于被面试者的评价表。

内容完备的评价表可作为一份文件资料。如果事后有人询问为什么选择某人而非另一个人，这份文件资料就可以用作解释性的证据。本章后面的招聘文件中附有面试评价表的样本。

例如，以下是可向所有申请生产维修管理者职务的人们提问的一组典型的问题：

（1）请跟我谈谈你在原厂是怎样对员工所从事的工作进行培训的？

（2）你怎样确定你和维修工人每天必须从事的工作定额？

（3）你所在工厂在生产安排中怎样确定一个技工应该先维修什么？

（4）你怎样了解在任何特定时间工厂的哪些机器应予以维修？

（5）你以前怎样制订或设想应怎样制订预防性的维护计划？

即使询问的问题是模式化的，但标准化的面试并不一定很死板。预先准备的问题固然应以符合逻辑的方式来提问，但面试完全可以避免逐字逐句宣读所列出的问题。在面试中，应给予申请人适当的机会来清楚地解答各种提问，面试负责人在完全弄明白申请人的回答之前应保持不断的提问。

3. 以往工作方式说明面试

在以往工作说明面试中,申请人被要求通过具体的实例来说明,他们在过去是如何处理某一特定工作程序或解决某一具体问题的。

例如,申请人可能被问及以下问题:

(1)在某些情况下,倘若在员工纪律规定和行为准则方面无章可循,你将怎样应付这一局面?

(2)你为什么采取哪种方式?

(3)你的负责人有些什么反应?

(4)这一问题最后是怎样解决的?

如同其他规范化的面试一样,工作方式说明面试比其他非规范化的面试更具有效性。

最后,本章我们仅就面试的基本概况作初步介绍,具体的讲解我们将在第三章进行。

(六)背景考察

背景考察既可在深入面试之前也可在其后进行。这将花费一定的时间和财力,但一般仍值得去做,因为有时申请人在关于他们的资质条件和背景方面往往提供一些不实的信息。

背景资料可以获自不同的来源,下面所列的背景资料可能比其他一些资料更有参考价值。究竟哪些更有用,取决于企业将向申请人提供什么样的职务和职位:

(1)来自校方的推荐材料。

(2)有关原来工作情况的介绍材料。

(3)关于申请人财务状况的证明信。

(4)关于申请人所受法律强制方面的记录。

(5)来自推荐人的推荐材料。

(七)法律对背景调查的限制

目前,我国正在逐步完善法制建设,反歧视法、隐私法和弱势群体保障法的出台只是时间的问题。因此,背景调查应该注意在法律许可范围之内。在大量的劳动仲裁案件中,雇员以口头诽谤、文字诽谤或人格诬蔑的名义对前雇主进行了起诉。其主要原因,是前雇主提供给他们潜在雇主的所述所书所造成的中伤,阻碍了他们获得新的工作职务。针对这些问题,建议那些被要求提供关于前雇员信息的企业,应只提供姓名、雇用日期以及职务头衔方面的信息。许多企业为此还制定了某些规章制度来限制对推荐材料的泄露,以防被雇员告上法庭。

忽略审查推荐材料可能会使企业付出很大的代价。许多企业发现它们自己成了诉讼的对象。这些诉讼指控企业由于过于疏忽而导致雇用了那些在工作场所从事暴力行为、性骚扰行为的员工。案件显示,一个企业在这方面所应承担责任的大小,应视它们对申请人合格情况的调查进行得如何而定。

(八)体格检查

根据《中华人民共和国残疾人保护法》,在向申请人提供了有条件的职位允诺之前,法律禁止因为身体残疾而将申请人拒之门外；也尽量别向申请人询问任何关于其当前和以往病史方面的问题，以免被受保护的人群以歧视和侵犯名誉权的罪名告上法庭，惹来官司。这里重点介绍一个药物检查。

药物检查既可作为体格检查的一个部分，也可以单独来进行。在过去的几年里，虽然不无争议，但越来越多的企业将药物检查作为选拔过程的步骤之一。不过，企业应牢记，这种检查并非万无一失。药物检查的准确性因检查的方式、检查的项目以及负责样品化验的实验室的质量情况不同而不同。如果发现某人药物检查呈现出阳性，那么，第二次更详细的检查分析必须由一个独立的医疗实验室来进行。

由于处方用药也可能对检查结果产生影响，因此，应要求申请人在检查之前填写一份有关该事项的详细问卷。当尿样、血样和发样被用于检查时，关于获取、标注和将样本递送到实验室的过程应给予明确的说明，并应确定具体的做法和程序。

药物检查也涉及某些法律事宜。在许多案例中，法庭规定，那些先前有过滥用药物问题但后来又受到过恢复性治疗的人们，应归属于残疾人的范围，受到残疾人法律的保护。因此，雇用前的药物检查必须以非歧视性的方式来操作，而不能有选择性地用于某一特定群体。

检查结果在运用上也必须保持一致性。也就是说，所有检查结果呈现阳性的人们应受到一视同仁的对待。这意味着，如果检查结果呈阳性的申请生产工人职位的求职者被拒绝雇用，那么，检查结果呈阳性的申请市场部副总裁的求职者也应同样被拒绝雇用。

【知识补充】

公司招聘相关表格示例

某公司招聘申请表

申请日期：

申请部门			
招聘职位			
预算人数		现有人数	空缺人数
岗位职责描述：			
岗位职责能力要求： 年龄 学历 工作经验 其他具体要求			
期望到岗时间		级别&工资	
签字 人力资源部		签字 副总裁	

某公司人员录用表

姓名	性别	年龄	籍贯	学历

工作资历

职位	部门	级别

试用期工资		转正后工资	
上班日期		试用期	

职责

备注

签字
部门总经理　　人力资源部　　财务部　　总裁

面试考评表

姓 名		期望薪水	
申请职位		可报到日期	
申请部门		体 检	
考评项目	人力资源部	部门主管	部门总经理
外观、气质			
举止言谈			
自我表达能力			
自信			
一般常识			
性格			
稳定性			
相关工作技能			
相关工作经验			
面试考评结果	合格/不合格/候选/推荐其他部门	合格/不合格/候选/推荐其他部门	合格/不合格/候选/推荐其他部门
面试人签名:			
日期:			

注:1=非常不满意;2=不满意;3=可以接受;4=满意;5=非常满意。

第三节 招聘广告（启事）的写作技巧

招聘进程中的一个重要环节就是写好招聘启事，打好招聘广告。除了极少数招聘渠道（比如通过猎头公司、雇员推荐）外，一般来说都需要招聘启事。招聘广告是最广为人知的通知潜在求职者工作空缺的方法。

在哪种媒体上登载广告主要依赖于招聘的地理区域。当寻求当地求职者时，公司可能在本地报纸上登广告、利用电视或广播登广告，或在公告牌上放置通知。当寻求包括外地的求职者时，为了覆盖较广的地域，广告可以登载在全国性发行的报纸、杂志或因特网上。甚至有时为了招聘全球性的人才，需要在海外的传媒上登载广告。

一、招聘广告的优缺点

1. 优　点

现代传媒传播快速性的特征使招聘广告让雇主的信息在相对短时间内达到大量受众。这种方法不仅有助于保证求职者数量足够，多一些选择机会；而且现代传媒的多样性还有助于所有被保护群体的成员知晓信息并有机会申请空缺职位。

此外，招聘广告的广泛传播，无形中对企业起到了一种宣传作用。因此，有实力的大公司经常在报纸杂志上打出整版整版的招聘广告；既招到了所需要的人才，也扩大了企业及其产品的品牌知名度。

2. 缺　点

尽管招聘有其优点，然而有点令人意外的是，招聘广告经常低效甚至无效。例如：研究发现，通过报纸广告雇用的人与那些通过其他招聘方法（比如雇员举荐、猎头公司）雇用的人相比，工作表现较差且更常旷工。

招聘广告之所以低效，是因为它们不能传达到最适合的候选人——目前并没辞职或失业而需要找新工作的成功人士。而且其他招聘方法，如雇员举荐，可能更能吸引合格的求职者——一个朋友比一份书面广告更有说服力。而通过猎头公司则可以搜寻到优秀的人才，且在他们还未失业或辞职时就能接触到并有机会网罗旗下。

此外，招聘广告受众很多，如果太多的人对其做出反应，这将很快地转化为劣势。对大量求职者进行筛选的过程经常成为招聘者的噩梦。因此，为使其有效，招聘广告必须劝阻不合格的人申请；同时必须吸引合格求职者甚至是优秀人才的注意并力争得到他们的加盟。

二、招聘广告的内容及样本

一般而言，招聘广告大致包括以下几个方面的内容：

1. 广告标题

如"某某公司招聘"，企业将单位的名称要堂堂正正地写在广告上。

2. 公司简介

公司简介包括企业的性质、经营范围、主导产品等。

3. 核准机构

发布招聘广告一定要经过劳动保障部门的审核,广告中要特别注明已经核准的字样。

4. 工资待遇

广告中会明确指出基本工资多少、加班如何计算、如何交纳社会养老保险、企业有些什么福利待遇等都会介绍清楚。

5. 招聘职位

招聘职位包括职位名称、任职要求、对员工素质的要求、工作地点等。

6. 联系方式

一般都会留联系电话、电子邮箱、传真、联系人等。

下面我们先给出一份招聘广告样本,然后再讲写作技巧和注意事项。

【小资料】

××公司招聘启事

- 关于我们

××公司是中国最具权威性与影响力的IT门户网站之一,自2005年8月创立,一直致力于提供IT资讯信息与商情服务。9年的飞速发展,××公司已经形成了50个专业频道,1 200个子频道,提供资讯、产品、用户与厂商四位一体的互动平台。极具人气度的××社区坐拥900万注册用户,营造IT休闲与购物通道。6万家经销商与容纳数十万产品的即时报价系统,成为用户消费、品牌推广最为关注的信息平台。

数年来不懈的开拓进取,我们的队伍也日渐发展壮大。如今××的团队已由当初的十几个人发展成为现在的上千人。如果您有兴趣与我们共同创造美好的明天,那么现在我们诚意邀请您的加盟。

- 招聘职位

由于发展需要,××现面向社会公开招聘如下职位工作人员:

★ ××手机频道行情信息兼职若干

要求:对手机市场有一定了解,对手机有浓厚兴趣,熟悉手机市场行情,并可及时了解到最新的手机价格。

适合类型:手机卖场工作人员,距离手机卖场比较近的朋友。

工作时间与工作方式:面议,有方便的上网方式,地域不限。

★ ××软件频道专职编辑2名

要求:对软件行业有基本的认识,踏实肯干,认真负责,熟练使用电脑。

工作时间:周一至周五,8:30~17:30,工作地点成都。

★ ××音频频道兼职若干

要求：对音箱、声卡、音响等音频设备熟悉，有基本的文字表达能力。

适合类型：音频发烧友，相关从业人员。

工作时间与工作方式：面议，有方便的上网方式，地域不限。

● 联系方式

方式1：请将个人简历、近期免冠照片一张、身份证和相关证书复印件、作品（复印件）等寄至：

成都市××大街××号××大厦18层1818室 邮编：610088

请在信封务必注明"应聘"字样及应聘职位。

方式2：通过电子邮件方式，将相关信息发送至：reader@www.com

请在电子邮件title务必注明：

"应聘手机频道行情信息兼职"/"应聘软件频道专职编辑"/"应聘音频频道兼职"的字样。

我们将对应聘者个人信息严格保密，所发送材料恕不退还。谢绝未经约见的来电来访，谢谢合作，期待您的联系。

三、招聘广告的写作技巧及注意事项

企业向外发布招聘信息，就需要设计出能够具有引起受众的注意和兴趣、激起求职者申请工作的愿望以及让人看了之后立刻采取行动等特点的招聘广告，即注意—兴趣—愿望—行动四原则。

1. 招聘广告的写作技巧

关于撰写有效的招聘广告的技巧有以下几点：

（1）广告有创意吸引人而不致使人心生厌烦。设计广告使其能抓住读者的注意力，促使他们深入阅读。使用大字标题有助于向候选人出售工作，不要仅仅列出工作名称。然而，广告不应自作聪明或太有创意。

（2）不能做你无法遵守的承诺来误导工作，对于晋升机会、挑战、责任等要诚实列出。

（3）对工作要求和所需资格要详细陈述（如教育、经验和个人特点等）。

（4）描述为该公司工作的优点。

（5）经济地使用广告空间，广告的规模应与职位的重要性及所寻求的候选人的数量相匹配。

（6）确保广告易于阅读且语法正确。印刷字体应清晰明了并有吸引力。

（7）为读者提供一个获取更多信息的来源（如地址或电话号码）。

2. 撰写招聘广告的注意事项

招聘广告上的应聘要求实际上成了入职者的门槛。招聘单位和应聘者可不要小看了小小一个招聘广告，在劳动争议中它可能就是有用的证据。下面作详细分析：

劳动者被用人单位录用的前提就是符合或大致符合单位的录用条件，经过初试、面试被确定正式录用、开始工作后，即与用人单位建立了劳动关系。建立劳动关系应当依法签订劳动合同，劳动合同中可以依法约定试用期。试用期是双方用来考核对方的阶段，试用期间劳动者无需任何理由就可以随时解除劳动合同，单位认为劳动者不符合录用条件的也可以解除合同。有的单位确定试用期后，在试用期的最后两天突然以劳动者不符合录用条件为由解除了劳动合同，这样做一定合法吗？

根据相关法律规定，单位即使是在试用期内提出解除合同也是有条件限制的，那就是劳动者不符合录用条件。而根据最高人民法院关于民事诉讼证据的司法解释，用人单位做出解除合同决定的，由用人单位负举证责任。因此，如果因试用期内用人单位解除劳动合同发生争议的，用人单位须对劳动者明知其应当符合的条件及劳动者不符合条件承担举证责任，应当证明其已经将劳动者应当符合的条件明确告知应聘者，而劳动者明显不具备能力或隐瞒真实情况、提供虚假信息等。要证明劳动者明知录用条件，"明知"即招聘单位明确告知或该信息进入公知状态劳动者应当知道。明确告知的要有证据，进入公知状态最直接有效的证据就是招聘广告。招聘广告中写明该录用条件的，可以作为确定录用条件的依据，未写明或表述不清的，就要由仲裁机关或法院作出判断了，用人单位那套自定的"标准"很可能就失去了证据效力。

实际上，招聘广告在类似劳动争议处理中也是被仲裁机构和法院普遍采信的证据之一。

因此在撰写招聘广告时，要简洁明了，重点突出招聘岗位名称、任职资格等内容以及联系方式。

招聘广告的内容要求客观、真实，要符合国家和地方的法律法规和政策。

目前很多省市都制定了人才招聘广告管理办法或规章制度，明确规定发布人才招聘广告不能有的种种行为。比如以下规定：

（1）以民族、宗教信仰为由拒绝聘用或提高聘用标准。

（2）除国家规定的不适合妇女工作的岗位外，以性别为由拒绝招聘妇女或提高对妇女的招聘条件。

（3）侵犯其他单位及求职应聘人员的合法权益或以不正当手段招聘人才。

（4）以人才招聘为名谋取不正当利益，以各种名义向求职应聘人员收取费用，要求求职应聘人员以其财产、证件作抵押。

（5）未经应聘人员同意，擅自发布、泄露求职应聘人员的资料和信息，擅自使用求职应聘人员的技术、智力成果等方面的内容。

【小资料】

某公司员工招聘与录用办法

第一章　总　　则

第一条　以人为本是公司成功的首要因素。为吸引和保留优秀人才，特制定本办法。

第二章　公司招聘和录用政策

第二条　公司招聘录用原则：精心组织策划，全面科学考评，善于发现人才，严格择优录用，宁缺毋滥。

第三条　公司不定期成批招聘录用，不零星招聘，以利职前培训。录用外地人员须经当地劳动人事机关同意。

第三章 招聘申请

第四条 各部门、下属企业根据业务发展、工作需要和人员使用状况，提出员工招聘要求，填写招聘申请书，报人力资源部。

第五条 人力资源部为公司负责统一招聘的职能部门，依据各部门招聘申请汇总情况，提出公司招聘计划，报分管总经理、副总经理批准。

第六条 人力资源部在编制招聘计划时，须优先从公司内部选择调配人才。

第四章 招聘方式和挑选

第七条 公司招聘方式有：

1. 通过新闻媒介（报纸、电视、电台）发布招聘信息；
2. 通过定期或不定期举办的人才市场设摊招聘；
3. 从各类人才库系统中检索；
4. 大中专、职业学校毕业生推荐；
5. 在职员工介绍；
6. 管理顾问公司介绍；
7. 知名人士介绍；
8. 通过人才中介公司（猎头公司）寻找；
9. 与教育培训机构联合培养；
10. 离职员工复职；
11. 其他。

第八条 员工招聘应有明确的职位、岗位职责和学历、经历、技能、年龄等要求。有应聘意向者填写应聘人员登记表。

第九条 员工的挑选。

第十条 公司成立招聘组负责对人员的筛选，至少由3人组成，分别来自人力资源部、用人部门、公司领导或聘请外部人力资源专家。

1. 初选。人力资源部对所有应聘材料通览后，挑选初步合格者，寄发面试通知书。
2. 面试。招聘组对面试人员进行考查，填写面试记录表；有必要时，可对面试者进行笔试、面试、专业技能测定、个案研究，以及笔相学、外语能力的测试。
3. 录用。招聘组对所有复试者作出评价，提出录用或不录用意见，经公司领导批准后，发送录用通知书。对不录用者，最好发函通知，并致谢。

第十一条 了解应聘人员的一般期望因素：

1. 较高的待遇与福利；
2. 便捷的工作地点；
3. 优雅的工作环境；
4. 公司声望；
5. 行业的发展性和前景；
6. 良好的人际关系和雇用关系；
7. 开明的领导；
8. 具挑战性、喜爱的工作；

9. 快捷的晋升机会；
10. 面试已给应聘者良好的形象；
11. 国内或国外培训、进修机会；
12. 公司正规，制度规章完备。

第十二条　面试注意事项：
1. 安排好适当时间；
2. 安排安静、雅洁、舒适场所；
3. 主持者事先熟悉招聘要求；
4. 与应聘者的对话，明确主题；
5. 要分配充分的面试时间；
6. 培养坦诚、轻松、融洽的气氛；
7. 随时记录面试重要事项；
8. 注意控制时间及场面；
9. 列举发问之重要范围；
10. 核实应聘人填写事项的真实性。

第十三条　面试提问的要点：
1. 请其简述家庭背景；
2. 陈述过去的经历；
3. 应征本职位的动机；
4. 在校喜欢之科目；
5. 请剖析自己的优缺点；
6. 陈述自己喜欢向别人谈及的往事；
7. 请分析所投入行业之现状与未来展望；
8. 请设想有机会重新选择什么行业；
9. 请其自述加盟公司将做出什么贡献；
10. 请其界定成功与失败之涵义；
11. 询问其喜欢哪类领导；
12. 询问业余爱好、休闲活动、书籍；
13. 询问其待遇要求；
14. 询问其人生目标及安排。

第十四条　涉及录用、面试须澄清的事项：
1. 待遇和福利；
2. 录用条件；
3. 是否愿意调换工作岗位、地点；
4. 出差和旅行问题；
5. 报到日期；
6. 能接受录用答复的期限；
7. 其他特殊工作要求。

第五章 录 用

第十五条 发出录用通知时，附注报到须知。

第十六条 应聘人录用后，须进行健康检查，被录用人有严重疾病的，取消录用资格。

第十七条 应聘人被录用，如在发出录用通知15天内不能正常报到，可取消录用资格；特殊情况经批准后可延期报到。

第六章 报 到

第十八条 新进员工携录用通知书和其他材料到人力资源部注册报到。

报到事项有：

1. 签订试用合同；
2. 签订遵守规章和保护公司秘密、知识产权承诺和连带责任保证书；
3. 申领工作证和员工手册；
4. 申领办公用品和其他用品；
5. 填写员工登记表。

第七章 附 则

第十九条 本办法由人力资源部解释、补充，经公司总经理办公会议通过生效。

【案例分析】

上海通用汽车（SGM）的招聘策略

上海通用汽车有限公司（SGM）是上海汽车工业（集团）总公司和美国通用汽车公司合资建立的轿车生产企业，是迄今为止我国最大的中美合资企业之一。

SGM的目标是成为国内领先、国际上具有竞争力的汽车公司。一流的企业，需要一流的员工队伍。因此，如何建设一支高素质的员工队伍，是中美合作双方都十分关心的首要问题。同时SGM的发展远景和目标定位也注定其对员工素质的高要求：不仅具备优良的技能和管理能力，而且还要具备出众的自我激励、自我学习能力、适应能力、沟通能力和团队合作精神。要在一个很短的时间里，客观公正地招聘选拔到高素质的员工来配置到各个岗位，对SGM来说无疑是一个重大的挑战。

- "以人为本"的公开招聘策略

"不是控制，而是提供服务"这是SGM人力资源部职能的特点，也是与传统人事部门职能的显著区别。

首先，根据公司发展的战略和宗旨，确立把传递"以人为本"的理念作为招聘的指导思想。SGM在招聘员工的过程中，在坚持双向选择的前提下，还特别注意应聘者和公司双向需求的吻合。应聘者必须认同公司的宗旨和五项核心价值观：以客户为中心、安全、团队合作、诚信正直、不断改进与创新。同时，公司也充分考虑应聘者自我发展与自我实现的高层次价值实现的需求，尽量为员工的发展提供良好的机会和条件。

其次，根据公司的发展计划和生产建设进度，制订拉动式招聘员工计划，从公司的组织结构、各部门岗位的实际需求出发，分层次、有步骤地实施招聘。1997年7月至1998年6月分两步实施对车间高级管理人员、部门经理、骨干工程师、行政部门管理人员和各专业工程师、工段长的第一层次的招聘计划；1998年底到1999年10月分两步实施对班组长、一班制操作工人和维修工、工程师第二层次的招聘计划；二班制和三班制生产人员的招聘工作与拉动式生产计划同步进行。

再次，根据"一流企业，需要一流员工队伍"的公司发展目标，确立面向全国广泛选拔人才的员工招聘方针。并根据岗位的层次和性质，有针对性地选择不同新闻媒体发布招聘信息，采取利用媒介和人才市场为主的自行招聘与委托招募相结合的方式。

此外，为确保招聘工作的信度和效度，建立人员评估中心，确立规范化、程序化、科学化的人员评估原则。并出资几十万元聘请国外知名的咨询公司对评估人员进行培训，借鉴美国GM公司及其子公司已有的"精益生产"样板模式，设计出具有SGM特点的"人员评估方案"，另外，还要明确各类岗位对人员素质的要求。

最后，建立人才信息库，统一设计岗位描述表、应聘登记表、人员评估表、员工预算计划表及目标跟踪管理表等。

两年来，公司先后收到50 000多封应聘者的来信，最多一天曾收到700多封信，收发室只能用箩筐收集。这些信来自全国各地，有的还是来自澳洲和欧洲等国家的外籍人士。为了准确及时处理这些信件，SGM建立了人才信息系统，并开通了应聘查询热线。成千上万的应聘者，成筐的应聘者来信，这些都是对SGM人员招聘策略成功与否的最好检验。

- **严格规范的评估录用程序**

1998年2月7日到上海科学会堂参加SGM招聘专场的人士无不感慨："上海通用招聘人才门槛高！"那天，凡是进入会场的应聘者必须在大厅接受12名评估员岗位最低要求的应聘资格初筛，合格者才能进入二楼的面试台，由用人部门同应聘者进行初次双向见面，若有意向，再由人力资源部安排专门的评估时间。在进入科学会堂的2 800人中，经初步面试合格后进入评估的仅有百余人，最后正式录用的只有几十人。

1. 录用人员必须经过评估

这是SGM招聘工作流程中最重要的一个环节，也是SGM招聘选择员工方式的一大特点。公司为了确保自己能招聘选拔到适应一流企业、一流产品需要的高素质员工，借鉴通用公司位于德国和美国一些工厂采用人员评估中心来招聘员工的经验，结合中国的文化和人事政策，建立了专门的人员评估中心，作为人力资源部的重要组织机构之一。整个评估中心设有接待室、面试室、情景模拟室、信息处理室，中心人员也都接受过专门培训，评估中心的建立确保了录用工作的客观公正性。

2. 标准化程序化的评估模式

SGM的整个评估活动完全按标准化、程序化的模式进行。凡被录用者，须经填表、筛选、笔试、目标面试、情景模拟、专业面试、体检、背景调查和审批录用九个程序和环节。每个程序和环节都有标准化的运作规范和科学化的选拔方法，其中笔试主要测试应聘者的专业知识、相关知识、特殊能力和倾向；目标面试则由受过国际专业咨询机构培训的评估人员与应聘者进行面对面的问答式讨论，验证其登记表中已有的信息，并进一步获取信息，其中专业面试则由用人部门完成；情景模拟是根据应聘者可能担任的职务，编制一套与该职务实际情况相仿的测试项目，将被测试者安排在模拟的、逼真的工作环境中，要求被试者处理可能出现的各种问题，用多种方法来测试其心理素质、潜在能力的一系列方法。如通过无领导的两小组合作完成练习，观察应聘管理岗位的应聘者的领导能力、领导欲望、组织能力、主动性、说服能力、口头表达能力、自信程度、沟通能力、人际交往能力等。SGM还把情景模拟推广到了对技术工人的选拔上，如通过齿轮的装配练习，来评估应聘者的动作灵巧性、质量意识、操作的条理性及行为习惯。在实际操作过程中，观察应聘者的各种行为能力，孰优孰劣，泾渭分明。

3. 两个关系的权衡

SGM的人员甄选模式，特别是其理论依据与一般的面试以及包括智商、能力、人格、性格在内的心理测验相比，更注重以下两个关系的比较与权衡：

（1）个性品质与工作技能的关系。公司认为：高素质的员工必须具备优秀的个性品质与良好的工作技能。前者是经过长期教育、环境熏陶和遗传因素影响的结果，它包含了一个人的学习能力、行为习惯、适应性、工作主动性等。后者是通过职业培训、经验积累而获得，如专项工作技能、管理能力、沟通能力等，两者互为因果。但相对而言，工作能力较容易培训，而个性品质则难以培训。因此，在甄选录用员工时，既要看其工作能力，更要关注其个性品质。

（2）过去经历与将来发展的关系。无数事实证明：一个人在以往经历中，如何对待成功与失败的态度和行为，对其将来的成就具有或正或负的影响。因此，分析其过去经历中所表现出的行为，能够预测和判断其未来的发展。

SGM正是依据上述两个简明实用的理论、经验和岗位要求，来选择科学的评估方法，确定评估的主要行为指标，来取舍应聘者的。如在一次员工招聘中，有一位应聘者已进入第八道程序，经背景调查却发现其隐瞒了过去曾在学校因打架而受处分的事，当对其进行再次询问时，他仍对此事加以隐瞒。对此公司认为，虽然人的一生难免有过失，但隐瞒过错却属于个人品质问题，个人品质问题会影响其今后的发展，最后经大家共同讨论一致决定对其不予录用。

4. 坚持宁缺毋滥的原则

为了招聘一个段长，人力资源部的招聘人员在查阅了上海市人才服务中心的所有人才信息后，发现符合该职位要求的具有初步资格者只有6人，但经评估，遗憾的是结果一个人都不合格。对此，中外双方部门经理肯定地说："对这一岗位决不放宽录用要求，宁可暂时空缺，也不要让不合适的人占据。"评估中心曾对1997年10月到1998年4月这段时间内录用的200名员工随机抽样调查了其中的75名员工，将其招聘评估的结果与半年的绩效评估结果作了一个比较分析，发现当时的评估结果与现实考核结果基本一致，两次结果基本一致达84%左右，这证明人员评估中心的评估有着较高的信度和效度。

（资料来源：谢秀红，《人才瞭望》，2002年06期）

本章小结

【重点再现】

本章在第一章人力资源规划和工作分析的基础上，介绍了补充人力资源的措施——招聘的具体过程。本章首先介绍了招聘策略，招聘与灵活雇用，比较了内部招聘和外部招聘各自的优缺点；接着介绍了人才选拔的基本程序，并对人才选拔技术做了基本介绍；最后介绍了招聘广告的写作技巧以及注意事项并给出了实例。

（1）一方面由于政府强制规定的各种报酬（比如"五险一金"），企业用于全日制职工的费用进一步提高。另一方面，政府关于雇用关系的大量硬性规定，使得企业也不情愿雇用新的全职员工。从而宁愿采用其他灵活雇用制，也指利用企业外部的各种人员或机构，如利用个体承包商、临时工和雇员租赁等方式。

（2）内部招聘和外部招聘各自的优缺点基本互补，考虑到企业的稳定发展，企业最好首先考虑实行内部招聘，优先培养发展现有人力资源潜能；内部实在找不到合适的人力资源，可以考虑从外部补充。当然，有时考虑到企业的远景规划与发展，也需要优先从外部延揽人才，占领人才的制高点，但要注意内部人才和引进人才的协同发展。

（3）招聘广告的写作需要注意以下几点：① 有创意吸引人而不致让人心生厌烦。② 不能做你无法遵守的承诺来误导工作，对于晋升机会、挑战、责任等要诚实列出。③ 对工作要求和所需资格要详细陈述（如教育、经验和个人特点等）。④ 描述为该公司工作的优点。⑤ 经济地使用广告空间，广告的规模应与职位的重要性及所寻求的候选人的数量相匹配。⑥ 确保广告易于阅读且语法正确。印刷字体应清晰明了并有吸引力。⑦ 为读者提供一个获取更多信息的来源（如地址或电话号码）。

【难点突破】

（1）内部招聘和外部招聘的具体实践操练。
（2）招聘广告的写作技巧，合法合规不歧视。
（3）工作合适度和组织合适度的协同运用。

作业与练习

一、名词解释

雇员租赁　　工作合适度　　组织合适度

二、简答

内部招聘与外部招聘的优缺点比较。

三、论述

1. 结合理论与现实实例谈谈在人力资源招聘中如何让工作合适度与组织合适度协同运用。

2. 请为第一章虚拟的企业的某职位撰写一份招聘启事，并说明招聘启事中对求职者要求的各项条款的理由。

本章术语

雇员租赁　　工作合适度　　组织合适度　　灵活雇用制

学习活动

利用本章所学习的内容，回忆以往生活、工作中经历到的企业人才招聘模式，描述一下印象中的招聘特写镜头，并结合学习本章后的体会，谈谈你当时的感受与现在的感想；以及换位思考一下，如果换做你，你将如何招聘？

参考资料

[1] 彼得·F. 德鲁克. 管理——任务，责任，实践[M]. 北京：中国社会科学出版社，1990.
[2] 彼得·F. 德鲁克. 有效管理者[M]. 北京：工人出版社，1989.
[3] 加里·S. 贝克尔. 人力资本[M]. 北京：北京大学出版社，1987.
[4] 西奥多·W. 舒尔茨. 论人力资本投资[M]. 北京：北京经济学院出版社，1990.
[5] 赫伯特·A. 西蒙. 管理行为[M]. 北京：机械工业出版社，2007.
[6] 弗莱蒙特·E. 卡斯特，詹姆斯·E. 罗森茨维克. 组织与管理：系统方法与权变方法[M]. 北京：中国社会科学出版社，2000.
[7] 赵曙明. 人力资源管理研究[M]. 北京：中国人民大学出版社，2001.
[8] 赵曙明. 国际人力资源管理[M]. 北京：中国人民大学出版社，2012.
[9] 赵曙明. 人力资源战略与规划[M]. 北京：中国人民大学出版社，2012.
[10] 赵曙明. 人才测评：理论，方法，工具，实务[M]. 北京：人民邮电出版社，2014.
[11] 劳伦斯·S. 克雷曼. 人力资源管理[M]. 北京：机械工业出版社，2009.
[12] 张磊. 人力资源信息系统[M]. 大连：东北财经大学出版社，2002.
[13] 吴振兴. 人事经理工作手册[M]. 哈尔滨：哈尔滨出版社，2006.
[14] 刘远我. 人才测评：方法与应用[M]. 北京：电子工业出版社，2011.
[15] 苏永华. 人才测评操作实务[M]. 北京：中国人民大学出版社，2011.
[16] 于桂兰，于楠. 劳动关系管理[M]. 北京：清华大学出版社，2011.
[17] 周三多，陈传明，鲁明泓. 管理学：原理与方法[M]. 南京：南京大学出版社，2011.

第三章 人才选拔测试

【学习指导】

1. 学习目标

（1）了解招聘测试的效度与方法。
（2）了解评价中心技术。
（3）掌握笔试试题设计原则。
（4）掌握面试主持以及面试谈话技巧。
（5）掌握情景模拟技术。

2. 学习建议

学习时间：5~8小时
第1节建议学习时间：1~1.5小时。
第2节建议学习时间：1~1.5小时。
第3节建议学习时间：1~2小时。
第4节建议学习时间：1~1.5小时。
第5节建议学习时间：1~1.5小时。

3. 学习重难点

（1）招聘测试的基本类型。
（2）笔试试题设计。
（3）面试主持与谈话技巧。
（4）情景模拟测试。
（5）胜任特征及其维度。

第一节 人才选拔测试的效度及方法

一、企业人才选拔测试的作用

每个企业在雇用或挑选人才过程中，都将确定：在应聘的候选人当中，哪一位将得到那个职位。企业人才选拔测试的有效性对组织的竞争优势影响极大。让我们来看一看这些影响：

1. 提高生产力

当一个公司通过选拔测试能够识别并且雇用最合适的候选人时，生产力就会提高，因为这些候选人通常会变成高生产力的雇员。我们以一个假设的例子来说明这种情形对组织的生产力的潜在影响：

假设一个汽车销售商需要雇用一名销售人员来销售新汽车。假设在它目前的销售队伍中，优秀的销售人员月销售总额为30万元，较差的为18万元。则一个优秀销售人员与一个较差销售人员的月销售额之差为12万元。如果这个销售商能够雇用到一名候选人，这名候选人能被培养成一名优秀的销售人员，与雇用到一名逐步变为较差的销售人员相比，他的月销售额将高出12万元，这样一年总计为144万元。如果这名销售商能雇用到10名优秀销售人员的话，那么一年的销售总额的增长结果将是144万的10倍，将近1 500万元。这就是有效的选拔测试和挑选对企业经营的影响。

又比如某公司对它的某些计算机程序员的能力不满意，决定改变它的选拔测试和挑选战略。它先前雇用计算机程序员仅仅以面试为基础，然而，面试人员并不能准确地测量出求职者学习程序开发的性向，所以该公司在选择过程中增加了一种性向及能力测试以测量这种性向。通过这种测试被选中的程序员比他们的前任工作效果好了许多。在为该公司工作的第一年里，这些新的程序员设法把生产力提高了900万元。

2. 避免投诉和诉讼

对于人才选拔测试和挑选，公司冒着一种被投诉和起诉的风险：被拒收的求职者经常有种被欺骗的感觉，并且非常痛苦——哪怕选拔测试和挑选过程很公平时也如此。

当求职者们相信在选拔测试和挑选过程中他们没有受到公平的评价时，他们的负面情感将更加强烈。当申请人确信他们在选择过程中没有被公平地评价时（例如雇主问与职位无关的个人问题甚或隐私问题或指定一个与工作毫无关系的测试），他们的这种消极感受将是最强烈的。这种情况将导致某种潜在的代价昂贵的和耗时的诉讼，并且影响公司声誉和形象。

当然，当求职者被拒收的理由被他们感觉为全面的和准确的评估时，痛苦将较难表现出来，并且诉讼的可能性也减小了。此外，如果诉讼被提出，作为一种辩护，公司应能够证明选拔测试和挑选措施是依法公平的或者与工作有关的。正如在第二章我们曾指出过的那样，公司必须提供证据说明，选择程序是与工作有关的或是"合法的和非歧视性的"，以驳回关于不公平或歧视的"表面上证据确凿"的投诉和诉讼。

3. 减少培训成本

当公司用以选拔测试和挑选人才的标准与工作职位无关时，新雇用者将缺乏工作所必需的某些知识、技能。为弥补这些缺陷，这些人将需要接受某种培训。因而，如果选拔测试和挑选程序能识别出那些具备进入该职位所要求的所有资格的求职者，那么这种准确的选拔测试和挑选程序就能够帮助组织最低程度地减少或者甚至消除对某些培训的需要，从而减少了培训成本。

对组织而言，在挑选一线主管时仅仅按照技术专长的做法并不少见。如在提升工程师为主管时，最具生产力的工程师往往被选上。不幸的是，这些人可能缺乏某些作为一个优秀主管所需的非技术技能（例如人际交往、领导和沟通技能），公司则必须对这些人员进行培训。要想避免这种培训，就要求公司在人才选拔测试和挑选过程中注意测试求职者这些非技术技能。

因为，自己业务能力强不等于个人的管理能力也强。这样的例子无论是在企业界，还是在机关、学校都比比皆是。比如小王从国外某著名学府大众传播专业毕业后，进入一家著名媒体广告部工作。他从业务员做起，凭借学到的先进营销理念，以及他父母的资源，再加上自己的勤奋和悟性，事业发展得很快。不久，公司委任他为广告部主任，总领广告部的经营工作。可没过多久，虽然广告部的业务员不断增加，业绩却不断下降，小王每天急得焦头烂额，不得不亲自冲锋陷阵，但这样却大大减少了他对部里工作的全面管理，广告部显得群龙无首、人心惶惶、议论纷纷……

小王的智商和技术专长无疑是比较高的，年纪轻轻就出国留学，工作中又总能敏锐地嗅到商机，及时收集到业界、客户等各方面的信息，制定完善、可行的营销方案，不断提升业务量。但这样拥有高智商和技术专长的员工在当了领导以后，却不一定能带领其他人一道实现业务的持续增长。

二、有效选拔测试和挑选的技术标准

到目前为止，我们已经在相当一般的意义上讨论了选拔测试和挑选的"有效"概念。接下来我们将更具体地探讨"有效"的含义并讨论如何达到"有效"和用文件证明"有效"。

（一）界定效度

当经理们评估求职者时，他们会推测每个求职者如被雇用会做得有多出色。"效度"就是指这些推测的适当性、意义和实用性，因此"效度"是有效的技术术语。它涉及这样一个问题：求职者的实际工作绩效是否与在选拔测试和挑选过程中所做的期望绩效一样好。求职者的实际工作绩效与期望绩效越接近，则选拔测试和挑选过程的效度越高。

（二）达到效度

经理们如何才能最好地确保他们对求职者的工作能力所做的推测有效并进而做出正确的雇用决策呢？经理必须对工作所必需的资格有一个清楚的概念，并且一定要使用那些能够可靠、准确地测量这些资格的测试和挑选方法。

1. 确定工作资格

工作资格是指雇主在填补一个职位时所寻求的个人品质。表3.1给出了这些品质的"主要清单"。

表 3.1　一份工作成功所需要的可能品质的清单

A. 技术的 KSA（知识、技能和能力）或学习 KSA 的性向	D. 没有功能失调行为，如： ① 滥用物质； ② 偷窃； ③ 暴力倾向
B. 非技术的技能，如： ① 沟通； ② 人际关系； ③ 推理能力； ④ 应对压力的能力； ⑤ 果断	
C. 工作习惯，如： ① 自觉性； ② 动机； ③ 自律； ④ 首创精神； ⑤ 组织公民意识	E. 工作与人的匹配，求职者 ① 能受到组织的奖励系统的激励； ② 适应组织关于诸如承担风险和创新之类的企业文化； ③ 享受工作的乐趣； ④ 申请者的志向与公司能提供的升迁机会相吻合

有一些资格，如技术的 KSA（知识、技能和能力）和非技术的技能，因工作的不同要求不同——每一工作对资格都有自己独特的一套要求。另外一些列在表 3.1 中的资格是普遍实用的，因为几乎所有的雇主都认为，不管什么工作，这些品质都很重要。也就是说，雇主们都希望雇员能够被激励，并且有好的工作习惯。

经理们在确定所涉及的具体工作的独特资格要求时必须依据工作分析的信息。我们已在第一章中讨论过，工作分析应描述执行每一重要任务所需要的 KSA。通过工作分析信息得出工作资格，公司可确保被评估的每一项品质对工作都重要。需要工作分析也有法律上的考虑。在歧视诉讼中，法院常常是根据挑选标准是否基于工作分析信息来判定挑选实践与工作的相关性。例如，每当有人提出一项投诉说某一特定测试歧视了一个受保护的群体时，法院会：① 确定该测试所测定的品质是否是依靠工作分析的结果而定的；② 审查工作分析本身是否恰当。

2. 选择测试和挑选方法

达到效度很大程度上依赖于所使用的测试和挑选技术的适当性，企业应该使用那些能够可靠和准确地测量所需资格的测试和挑选方法。

测度的可靠性是指测度的一致性，意为"个人得分的自身一致性程度"。可靠的评价结果不因评价人员和评价时间的变化而变化。也就是说，如果两个人评价同一个候选人给出同样评分和对同一候选人在不同时间的评分相同，则测度的可靠性最大。当测试和挑选得分不可靠时，则其效度降低。

下面是一些影响测试和挑选测度可靠性的因素。

（1）行政因素。

① 被试者的情绪和身体状况：如果被试者在评估过程中特别紧张，则可靠性会受到损害。

② 测试者与被试者的关系不和谐：比如如果被试者被面试人员过早地"淘汰"以致被试者在面试中不能"显示他们有两下"，则可靠性会受到损害。

③ 缺乏如何对某种测度作应答的足够知识：如果被试者被问一些模糊或令人混淆的问题，则可靠性会受到损害。

（2）技术因素。

① 被试者们的个人差异：如果由一种挑选方法测量该属性所得分数的范围和差异巨大，那么这种方法就能很可靠地区分应聘人员。

② 问题的难度：用中等难度的问题可以得到最可靠的测量结果。如果问题太容易，许多应聘者都会给出正确的答案，个人差异会变小；如果问题太难，很少有几个应聘者能够给出正确答案，同样个人差异也会变小。

③ 测量的时间长度：测量的时间长度增大，它的可靠性也增大。例如，面试人员通过问好几个而不是一个或两个问题就能更好地评估应聘者的人际技能的水平。

以上因素表明，经理为提高测试和挑选可靠性可以采取的措施有：

① 与被试者建立一种良好的关系，使他们感到自然和不受拘束。

② 问一些清晰明了的问题。

③ 问一些中等难度的问题。

④ 评估每一项重要的 KSA 都采取几种测量方法（例如针对每一项要评估的品质设计几方面问题）。

除了提供可靠的评估之外，企业的评估应该准确地测定对所需员工的要求。在本章的后一部分中我们会看到，许多选拔测试和挑选技术可用来评估被试者，但一个企业到底选择使用哪一种呢？

做这个决策时，我们一般要遵循一种被称作行为一致性的特别有效的模型。该模型说明，在相同的环境条件下，过去的行为是未来的工作行为最好的预测因子。这个模型暗指，最有效的选拔测试和挑选程序是把注意力集中在对求职者所模拟的工作行为，越接近实际工作行为，则其效度越大。

要使用行为一致性模型，雇主应该遵循以下程序：

① 全面地评估每个求职者以前的工作经历，以确定该求职者以前是否表现相关行为。

② 如果发现这样的行为,经理应该用开发出来的评定量表仔细地去评价求职者基于每一种行为的成功或失败。

③ 如果求职者以前没有展示这些行为的机会,雇主应该通过实施各种测试方式来估计未来行为的可能性。测试模拟越接近实际工作行为，则预测效果越好。

下面举例来说明行为一致性模型的应用：

ABC 公司雇用了 50 名物业管理员，他们的工作主要包括打扫办公室及办公楼的其他地方。工作不难做，几乎是任何一个人都会做。问题是雇用的许多工作人员靠不住，这些工作人员尽管很清楚他们应该如何做，但是仍犯以下错误：

① 他们不能以始终如一的认真态度工作。

② 他们清扫办公室时不全面、不彻底。

③ 休息时间长，并常常早退。

ABC 公司希望下一年雇用 20 名物业管理员，该公司期望能更好地做好招聘工作，以便把不可信赖的求职者拒之门外。按照行为一致性模型，公司通过确定求职者们过去在相似的条件下的可靠度来确定他们的可信赖度。例如：雇主可以从求职者处（通过面试）或从求职者以前的雇主处（通过证明材料核查）询问一些有关求职者以前行为的问题来收集信息。如，可以问以前的雇主，求职者是否经常怠工、是否干工作不彻底以及是否正规地上班。

（三）评估效度和用文件证明效度

组织如何评估和用文件证明其测试和挑选的效度呢？这里有 3 种战略可以使用：

1. 内容取向性战略

当公司采用内容取向性战略以便用文件证明效度时，公司搜集证据证明，公司在设计它的测试挑选方案时遵循了适当的程序。该证据说明，测试挑选方法的设计是恰当的，并且能够精确测量对所需职工的要求。

最重要的是，雇主必须指明测试挑选方法是基于可接受的工作分析而被选择出来的，并且它们测量的也是被确认的 KSA 中有代表性的样本。例如：一个企业对人力资源专业人员职位所做工作分析说明，候选者必须具有人力资源专业的所有概念的实用知识。当测试评估候选者的人力资源管理知识时，该公司也应该试图测量求职者关于这些实用知识的一个有代表性样本的知识。

2. 与标准有关的战略

内容取向性战略用于直接地评估工作行为的测试挑选方法效度是最适当的。例如，你可以准确无误地推断，在一个被恰当地开发出来的打字测试中做得很好的求职者在该工作中会做得很好，因为该测试直接测量该工作所要求的实际行为。

然而，当测试挑选方法与工作行为的联系不太直接时，仅有内容取向性的证据是不够的。例如，在招聘警官职位考试中，有一个关于民事服务的项目，这个项目是：在北半球，排往排水系统的水流向哪个方向？问题的目的是测量"心理警觉性"，它是优秀警官的一个重要特征。然而，能否肯定一个人回答该问题的能力能正确地测定一个人的心理警觉性呢？如果思维跳跃不太大的话，或许可以。

当雇主必须做如此大的思维跳跃时，要用文件证明效度，仅用内容取向性战略本身是不够的，还需要一些其他策略。这里与标准有关的战略就可以发挥作用了。当一个企业使用这个战略时，它试图用统计的方法指明，在测试时做得很好的人比做得很差的人成为优秀工作者的可能性大得多。

与标准有关的证实方法有以下两种：预测性的证实与共时性的证实。这两种方式的主要区别在于，被评估的个体不同。在预测性证实中，信息收集自实际求职者；在共时性证实中则来自目前的雇员。下面来看看两种方法的实施步骤。

（1）预测性证实。

① 做一项工作分析以确认需要什么样的能力。

② 设计一个旨在评估所需能力的选拔测试挑选程序。

③ 实施测试挑选程序以评估一组求职者。

④ 随机选择一些或全部求职者，不管他们在测试中的得分多少。

⑤ 找出求职者在工作一段足够时间以后工作绩效的测定值，对大部分工作来说，工作时

间需要 6 个月到 1 年。
⑥ 让这组求职者的工作绩效评分与他们在测试挑选程序上所得分数互相关联。
（2）共时性证实。
① 和 ② 这两步与预测性证实研究所采取的前两步相同。
③ 实施测试挑选程序以评估一组"有代表性"的现职人员。
④ 测出在第 3 步中被评估的现职人员的当前工作绩效水平。
⑤ 与预测性证实的第 ⑥ 步相同。

共时性证实比预测性证实使用得更普遍，因为共时性证实可以很快地执行——被评估的人员已经在职，可以很快地得出他们的工作绩效测定值。在预测性证实中，标准得分只有等求职者被雇用并工作几个月以后才能得到。尽管共时性效度证实与预测性效度证实相比有某些劣势，但是结果表明两种方式效果基本一致。

3. 效度概括化战略

雇主需要证明它的每一个测试挑选模式的效度。可是，当它使用的方法是其他公司已经用过的并且该方法的效度已被证实时，又会怎样呢？它可否信赖那个效度证据而不必做它自己的证实呢？

回答是"可以"，它可以使用效度概括化战略来说明该方法的效度。效度概括化可以通过指明一种测试挑选方法在许多相似的情况下已被一致地证实有效来确立。有大量证据指出了许多具体方法的效度概括化，例如：人们发现，某些心理性向测试对几乎所有工作的预测因子都是有效的，因此无需重新做新的证实研究去指明工作有关性便可以收到合理结论。

为使用效度概括化的证据，组织必须出示下列资料：
（1）总结其他情形下相似工作的某种测试方法效度的研究成果。
（2）出示在将采用的效度证据的工作场合与新雇用工作场合之间具有相似性的资料。
（3）出示在构成效度证据的测试方法与用在新雇用场合中的测试方法之间具有相似性的资料。

三、有效的选拔测试和挑选的技术方法

至此，在本章中我们已经阐述了公司在挑选雇员时必须达到的技术标准。我们现在来讨论实际的选拔测试技术和挑选方法。

（一）面　试

几乎所有的公司都认为面试或访谈是一项有效的挑选工具。很少有求职者不首先经过面试而直接被录用的。事实上，有希望的求职者通常受到一个组织中的几个成员面试，如人力资源专业人员、空缺职位的部门经理，以及一个或更多的上一层经理，挑选建立在这些人意见一致的基础上。

早期关于面试有效性的研究对该项技术的有效性作了消极的描述。在过去，偶然进行的

面试经常导致不良的挑选决策。然而近来，许多更好的面试技术出现了，导致了更加有效的雇用决策。

一次进行得恰当的面试给求职者提供了一个描述他们以前的工作经验、教育历史、职业生涯兴趣、个人好恶等的机会。这种通过其他方式可能是困难的甚至是不可能得到的信息，对于挑选过程通常又是关键性的。集中于面试有效性以及如何面试的问题将在本章后面相关章节中加以具体讨论。在这儿，我们将聚焦于我们能从面试中获得信息的类型。

在一次面试中，面试官可搜寻以下四种类型的有价值的信息：

1. 技术知识

一个求职者的与该申请职位方面相关的技术知识相当重要。一种评估技术知识的方法是询问求职者的教育史和工作经历。面试官这样做的目的是试图确定求职者在学校期间及以前的工作中是否获得了必要的知识。

这种方法的一个潜在危险是，面试官通常对信息不正确地认为，做过某些事的求职者已经把这些事做得很好，或是学过某些东西的人就已经把它学得很好。

面试官通过询问专业技术问题会对求职者的技术知识形成一个较好的印象。例如，一个申请市场营销的人将被问到："4P"是什么？

2. 自我评估信息

这种类型的信息考察求职者的好恶、优缺点、目标、态度及人生哲学。这类信息有助于雇主决定求职者是否"符合"特殊的工作背景。例如，求职者的回答能够显示其职业生涯目标是否同组织所提供的机会相一致，或者求职者是否会喜欢这项工作。

3. 情景信息

考察求职者在某种假设性的与应聘工作有关的特定情景下将如何反应。例如，一个求职者将会被问到：假如你看到你的某个部下粗暴地对待顾客，你将怎样做？求职者对于这类问题的回答可以通过查看与预先确定的某个偏爱答案的一致性来进行评价。也即面谈者把求职者的回答同表上所列的好、平均和劣等的答案相对照。收集情景信息可以帮助雇主确定一个求职者在各种与工作相关的情况下是否能够作有效的决策，"情景面试"的有效性相当高。

4. 行为描述信息

行为描述信息考察求职者在与过去情景及将要面临的新工作相似的情景下是如何行动的。例如，一个面试官会问到：告诉我上一次你遇到的你的一个部下表现不好的情景是怎样的、你是如何处理的、雇员的反应如何？

"行为描述面试"被发现极其有效，因为它以行为一致性模型为基础——求职者按照他们以前在当时情景中的行为被评估，这些情景与他们在新工作上的那些情景密切吻合。

【案例分析】

小王是某粉笔公司的人力资源招聘专员，该公司生产××品牌粉笔。在招聘面试中，小王常常问求职者有关他们的意见和哲学方面的问题（例如"上级应当怎样申斥雇员"）。过了一阵,小王开始认识到,这些传统类型的问题导致了千篇一律的答案,那就是,求职者只是把他想听的内容告诉他。

因此,小王改变了面试的方法。他决定改用行为描述面试,其主要集中于求职者曾经做过的事情上,而不是他应该做的事情上。具体地说,他要求求职者描述他们在实际情景中是怎样做的。(例如,"给我一个你申斥雇员时的具体例子。你采取的是什么行动?你行动的结果是什么?"。他相信这种类型的问题可以帮助面试官避免得到千篇一律的回答,并且这样可以获得有关求职者资格的更加准确的印象。

行为描述面试的使用帮助小王识别了高水平的求职者,否则他们就可能被淹没掉了。有一次,一个只有表演经验的妇女同几个有经验的求职者竞争一个销售员职位,小王正在寻找一个有经验的销售人员,并对她表示怀疑,但是这个妇女的面试特别的好,虽然她没有过销售经验,但她过去在相关背景中的行为(例如,劝说一位制片人给她一角色)使小王相信,她拥有成功地完成销售工作所需的个人特质。就这样她得到了这份工作,并最终打破了所有的销售记录!

(二)选拔测试

选拔测试是人力资源专业人员的"测试工具包"中的另一种工具。目前有许多不同类型的测试。我们在这里将简略讨论以下五种,详细的讨论将在本章后两节进行。

1. 心理能力测试

心理能力测试旨在测量智慧或性向。目前有一种普遍的误解,认为性向是一个整体的概念。即许多人认为性向只有一种:反映一种数学和语言技能的复合体。实际上还有许多其他形式的性向,包括诸如演绎推理、三维空间中的抽象思维能力及解决机械问题能力这类事情。而且,这些性向并不是高度相关联的,即在某领域强的人不一定在另一领域就强。比如,某人具有较强的语言技能,可能机械性向就很低。

有些公司在招聘时使用心理能力测试,主要是为了得到基本水平的求职者,他们申请的工作并不要求特殊的、与工作有关的技能。这些测试确定求职者是否有能力成功地学会这些技能。测量不同的性向有许多种方法可用,雇主的任务是确定工作所需的性向,然后选择能准确测量它们的测试。

在所有的公司中,有三分之一至少对有些工作使用了心理能力测试。这种类型中的某些测试被发现对许多工作有效。然而许多雇主却不愿意使用心理能力测试,因为它们对一些受保护的群体经常有某种不合理的结果。

2. 人格测试

人格测试旨在评估各种人格特质(独立性、果断性、自信心等),它对于申请某些工作的求职者很重要。例如,销售人员需要果断、外向及有较强的人际或社交技能;管理者需要有自信心;社会工作者需要容忍和思想开放。

通常各种人格测试可通过商业方式得到。人格测试最常用做测量的人格特质是根据大五人格理论确定的以下五种人格特质:

(1)外向性。

（2）宜人性（有好的人性并易于与之相处）。
（3）尽责性（是否是一个靠得住和负责的人）。
（4）情绪稳定性（气质）：是否是可靠的、耐心的和从容不迫的人。
（5）开放性（一个人的胸襟广阔、敏感性和灵活性）。

【小资料】

大五人格也称之为五因素模型（The Five Factor Model，FFM），这五个因素在大量不同方法的研究中都是那么突出，以致研究者们称之为"大五"（Big Five），它们分别是：

- 开放性（Openness）

衡量个体的兴趣范围和对新事物的接受程度，指个体对经验持开放、探求态度，而不仅仅是一种人际意义上的开放。得分高者不墨守成规、独立思考；得分低者多数比较传统，喜欢熟悉的事物多过喜欢新事物。

- 谨慎性、尽责性（Conscientiousness）

衡量个体的可靠程度，指我们如何自律、控制自己。处于维度高端的人做事有计划，有条理，并能持之以恒；居于低端的人马虎大意，容易见异思迁，不可靠。

- 外向性（Extraversion）

它一端是极端外向，另一端是极端内向。衡量个体在人际关系中的舒适程度，外向者爱交际，表现得精力充沛、乐观、友好和自信；内向者的这些表现则不突出，但这并不等于说他们就是自我中心的和缺乏精力的，他们偏向于含蓄、自主与稳健。

- 友善性、宜人性（Agreeableness）

衡量顺从他人的倾向，宜人高的合群、热情、乐于助人、可靠、富有同情；反之冷淡、难相处、多抱敌意、为人多疑。前者注重合作而不是竞争；后者喜欢为了自己的利益和信念而争斗。

- 神经质、情绪稳定性（Neuroticism）

承受压力的能力，得高分者比得低分者更容易因为日常生活的压力而感到心烦意乱。得低分者多表现自我调适良好，不易于出现极端反应。

由于上述五大人格的英文词开头字母拼成OCEAN，因此，大五人格也称之为海洋人格理论。

关于人格测试对挑选雇员的有效性的研究结论目前并不一致，一些研究没能发现有效性，有一些却发现了。例如，一项研究发现，对"尽责性"的测量可以预测几乎所有的职业群体中的工作成功。另一项研究发现，"宜人性"的特征可以有效地预测许多工作中的绩效。然而，在一项研究中，通过对97项以前的研究结果进行评审，人们发现人格测试的平均有效系数相当低，仅为0.24。

导致人格测试失效的主要原因之一是伪装回答问题。实践招聘中许多求职者不诚实地回答问题，以使自己表现良好。例如，在一些测试中提出有关诸如"你是否经常在工作中吊儿郎当"的问题时，即使是真的，也没有几个人回答"是"。在它们的使用过程中，也可能存在着一个可能侵犯个人隐私问题。例如，某些人格测试中提出被认为是侵犯个人隐私的非常个人化的问题：像"你是否有时想入非非"及"你是否有时憎恨你的妈妈？"这样的问题就侵犯个人隐私。

3. 工作样本测试

工作样本测试要求求职者实际完成（或模拟）一些空缺职位的职责。例如，申请叉车操作员职位的人会被要求实际操作一台叉车；申请教师职位的人可能会被要求现场讲课。一个人力资源专业人员以下面这种方式设计这些测试：

（1）进行工作分析，以识别该职位的重要任务。
（2）选择一个有代表性的任务样本，将其包含在测试中。
（3）设计一个记分程序，以确定求职者完成每项任务的权重以及有效性。
（4）在标准化的情况下，对求职者进行测试。

工作样本测试可以用来评估体力技能（例如操纵各种设备）、文员技能（例如打字能力）和管理技能（例如领导、行政和决策技能），这些技能同求职者在被雇用后被期望的技能是一致的。

当企业恰当地构建和实施工作样本测试时，它们通常是相当有效的，因为它们提供了工作绩效的直接测量。电影制片人在为一个角色挑选演员时就用这种方法（他们"试"这个角色）。当篮球教练"试人"时，他们也使用工作样本法。虽然他们中的一些人可能从来没有听说过"行为一致性理论"，但他们知道这样的原则：当在同样的情况下工作时，过去的行为是将来行为的最好预测因素。因为工作样本模拟实际的工作职责，所以人们期望通过这样的测试可以预测未来的工作绩效。

进行工作样本测试有两个不足：一是它们代价高昂；二是可能会出现安全问题。例如，对申请爬电线杆维修线路、电器维修、车辆驾驶等职位的人进行工作样本测试可能是不明智的，因为不合格的申请人可能会出安全事故甚至危及生命！

4. 评价中心

当挑选一个经理候选人时，工作样本测试通常作为评价中心的一部分加以实施。评价中心（Assessment Center）意为"一个综合性的、标准化的程序，按照该程序，人们为了各种目的而使用多重评价技术，像情景模拟和工作模拟（即业务游戏、讨论小组、报告和表演）等，对个体雇员进行评价"。

评价中心可能持续 2~5 天，在这期间，一组求职者（通常是 6~12 人）进行一连串的工作样本测试和其他挑选手段，像面试和各种笔试。最常用的工作样本测试是：

（1）无领导的小组讨论法。

给参与者一个要解决的问题，并指示他在组内讨论它，且在特定期限内形成一个小组决策。他们的行为由受过训练的观察者进行评定，这些观察者对于像沟通技能、领导、劝说和敏感性等特征进行评价。本方法对于管理者群体领导和决策技能测评很有效。

（2）企业决策模拟竞赛法（管理游戏法）。

他们涉及一些诸如买卖物资的活动，个体（子群）进行竞争试图获得最大收益（如利润、市场份额等）。这种测试通常测量冒险性、首创精神、分析技能和（或）领导能力。

（3）文件筐法（公文处理模拟法）。

在这个测试中，参与者被给予一套备忘录，它们通常能在管理者的文件筐里发现。参与者需要对信息进行优化并对其做出反应。测试的目的是要衡量规划和组织的技能、判断力和（或）工作标准。

当正确地加以设计和使用时，中心评价被发现相当有效，因为它们主要包含着工作样本测试。在工作样本测试讨论过的优势和劣势在这里也同样适用。

有关中心评价的详细论述将在本章第四节进行。

5. 诚信测试

每个企业对雇员的诚信都很看重，尤其是银行和大零售商。因此企业重视对求职者进行诚信测试，以减少雇员在工作场所的偷盗现象。两种主要的预测不诚实的方法是测谎仪测试和纸笔诚实测试。

（1）测谎仪测试（即谎言侦察测试）。

目的是确定被试者所给的信息的真实性。该测试认为，谎言能够在面试中通过测谎仪监控经被试者的生理反应（接电的皮肤反应、心搏周期和呼吸模式）变化测试出来。如果在测试过程中，其结果显示求职者没有真实地回答问题或求职者承认过去有行为不当或犯罪行为，那么他们的申请将会被拒绝。但是，按照法律规定，企业一般不得使用测谎仪测试。

（2）纸笔诚实测试。

纸笔诚实测试是另一个代替测谎仪的测试。测试既可以是公开的，也可以是以人格为基础的测量。

公开的测试直接询问有关盗窃的态度和以前不诚实的行为，像"你是否曾经从你以前的雇主那里偷过价值超过五元的东西"。因为这些问题对求职者来说经常是透明的，所以答案很容易伪装。

以人格为基础的测量不涉及任何有关盗窃的字眼，这样就不易伪装。以人格为基础的测量假定具有某些人格特质的人具有盗窃性向和行为。这些测试使用被发现同其他的有关不诚实和偷窃的指标相关联的人格测试项目。

关于这些测试项目的例子如下：
- 我经常在酒吧打架。
- 我容易厌烦。
- 我不喜欢人们告诉我应做什么。
- 在狭窄的空间里我会感到非常不舒服。
- 我容易发怒。
- 我在大多数时间里感到无所依靠。
- 我和陌生人交谈没有什么困难。
- 我经常无法控制我的脾气。

因为测谎仪测试被基本禁止，所以纸笔诚实测试的使用频率就在增加，它已在成千上万家公司中使用。对它们的有效性的研究一般是肯定的，它显示那些通过测试的人偷东西的可能性比没有通过的人要小。然而，对这种测试持批评意见的人指出，虽然许多没有通过测试的人可能是贼，但很大部分是"无辜的受害者"。因此在使用这些测试之前，雇主必须反复进行商业伦理道德方面的考虑。

第二节　笔　试

在开始讲述招聘笔试之前，我们先来看看世界知名跨国公司是怎样进行笔试的？

【小资料】

世界知名跨国公司怎样进行笔试

许多世界知名跨国公司在招聘时，都要对应聘者进行笔试，只有通过了笔试，才能进入面试。那么，世界知名跨国公司是怎样笔试应聘者的呢？

- **柯达：笔试是面试的程序之一**

柯达公司的面试过程是这样的：首先由人力资源部根据简历介绍的情况安排面试，主要是针对简历的内容，进一步核实有关信息，并考察应聘者的综合素质。对于其中面谈较满意者，进行笔试测验。通过笔试后，进入第二轮面试。在这一过程中，笔试是一个必经的程序。

- **微软：很多考题没有标准答案**

在微软，如果是技术支持中心招人，一定会先进行笔试，比如说招应届毕业生，微软都是在报名之后先统一进行笔试。考卷分为两类，A类考卷面对非计算机专业学生，其中逻辑思维方面的考查占70%，B类考卷面对计算机及相关专业的学生，技术方面的考核占70%。而招销售部人员，由于要求工作经验大于学校的教育背景，一般不会先笔试。研发中心和研究院招研发人员，因为此类人在他们各自的领域内已有相关文章或报告发表，也不用再笔试了。

微软有一个专门的题库数据库，有关于微软产品的测试，有英文测试，有IQ（智商）的测试。

微软笔试的题目一般来说是填空题和选择题，要求写的字不是很多，字写得好坏对笔试结果没有什么影响，除非进行英文表达，要求写一段话的时候，可能会有影响，但主要还是看内容。一般到微软应试的人都会写得很认真，因为人人都看重这次机会。

微软笔试的题目是从IQ、算法、应用程序、谜语四个方面进行考核的。人们在网上曾经看到过的一些非常经典的题目，如"下水道的盖子为什么是圆的"之类，都是属于笔试的题目。微软希望招到更多开放型思维的人，因此考的很多题目其实都没有一个标准的答案，比如说"解释一下为什么电脑的屏幕是方的而不是圆的"？"你认为成都有多少公共汽车站"？你可以随便给出答案，比如说5家或者5 000家，但你得有理由，比如根据报告，成都的人口是多少，收入阶层中有百分之多少是需要乘坐公共汽车的，假设每个人一天多少次，按照里程来算……有一套自己的思维方式，就算是一个很好的答案。总之，对这类问题的回答，主要看应试者怎么考虑问题，怎么得出这个答案，看他考虑的过程能不能支持他的答案。

- **礼来：重点考察分析能力**

礼来的面试由初试和复试两部分组成，初试包括笔试和口试。

礼来笔试的内容比较广泛，涉及语言、计算、分析等各个方面。另外一些专业要求较高的职位，礼来会安排相关的专业知识测试。

关于笔试的准备，像外语等内容，准备起来就比较简单，只要应聘者平时"曲不离口"，勤加练习就可以了。像专业方面的考核，是与应聘者所掌握的专业水平有关的，这个准备对应聘者来说也不是难事。但像逻辑分析等内容的考核，主要是侧重考察应聘者的综合素质，所以不是短时间内就能做好准备的。公司因此经常提醒大学生，除了专业和外语、计算机等，其他学习内容也是很重要的，如逻辑分析能力就相当重要。这种能力在学校的成绩单上可能不会有明显的反映，但到了工作职位上，就会有很直接的体现。比如外企的工作是非常繁忙的，有的时候你手头可能一下子就堆积了 10 份工作，这时候就需要你有判断分析能力，知道哪几份是最重要的，哪几份是次重要的，并合理安排时间，最后圆满地完成工作。所以，分析问题的能力是礼来考察的重点。

- **富士通：做技术工作的才有笔试**

在富士通，如果是技术部门招聘技术工程师的话，就要进行笔试；如果是做投资的，不是做软件开发的，对技术方面就没有那么高的要求，所以就没有笔试。

- **惠普：全用英语答题**

在惠普，原来英语是要笔试的，现在为了简化程序，而且来惠普应聘的人英语都不错，所以只要有 CET4 级以上的证书就可以，英语不做专门笔试。

关于技术或其他方面，有些是有笔试的，例如上海软件开发中心要招软件开发人员，有的是用 C 语言来写程序，有的是用 java 来写程序，笔试全用英语作答。惠普没有像 IQ 或逻辑能力之类的笔试。

- **国际商业机器公司（IBM）：笔试用中文**

IBM 笔试的设计思路主要是考人的逻辑推理能力，对于编程之类的工作，公司比较倾向做笔试。笔试并不是过关的唯一条件，只是作为参考，公司会看应聘者的经验，再加上他面试的结果，综合起来考虑他是否适合这个职位。但是在对大学生的招聘中，公司则希望他有一定的逻辑推理能力，所以笔试会常用一些，作为一个初选。

IBM 的笔试有一个题库，就是 IBM 全球统一使用的数据处理测试（data procession）。最初几年是用英文测试的，近年来开始翻译成了中文。公司认为这套试题的设计就是为了考逻辑推理的，如果用英文，可能对一个人逻辑推理能力的判断就不够客观和完全，所以就把它翻译成了中文，笔试大概有四五十分钟。

- **日本电气（NEC）：要求字迹清楚、整齐**

NEC 的笔试主要是看答卷的成绩，但是如果字迹较乱，肯定会给人不好的印象。在一次招聘中，一个应聘者虽然回答得还可以，但是字迹很乱，很难辨认，招聘经理决定在面试时更多地留意他，结果面试时他服装和举止都很不得体，最终没有录用他。因此，应聘者在笔试时应尽可能地把字写清楚，写整齐。

- **宝洁（P&G）：进行解难能力测试和英语水平考试**

解难能力测试是一个 65 分钟的书面测试，主要是考察一个人的逻辑思维能力和判断能力。题目有如"你的学习成绩排名是多少？并说明原因"。还有你在学校参加过哪些社会活动，你曾是哪些社团的负责人？接下来会给你设置一个困难情景，问你该如何处理。最后是举例说明你具有创造力。

P&G 的英语考试始于 2000 年后，它侧重考察毕业生在跨国企业工作中的基本沟通能力，掌握英语能帮助新员工在以后的工作中很好地与人沟通。不单在与外方经理沟通时需用英语，公司中还有一些说粤语的香港同事，与他们交流，也需用英语。

（资料来源：黄金旺，前程无忧网 http://arts.51job.com/arts/09/242203.html）

一、笔试及其特点

笔试（纸笔测试）是以企业员工为参照标准，通过严格的书面材料的问答来考察应征者的综合素质、特征和能力的一种人才测评工具。笔试在员工招聘中发挥着相当大的作用，尤其是在大规模的员工招聘活动中，它可以迅速地甄别应试者的综合素质，从而判断应试者是否符合职位基本要求。

1. 笔试的优点

笔试的优点主要是适用面广，费时少，费用低，可以大规模地运用，且有客观的标准答案供参照，能迅速判断应试者是否符合用人标准。

2. 笔试的特点

笔试具有以下特点：

（1）笔试的题目是经过系统地分析人才和职位的情况，按企业的需求而设计的。

（2）笔试的题目由填空题、选择题、问答题、判断题、案例题、逻辑题、申论题、应用文写作题等多种题型组成。

（3）笔试的测试过程是标准化的过程，一般为限定答题时间。

（4）对笔试结果的统计和分析也具有相对的严格和封闭性，有参照答案、客观答案提供参照。

（5）笔试由于要考察应征者综合素质，涉及的内容非常广泛，但始终与职位要求相匹配。

二、笔试的类型及运用

目前许多知名企业（尤其是大型国企和大型外企像 IBM、P&G 等）在招聘人员时，都把笔试作为筛选人才的重要一关。那么招聘笔试有哪些呢？如何把笔试科学地运用于企业的招聘中呢？

目前在企业招聘中常见的笔试大致可分为四大类：

（1）专业知识测试。

（2）IQ 测试和类 IQ 测试。

（3）能力测试。
（4）个性测试。

实践中，企业的笔试基本上是这四类笔试的不同组合。如壳牌（中国）石油公司在招聘时采用的笔试组合为：① 类IQ测试，主要对应聘者进行数量分析和逻辑推理的测试；② 能力测试，主要测试应试者对真实的管理事件的理解能力、分析问题的深入和敏锐程度；③ 个性测试，用管理人员人格测验的12个维量的测度来判断是否满足企业对应聘者个性的要求。

1. 专业知识测试

专业知识笔试和传统的笔试方式类似，实际工作中多数企业的做法一般以应聘者的学历和工作经验作为判断专业知识好坏的标志。如果应聘者是应届毕业生，那么应聘者的在校成绩，尤其是和应聘工作相关课程的成绩也可以作为辅助判断的标志。对于个别专业知识要求很强的职位（如翻译、程序员等），应采用笔试的方式来考察。

2. IQ 测试或类 IQ 测试

国内企业笔试中运用最多的恐怕就是 IQ 测试或类 IQ 测试。类 IQ 测试是指对数量分析、逻辑推理等基本能力的测试，有人认为这类测试应属于能力测试，但国外 IQ 测试的发展已基本上将这些测试形式包括进去。国外有许多成熟的 IQ 量表，用于测量人的智商，如比奈量表、瑞文图形推理，等等。值得指出的是：IQ 测试多用来测量未成年人的智商，多数 IQ 测试对成年人是不太适用的。

那么企业为什么还要使用 IQ 或类 IQ 测试呢？在限定时间的情况下，这类测试的作用有：

（1）可以考察人的反应速度和敏捷性，虽然题目一般不太难，但不同应聘者的反应速度是不一样的。

（2）这类测试的题量一般都比较大，可以考察应聘者在任务压力面前的承受能力，一般比较冷静、专注思考的应聘者发挥得会比较好。

（3）测试的题目有的需要应聘者换个角度想问题才能较快地解出，因此考察了应聘者的灵活性。

（4）有的企业（尤其是外企）出的题目全是英文的，在一定程度上考察了应聘者的英文水平。

除了上述作用外，使用这种测试可能还有一种基于实际工作情况的作用：通过 IQ 测试可迅速筛选掉一批人。因为知名企业应聘的人员会很多，虽然 IQ 测试成绩高的人不能很好地说明这名应聘者将来的工作绩效，但是把 IQ 测试成绩差的人从应聘队伍中淘汰出去，可视为一种较为合理、简洁的做法。

综上所述，现在企业中运用的 IQ 或类 IQ 测试实际上已经不再是原本的测试目的，可看做是对工作合适度中能力维度（逻辑推理、灵活性、承受压力能力等）的初步考察。企业人力资源管理者在解释这类测试的结果时，应以这样的测试目的作为认识的基础。

3. 能力测试

能力测试（Ability Test）笔试一般是把在工作中可能会遇到的情景问题用书面问题的形式表达出来，让应聘者根据自己的工作经验或想象来回答，是一种将情景反映书面化的测试方法。这类笔试的效果要劣于评价中心的效果，但成本比评价中心小得多。

一般的设计思路如下：

（1）开展工作分析，找出绩效突出的员工有哪些关键的事件和行为表现。

（2）对关键事件和行为表现进行分析，确定最主要的几项能力维度。

（3）结合关键事件和行为表现，对每项能力维度设计具体的情景问题。

（4）考虑应聘者可能的回答，给出评判标准。

（5）试实施并最后定稿。

由于这类笔试设计和评估的难度比较大，例如设计的某个问题可能会和多个能力维度相关、应聘者的主观回答难以客观评判等，所以一般需要人力资源专家或工业心理学家的辅助。

4. 个性测试

传统的个性测试一般包括人格、职业兴趣和动机测验。其基本思想是认为不同的工作对人的个性要求不同，必须有针对性地为不同的工作匹配不同个性的人才。在国外工商界应用比较广泛的个性测试包括：卡特尔16因素人格问卷、梅耶－布里基斯人格特质问卷、霍兰德职业兴趣问卷，等等。但总的来看，在企业招聘中运用人格和职业兴趣测验非常成功的例子还不多。

动机测试相对来说容易在企业的招聘实践中得到运用。一种应用较为广泛的方法是分别考察应聘者的工作动机合适度和组织动机合适度。前者是指应聘的职位包括的内容和责任，以及工作本身能在多大程度上使应聘者满意，具体包括诸如挑战性的工作、薪酬、晋升、认可、不断地学习，等等。后者是指企业运作的方式和价值观在多大程度上能使应聘者满意，具体包括诸如高技术导向、客户导向、强竞争氛围，等等。这两者具体要考察哪些方面需根据具体的职位和组织来决定。和前面介绍的三类测试结合起来，目的就在于寻找"能干又想干"的人。

有的企业（像 P&G 公司）把动机测试放在了申请表中。该申请表有一部分将一系列的工作动机方面和组织动机方面列出，要求应聘者选择他感到最满意和最不满意的一些方面。由于列出的方面基本上全是中性的描述，应聘者在未具体接触到 P&G 公司工作之前难以了解公司偏好的工作和组织动机有哪些方面。

传统的心理测量中，对个性的笔试测验还包括投射测验如罗夏墨迹测验、主题统觉测验等，但这种笔试致命弱点在于对结果的评价带有浓重的主观色彩，不能满足招聘的公平性原则，所以目前很难在企业实际的招聘工作中推广，这里不再赘述。

需要指出的是，对人内在动机的考察仅仅通过笔试是难以准确考察的。原因在于一方面设计好考察内在动机的问题比较困难，另一方面笔试在此的预测效度一般比较差。所以，绝大多数企业还是采用面试为主、笔试为辅的手段来考察应聘者的内在动机。

三、笔试的内容

笔试卷设计的内容具有系统性才能发挥纸笔测验的作用，每一部分内容的构成都必须结合企业和职位来设计，这样才能做到有的放矢，达到测试的目的。

笔试主要考查候选人的能力、悟性、智商、专业知识，试卷具体内容根据职位需求和企业文化而定。一份完整的笔试卷考察的地方至少应包括以下五个部分：

1. 企业文化

企业文化就是企业的价值观。企业在吸收新鲜血液的时候，应充分重视人与企业的长远发展，评价员工的素质是否符合企业发展规划和目标（企业愿景），而人与企业保持目标一致的前提就是价值趋同。笔试卷应设计相应的题目对应试者的价值观进行测试，可以通过两种形式：一是考察应试者对企业文化和理念的了解程度，可以判断应试者是否关注和认同企业文化；二是设计体现价值观的题目，由此判断应试者是否与企业的文化相符合。

2. 逻辑思维能力

逻辑思维能力是人所特有的一种能力，它不是与生俱来的，需要通过学习、锻炼才能形成和提高。逻辑思维是指严格遵循固定逻辑规则，具有较强的线性因果关系的思维形式。在研究性活动中，这些思维模式和逻辑规则有归纳、演绎、分析、综合等。逻辑思维能力强的人，在复杂多变的环境下，能通过较强的分析、归纳、演绎等能力发现问题、解决问题。在笔试卷中，测试应试者的逻辑思维能力一般采用的题型为单项选择题和情景题，通过应试者给予的答案和分析过程来做出判断，关注的重点在于他们如何思考。

3. 语文能力

人们通过听、说、读、写与外部世界交流，不断地丰富和发展自己的内心和精神世界，开发自我的想象力和创造力。语文能力体现的是人的形象思维和抽象思维能力的综合素养，其要素包括语文知识、语言积累、语文能力、语文学习方法和习惯，以及思维能力、人文素养等。从简单到复杂分为六个层次：第一，必要的语文知识。第二，丰富的语言积累。第三，熟练的语言技能。第四，良好的学习习惯。第五，深厚的文化素养。第六，高雅的言谈举止。语文能力不是一种纯粹的语言技能，而是一种综合的文明素养，是个体融入社会、自我发展不可或缺的基本修养。所在，在选取人才时，企业必须对候选人的语文能力进行相应的测试，对于判断他（她）创新思维的培养、人文精神的熏陶和完美人格的塑造方面提供参考依据。

4. 专业知识

专业知识是完成各项工作任务必不可少的必要条件，而笔试具有成本低、操作方便、针对性强等特点，作为一种检验知识的方式有着广泛的应用。从科举制到现在学校的大小考试，都在使用着这种方法。企业在选取合适的人才时，也往往会采用笔试的方式来测验其专业知识。设计这部分试题的关键在于对任职能力的针对性检验，前提是必须分析职位所需要的专业知识是什么、包括哪些知识点、要求掌握的程度如何。针对这些由专业人员设计具体的考察点和题目，从应试者作答的结果来判断他是否具有相应的专业知识要求。

5. 行为风格

一个人的行为风格特征决定了其待人接物方面的行动趋向。每个人在自我表达方式与行为方式上有着不同或相类似的模式，并且是可预知的，这些最真实的表现就是在日常生活和工作中对外界做出的最自然的表现，通过这些表现来了解人的行为风格因素。在招聘中，通过选用客观科学的测试题目和工具，对候选人的行为风格进行测试与甄别，帮助我们判断个人是否与公司性格相匹配，减少主观原因带来的误差。市场上有许多关于行为风格的测试工具，其中有微软、腾讯、中国移动在用的前程无忧开发的 MAST（Motivator, Analyzer, Supporter, Taskmaster）测评，APEC（Action, Planning, Expression, Consideration）人际行为风格系统等。

【案例分析】

英特尔中国：招聘人才强调"员工六大价值观"

英特尔（中国）有限公司中国区人力资源部经理康女士认为，只有按照自身企业的实际情况招聘人才、利用人才，才能使他们发挥最大价值。

独特人才文化：六大价值观

康女士数次强调了英特尔独有的员工六大价值观。这六大价值观是：以客户为导向、严明的纪律、质量的保证、鼓励冒险、以结果为导向、创造良好的工作环境。康女士认为，这六大价值观形成了英特尔独特的人才文化。

英特尔在看待人才的时候，将其分为关系型和做事型。两者之间并不排斥。而且，英特尔对两种人都比较看重，但是更倾向于后者。在英特尔内部，大多数人都是勤奋工作的类型。

另外，英特尔也青睐那种开放的人才。他们有自己的想法，敢说敢做，富有冒险精神。但是一旦作出决定，就坚决服从执行。在康女士看来，严明的纪律和团队精神是十分重要的。

康女士还强调，英特尔非常注重为员工提供良好的工作环境。一方面是公司内部和谐的工作氛围，另一方面也是尊重所在国法律法规，营造外部氛围。英特尔为此针对不同国家的实际都采取了相应的政策。

基于六大价值观，英特尔对于"先育人，再用人"和"用新人"的说法都表示支持。英特尔公司在这个方面会根据人才实际情况来加以定夺。不同的人适应不同的工作，尽管英特尔要求的人才都是"Best"的，但是态度最为重要。他们在招聘时，首先看重的是应聘人的态度，然后才是专业和工作能力。

行为测试法：认证的取代物

谈到有厂商一次招聘上千名科技人员的做法，康女士认为各家公司有自己不同的原则，这也受到文化、所在产业等相关因素的影响。但是她指出，英特尔招聘人员时非常慎重，不会一次的招聘计划就达到几千人。据称，英特尔的工作是综合型的，这也要求英特尔必须招聘那些具有综合素质的人才，这是和很多公司不一样的地方。

在招聘中，英特尔并不是特别看重各项认证。康女士认为，英特尔首先是一家技术公司，而且是一家处于类似建筑物基础地位的公司，一方面这类认证比较少，因此客观上来讲，各项认证并不是必需的。另外，英特尔有自己独特的"认证"方式，即行为测试法。据了解，行为测试法主要通过测试过去行为来预测其将来的行为。相对于认证而言，该方法更能够全面考核一个人才的能力。

招聘：从实际出发

在整个行业持续低迷的状态下，各个公司的招聘计划都有所调整。英特尔中国公司表示，中国对于自己的作用越来越大，公司在发展，需要人才，因此人才的既定政策不会改变，但是他们将针对不同的人才制定不同的策略，而不会一概而论。而且公司的经营战略决定公司的招聘策略，乃至整个人力资源管理战略。因此英特尔公司的人才政策核心依旧是慎重、从实际出发。

四、设计笔试题的注意点

招聘过程中笔试卷的应用应注意以下几个问题：

1. 确定合格标准

通过内部严格采样，确定笔试卷合格的标准。笔试卷完成之后，要先在内部进行测试，由不同的人员在严格的时间限制下完成作答，根据结果做出统计分析后确定不同标准，在实际测试时参考这些标准做出人员评价决策。

2. 注意控制试题容量

一份完整的笔试卷应能保证应试者在 60~120 分钟左右完成，评估者在 5~10 分钟左右完成试卷批阅。如果时间过长，则会影响应试者的耐心，而且也是成本的浪费；如果时间过短，试卷的内容又不足以真实反映考察的几个方面的素质。

3. 笔试卷应注意排版美观，印刷清晰

笔试卷展现给应聘者的是公司的形象，一份精心制作的笔试卷展示给应聘者的是专业、负责、有前景的积极形象，而一份粗糙的笔试卷则会给面试官留下随意、轻视、邋遢等不好的印象，从而对公司本身也会失去信心。

4. 笔试卷的题库应准备多套，并定期更换

一套笔试卷在使用一段时间后，会产生信度上的减少，因此，必须准备充实的题库，固定时间随机更换其中的题目，或者准备多套试卷，进行整体替换，或者每次都重新出题。

【补充资料】

招聘笔试题库的建立

招聘笔试应该建立一个题库，题库内容应该是多样化的。当然这里涉及不同行业不同类型的企业，其笔试题也不一样；因此，我们这里只是给出一些参考性的题目。企业应根据自身实际特点和要求设计自己的题库。

下面我们列出一些比较典型的笔试题：
1. 你对未来的工作生活是怎样憧憬的？为何选择我公司？
2. 请用不超过 30 个字给出一个最能让我们录用你的理由。
3. 你认为比较理想的工作环境是怎样的？

4. 你个人的中长期的职业发展目标是怎样的？

5. M、N是两个平等平面，在M内取4个点，在N内取5个点，这9个点中，无其他四点共面，且其中任意三点不共线。求：A. 这些点最多能决定几条直线？几个平面？B. 以这些点为顶点，能作多少个三棱锥？四棱锥？

6. 某轮船公司每天中午有一艘轮船从哈佛开往纽约，有一艘轮船从纽约开往哈佛；轮船途中来去都是7昼夜，问今天中午从哈佛开出的轮船在途中将遇到几艘从对面开来的轮船？

7. 正方形边长为1，以各个顶点半径为1做弧，在正方形中间有一个公共区域，求面积。

8. 下列每组数字，使用加减乘除，得出"24"。第一组"1、2、3、4"；第二组"5、6、7、8"；第三组"3、3、8、8"；第四组"2、2、8、8"；第五组"5、5、6、6"；第六组"3、4、7、9"。

9. 有若干台型号相同的联合收割机，收割一片土地上的小麦，若同时投入工作至收割完毕需用24小时；但它们是每隔相同的时间顺序投入工作的，每一台投入工作后都一直工作到小麦收割完毕。如果第一台收割时间是最后一台的5倍，请问：用这种收割方法收割完这片土地上的小麦需用多长时间？

10. 有一批货，如果本月初出售，可获利100元，然后可将本利都存入银行，已知银行月息为3.5%，如果下月初出售，可获利120元，但要付5元保管费，试问这批货何时出售最好？

11. 一名新闻记者，原定当天下午13:30开始采访，14:00他必须去执行另一项采访任务。可是前一名从13:00起采访的媒体记者已经拖延了时间。13:35，这名记者决定要求前一位记者暂停下来，让自己先进行采访。如果你是他，你会怎么达到目的？

12. 电影《阿凡达》取得了巨大的票房效益。试分析《阿凡达》商业运作的方式及效果。

13. 排序 s-m-t-w-t-f-？

14. 如果"六千，六百，六"表示成"6 606"，那么"十一千，十一百，十一"表示成什么？

15. 农场不知道有多少鸡，现有一批饲料，如果卖掉75只鸡饲料够20天用，买进100只鸡饲料够用15天，问原来有多少只鸡？

16. 6个桶，装着两种液体，一种液体的价格是另外一种的两倍，桶容量为8，13，15，17，19，31，有一个美国人，各用了14美元买两种液体，剩下一个桶。问剩下哪个？

17. 篮球场，还剩6秒，差对手4分，没可能追得上，现在有一个暂停，你会怎么指导球员去做？

18. 张学良先生于2001年10月谢世，对这位著名人士在西安事变中的态度和作用，你是如何看待的？（不超过300字）

19. 北京政府颁布的对拾金不昧者，失主要奖励相当于财产20%奖金的公告，你是如何看的？

20. 如果你的彩票中了500万元大奖，你将会用这些钱做什么？

21. 你认为麦当劳是世界最大的汉堡生产商吗？如果不是，请说出你的观点。

22. 一个粗细均匀的长直管子，两端开口，里面有4个白球和4个黑球，球的直径、两端开口的直径等于管子的内径，现在白球和黑球的排列是wwwwbbbb，要求不取出任何一个球，使得排列变为 bbwwwwbb。

23. 一只蜗牛从井底爬到井口，每天白天蜗牛要睡觉，晚上才出来活动，一个晚上蜗牛可以向上爬 3 尺，但是白天睡觉的时候会往下滑 2 尺，井深 10 尺，问蜗牛几天可以爬出来？

24. 在一个平面上画 1 999 条直线，最多能将这一平面划分成多少个部分？

25. 在太平洋的一个小岛上生活着土人，他们不愿意被外人打扰，一天，一个探险家到了岛上，被土人抓住，土人的祭司告诉他，你临死前还可以有一个机会留下一句话，如果这句话是真的，你将被烧死，是假的，你将被五马分尸，可怜的探险家如何才能活下来？

26. 怎样种四棵树使得任意两棵树的距离相等。

27. 27 个小运动员在参加完比赛后，口渴难耐，去小店买饮料，饮料店搞促销，凭三个空瓶可以再换一瓶，他们最少买多少瓶饮料才能保证一人一瓶？

28. 有一座山，山上有座庙，只有一条路可以从山上的庙到山脚，每周一早上 8 点，有一个聪明的小和尚去山下化缘，周二早上 8 点从山脚回山上的庙里，小和尚上下山的速度是任意的，在每个往返中，他总是能在周一和周二的同一钟点到达山路上的同一点。例如，有一次他发现星期一的 8 点半和星期二的 8 点半他都到了山路靠山脚的 3/4 的地方，问这是为什么？

29. 有两根不均匀分布的香，每根香烧完的时间是一个小时，你能用什么方法来确定一段 15 分钟的时间？

30. 一股份有限公司于某年 8 月首次公开发行股票，所筹资金由于客观情况发生变化，未能用于招股说明书所规定的项目，而是经董事会决定用于另外的项目。由于该项目所需资金较多，公司董事会决定再次募股，并就新股种类、数额、发行价格、发行起止日期等事项作出决议，初步计划在次年的上半年完成发行。董事会将有关材料报送主管部门批准。

问：该公司的申请能否会得到批准？为什么？

31. 在年初，李先生拥有如下数量的 4 种股票，年初和预期来价格为：

股票	股数（股）	年初价格（元）	预期年末价格（元）
A	1 000	5	6.5
B	2 000	6	7.2
C	500	8	8.8
D	1 000	10	10.5

请计算李先生的期望收益率。（计算到小数点后两位）

32. 我国的外汇储备主要来源于哪些渠道？其增加对基础货币供给会产生怎样的影响？

33. 桌子上有三张扑克牌，排成一行。现在，我们已经知道：
（1）K 右边的两张牌中至少有一张是 A。
（2）A 左边的两张牌中也有一张是 A。
（3）方块左边的两张牌中至少有一张是红桃。

（4）红桃右边的两张牌中也有一张是红桃。
问：这三张是什么牌？

34．一个女孩有一天给一个男孩做了一道菜。男孩吃完了，但是觉得味道怪怪的。于是他问那女孩：这是什么肉啊？女孩说：这是企鹅肉。男孩沉思了一会儿……痛哭了起来，自杀了。为什么？

35．一个人坐火车去邻镇看病，看完之后病全好了。回来的路上火车经过一个隧道，这个人就跳车自杀了。为什么？

36．有个男孩跟他女友去河边散步。突然他的女友掉进河里了，那个男孩就急忙跳到水里去找，可没找到他的女友，他伤心地离开了这里。过了几年后，他故地重游，这时看到有个老人在钓鱼，可那老人钓上来的鱼身上没有水草，他就问那老人为什么鱼身上没有沾到一点水草，那老人说：这河从没有长过水草。说到这时，那男孩突然跳到水里自杀了。为什么？

37．有母女三人，母亲死了，姐妹俩去参加葬礼。妹妹在葬礼上遇见了一个很型的男子，并对他一见倾心。但是葬礼后那男子就不见了，妹妹怎么找也找不到他。后来过了一个月，妹妹把姐姐杀了。为什么？

38．有一个人在沙漠中，头朝下死了，身边散落着几个行李箱子，而这个人手里紧抓着半根火柴。推理这个人是怎么死的？

39．马戏团里有两个侏儒，盲人侏儒比另一个侏儒矮。马戏团只需要一个侏儒，马戏团的侏儒当然是越矮越好了。两个侏儒决定比谁的个子矮，个子高的就去自杀。可是，在约定比个子的前一天，盲人侏儒，也就是那个矮的侏儒已经在家里自杀死了。在他的家里只发现木头做的家具和满地的木屑。他为什么自杀？

40．一个人住在山顶的小屋里，半夜听见有敲门的，他打开门却没有人，于是去睡了。等了一会又有敲门声，去开门，还是没人，如是者几次。第二天，有人在山脚下发现死尸一具，警察来把山顶的那人带走了。为什么？

41．你新到这家公司任总经理，公司上下都讲人力部总监是"老板的人"；人力部总监的权力很大，也很有号召力，你调动不了的人和事他都可以调动得了，你明显地感觉到这位总监对你在这家企业的发展是个"绊脚石"。某天，人力部总监向你报告，人力部的公章在他的抽屉里不翼而飞，丢了。你将如何处理公章事件和人力部总监这个难题？

42．你向老板递交了一份新的公司管理方案，老板很欣赏并让你推行新的管理方案。公司个别高层老职员对你的这套方案的推行进行软抵抗。你将如何工作？

43．公司有名女工偷了同事 200 块钱，按厂规应予开除。人事主管找你，向你汇报了调查经过：这个女工没有父母，是她哥哥把她养大，他哥哥要结婚了，她手里只有 800 块钱，她想凑够 1 000 块钱寄给她的哥哥表示心意。人事主管请求不要开除这个女工，给这个女工一次改过的机会。你所了解的情况与人事部掌握的情况根本不符，这个女工的父母都还健在。你是否会批准人事主管的请示？

44．老板已把公司的食堂承包了出去。员工们一直对公司食堂的伙食有意见，这些意见已形成员工对公司不满的焦点。你为此事汇报给老板，老板说一切交给你处理。你打算怎样处理食堂之事？

45．业务部小赵和司机小钱出去送货，到目的地客户工厂刚好是下班时间，要等下午上班后才能卸货。客户工厂收货员小孙对小赵开玩笑说要小赵请他吃饭；小赵是个直爽大方的人，热情地拉着小孙非得请小孙吃饭不可，三人共花了680块钱；第二天小赵来找你签字报销招待费。公司规定业务人员未经公司批准不得对客户请客送礼。老板告诉过你，3 000元以下的费用审批由你全权处理，不用请示老板。你是否会给小赵签字报销？

46. 老板出国考察要4月10日回国，临走前安排你处理公司的一切事务。供应商李总和老板是好朋友，两家公司一直合作得很好。3月9日李总来找你，说他最近资金周转较困难，请求将我公司本应4月15日付他公司的货款十五万多元提前付给他，李总3月11日前着急用钱。你询问了财务部，李总公司的对账单已核对无误，我公司账户资金充裕，近一个星期内没有计划外应付账款。你批示财务部，付给李总此项货款。财务部主管提出了异议，说不可以破坏规定，不同意提前支付。你是否会坚持并落实你的决定？

47. 冬至到了，按惯例公司会请主管级以上职员和办公室全体职员去酒楼聚餐。最近公司订单排满，全公司上下员工很是辛苦，特别是生产车间工人更是接连加班加点。为此你改变惯例邀请了班长以上的职员去酒楼聚餐，并给车间员工每人发了一斤苹果。事后老板对这件事很不满意，并电话里和你的助理说，超出计划的3 800多元钱不可以入账。你将会怎样处理这件事情？

48. 某种生产用原材料，用月结结算方式和用现款结算方式购买到的价格相差近2元钱；物控部向你请示要求用现款购买此原材料，以降低产品成本。公司制度规定常用原材料结算方式一律为月结，不得用现款采购。你不想改变公司规定，又想为公司省下2元钱，真是难坏了你，于是你打算？

49. 不知道什么原因，公司最近几个月生意很不好，资金非常紧张，吴总经理和公司的高级主管已有三个月没有领到薪水了；老板召集高级主管以上职员会议，请大家和老板一起渡过难关，说公司下个月就会有意想不到的好转。主管们议论猜测人心惶惶，有人已请假开始偷偷去找新工作了。这时期有一家企业来请吴总去任职，吴总看不出老板会有什么起死回生之术，而现在向老板提出辞职似乎又于心不忍，于是吴总称病不再来公司上班。半个月后，老板委托其他公司开发的新产品问市，新产品刚一在香港会展展出，新加坡一客户就下了900万美金的订单。吴总回来上班了，老板对吴总一如既往。你如何评价吴总经理？你如何评价这个老板？

50. 你在这个公司的努力工作终于得到了老板的嘉奖，老板说公司要给你1%的股份或者是同价500万的奖金，任你选择。你会选择哪一样？

51. 郑先生已有两个女儿，他和他的太太是高中时的同学。郑先生七年前开了一间工厂，这几年生意很不错。郑太太从工厂步入正轨后就在家里做起了"家庭妇女"，郑太太多次提出要去工厂帮忙，郑先生都不同意，说：你只要把家管好把孩子带好就可以了。突然有一天，有人告诉郑太太说："你老公在外面养了一个'二奶'，那女人还给你老公生了一个儿子！"郑太太询问郑先生此事真假，郑先生承认不假。两人于是"大闹天宫"。郑先生已和"二奶"同居，决定要和郑太太离婚；郑太太不想和郑先生离婚，说只要郑先生不和她离婚，把那个孩子带回来她也可以接受。他们两个都是你的好朋友，你会怎样去帮助他们？

52. 一家供应商在你的认可下终于"攻"进了我们公司。供应商为了答谢你，要给你一笔佣金，这件事除了供应商和你并无别人知晓，你会接受供应商的佣金吗？

53. 本公司的货物全部由深圳货运站承运,成都客户指定他的货物在广州某物流公司发货。本公司付深圳货运站每件 4 元的短途运费。某日,成都客户来电说发给他的 37 件货他只收到 20 件,物流公司承认货物在路途丢失了 17 件,并同意赔偿损失。成都客户没有时间去跟踪此事,请我公司解决。你认为此事该由谁去解决?物流公司应按产品的什么价格赔偿?

54. 深圳某公司在上海设有办事处,华东地区五家经销商的货物配送均由上海办事处发送。请详细说明你认为可行的配送方式。

55. 我公司的货物与另外两家公司的货物拼一货柜车发往西安。我公司的货物是 45 立方的影碟机,另外两家公司的货物分别是 6 300 千克的手表和 48 立方米的化妆品。三家公司争执不下,纷纷要求自己公司的货物应该装在上面。你认为应该怎样装车?

56. 深圳发往长沙的货物走汽运需要一天半,走铁路快运需要一天,走空运需要一天;长沙客户因要参加展销会急订 15 立方的货物,今天下的订单明天就要收到货物,后天须参展。我公司今天下午立即组织发货。你认为走哪种运输方式最理想?

57. 本公司外销客户已稳定。某日,有两家本市的贸易公司前来洽谈业务,有一家贸易公司请我工厂 OEM 两个 40 柜的产品;有一家贸易公司想让我公司长期为其 OEM 产品,是否接洽这两笔业务?

58. 2013 年年底,本公司接到日本一长期客户数量为六万台(分多次交货)的订单。日本从 2014 年 1 月 1 日起执行新的电源方案认证,中国尚无一家电源生产厂家具有此项认证;日本客人为此订单愿意帮助电源厂家取得此项认证,请我公司把电源厂家的资料寄交日本客户。但是,为我公司供应电源的电源厂家不愿意承担此项认证费用。怎样解决这个问题?

59. 成都原经销商销售业绩总是不能达标,国内销售部经理向你报告更换一经销商,并推荐了新的经销商人选。你同意销售经理的提议,但公司与原经销商的合同尚未到期,怎样处理可以两全其美?

60. 国内各大网站均有我公司产品的广告和网店,大部分地方报刊和地方电视媒体也有我公司产品的宣传,各大地区销售渠道已基本建成。对于网络营销和渠道营销,如何避免市场营销中的重复行为?网络营销和渠道营销会有哪些冲突?如何避免这些冲突?

61. 我公司产品价格定位走的是同行业中等路线,注重产品质量和新产品研发。某家同行公司将和我公司相同等的产品降价销售,各地经销商纷纷要求对此款产品进行降价。你怎么解决此次问题?面对市场经常会出现的这类价格竞争问题,你有哪些创意?

62. 我公司华北办事处已将产品成功推进各大超市,山东经销商提出了异议,担心超市的销售会影响他的业绩。对主流渠道和非主流渠道,你会采用哪些办法来避免它们的冲突?

63. 某国外连锁超市在成都设有采购机构,并开始采购招标;我公司中标,取得了每月金额为 200 多万美元的份额。请介绍你取得此份额的经过。

64. 新加坡一客商来我公司签署代理协议,协议书中有一项"商品到岸后三个月内产品包换,一年内产品保修,退换货物的一切费用由我公司承担";此条款对我公司有较大的难度,你提出一建议,对方很满意。协议书此条款修改,协议书顺利签署。透露一下你提出的是什么建议?

第三节 面 试

现在很多企业由于招不到自己中意的人才经常感叹：千里马难求。其实千里马难寻，往往不在于千里马的罕见，而是伯乐没有好的甄选方法与技巧。好的甄选方法与技巧其实就是有一套有效的选拔测试系统。如前所述，这既包括笔试也包括面试，还有我们下节将要谈到的中心评价等测评方法。上一节我们谈到了笔试的话题，本节我们接着谈面试。

一、面试概述

面试是一种经过精心设计，在特定的场景下，以面对面地交谈、观察为主要手段，由表及里测评应试者有关素质的一种方式。适用于人力资源管理和开发中的招聘录用、考核、晋升等方面，大部分组织机构的人员招聘与录用都是借助面试这一重要技术手段来完成的。作为人力资源部门的工作人员，在面试应聘者的时候，要准备一套实用性较强的面试系统。使用一套相同标准，可以在应聘者之间作一个明显的比较。

面试的过程是由开始、结束以及中间的能力评估三个部分组成，从而形成一套完整的招聘方式。

面试的开始部分不容忽视，要选择适当的地点，有一个好的开场白，缓和一下面试的气氛。负责面试的人员可以先作一下自我介绍，然后对应聘者表示感谢，要表现得热忱、友善，避免给应聘者造成过度紧张，再由寒暄逐步转入正题。

在企业中，对于招聘普通的员工（除高层管理者外），一般都需考察应聘者的沟通与说服力；人际关系及团队合作的技巧；动机与价值观；专业技术知识与技能。这便是面试的中间环节，也是最重要的一个环节。

口头沟通能力，就是评价应聘者的语言沟通能力，通过与应聘者的交谈，便可做出大概的评估，可分为出色、可接受、不可接受三种评价的标准。如果要招聘营销人员，则可以用角色扮演的方式，来考察应聘者的说服力。作为一个项目的负责人，就必须要具备推理、解决问题、团队合作等技能。"告诉我你所负责的最复杂或最具有挑战性的项目，并对项目进行简单的描述。你在项目中所担任什么职位？""请讲述一个你解决过的最复杂的问题。"这类实用的问题，有利于对项目负责人进行考察。"请简述你在学校及毕业后的主要业绩。""描述你所发现的最有创造力最异想天开的想法"等问题，则可以对应聘者的动机及创新能力有所了解。

在面试结束后，要问应聘者是否还有别的问题，并告诉他（她）马上可以得到面试结果，最后不要忘记对应聘者表示再次感谢。

接下来我们讨论招聘经理（人力资源经理或者主管部门经理）在参加面试时所需要的某些具体技能，也即应避免的错误。

二、面试官应避免的错误

下面所列的是经理在面试求职者的过程中经历的一系列步骤和每一步骤中经理常犯的错误及避免或尽量减少这些错误的建议。

◆ 步骤1：根据工作要求和从简历或申请表格中已经收集到的信息，面试官对求职者形成某种初始印象。

■ 常见错误：

（1）面试官不知道工作的要求及员工应具有的资格。

面试官须对工作所要求的员工类型有一个清晰的概念。

（2）面试官带着对候选人的偏见进入面试。由于偏见错误地影响面试官对候选人的最后评估，因而降低面试的效度。

正确诠释申请表格中所包含的有用信息。一定要记住：所填写的申请表格仅仅提供了试探性地推测求职者能力的一个基础。这些推测需要在面试过程中予以证实。在整个面试过程中面试官都必须保持一种开放的心态。

◆ 步骤2：在面对面的面试中，面试官向求职者提问题。

■ 常见错误：面试官在这一步骤中常因提一些"错误的"问题（即与工作无关的问题）而出错。

在求职面试中，经理们应该避免询问有关隐私（比如怀孕、有无恋爱）的任何问题。例如，他们应该避免问及申请人是否怀孕或打算怀孕的话题。如果求职者的怀孕明显的可以看到，经理们应该忽略这个因素。

经理们应在面试之前预备一套与工作有关的问题并确保每一个问题在面试中都被问到。这种面试，被称为"结构化面试"，实践证明比面试官随意地提问题的非结构化的面试更有效。

◆ 步骤3：求职者回答问题。

■ 常见错误：提问题的方式使求职者的回答通常是有利的，不利的信息没有被揭示出来。（总的来说，由于求职者想要得到这份工作，所以他们常试图对所提问题提供"正确回答"。）

不要在提问题之前就"电报传达"正确的答案。例如，不要说在应付顾客时这项工作需要机智圆滑，然后问："你具有机智吗？"对于那样的问题，你想想有几个求职者会回答"不"呢？

直到面试结束，不要把有关工作的信息和对员工的要求提供给求职者，这样就会使求职者猜测正确答案变得更困难。例如，在被告知其同事的人格之前，求职者可以被问及他们与哪种类型的人共事得最好。

要问一些使申请人难于有利地介绍他们自己的问题，像"你的最大弱点是什么？"或"对于从前的工作你不喜欢的是什么？"这样做非常有效。这样的寻求行为描述信息（即要求候选人描述一下在他们从前的工作中犯过的一个错误）的问题也会很有效。

◆ 步骤4：面试官诠释和处理所获得的信息。（实际上，这并不是个单独的步骤，而是与某个面试过程同时发生的。）每个答案都告诉面试官关于求职者的某些事情，这些答案必须被正确地加以诠释。

■ 常见错误：面试官这里所犯的最主要的错误是跳过去直接得出结论。如，一个求职者说他和他从前的主管合不来，面试官很快地得出结论说：这个求职者不服从上级或不服管。

克服这种错误的关键在于面试官探查的能力。这种探查是为了使求职者详细描述并澄清以前的回答。比如，当求职者说，他与从前的主管相处曾出现困难时，可以紧接着问这样一些问题：当时是什么情况？关于这点做了些什么？在引起这个问题方面你起了什么样的作用？

经理们也应注意在求职者的答案之间存在的任何不一致之处。比如，求职者已经表达了在团队中作为一份子而工作的乐趣，但是在过去却总是一个比较孤单的人。应要求求职者解释这种明显的不一致。

◆ 步骤5：面试官对于求职者的工作资格形成一个面试后的印象。

■ 常见错误：

（1）在面试后形成对求职者工作资格的印象方面，经理们常犯判断性的错误。有几种类型的判断性错误已能识别出来，其中最普遍的可能是仓促判断错误。许多面试官在他们的最初5分钟就做出了他们的挑选决策，此后，面试成了这样一种情况："不要用别的事实来把我弄糊涂，我已经下了决心。"面试的剩余时间成了经理为支持他的仓促判断而带有偏见地搜索信息的时间。

为避免做出仓促判断，经理们应在面试之前准备好评定形式，列出相关的属性。在做出面试的结论时，应该评定求职者在每一独立属性上的立场。直到做最后的雇用决策的时候，经理才能形成关于求职者的总体印象。

（2）另一种判断错误是"候选人次序错误"。在为一个职位面试几位候选人时，面试官常在无意中受面试候选人次序的影响。通常第一个和最后一个面试被记得最好，因而可能产生偏爱。

由于面试官很难记住每个求职者的回答，所以在面试后，你应立即评价每一个候选人。同样，在面试中应做仔细的笔记。除了用作回忆辅助之外，面试笔记也可以为做歧视和不公平投诉辩护提供所必需的文件。

三、结构化面试

随着市场竞争加剧和企业产品需求的波动，企业用人需求处于不断变化之中，为尽快地录用到合适的人员，企业管理者越来越意识到传统的面试方法存在着明显的不足，而结构化面试日益得到管理者的青睐。

（一）结构化面试及其功能

结构化面试，也称标准化面试，是根据所制定的评价指标，运用特定的问题、评价方法和评价标准，严格遵循特定程序，通过测评人员与应聘者面对面的言语交流，对应聘者进行评价的标准化过程。

1. 结构化面试的特点

结构化面试由于吸收了标准化测试的优点，也融合了传统的经验型面试的优点，结构化面试的测试结果比较准确和可靠。其显著特征是：

（1）根据工作分析的结构设计面试问题。

这种面试方法需要进行深入的工作分析，以明确在工作中哪些事例体现良好的绩效，哪些事例反映了较差的绩效,由执行人员对这些具体事例进行评价,并建立题库。结构化面试测评的要素涉及知识、能力、品质、动机、气质等,尤其是有关职责和技能方面的具体问题,更能够保证筛选的成功率。

(2)向所有的应聘者提出同一类型的问题。

问题的内容及其顺序都是事先确定的。结构化面试中常见的两类有效问题为:

① 以经历为基础的问题,与工作要求有关,且求职者所经历过的工作或生活中的行为;

② 以情景为基础的问题,在假设的情况下,与工作有关的求职者的行为表现。

提问的秩序结构通常有:① 由简易到复杂的提问,逐渐加深问题的难度,使候选人在心理上逐步适应面试环境,以充分地展示自己。② 由一般到专业内容的提问。

(3)采用系统化的评分程序。

从行为科学角度出发设计出一套系统化的具体标尺,每个问题都有确定的评分标准,针对每一个问题的评分标准,建立系统化的评分程序,能够保证评分一致性,提高结构有效性。

2. 结构化面试的功能

结构化面试不同于传统的面试,它更加注重根据工作分析得出的与工作相关的特征,面试人员知道应该提出哪些问题和为什么要提出这些问题,避免了犯主观上的归因错误,每个应聘者都得到更客观的评价,降低了出现偏见和不公平的可能性,能够可靠、有效地在最短的时间内选聘到真正能够满足工作要求的应聘者。

结构化面试在企业选聘人员过程中的主要功能如下:

(1)结构化面试中提出的问题仅与工作的要求有关,客观地收集并评价候选人的信息,尽量避免了由于各种评价误差,如主观印象、第一印象和随机性等结果产生的偏差。

(2)结构化面试有较高的有效性,同时成本也较低。实践证明,结构化面试在判断人的态度和行为方面有比较好的效果,增加了面试的可靠性和准确性。

(3)结构化面试易于为人们所接受。由于结构化面试让所有的应聘者回答同样的问题,并依据客观的标准对应聘者进行比较,对应聘者的工作能力作出决策,通过比较选择合适的人员,不易造成由于民族或性别而产生的不公平现象,保证了一种不偏不倚、所有应聘者都可以接受的方式进行筛选。

(4)结构化面试需要在面试前事先进行工作分析、建立题库、设计评分程序等,这也是其与传统面试的根本区别,同时也使结构化面试工作显得更有条理,更有准备。

(二)结构化面试步骤

我们现在讨论一下从头到尾你应该如何进行一次结构化的面试。

1. 步骤1:面试准备

(1)评审工作描述以确定相关的属性。

(2)预备一个属性评估格式,列出该工作所需属性、评定量表,并为文件制作留下足够空间。

(3)评价已填好的申请表格,辨别出需要进一步澄清的地方。或在自己心中提出问题(如未回答的问题、就业中的中断期、不清楚的职衔)。

（4）准备一个问题清单。问题应具体瞄准评估与工作相关的资格。
（5）安排一种私下进行的面试，以免被中途打断。

2. 步骤2：开始面试

（1）温暖、友好地问候求职者。
（2）以友好但公事公办的方式进行面试。
（3）开始面试时，进行少量的"小型交谈"，使候选人轻松自在一些。向求职者提一些不具有威胁性的问题，像"找到这个地方麻烦吗？"使申请人开口讲话。
（4）讨论面试的目的，然后问："你对这一职位有何兴趣？"

3. 步骤3：诱导出信息

（1）提问时，对求职者的回答要采取开明接受的态度。定期地发出信号，像点头、微笑，说"那真有趣"等，表明你对求职者的谈话很感兴趣。
（2）控制面试的进展，确保在合理的时间内回答问题。如果申请人跑了题，要使面试再回到起始问题上。
（3）探查。若有必要请求职者做出详细描述。例如，若一个求职者说他与从前的主管相处不好，要求他描述该问题的性质。
（4）做笔记。把笔记本放在桌子上，用你自己的速记法记录信息。在做笔记时尽力与求职者的眼睛保持接触。不要在求职者作某种特别积极或消极的陈述后就马上记下涉及这一陈述的笔记，因为这样做就向求职者提供了受偏爱或不受偏爱答案的线索。

4. 步骤4：提供信息

（1）提供关于组织和工作的恰当信息，包括积极和消极两方面的信息。这要在关于求职者的必要信息已被收集以后才进行。
（2）要诚实地回答求职者所提的涉及组织和工作的任何问题，像工作环境、晋升机会、津贴、薪酬范围等。

5. 步骤5：结束面试

（1）询问求职者，对于录用决策有关的事情，是否还有进一步的说明。
（2）对求职者花在面试上的时间及对职位的兴趣表示感谢。
（3）告诉求职者公司做出挑选决策的程序。
（4）告诉求职者挑选决策的时间范围，何时及如何通知求职者，确保信守所有的承诺。
（5）与求职者亲切分手。

（三）结构化面试的注意点

结构化面试不同于传统的面试法，由一系列连续向某个职位的求职者提出的与工作相关的问题构成。因此，与传统面试相比较，它在面试的各个环节都需要更认真的关注。分析如下：

（1）结构化面试的准备时间比传统面试要长，筹备工作更多。

① 考试场地的布置安排。这可以反映企业文化，体现组织的管理水平，给应聘者以企业的初步印象，也会影响到应聘者对企业的接受程度。

② 面试前，材料要准备充分。包括应聘者的个人资料、结构化问题表、面试评分表、面试程序表。

③ 面试时间的合理确定。要使面试人员既能够充分获取应聘者的真实信息，又不至于过多增加面试成本。一般来讲，每个应试者都会有些应对面试的心理准备，而他们的心理警觉期在 20~30 分钟，如果超过这个时间段，人的心理警惕度会降低，因此，面试时间较长对发现问题比较有利。每人每次的面试时间可安排在连续 40 分钟以上，如果可能的话，公司可安排几轮面试。

④ 面试人员的协作分工。参与面试的人员包括：人力资源部的人员、用人部门的人员，有时还需要有顾问专家的加入。人力资源部的人员负责工作、学习经历、薪资、福利，求职动机等一般事项的考察；用人部门的人员负责技能、知识、工作经验等专业业务方面的考察；顾问专家则针对特殊项目进行考察。

（2）结构化面试过程中，信息的有效获取、传递。

面试人员应适度诱导应聘者提供与工作相关的信息。面试人员在提问时，应对求职者的回答采取开明接受的态度，定期地发出信号，点头、微笑等以表明对求职者的谈话很感兴趣。面试人员还应控制面试的进度，确保在合理的时间内回答问题。在有必要了解具体情况时，可让求职者作出详细的描述。

面试人员应提供关于组织和工作的恰当信息，一般在求职者的必要信息已被全部收集后进行，这包含着积极和消极的信息。面试人员应诚实地回答求职者所提及的关于组织和工作的任何问题，这将有助于选聘过程的双向选择。

（3）面试成绩的评定及统计。

面试结束后，可通过最终评分法或一问一评法对成绩加以评定，可以采用按预定标准将得分简单相加以得出分数，或按反映每个属性的相对重要性（在工作分析中具体规定了每个属性的相对重要性）对得分进行加权求和以得出分数，也可以按照面试人员的权威程序对得分进行加权求和以得出分数。

在按照工作所需要的每一属性来评价求职者时，不仅要比较总体的得分，而且还应关注属性是否具有可补偿性。也就是说，有时某类属性的高分可以补偿另一种属性上的低分；有时某一方面的熟练精通并不能弥补另一方面的不足，如缺乏与人和谐共处的能力，足可以取消候选人的申请资格，而不管其他能力的状况如何。

（4）对面试人员进行必要的培训。

许多研究者认为，一个称职的面试人员是通过经验的积累而产生的。但是，在有经验的面试人员之间，对面试结果也常常会出现争议，尤其是传统的非结构化面试，突出表现了对面试结果的不一致性和主观性，而对面试人员进行培训是减少偏差的有效途径。

对面试人员的培训重点应放在：改善受训人员的提问技巧、面试的组织、建立和谐的相互关系、倾听的技巧以及掌握相关资料的能力，增加各种实践手段、讨论、演示、反馈能力的培训。经过培训后，可以把这些差异限制在最低的程度，从而提高面试的可靠性和有效性。鼓励面试人员遵循最优化的程序，以使偏见和误差出现的可能性降到最小。

（5）结构化面试的效果评估及改进。

结构化面试结束后，还需对选拔效果进行评估。对所选聘的人进行一段时间的跟踪，以测评面试中的结果与实际的业绩是否具有较高的一致性。通过这种评估，可以发现我们所定的评价指标是不是合适，现存的评价方法是不是可靠和准确，进而改进评价标准，完善评价方法。

四、怎样设计面试试题

如前所述，面试是人力资源招聘与录用环节中的一项重要内容，根据面试的结构可将面试划分为非结构化面试、结构化面试与半结构化面试。其中非结构化面试的最大优点就在于考官和应聘者之间能敞开心扉进行谈论，易于应聘者发挥。但它最大的缺陷就是考官面试主观性太强，信度和效度较低。结构化面试则是事先准备好面试问题及评分标准，在对应聘者进行面试时，以方便考官对不同应聘者进行比较；但它有可能局限了面试官和考官谈话的深入性。半结构化面试则趋于这两者之间。

在实际应用中，大多数企业的面试采用结构化面试和其他测评手段相结合的方式对所需职位人才进行招聘甄选。但是，结构面试技术再好，如果所问的问题不对口，结果也是差强人意的。这样一来，设计面试试题和评价标准就成了各个企业招聘人才所面临的一个难题。

那么到底应该怎样设计一套能客观评价出被考核者真实水平的面试试题呢？标准又该怎样确定呢？

（一）一份标准的面试试题应包括的内容

根据招聘实践，一套好的面试试题的设计，必须考虑到，既要能比较充分地发挥求职者自己的水平，又要能考核出被试的各方面能力，特别是胜任所应聘职位的能力。基于此，一套标准的面试试题应包括以下三方面：

（1）面试开场，尽量设计一个（最多两个）能缓和考场气氛、但又能对被试者某一方面能力如语言表达能力进行测试，比如让被试者做3分钟的英文个人介绍。

（2）面试的关键部分，在这部分内容中，所设计的面试试题应能涵盖被试者所应聘职位的关键能力。

（3）面试的尾声，主要设计一些有关测试求职者价值观方面的问题。

（二）面试试题设计实例

为了更好地说明问题，下面以人力资源总监职位为例，介绍面试试题及评分标准的设计方法。

这个方法包括两个步骤：第一步是为面试试题设计做准备，具体包括两个方面，一是通过工作问卷对所招聘职位说明书进行修订，二是对所招聘职位说明书进行所需的能力指标进行提炼。第二步是根据所提炼的指标，有针对性地设计面试试题。

下面我们根据以上步骤对人力资源总监职位面试试题及评分标准进行设计。

首先，我们通过工作问卷对该职位说明书进行了修订。接着依照职位说明书，对该职位所需能力指标进行了提炼，提炼指标为：计划组织协调能力、人际沟通能力、解决复杂问题能力、团队领导能力、专业知识能力等。

然后我们可以设计如下步骤的问题：

1. 了解测试（5%）

【题目1】 请简要地谈谈你自己。

测试目的：测试被试者的谈吐、语言表达和思维能力，了解被试者是否具有相关工作经历，缓和考场气氛。

- 评分参考：

优：口齿伶俐，语言流畅，条理清晰，言简意赅，切中要害。

好：谈吐自然流畅，条理清晰，但不够简练，基本能切中要害。

中：谈吐比较自然，条理比较清晰，但语言表达显得比较啰唆，基本能表达出自己的观点。

差：谈吐不自然，条理不清晰，语言啰唆，不能表达自己的观点。

2. 工作能力测试（90%）

【题目2】 假如你是某单位的工作人员，领导交给你一项对你来说可能比较棘手的任务，你准备怎样完成这项工作？

- 测试目的：测试被试者的计划组织协调能力，要求被试者应考虑到明确的工作目标和要求，据此选择工作方法，安排工作流程，调配人、财、物资源，协调组织各方共同完成任务。

- 评分参考：

优：计划安排周全，能合理地安排资源，组织协调各方面力量共同完成任务。

好：有较周全的计划安排与切实可行的调研方法，组织协调各方面力量共同完成任务。

中：有计划安排，有协调的意识，但计划安排不够周全。

差：计划安排漏洞多，缺少协调意识；或夸夸其谈，不切中要害。

【题目3】 某建筑施工总公司正面临组建集团化公司的问题，你认为组建的集团公司与下属的子公司之间责、权、利方面应如何协调？

- 测试目的：测试被试者解决复杂问题的能力，主要考察被试者分析问题、解决问题、灵活应变等方面的综合能力。

- 评分参考：

优：分析有理有据，切中要害，能分别从集团公司和子公司的权、责、利进行协调分析；分析内容全面；能提出比较有创意的见解。

好：分析条理比较清晰，基本能切中要害，能分别从集团公司和子公司的权、责、利进行协调分析；分析内容比较全面；能提出有见地性的见解。

中：分析基本上能抓住问题核心，基本能从集团公司和子公司的权、责、利相协调角度进行分析；分析内容基本全面；能提出自己的见解。

差：分析思路零乱，逻辑性差，不能从集团公司和子公司的权、责、利相协调角度进行分析；分析内容空洞，不能提出自己的见解。

【题目4】 如果在工作中，你的上级非常器重你，经常分配给你做一些属于别人职权范围内的工作，对此，同事对你颇有微词，你将如何处理这类问题？

• 测试目的：测试被试者的人际沟通能力，即将被试者置于两难情景中，考察其人际交往的意识与技巧，主要是处理上下级和同级权属关系的意识及沟通的能力。

• 评分参考：

优：感到为难，并能从有利于工作、有利于团结的角度考虑问题，态度积极、婉转、稳妥地说服领导改变主意，同时对同事一些不合适甚至过分的做法有一定的包容力，并能适当进行沟通。

好：感到为难，但基本能从有利于工作、有利于团结的角度考虑问题，能用比较积极、婉转、稳妥的态度说服领导改变主意，同时对同事一些不合适甚至过分的做法有一定的包容力，并能适当进行沟通。

中：感到为难，但又不好向领导提出来（怕辜负领导的责任），私下里与对你有意见的同事进行沟通，希望能消除误会。

差：不感到为难，坚决执行上级交代的任务，并认为这是自己能力强的必然结果。

【题目5】 你认为人力资源总监这个职位需要团队领导能力吗？请举出一个你以前在工作中亲身经历过的成功或失败的例子并作出解释。

• 测试目的：测试被试者的团队领导能力，主要考察被试者是否具有相关工作经验及在团队领导中怎样和谐地处理团队中人员之间的相互关系。

• 评分参考：

优：语言流畅，条理清晰，所举事例对被试者的团队领导能力具有很强的说服能力。

好：谈吐自然，条理比较清晰，所举事例能充分说明被试者的团队领导能力。

中：谈吐比较自然，条理比较清晰，所举事例基本能说明被试者的团队领导能力。

差：谈吐不自然，条理不大清晰，所举事例不能说明被试者的团队领导能力。

【题目6】 你怎样理解"如果这个职位是需要爬树的话，你就直接去招一只松鼠而不要去招一只火鸡；招进来以后再去训练它爬树，还不如直接招一只松鼠"这句谚语？

• 测试目的：测试被试者的专业知识能力，主要考察被试者是否具有胜任人力资源总监职位所需的相关知识。

• 评分参考：

优：语言流畅，条理清晰，能综合运用战略人力资源及实务理论进行简单清晰的解释并切中要害。

好：谈吐自然，条理比较清晰，能从战略人力资源及实务角度进行比较清晰的回答，基本能切中要害。

中：谈吐比较自然，条理比较清晰，基本能从战略人力资源及实务角度进行解释，但解释显得比较牵强。

差：谈吐不自然，条理不大清晰，不能从战略人力资源及实务角度进行解释。

3. 录用测试（5%）

【题目7】 为什么想离开目前的工作？什么时候能来上班？

• 测试目的：了解被试者的价值观。

- 评分参考：

优：语言流畅，条理清晰，能清晰、合理地表达被试者离开目前工作的原因和来公司上班的时间。

好：语言比较流畅，条理清晰，能比较清晰、合理地表达被试者离开目前工作的原因和来公司上班的时间。

中：谈吐比较自然，条理比较清晰，基本能清晰、合理地表达出被试者离开目前工作的原因和来公司上班的时间。

差：谈吐不自然，条理不大清晰，不能清晰、合理地表达出被试者离开目前工作的原因和来公司上班的时间。

【补充资料】

建立面试题库

一个企业平常就应该建立起完备的面试题库，包括询问应聘者基本情况、专业背景、工作模式、价值取向、资质特性、薪资待遇、背景调查等方面的专业题库。并且不断更新、修订，做到与时俱进。

我们这里将介绍一些样例，如团队意识、有效的沟通技能、工作主动性、适应能力、决策和分析问题的能力、交际能力、鼓励创新和革新的能力、独立工作的能力、处理矛盾和冲突的能力、建立合作关系的能力等方面的面试问题样例。只是作为一种参考，工作实践中应根据自身实际特点和要求设计自己的题库。

下面列出一些参考的面试题：

1. 请告诉我你最大的优点，你将给我们公司带来的最大财富是什么？
2. 你最大的缺点是什么？
3. 你最喜爱的工作是什么？你的老板起了什么作用，使这项工作如此的与众不同？
4. 你最不喜欢的工作是什么？当时你的老板在你的工作扮演了什么样的角色？
5. 5年以后，你会在哪里？
6. 你有什么出众之处？
7. 在你最近的工作中，你做了些什么，来增加你们企业的营业收入？
8. 你做了些什么来降低你们部门的经营成本或节省时间？
9. 你最富有创造性的工作成果是什么？
10. 你现在的上司认为你对他们最具价值的是什么？
11. ××（某职位）的一般职责是什么？
12. 你认为你工作中的哪些方面是至关重要的？
13. 为了完成工作，你发现每周必须工作几小时？
14. 你的职位同你的部门或公司的整体目标有什么关系？
15. 明年你需要提高哪些方面的技能？
16. 有多少雇员被同时解雇？
17. 有多少人没有被解雇？

18. 在你被解雇之前，你逃过了几次被解雇的风险？
19. 发展对你意味着什么？
20. 如果你得不到这个工作，你在你目前的公司将有什么不同的表现？
21. 请描述一下你的职位晋升情况以及你是如何得到你目前公司的职位的？
22. 你是如何不断得使你的工作更有价值的？
23. 为了满足公司不断变化的需求，你是如何再次创新或重新定义你的工作的？为了增加自己职位上的产出，你不得不采取哪些保障措施？
24. 请区别一下你在目前供职的公司中所经历的纵向的职位晋升和横向职责范围的扩展。
25. 在你目前供职的公司中，你在升职方面的顺理成章的变动是什么？
26. 你具有何种指导风格的培训？你是理所当然地将职责授予他人，还是期望你的直接下属主动要求更多的职责？
27. 你最后供职的公司弊病是什么？对于一家公司的缺陷和前后矛盾，你有多少忍耐力？
28. 你需要什么样的组织安排、指导和反馈，才能出色完成工作？
29. 在管理员工方面，你是"期望"多于"检查"，还是相反？
30. 你是如何从协调事业与个人生活的角度来对待工作的？
31. 你认为一个好的团队管理者的最主要特点是什么？为什么？
32. 请你讲出你在团队工作背景下遇到的最具有创造性和挑战性的事情。你是用什么方法来鼓励他人和你自己来完成这件事的？
33. 管理人员能否不做任何说明就让员工去干某项工作？为什么？
34. 请讲一下你对团队工作最喜欢和最不喜欢的地方。为什么？
35. 请说出你作为团队者所遇到的最困难的事情。是怎样解决这个困难的？你在解决这个困难中起了什么作用？
36. 请告诉我你在什么情况下工作最有效率？
37. 你认为怎样才算一个好的团队者？
38. 你认为做一个好的员工和当一位好的团队者有什么区别？
39. 根据你的经验，若某位员工经常迟到、早退、旷工，或不愿意干活的话，会给整个团队带来什么样的问题？这些问题该怎样解决？作为团队的一员，你是怎样改善这种情况的？
40. 如果我们聘用你，请描绘一下你将营造的企业文化。你会采取一种将权力集中在少数几个人手里、更为集权的、家长式的运用方法，还是会经常将职权下放？
41. 你为什么选择这所学校（专业）？
42. 你的学位如何？为你在（某行业）找一份工作做好了准备？或为你能成为一个出色的（某职务）员工做好了准备？
43. 除了学术方面以外，你还有哪些资历能使你成功地实现从理论到商务的转变？
44. 你的学校我没听说过，能介绍一下吗？
45. 你们学校的校长是谁？党委书记呢？
46. 你这个专业现在是冷门，你为什么选择它？

47. 大学期间你最喜欢什么课程？为什么？

48. 大学期间你最喜欢哪个老师的课？为什么喜欢？

49. 如果你是杨利伟，你在太空中向祖国人民说的第一句话是什么？

50. 你是否认为你的成绩显示了你将在商业上获得成功的能力？

51. 目前你还在考虑应聘哪些公司的哪些职位？

52. 你如何评价自己预测需求的能力？换言之，你如何评价你的直觉、及时处理问题的能力和积极主动的业务风格？

53. 你认为你的技术能力是属于初级、中级还是高级水平？你曾经使用何种软件程序，完成了一些什么项目？

54. 你通常对工作的哪些方面最缺乏耐心？

55. 你如何评价自己与上级管理层、客户和同事进行交流的能力？

56. 你通常以怎样的节奏从事工作？

57. 就业绩竞争力而言，你在其他业务员中名列第几？

58. 你面临的最常见的两大反推销的情况是什么？你会如何应付？

59. 如果你愿意的话，请和我进行角色演习。假定你是一家猎头公司的推销员，你通过电话向我介绍了你自己。然后你设法让我相信，你所推销的产品是值得我花时间聆听的。

60. 从现在开始算，未来的五年，你想自己成为什么样子？或者告诉我，你事业的目标是什么？

61. Describe your greatest achievement in the past 4-5 years?

62. What are your short & long term career objectives? What do you think is the most ideal job for you?

63. Why do you want to join us? What do you think you can contribute to our company?

64. What are you going to do if you are ordered to work overtime?

65. Why are you interested in this job?

66. Could you tell me what do you know about our company?

67. What is your greatest weakness?

68. When you have been faced with conflicting information about a problem, what have you done?

69. Tell me about an occasion where you successfully maintained your objectivity in addressing a sensitive and difficult situation at work.

70. Tell me about a complex situation which you have had to analyze and assess.

71. Tell me about a time when you have addressed a change in consumers' or customers' needs.

72. Can you give me an example of when you had a different approach or business perspective to your colleagues?

73. Tell me about a time when you successfully tacked complex work issue and how you worked out what needed to be done.

74. When have you worked on a project where the deadline couldn't be met?

75. Tell me about the last time you learned from someone else's mistake.

76. Please describe a recent task or project in which, at least initially, your performance was less than satisfactory.

77. The profit of a FMCG company decreases recently. Please analyze possible reasons of the profit decrease.

78. A certain US based Subway Company planed to invest on Subway of China, and they hope the investment can be returned in five years. Please conduct a feasibility analysis.

79. When have you had to intervene to clarify roles or resolve team issues to obtain performance?

80. What arrangement will you make if you have 3 days to do something while you only need 1 day to complete it?

81. What kind of resources do you have in your work? How do you effectively plan and utilize these resources?

第四节 评价中心

选准人才，投入很低的成本，可以带来十倍甚至百倍的回报，但选人用人也的确不是件容易的事。目前选人方式和工具很多，如个性测试、普遍采用的面试及目前国内企业较少采用的评价中心技术，但根据国外权威机构研究数据表明，采用个性测验效度仅为 0.2，面试的效度为 0.3，采用评价中心技术选人的准确性可提高到 0.65 以上。国外许多大公司自 20 世纪 60 年代以后，就开始广泛采用评价中心技术选拔和开发中高层管理人才。

一、评价中心概述

评价中心（Assessment Center）不是一个机构，而是一种测评人才的活动、方法、形式、技术和程序，它由一系列按照待考评维面的特点和要求而精心设计的测试操作和练习组成。

评价中心是第二次世界大战后迅速发展起来的一种人员素质测评的新方法，它是应用现代心理学、管理学、计算机科学等相关学科的研究成果，通过心理测验、能力、个性和情景测试对人员进行测量，并根据工作职位要求及企业组织特性进行评价，从而实现对人个性、动机和能力等较为准确的把握，做到人—职匹配，确保人员达到最佳工作绩效。

评价中心不同于我们传统的纸笔测验、面试等测试工具，它主要通过无领导小组讨论、文件筐、角色扮演等情景模拟技术，加上一些传统的测试方法，对人的知识、能力、个性、动机进行测量，从而可以在静动态环境中提供多方面有价值的评价资料和信息。

评价中心的核心技术是情景模拟测试，即通过创设一种逼真的模拟管理情景或工作情景，将候选人放入情景中，要求其完成各种各样的工作。比如，在无领导讨论中，候选人与其他六、七名候选人一起围绕一个管理案例深入讨论，相互沟通、协调，进行集体决策，达成一致意见；在文件筐练习中，候选人要处理一堆公文，对管理中的各类事件进行分析、归类、处理、预测；在角色扮演中，候选人面对一位难以应对的"下属""上级"或"客户"，与他们进行一对一沟通，说服影响对方。在这一过程中，专业考官在一旁认真观察纪录候选人的行为表现，然后客观评价候选人的若干能力和素质。

评价中心通过设计特定的工作状态（如群体互动、一对一的单向或书面沟通的环境），运用多种测评手段，整合多位测评师的评价结果，对候选人现有能力，更对其潜在能力提供的客观、公正的评估，解决了过去对候选人工作能力及潜能的测评这一人才测评中的难点问题。

二、评价中心的优缺点

1. 评价中心的优点

相对于我国传统人事招聘考核制度的种种弊端，评价中心具有以下优点：

（1）考核是由多位经过精心挑选的考核员进行的，考核的结果是他们集体给出的，这样考核的结果较为客观公正，可以减少"光环作用""趋中倾向"。

（2）采用多种不同的考核方法，而且考核时间充足，因而考核结果全面、科学。

（3）使用了情景模拟测试，与实际工作类似，是对被考核者将来工作能力与潜力的考核。

（4）使用了量化指标，可以直观地看出被考核者的优缺点，有利于参与者改正缺点、提高自己，也使决策者容易比较。

（5）评价中心在国外应用50多年来的实践证明，它对人的能力的评价值可能与实际存在一定的误差，但是总的趋势是一致的。

2. 评价中心的缺点

（1）评价中心考核的结果与被考核者后来的实际工作非常接近，因此，对于那些参加考核但不受好评的员工，会造成士气低落，当心往后晋升无望。另外有人怀疑那些在评价中心中表现良好的参与者在往后会受到上司的另眼相待。

（2）由于测试是在观察下进行，有些参与者会埋怨因此而无法发挥出应有水平。

（3）与其他评价方法相比，评价中心的费用高，时间长。

由于评价中心存在的缺点，我们不能撤弃所有的传统评核工具。但是引进评价中心是非常必要的，因为其优点远远大于缺点。当然，上述只是评价中心的一些基本情况，在实际应用中一定会碰到一些意想不到的情况，这还需要在具体实施过程中不断改进。

三、如何提高评价中心技术的测评水平

国内引入评价技术的时间比较短，但近年来，许多组织已经开始积极运用这一技术手段，并初见成效。为了提高国内测评工作的科学规范水平，根据国际操作规范要求，结合国内企业多年的测评实践，我们发现可以在以下几方面提高测评水平。

1. 明确目标职位的胜任特征

所谓"目标职位",是指对于将要招聘和选拔的人才,我们将其安置在什么职位上,如是销售经理还是副总经理的职位。

所谓"胜任特征",英文为 competency,是在 1973 年由哈佛大学麦克利兰(McClelland)教授根据大量的实证研究结果提出的。它的含义是指,和有效的绩效或优秀的绩效有因果关联的个体的潜在特征,就是指能够将某一工作(或组织、文化)中表现优秀者和表现一般者区分开来的个体潜在的深层次特征。McClelland 把胜任特征划分为五个层次:① 知识;② 技能;③ 自我概念:态度、价值观和自我形象等;④ 特质;⑤ 动机。

从胜任特征的含义可以看出,胜任特征是直接与个体的工作绩效表现紧密相关的内在因素,因而是预测个体工作绩效的有效的评价指标体系,于是评价中心以此作为测评工作的基准。如果忽略这一环节,即使在测评上投入再多的精力也是无的放矢,甚至是南辕北辙。

所以,测评之前要针对具体企业的目标职位进行工作分析,确定该职位的能力、知识和动机等胜任特征,并界定胜任特征维度定义,作为测评的标准。比如,销售人员的胜任特征可以是人际敏感性、说服力、客户服务意识、分析能力、成就动机,等等。

2. 精心设计测试方案

首先,选择和完善测试练习和工具。针对目标职位的胜任特征维度,选择合适的测试练习和工具。选择测试练习和工具的原则:① 每个练习必须与测评的胜任特征标准直接相关;② 每个练习的难度适中、内容丰富,具备与职位相关的情景,并保证该测试练习和工具经过专家的精心设计,具有合理的信度和效度;③ 针对客户的组织特点和时间、费用要求,对测试工具进行修正。

其次,设计胜任特征评价矩阵。评价矩阵包括测试工具和胜任特征两部分内容,每个胜任特征维度必须通过多个测试手段进行观察,以保证测试的效度。比如,"影响力",该胜任特征可通过无领导小组讨论、面试和演讲三种不同的测试工具进行评估。

最后,制订评价行动计划,包括确认评价目标,设计测评流程和测试的时间进度表,并将测试时间表提供给每位测评师,测试应按时间进度进行,确保每位候选人在公平一致的条件下进行测试。

3. 测评师培训

测试效果的好坏在一定程度上依赖于测评师的技术水平,测评师要从专业人士中挑选,具有丰富的测评实践经验。

即使是最优秀的测评专家,在测试前也要接受有针对性的培训,包括:

(1) 熟悉测评的胜任特征维度和测试工具,了解特殊测验的一些细节内容。

(2) 测试过程中行为观察、归类和行为评估技巧。

(3) 统一评价的标准和尺度,提高测评师评价的一致性。

4. 测试评估

测试结束后,每位测评师要将观察纪录进行归类、评估,写出评语,然后一起对每位候选人在不同测试练习中的表现分析整合，逐一对每一项胜任特征出具分数，并按照严格的格式撰写测评报告，即对候选人的管理能力和素质有何劣势、候选人的潜在能力和发展趋势如何、候选人是否还需要什么样的能力和经验方能满足既选职位所明确的条件、要采取何种培训，弥补候选人经验和能力的不足等方面做出评价。

只有做到以上几点，才能使评价中心成为一种科学有效的人才选拔和评估工具。

四、如何建立评价中心

（一）评价中心的建立

具体来说，评价中心的建立可分为三个部分：

1. 配合人力资源规划，成立评估机构

评估人员可由各职能部室主管、企业领导以及聘请的评估专家组成，需要考评时再从中挑选几位组成考核组，平常不设常设机构。

2. 具体实施

它包括以下几个方面：

首先，明确评价的目的，比如说是用于晋升或是招聘，是考评综合管理能力或是专业能力等等，以便确定相应的考评人员。

其次，确定考核的维度，如计划和组织能力、书写沟通能力、口头沟通能力、领导能力、分析与决策能力、判断能力、工作主动性、应变能力、创造性、控制与协调能力、时间观念等等。考核的维度是根据评价的目的来确定的，需要精心选择。

最后，就是活动形式的选择、设计和安排。在国外应用中，除了规定必须使用的文件筐外，还经常使用到"无领导小组讨论""企业决策模拟竞赛法"和"面谈"等多种手段。实际上，我国企业已初步引进这些方法，但未被重视，这与对其缺乏了解有关。

3. 综合给出考评报告

评估的最后结论通常是由各评估人员组成的小组集体决定，必须慎重对待。考评报告可用图表、文字说明等方式给出。

（二）实战案例

某公司的市场部经理即将离任，打算提拔一位新的市场部经理，新任的市场部经理有两个人选，一个是市场部原来的副经理张三，另一个是另一部门的李四。下面采用评价中心对两位候选人进行评价以确定合适人选。

（1）本次评估的目的就是为了提升张三或李四其中一位来担任市场部经理，需要考核他们的综合管理能力。

（2）确定考核的维度和评分标准。考核维度有计划和组织能力、口头沟通能力、判断能力、应变能力、书写沟通能力、领导能力、决策能力、工作主动性、创造性、控制能力、时间观念，其中计划和组织能力、口头沟通能力、判断能力、应变能力为较重要指标。评分标准采用 7 分制：1=极低，2=很低，3=较低，4=普通，5=较好，6=很高，7=极高。

（3）确定考核员与评分方法。由公司高层、人力部门和其他部门经理及另聘请的 2 位考评专家共 7 人组成考核组，评分由 7 位考核员根据被考核者的情况集体讨论给分。

（4）确定评价方法。采用"文件筐""无领导方式的讨论""与考核者面谈""同事的评价"和"各写自身的事业计划"等 5 种方法进行考核。

（5）确定活动安排（计划）。

第 1 天：要求两位被考核者张先生和李先生在 3 天内交一份各自的事业发展计划。

第 1~3 天：向张李两位先生的同事了解两人的优缺点，同时分别与两人进行面谈，询问一些问题。

第 4~5 天：分别安排两人参加一些无领袖方式的小组谈论，让他们去说服其他人接纳他的提议。

第 6~7 天：进行模拟习作，让他们各自去处理应该由市场部经理处理的一些问题。

（6）开始测评活动。按计划安排参与者进行相应的活动，由考核员进行观察评估。

（7）给出评价报告。根据考核，7 位考核员给出两人的分数，进行计算，给出评价报告表。

通过两份报告可以直观地看出，虽然两个人各有优缺点，而且两人整体综合素质接近（综合得分分别为 52 分和 51 分），但与本职位关系较为重要的指标的得分李四远远高于张三（分别 20 分和 16 分），因此，李四比张三更加适合市场部经理一职，虽然张三原来是市场部的副经理，而李四并非市场部人员。

第五节 情景模拟测试

一、情景模拟

所谓情景模拟就是指根据被试者可能担任的职务，编制一套与该职务实际情况相似的测试项目，将被试者安排在模拟的、逼真的工作环境中，要求被试者处理可能出现的各种问题，用多种方法来测评其心理素质、潜在能力的一系列方法。它是一种行为测试手段。由于这类测试中应试者往往是针对一旦受聘可能从事的工作做文章，所以也被称为"实地"测试。面试官将为他们提供一种有代表性的模拟情况，需要他们完成应聘职位上的典型任务，然后对其工作质量进行分析以测评其素质潜能，或看其是否能适应或胜任某个工作职位。

情景模拟假设解决方法往往有一种以上的方法，而且测评主要是针对被试者明显的行为以及实际的操作，另外还包括两个以上的人之间相互影响的作用。一般情况下，这种测试有时间限制。应试者必须对要做的工作安排轻重缓急，然后在规定的时段内完成尽可能多的任务。

（一）情景模拟测试的特点

1. 针对性

由于模拟测试的环境是拟招职位或近似拟招职位的环境，测试内容又是拟招职位的某项实际工作，因而具有较强的针对性。如某公司在模拟测试中，给了应试者有关财务资料，要求应试者据此写出一份财务分析报告，内容包括数据计算、综合分析、个人的观点和意见建议。

2. 直接性

模拟测试不仅测试内容与拟招职位业务有直接关系，而且使考评人员能够直接观察应试者的工作情况，直接了解应试者的基本素质及能力，所以更具有直接性。

3. 可信性

由于模拟测试接近实际，考察的重点是应试者分析和解决实际工作问题的能力，加之这种方式又便于观察了解应试者是否具备拟任职位职务的胜任特征，因此普遍反映模拟测试比笔试和其他面试形式更具有可信性。

总的来讲，相比于其他考试形式，情景模拟测试的特点主要表现在针对性、真实性和开放性方面。针对性表现在测试的环境是仿真的，内容是仿真的，测试本身的全部着眼点都直指拟任职位对考生素质的实际需求。

需要指出的是，有时，表面上所模拟的情景与实际工作情景并不相似，但其所需要的能力、素质却是相同的，这时，表面的"不像"并不妨碍实质上的"像"。真实性表现为考生在测验中所"做"的、所"说"的、所"写"的，与拟任职位的业务最直接地联系着，犹如一个短暂的试用期，其工作状态一目了然。开放性表现在测试的手段多样、内容生动，考生作答的自由度高、伸缩性强，给考生的不是一个封闭的试题，而是一个可以灵活自主甚至即兴发挥的开阔天地。

（二）情景模拟的优点

（1）信度高。情景模拟测试的信度，比其他测评的方法更高，一般在 0.74~0.95。

（2）效度高。情景模拟有较高的效度，这也是它明显优于其他测评方法的一个长处，它的效度一般在 0.45~0.65 之间。

（3）预测性强。根据有关企业进行情景模拟以后，发现一年以后自信的预测性 $R = 0.46$，半年以后自信的预测性 $R = 0.69$，这说明情景模拟的预测能力是很强的。

（4）使被试者进行了一次系统的模拟练习，提高了管理水平。

（三）情景模拟的缺点

情景模拟测试的前述特点也派生了模拟测验的相对局限性，主要表现为测试的规范化程度不易平衡，效率较低，同时，对考官素质的要求较高。具体来说，有如下几方面：

（1）时间较长。情景模拟的设计工作一般在一个月以上，主试培训一般在 3~5 天，有时达到两个星期左右。情景模拟的实施一般是 1~3 天。

（2）费用比较高。

（3）要有专家指导。

由于以上的缺点，情景模拟中它一般都局限于高层次的管理人员或特殊的专门人员，如果要进行大面积的情景模拟，它的信度、效度都会明显下降，会由于费用的提高而得不偿失。

由于测试情景是模拟的，而不是真实的，那么有些特定因素会影响候选人的表现。如果他们感到紧张，或是缺乏该职位相关的背景知识和经历，他们的应试表现就会比较糟糕。

还有一些别的问题，例如，沉重的设备可能不容易搬到测试现场，未经训练的求职者可能弄伤或损坏贵重设备，而且编组测试的成本较高。

解决的对策包括以下方面：

（1）在员工招聘中先用其他的方法筛选掉大部分不合格的应聘者，在最后阶段才用情景模拟方法测评，这样既可以节省时间，又可以降低费用。

（2）请专业公司或专业机构来主持情景模拟。企业自己不要轻易主持情景模拟，这样费用太高。

（3）由于情景模拟设计复杂，准备工作时间长，费用比较高，正确度比较高，因此在员工招聘中往往在招聘高级管理人员时运用情景模拟。

（4）情景模拟可以包括许多内容，但它主要的内容有公文处理、与人谈话、无领导小组讨论、角色扮演、即席发言等。

（四）情景模拟测试的作用

情景模拟测试的特点决定了它在企业招聘选拔人才以及事业单位公开选拔党政领导干部中有着不容忽视的作用。这种作用主要体现在以下三个方面：

第一，为考察应试者的业务能力提供依据。从很多企业组织较好的几次模拟测试来看，无论是模拟测试的内容，还是模拟测试的方式，都较之笔试和面试答辩更接近拟招职位的工作实际。这一点，使得模拟测试在考核应试者业务能力方面发挥着笔试和面试答辩难以替代的作用。

第二，有利于避免高分低能现象。模拟测试注重于业务能力的考核，考核的标准是依据实际工作的要求拟定的，考评人员一般由用人单位的业务骨干担任。这些因素决定了模拟测试不仅能够为实践经验丰富、具有实际工作能力、胜任拟招职位工作的应试者提供"用武之地"，而且可以避免笔试成绩较高、实际业务能力差的应试者进入录用行列。

第三，为用人单位安排录用人员的具体工作职位提供依据。实践表明，应试者在模拟测试中表现出的个体能力差异，与他们的实际工作能力往往呈高度正相关。因此，模拟测试的成绩一般都被用人单位作为安排录用人员具体工作职位的依据。据对三家公司使用模拟测试的追踪调查表明，95%的录用人员之所以能够成为单位工作骨干，其中一个重要的原因，就是用人单位能够依据模拟测试成绩，本着扬长避短的原则，妥当安排录用人员的具体工作职位。

（五）情景模拟测试的方法

1. 文件筐

这一项目可作为对招考对象的通用情景模拟手段。它以日常的文件处理为依据，编制若干个（约15~20个）待处理文件，让被测者以特定的身份对文件进行处理，这些待定文件应是拟招职位经常要处理的会议通知、请示或批复、客户来函、电话记录和备忘录等，要求被测者分清轻重缓急并在2~3小时内处理完毕。

文件筐测试的待处理文件的编制大体可分三类：第一类是工作中已有正确结论的，这可以在文书档案调查的基础上对某些文件略作加工提炼，这类文件便于对被测者处理结果的有效性进行评价；第二类是某些条件和信息尚不完备的文件，这主要是测试其是否善于提出问题，假设或要求进一步获取有关信息的能力，此类文件的处理应有一定难度，以评价被测者观察力的细致性和深刻性，思维力的敏感性、逻辑性和周密性；第三类是文件处理的条件已具备，要求被测者在综合分析问题的基础上作出决策。这类文件应难易相间，以拉开档次。

通用文件处理应以团体方式进行。在测试前，由主持测评者作统一的指导，说明测试的目的及要求，消除被测者紧张情绪，以利相互配合。

2. 工作模拟

这个测试项目可以采用以下两种形式进行：一种是上下级对话形式，模拟接待下属或客户的情景，由被测者饰演上级，测评员为下级，或向上级领导汇报或请示工作。这种模拟测试可采用主考人员与其对话，其余测评人员观察打分的方式进行。测试前应让被测者看阅有关材料，使其了解角色的背景和要求。测试主题可一个专业一题，需有一定难度和明晰评分标准，时间以每人半小时左右为宜。

再一种是布置工作的测试。要求被测者在看阅一份上级文件或会议纪要后，以特定的身份，结合部门实际，对工作进行分工布置和安排，这一项目可以个别测试的方式进行，测评人员一般为招考部门领导，在一定条件下测评人员可向被测者进行发难，以对其进行较深入的整体测评。最后依据评分标准分别评分。

3. 角色扮演

事先向考生提供一定的背景情况和角色说明，模拟时要求考生以角色身份完成一定的活动或任务，例如接待客户、主持会议、汇报工作等。

4. 现场作业

提供给考生一定的数据和资料，在规定的时间内，要求考生编制计划、设计图表、起草公文、计算结果等。

5. 模拟会议

将若干（10人左右）考生分为一组，就某一需要研讨的问题或需要布置的活动或需要决策的议题，由考生自由发表议论，相互切磋探讨。具体形式有会议的模拟组织、主持、记录及无领导小组讨论等。

【实例操作】

××市政府办公厅考试录用文秘职位公务员模拟测验

- **模拟测验方法**

实地调查法。

- **题　目**

写一篇标题自拟篇幅不限的有关××蔬菜批发市场的调查报告。

- 时　　间

1 天。

- 测验过程

考生 7 点 15 分在市政府礼堂集中，工作人员点名、验证，宣布测验形式、题目、时间安排及注意事项。

7 点 30 分，考生统一乘车出发，8 点到达××蔬菜批发市场工商所会议室，集体听取有关人员对市场基本情况的介绍。考生可以作笔录，但不得录音。

8 点 30 分，考生就地解散，分头到市场自由采访、考察。买主和卖主、批发商和小贩、职业"倒爷"和菜农、本地人和外地人还有外国人、开大卡车的蹬三轮车的骑摩托车的、鱼贩子肉贩子牛羊贩子海鲜贩子细菜贩子大路菜贩子、因塞车吵架的、因争摊位发生口角的、讨价还价的、没事闲逛的、收税的、打扫卫生的，包括维持秩序的交警、巡警都成为考生们的采访对象，商品的品种、质量、价钱、产地、运输、储存保管、成交量、损耗，还有度量衡、治安环境、税费等都在考生的关注之列。

11 点 30 分，考生统一乘车到某学校教室吃盒饭，然后原地休息。期间任何人不得动笔。下午 1 点整开始答卷，5 点交卷。

试卷密封后，由资深专家封闭批阅，每卷经 3 人分别独立打分，取加权平均分为最终成绩。

二、角色扮演法

角色扮演是情景模拟活动应用的比较广泛的一种方法，其测评主要是针对被试者明显的行为以及实际的操作，另外还包括两个以上的人之间相互影响的作用。

那么，什么是角色扮演法呢？从测评的角度来看，角色扮演法就是要求被试者扮演一个特定的管理角色来处理日常的管理事务，以此来观察被试者的多种表现以便了解其心理素质和潜在能力的一种测试方法。例如，要求被试者扮演一名销售人员，实际地去向零销单位销售产品；或者要求被试者扮演一名车间主任，请他在车间里直接指挥生产。在测评中要强调了解被试者的心理素质，而不要根据他临时的工作意见作出评价，因为临时工作的随机因素很多，不足以反映一个人的真才实学。有时可以由主试主动给被试者施加压力，如工作时不合作，或故意破坏，以了解被试者的各种心理活动以及反映出来的个性特点。

（一）角色扮演法的优缺点

1. 角色扮演法的优点

第一，角色扮演是一项参与性的活动。作为受试者，可以充分调动其参与的积极性，为了获得较高的评价，受试者一定会充分表现自我，施展自己的才华。作为受训者都知道怎样扮演指定的角色，是明确的有目的的活动。在扮演培训过程中，受训者会抱有浓厚的兴趣，并带有娱乐性功能。

第二，角色扮演具有高度的灵活性。从测评的角度看，角色扮演的形式和内容是丰富多样的,为了达到测评的目的,主试者可以根据需要设计测试主题和场景。在主试者的要求下,受试者的表现也是灵活的,主试者不会把受试者限制在有限的空间里,否则不利于受试者真正水平的发挥。

第三,角色扮演是在模拟状态下进行的。因此,受试者或受训者在做出决策行为时可以尽可能地按照自己的意愿去完成,也不必考虑在实际工作中决策失误会带来工作绩效的下降或失败等问题。受试者或受训者只要充分地扮演好角色就行,没必要为自己的行为担心,因为这只是角色扮演行为,其产生的影响可以控制在一定的范围内,不会造成不良影响,也没必要在意他人对你的看法。

第四,角色扮演过程中,需要角色之间的配合、交流与沟通,因此可以增加角色之间的感情交流,培养人们的沟通、自我表达、相互认知等社会交往能力。

2. 角色扮演法的缺点

第一,如果没有精湛的设计能力,在设计上可能会出现简单化、表面化和虚假人工化等现象。在设计测评受试者角色扮演场景时,由于设计不合理,设计的场景与测评的内容不符,就会使受试者摸不着头脑,更谈不上测出受试者的能力水平来。

第二,由于受试者参与意识不强,没有完全进入角色,不能测出受试者的真实情况。

第三,如果受试者也表现得呆板或行为模式化,测评就会失去其意义。

第四,有些角色扮演活动是以团队合作为宗旨的,在这种情况下可能会出现过度的突出个人的情况,这也是角色扮演中很难避免的。因为,一旦某个人表现太富于个性化,这就会影响团队整体合作性。

3. 角色扮演法的额外要求

为了弥补角色扮演的不足,还必须针对受试者提出一些具体的角色扮演要求,即:

(1)接受作为角色的事实。

(2)只是扮演角色。

(3)在角色扮演过程中,注意你态度的适宜性改变。

(4)使你处于一种充分参与的情绪状态。

(5)如果需要,注意收集角色扮演中的原始资料,但不要偏离案例的主题。

(6)在角色扮演中,不要向其他人进行角色咨询。

(7)不要有过度的表现行为,那样可能会偏离扮演的目标。

由上所述,角色扮演法既有自己的优点,又有不足之处,是一种难度很高的测评方法。要想达到理想的测评效果就必须进行严格的情景模拟设计,同时,还需保证角色扮演全过程的有效控制,以纠正随时可能产生的问题。

(二)角色扮演法的操作

1. 准备工作

(1)事先要做好周密的计划,每个细节都要设计好,不要忙中出错,或乱中出错。

(2)助手事先训练好,讲什么话,做什么反映,都要规范化,在每个被试者面前要做到基本统一。

（3）编制好评分标准，主要看其心理素质和实际能力，而不要看其扮演的角色像不像，是不是有演戏的能力。

2. 实施评估

角色扮演的评估，其实就是一个收集信息，汇总信息，分析信息，最后确定被试者基本心理素质和潜在能力的过程。

（1）观察行为。每一位主试要仔细观察，及时记录一位或两位被试者的行为，记录语气要客观，记录的内容要详细，不要进行不成熟的评论，主要是进行客观的观察。

（2）归纳行为。观察以后，主试要马上整理观察后的行为结果，并把它归纳为角色扮演设计的目标要素之中，如果有些行为和要素没有关系，就应该剔除。

（3）为行为打分。对要素有关的所有行为进行观察．归纳以后凡事就要根据规定的标准答案对要素进行打分。

（4）制定报告。给行为打分以后，每一位主试对所有的信息都应该汇总，形成报告，然后才考虑下一位参加者。每位主试要宣读事先写好的报告，报告对被试者在测评中的行为做一个简单的介绍，以及对要素的评分和有关的各项行为。在读报告时其他的主试可以提出问题，进行讨论。

（5）重新评分。当每一位主试都报告完毕，大家进行了初步讨论以后，每位主试可以根据讨论的内容、评分的客观标准，以及自己观察到的行为，重新给被试者打分。

（6）初步要素评分。等第一位主试独立重新评分以后，然后再把所有主试的评分进行简单的平均，确定被试者的得分。

（7）制定要素评分表。一般角色扮演评价的内容分为四个部分：① 角色的把握性。被试者是否能迅速地判断形势并进入角色情景，按照角色规范的要求采取相应的对策行为。② 角色的行为表现。包括被试者在角色扮演中所表现出的行为风格、价值观、人际倾向、口头表达能力、思维敏捷性、对突发事件的应变性等。③ 角色的衣着、仪表与言谈举止是否符合角色及当时的情景要求。④ 其他内容。包括缓和气氛化解矛盾技巧、达到目的的程度、行为策略的正确性、行为优化程度、情绪控制能力、人际关系技能等。

（8）主试讨论。根据上述内容，主试进行一次讨论，对每一种要素的评分，大家发表意见。

（9）总体评分。通过讨论以后，第一位主试再独立地给该被试者评出一个总体得分，然后公布结果，由小组讨论，直到达成一致的意见，这个得分就是该被试者在情景模拟的总得分。

【实例操作】

角色扮演模拟试题

【指导语】请快速阅读关于你所扮演角色的描述，然后认真考虑你怎样去扮演那个角色。你将与其他两个人合作，因为你们三个角色的行为是相互影响的。进入角色前，请不要和其他两个应试者讨论即兴表演的事。请运用想象力使表演持续10分钟。

【角色一】图书推销员

你是个大三的学生，你想多挣点钱自己养活自己，一直不让家里寄钱。这个月内你要尽可能多地卖出手头上的图书，否则就将发生"经济危机"。你刚才在党委办公室推销，办公室主任任凭你怎样介绍书的内容，他就是不肯买。现在你正进入人事科。

【角色二】人事科科长

你是人事科的科长，刚才你已注意到一位年轻人似乎在隔壁的办公室推销书，你现在正急于拟定一个人事考核计划，需要参考有关资料。你想买一些参考资料，但又怕上当受骗，你知道办公室主任走过来的目的。你一直很反感别人觉得你没有主见。

【角色三】办公室主任

你认为大学生推销书是"不务正业"，只想自己多挣点钱。他们只是想一个劲儿地说服别人买他的书，而根本不考虑买书人的意愿与实际用途。因此你对大学生推销书的行为感到很恼火。你现在注意到那位大学生走进了人事科的办公室，你意识到这位大学生马上会利用你同事想买书的心理推销成功。你决定去人事科阻挠那个推销员，但又意识到你的行为过于明显会使人事科长不高兴，认为你的好意是多余的，并产生你认为他无能的错觉。

角色扮演要点参考：

【角色一】①对人事科科长尽量诚恳而有礼貌；②避免办公室情形的再度发生，注意强求意识不要太浓；③防止办公室主任的不良干扰（办公室主任一旦过来，即解释说，该书对办公室的人可能不一定适合，但对人事科的工作人员则不然）。

【角色二】①应尽量鉴别好书的内容，看其实用价值如何；②最好在办公室主任说话劝阻前做出买还是不买的决定；③办公室主任一旦开口，你又想买则应表明你的观点，说该书不适合办公室是正确的，但对你还是颇有用的。

【角色三】①装着不是故意来阻挠大学生的；②委婉表述你的意见；③掌握火候，注意不要惹恼了人事科科长和大学生。

三、无领导小组讨论

（一）含 义

所谓无领导小组讨论，就是指一组被试者开会讨论一个实际经营中存在的问题，讨论前并不指定谁主持会议，在讨论中观察每一个被试者的发言，以便了解被试者心理素质和潜在能力的一种测评方法。在一般情况下，每个小组会有一名被试者以组长的身份出来负责解决这些问题，出来主持会议，这样这个人的领导能力相对较强。

根据每一个被试者在讨论中的表现，可以从以下几个方面进行评价：领导欲望、主动性、说服能力、口头表达能力、自信程度、抵抗压力的能力、经历、人际交往能力，等等。也可以要求被试者讨论完以后，写一份讨论记录，从中分析被试者的归纳能力、决策能力、分析能力、综合能力、民主意识，等等。

在无领导小组讨论中，或者不给应试者指定特别的角色（不定角色的无领导小组讨论），或者只是给每个应试者指定一个彼此平等的角色（定角色的无领导小组讨论），但这两种类型都不指定谁是领导，也并不指定每个应试者应该坐在哪个位置，而是让所有应聘者自行安排、自行组织，评价者只是通过安排应试者的讨论题目，观察每个应试者的表现，给应试者的各个要素评分，从而对应试者的能力、素质水平做出判断。

（二）类　型

无领导小组根据不同的标准分为以下类型：

（1）根据讨论的背景的情景性，可以将无领导小组讨论分为无情景性的无领导小组讨论和有情景性的无领导小组讨论。

（2）从是否给评价者或考生分配角色的角度来划分，可以将无领导小组讨论分为定角色的无领导小组讨论和不定角色的无领导讨论。

（3）根据小组成员在讨论过程中的相互关系，可以将无领导小组讨论分为竞争性的、合作性的和竞争与合作相结合的。

（4）根据无领导小组讨论的情景与拟任工作相关性，可以将其分为与工作相关情景的无领导小组讨论和与工作无关情景的无领导小组讨论。

（三）特　点

1. 优　点

无领导小组讨论作为一种有效的测评工具，和其他测评工具比较起来，具有以下几个方面的优点：

（1）能测试出笔试和单一面试所不能检测出的能力或者胜任特征。

（2）能观察到应试者之间的相互作用。

（3）能依据应试者的行为特征来对其进行更加全面、合理的评价。

（4）能够涉及应试者的多种能力要素和个性特质。

（5）能使应试者在相对无意之中暴露自己各个方面的特点，因此预测真实团队中的行为有很高的效度。

（6）能使应试者有平等的发挥机会从而很快地表现出个体上的差异。

（7）能节省时间，并且能对竞争同一职位的应试者的表现进行同时比较（横向对比）。

（8）应用范围广，能应用于非技术领域、技术领域、管理领域和其他专业领域等。

2. 缺　点

（1）对测试题目的要求较高。

（2）对考官的评分技术要求较高，考官应该接受专门的培训。

（3）对应试者的评价易受考官各个方面特别是主观意见的影响（如偏见和误解），从而导致考官对应试者评价结果的不一致。

（4）被试者有存在做戏、表演或者伪装的可能性。

（5）指定角色的随意性，可能导致应试者之间地位的不平等。

（6）应试者的经验可能影响其能力的真正表现。

（四）评价标准

在无领导小组讨论中，考官评价的依据标准主要是：

（1）受测者参与有效发言次数的多少。
（2）是否善于提出新的见解和方案。
（3）是否敢于发表不同的意见，支持或肯定别人的意见，在坚持自己的正确意见基础上根据别人的意见发表自己的观点。
（4）是否善于消除紧张气氛，说服别人，调解争议，创造一个使不大开口的人也想发言的气氛，把众人的意见引向一致。
（5）看能否倾听别人意见，是否尊重别人，是否侵犯他人发言权。
（6）看语言表达能力如何，分析能力、概括和归纳总结不同意见的能力如何，看发言的主动性、反应的灵敏性，等等。

（五）试题形式

无领导小组讨论的讨论题一般都是智能性的题目，从形式上来分，可以分为以下五种：

1. 开放式问题

所谓开放式问题，是其答案的范围可以很广，很宽。主要考察应试者思考问题时是否全面，是否有针对性，思路是否清晰，是否有新的观点和见解，例如：你认为什么样的领导是好领导？关于此问题，应试者可以从很多方面如领导的人格魅力、领导的才能、领导的亲和力、领导的管理取向等方面来回答，可以列出很多的优良品质。开放式问题对于评价者来说，容易出题，但是不容易对应试者进行评价，因为此类问题不太容易引起应试者之间的争辩，所考察应试者的能力范围较为有限。

2. 两难问题

所谓两难问题，是让应试者在两种互有利弊的答案中选择其中的一种。主要考察应试者分析能力、语言表达能力以及说服力等。例如：你认为以工作取向的领导是好领导呢，还是以人为取向的领导是好领导？一方面此类问题对于应试者而言，不但通俗易懂，而且能够引起充分的辩论；另一方面对于评价者而言，不但在编制题目方面比较方便，而且在评价应试者方面也比较有效。但是，此种类型的题目需要注意的是，两种备选答案一定要有同等程度的利弊，不能是其中一个答案比另一个答案有很明显的选择性优势。

3. 多项选择问题

此类问题是让应试者在多种备选答案中选择其中有效的几种或对备选答案的重要性进行排序，主要考察应试者分析问题实质、抓住问题本质方面的能力。此类问题对于评价者来说，比较难于出题目，但对于评价应试者各个方面的能力和人格特点则比较有利。

4. 操作性问题

操作性问题，是给应试者一些材料、工具或者道具，让他们利用所给的这些材料，设计出一个或一些由考官指定的物体来，主要考察应试者的主动性、合作能力以及在一实际操作任务中所充当的角色。如给应试者一些材料，要求他们相互配合，构建一座铁塔或者一座楼房的模型。此类问题在考察应试者的操作行为方面要比其他方面多一些，同时情景模拟的程度要大一些，但考察言语方面的能力则较少，同时考官必须很好地准备所能用到的一切材料，对考官的要求和题目的要求都比较高。

5. 资源争夺问题

此类问题适用于指定角色的无领导小组讨论，是让处于同等地位的应试者就有限的资源进行分配，从而考察应试者的语言表达能力、分析问题能力、概括或总结能力、发言的积极性和反应的灵敏性等。如让应试者担当各个分部门的经理，并就有限数量的资金进行分配，因为要想获得更多的资源，自己必须要有理有据，必须能说服他人，所以此类问题可以引起应试者的充分辩论，也有利于考官对应试者的评价，但是对讨论题的要求较高，即讨论题本身必须具有角色地位的平等性和准备材料的充分性。

（六）特别注意的事项

（1）评分者在观察被试者的行为和言语表现时，不要因为被试者的某些人格特点而对被试者造成不应有的偏见，这样会使结果失之偏颇。

（2）评分过程中，要求多名评分者对同一被试者的不同能力要素分别打分，取其平均值作为被试者的最后得分，这样的结果才科学、公正。

四、"文件筐"技术

管理者面对的无非是"人"和"事"。刚才我们介绍了"无领导小组"技术，可以现场测评应聘者对"人"的影响力，现在要谈的"文件筐"技术，则可以测评他现场处理事件的能力。

（一）文件筐概述

1. 历史背景

第二次世界大战期间，美国军方向敌国派遣敌后情报人员屡屡受挫。为扭转选人失利的不利局面，军方委托心理学家研究了一套以情景模拟法为核心的人员鉴别方法，获得了出乎意料的成功。

第二次世界大战结束后，美国电报电话公司大胆地将这一技术实现了"军转民"，陆续对企业内部四百余名年轻的经理人员实施了以工作情景模拟为核心的测试，其中就包括被称为"实战演练"的文件筐测验，重点评估他们的知识、技能、价值观和个人职业愿望等方面的内容，并将测试结果封存。8年后，将当年的测试结果与这些年被测人员的实际业绩及晋升情况进行对照，结果表明：在提升到部门经理职位的人员中，80%的评价是正确的，而在未被提升的人员中，90%的人员预测准确。上述结果带给人们更多的信心。进入21世纪，跨国企业已普遍采用这一技术进行人才鉴别，我国一些管理较为规范的企业和党政干部选拔也已开始尝试。

2. 含义与特点

文件筐测验又称为公文处理测验，它是将目标职位在实际工作中将会遇到的典型事件、棘手问题等通过结构化设计，以请示、汇报、通知、备忘录、信函、报表、来电记录等书面形式呈现。这些资料通常是放在文件筐中，"文件筐测验"因此而得名。主要是让被测人员在所安排的仿真情景中扮演目标职位管理者的角色，对事先设计的文件进行处置，通过写出的书面处理意见，考察被测人员在规定时间内能否敏锐捕捉信息、准确形成判断、妥善进行决策、有效指挥与协调的能力，是被测者现场表现的综合性测验。

为什么文件筐测验特别适合于高级管理人员呢？它主要得益于以下特点：

（1）实战性：文件筐测验的所有题目均来自于管理工作的实践，是基于高级管理人员的特点设计的，它自然也最符合高级管理者的职位特点、职责内涵。

（2）仿真性：文件筐测验力求模拟目标职位现实中真实发生的管理情景，让被测人员扮演目标职位管理者的角色，对实际解决问题具有高度似真性。

（3）机动性：文件筐测验可以根据不同目标职位的特点、所面临的难题和困境以及需要评价的测评要素有针对性地编制题目，内容灵活多变。

（4）操作性：文件筐测验提供给被测人员的背景信息、测试问题以及被测人员对文件的处理意见都是以书面形式呈现的，测验便于操作，可多人同时实施。

（5）多用性：文件筐测验除用作评价、选拔管理人员外，还可用于考核和培训。它能够有效提高管理者的管理技巧，选拔过程也就是培训过程。

3. 主要因素

企业在决定使用文件筐测验前应当分析以下因素：

（1）成本因素。文件筐测验的测试题目设计、评分标准确定过程需要投入相当大的人力、物力和财力，只有通过深入地研究与筛选，才能保证较高的效度。从企业成本控制的角度分析，文件筐测验适用于担负重大职责、战略性的关键职位，一般为中高级管理职位，而用于基层管理者则可能得不偿失。

（2）评价因素。文件筐测验是综合性测验，主试官首先要对被测人员的文件处理书面结果和他在测验过程中的行为表现进行判断和评价，然后通过深度问询了解被测人员处理文件的思维过程及思维风格。因此，主试官必须对测试题目的可能答案及题目之间的内在联系了然于胸，一般情况下非专业主试官需要接受1~2星期的培训，并且最好有测评专家随时加以指导。

4. 文件筐"装"什么

一般来讲，文件筐内装的是十几份甚至更多的诸如备忘录、请示、信函、报表等书面形式的文件，这些文件的信息来源有上级和下级，有内部也有外部，内容涉及内部管理、人事、财务、生产、市场、政策法规、客户、公共关系等方面，其中有些是日常琐事，有些是紧急事务，也有重大事宜，但这些问题都是围绕目标职位可能遇到的状况进行设计的。

（二）文件筐测试题目的设计

文件筐测验最基础、最重要的工作是测试题目的设计，也就是呈现给被测人员的各类书面文件，它决定了测评结果的信度和效度。

设计测试题目主要依据以下信息：

（1）产业或行业特点。
（2）企业发展阶段。
（3）内外环境状况。
（4）组织氛围与文化。
（5）职位使命及职责。
（6）工作活动与方式。
（7）权限与可用资源。
（8）内外部协调关系。
（9）近阶段工作目标。
（10）管理能力与素质。

一般情况下，由专业人员组成的测试题目设计小组，在充分掌握上述相关信息的前提下，用三个工作日左右的时间即可完成一个高级管理职位的文件筐测验题目设计。

【实例操作】

文件筐测验题目示例

假定你是某合资电子公司的总经理，以下任务要求你单独完成：

今天是10月20日，由于停电所有管理人员已提前下班，你刚刚从本部回来，已经是下午五点。你的办公桌上有一堆文件，你最好在六点前处理完毕，因为你将去香港参加国际电子产品展览会，机票已经订好，司机六点来接你去机场，你10月24日才能回到你的办公室办公。你公司的主要产品市场需求量很大，正打算扩大生产规模。好，你现在可以开始工作了。

文件一

金总：上月销售部经理陈华离职之后，又陆续流失6名业务主管，销售人员数量严重不足，人力资源部至今没有补充到位，部门内士气低落、人心思动。部门内8名骨干业务主管今天联名要求三日内与您就销售提成额度问题进行沟通，此事如何处置，请指示。

销售部 10.20

文件二

金总：财务部赵杰在划拨款项时出现失误，造成较大损失，按规定应解除合同。现赵杰愿意由个人弥补损失，且赵杰的父亲是我们的重要客户，目前正面临签署明年的购货协议，销售部认为按规定处理赵杰会对协议的签署产生很大影响。此事如何处理？

人力资源部、财务部、销售部 10.18

文件……

（三）文件筐的用途

文件筐测验是评价高级管理人员的重要工具，它主要从两个主要角度和一个辅助角度对被测人员进行考察。

1. 主要角度

管理能力角度：计划、分析、预测、决策、组织、驾驭和沟通等能力。

业务角度：财务、人事、行政、市场、生产、战略、投资等业务。

2. 辅助角度

现场行为：自信/退缩、镇定/焦虑、轻松/紧张、条理/忙乱……

其中表现为以下几种：

（1）计划能力：合理利用信息资源以设立目标，制定完成目标的策略以及开展工作的步骤、方法及资源预算。

（2）组织能力：根据任务的轻重缓急确定工作次序，组织各种指向结果的行动以实现目标，有效授权及利用各种可用资源。

（3）控制能力：设定业绩目标，检核行动过程，及时解决出现的突发问题，保证正确的行动方向，客观评价结果。

（4）决策能力：缜密剖析复杂问题，多角度思考解决问题的途径并理性评估，策划并选择高质量的决策意见。

（5）沟通能力：运用书写的技能准确表达个人思想、意见和意愿，以影响他人来获得广泛的支持。

（四）文件筐运用的两个重点环节

1. 文件筐测验的实施程序

（1）测试准备阶段：测试环境的布置、主试官的培训、测验题本及答题册检核、摄像设备检查及试拍。

（2）现场测试阶段：宣读测试注意事项、指导语，按各阶段测验时间要求控制进程，摄像，主试官现场行为观察。

（3）深度问询阶段：主试官依据被测人员笔试结果进行提问，并参照标准进行一致性讨论、评分。

（4）分析评价阶段：参照标准对笔试结果评分、观看现场录像修正行业评价、综合三类评分形成个人报告。

2. 对主试官的要求

文件筐测验的主试官原则上应由咨询顾问、测评专家或心理学家担任，企业的高管人员或人力资源管理者作为辅助测试官。由于企业高级管理人员对企业现状有着更为深刻、切实的感受，在通过标准化的培训以及专业人员的即时指导后，他们能够与具有专业背景的主试官形成有益的互补。文件筐测验要求主试官具有以下方面的素质：

（1）了解企业基本情况，对目标职位的内涵理解深入。

（2）具备相关知识基础，了解文件筐测验的理论和实践依据。

（3）熟知测试题目的各种可能答案及题目之间的内在联系。
（4）明确题目的评分标准及测试要素的定义，并与其他主试官达成一致。
（5）善于观察被测人员的行为表现，准确记录并形成判断。
（6）具备较强的沟通技能，恰如其分地进行深度问询。
（7）主试官应当在测试前得到充分的培训。
（8）能够对被测人员进行独立、客观、公正、审慎的评价。

【案例分析】

微软怎样招人

有一个流传很久的笑话，说是一次IBM和微软要举行谈判，为了缓和气氛，IBM的人特意去商店买了牛仔裤和T-shirt，而微软的人也特意穿上了西服，打上了蹩脚的领带。

很多人都知道微软的企业文化是宽容和自由，给员工一个充分发挥创造力的空间，这就要求微软的员工有相当的素质。因此，微软在招聘工作上一点也不马虎，而是有一套自己独特的方法和严密的体系。

那么，微软到底怎样招人呢？

微软搜寻人才的方式也很特别。当微软的用户在进行联机检索时，HR工作人员就会收集他们检索的有关信息，然后通过一个专用程序统计出用户所使用的关键词。从统计结果中可分析出此人是否具有较高的计算机技能（如Ta是否会使用C语言），并将其列为招聘对象。

通过了微软系统认证工程师考试的人员也会被录进微软的人才数据库，如果成绩比较好，微软公司也会根据得分情况决定是否让他来公司参加招聘考试。

对于那些得到宝贵应试机会的人来说，想要进入微软公司需要经历一次笔试、两次（四轮）面试，如果其中任何一个环节出现差错，就会有工作人员对你说遗憾了。

一、笔试

由于微软公司录用人员采用的是普遍撒网、重点捕捞的策略，所以每次都会通知很多人来应试（通常是400~500人），而最终只采用3~5人，这种1%的录用几率就需要在笔试过程中进行第一次筛选。

整个笔试的内容主要针对三个方面进行考察：知识面（20%）、编程能力（50%）和智力（30%）。

1. 在考察应试人员知识面的时候，主要要求能够知道一些常用的术语，比如XML、.NET、ASP、AOD等，一方面要知道这些缩写词完整的英文含义，同时还要将其翻译成中文。一般说来，了解这些词语最好的方法就是查看微软相关的资料，比如每个月最新版本的MSDN，或者平时多留心注意。

2. 因为微软的工作人员必须要具备相当的编程能力，所以应试者必须要对微软的VB、VC等编程工具非常熟悉，同时还要具备在短时间之内写出一段符合要求的程序，或者是在现有的程序中查找错误。需要提醒应试者注意的是，编程方面的题目占据了50%左右的分数，所以这部分是成败的关键所在，一定要引起特别的重视。

3. 由于微软公司所需要的工作人员在各方面都是高素质的，因此必须要具备足够的随机应变能力以及与常人所不同的思考方式，而智力题就是对此最好的考察方法了。通常这些智力题难度并不是很大，但是要求应试者有发散性思维和逆向思维能力，比如"一个房间门口有 3 个按钮，对应着房间内的 3 盏灯，要求打开一次房间门就可以判断出哪个按钮对应哪个灯""有 12 个球大小外观完全一样，其中有一个重量和其他的不一样，怎样用天平称 3 次找出这个球""男孩走 2 步的时候女孩需要走 3 步，现在男孩和女孩同时迈出左脚，问走到第几步的时候会再次同时迈出左脚"。此类题目数量一般在 4～5 道左右，有时候在别人的点拨之下很快可以找到答案，但是在有限的时间和紧张的压力下就显得稍微有些难度了。

二、面试（一）

笔试之后，微软公司会组织专人进行阅卷工作，然后确定分数线并通过电子邮件和电话通知部分成绩优秀的应试者参加第一次面试。和一般的面试不同，第一次面试需要你通过三轮五位面试人员的考察，而整个面试时间也很长，如果全部面试完毕需要大约 4～5 个小时左右。

1. 第一轮面试

第一轮面试是由微软公司现有的三位软件工程师对应聘者进行全方位的考察，这其中包括简单的网络组建、系统故障分析，也有涉及 Windows 2000 的 Active Directory 特性的问题，还有最新的 Windows XP 各方面新增特点与使用，这些对于经常使用 Windows 操作系统并且善于捕捉新事物、接触新产品的应试者来说倒也不是难事。

同时，工程师还会询问应聘者一些关于微软其他产品的使用与编程方面的问题。比如设计一个 Outlook 和 Exchange 联合使用的方案、怎样将 Visual Studio.NET 的功能发挥到极限等等；至于编程方面的问题多半是关于调用数据库、设计存储文件之类的，只要有实际编程经验，通常都不会觉得难。

在这轮面试的时候是很多人同时在一个大房间里进行，所以周围环境的干扰比较大，这要求应聘者回答问题的时候音量高一些，遇到一些比较繁琐的问题可以用文字形式辅助回答。但是如果遇到自己不会的问题最好直截了当地说，否则会给面试人员留下不好的印象。

2. 第二轮面试

通过第一轮面试之后，还会有一位资深软件工程师对应聘者进行再次考察，它的提问范围仍然不出前面三位工程师的范畴，但是难度要大大增加，比如说通过实际案例说明 Windows 2000 Active Directory 的使用、说明系统故障产生的原因、对现有一段程序的优化等。也就是说不仅要知其然，还要知其所以然，这里才最能够体现应试者的各方面综合素质。

3. 第三轮面试

通过了前面两轮面试之后，可以说微软应试之旅难度最大的部分已经完成了，但是下面的考察也并不轻松。微软公司怎么说也是一个知名的外企，员工怎么能不说英文呢？所以接着就轮到一个外方人员进行英语方面的测试。他的测试就是听与说，主要通过自我介绍进行提问，比如家庭状况、目前的工作、为什么要到微软公司、对微软公司的看法等。其实这主要就是一些日常对话，涉及技术方面的内容很少，一般只要具备了英语 6 级水准，并且平日注意英语锻炼，通过这关并非难事。

在和老外面试之前，应聘者最好进行一些准备，将有可能涉及的问题事先准备好，这样说得会流利一些，能够得到比较好的效果。另外还可以通过服饰、包箱等物品进行辅助说明。笔者在微软面试时，在自己的手机上制作了一个 Microsoft 的图标，然后以这个图标为例向老外讲解如何在电脑上制作、然后将其发送到手机里，结果老外非常感兴趣，当然印象分也就不错啦。

需要强调的是，并不是每一个人都有机会在第一次面试的时候直接面对老外，这是因为在前两轮面试的时候，所有的工程师都会在提问之后给你打分："Passed"或者"Failed"，如果得到了 3 次"Failed"，就彻底无缘微软公司了。

三、面试（二）

通过第一次面试之后，就意味着大半只脚已经踏入了微软公司的大门。之所以是大半只脚，是因为在最后一次面试之前每个应聘者都还有将近 20 个左右的竞争对手，但是最后所需要招聘的人数只有 4~5 个，因此第二次面试就是能否进入微软公司的关键所在。

第二次面试是微软分公司的老总和应聘者直接对话，微软在招聘时很注意不给应聘者造成压力，而是让应聘者成功地表现自己的才能，因此，这一轮谈话通常都是在轻松愉快的氛围中进行的，面试官会询问一些为人处世、待人接物以及对待工作和人生的问题，基本上也都是和技术无关的。

面试之后，微软公司会综合考虑应聘者的笔试成绩与两次面试得分，整个招聘过程至此才算是告一段落。

本章小结

【重点再现】

本章首先对招聘测试和人才选拔的效度和基本方法做了介绍，包括面试、心理能力测试、人格测试、工作样本测试、评价中心、诚信测试等；接下来分别以实例形式对笔试、面试的设计做了介绍；最后从胜任特征出发并通过实例操作介绍了评价中心技术和情景模拟测试，包括无领导小组讨论、文件筐、角色扮演、工作模拟等。

（1）目前在企业招聘中常见的笔试大致可分为四大类：专业知识测试、IQ 测试和类 IQ 测试、能力测试、个性测试。

（2）结构化面试，也称标准化面试，是根据所制定的评价指标，运用特定的问题、评价方法和评价标准，严格遵循特定程序，通过测评人员与应聘者面对面的言语交流，对应聘者进行评价的标准化过程。

【难点突破】

（1）笔试卷设计注意点：确定合格标准、控制试题容量、排版美观、印刷清晰。

（2）所谓"胜任特征"，英文为 competency，它的含义是指，和有效的绩效或优秀的绩效有因果关联的个体的潜在特征，就是指能够将某一工作（或组织、文化）中表现优秀者和表现一般者区分开来的个体潜在的深层次特征。

作业与练习

一、名词解释

胜任特征　　　评价中心　　　文件筐　　　结构化面试

二、简答

人格测试用的大五人格内容包括哪些?

三、论述

请为第一章虚拟的企业的某职位的求职者设计一组面试问题,并说明设计问题的理由。要求问题数目8个以上。

四、案例思考

这种雇用过程健全吗?

哈林斯(Harlin's)百货商店在美国各地有36个销售点。人力资源职能由位于俄亥俄州阿克龙(Akron)的总部内9个人组成的人力资源班子来行使,这个人力资源班子负责每个店的经理的雇用。当一个新的店铺开张时,一位人力资源职员出差到店铺所在地为其雇用一名经理。然后这位新店铺的经理才被赋予为该店铺雇用必要人员的责任。

一位人力资源专业人员迈克·巴克(Mike Barker)最近为一家在佐治亚州梅肯市(Macon)新开业的店铺挑选了卢·约翰逊(Lou Johnson)作为经理。在开始经营的头6个月,店铺中人员流动率达120%。助理经理的职位已经换了3茬,一般的销售人员平均只待两个月。迈克被派往梅肯市调查这个问题。

迈克询问并让卢描述他在挑选人员时所用的雇用实践,卢做了以下答复:"我做出的挑选是依靠我个人对每个求职者的面试。我向所有的求职者提问某些基础问题,如他们是否乐意在周末工作并且是否乐意加班。除此之外,我并不是按事前确定的问题顺序去发问,恰当地说,我尽力使问题适合于每一位申请人,在面试之前,我反复阅读了求职者的简历与申请表格以便熟悉他们的背景与过去的经历。通过这方面信息,我确定他们是否符合工作的最低资格,然后我才开始对那些至少满足最低资格的人进行面试。在面试过程中,我试着确定该求职者是否是个喜欢与别人一道工作的性格外向的人。当面试助理经理时,我也寻找他有无领导技能。"

然后迈克问卢,他是如何确定哪一位求职者可以被雇用的,卢做了如下陈述:"求职者给我的第一印象是相当重要的。一个人如何介绍自己、如何开口谈论以及他的服饰都很重要,并且确实对我的最后决策有一些影响。然而,可能最具影响因素的是与求职者目光的接触,当与某个人目光接触时,那就是他在聆听并且是诚恳的信号。微笑、一次坚定有力的握手、两脚平放地面的笔直的坐姿也都是我做出决策的重要因素,最终,如果一个求职者得到雇用,他必须对哈林斯工作感兴趣。我的第一个问题是:'你为什么想要为哈林斯工作?'我对那些已知道很多哈林斯事情的求职者印象很深。"

迈克现在必须对卢的雇用实践做出评价以确定它们是否是影响流动问题的关键因素。

【讨论思考题】
1. 假如你是迈克，对卢的雇用实践的健全性你会得出什么结论？
2. 关于如何能改善其挑选程序，你会向卢提出什么建议？

本章术语

胜任特征　　　文件筐　　　结构化面试　　　评价中心
角色扮演法　　无领导小组讨论法　　情景模拟法

学习活动

利用本章所学习的内容，回忆以往生活、工作中亲身经历到的人才选拔测试模式，描述一下印象中该选拔测试的特写镜头，并结合学习本章后的体会，谈谈你当时的感受与现在的感想；以及换位思考一下，如果你是考官你的选拔测试模式将会是怎样？

参考资料

[1] 李作学. 员工招聘与面试精细化实操手册[M]. 北京：中国劳动社会保障出版社，2010.
[2] 边文霞. 员工招聘实务[M]. 北京：机械工业出版社，2011.
[3] 王丽娟. 员工招聘与配置[M]. 上海：复旦大学出版社，2012.
[4] 冯颖. HR招聘实务手册[M]. 北京：化学工业出版社，2012.
[5] 李作学. 员工招聘与面试精细化实操手册[M]. 北京：中国劳动社会保障出版社，2010.
[6] 陈云林，孙力斌. 心证之道：心理测试技术新视角[M]. 北京：中国人民公安大学出版社，2012.
[7] 陈云林，刘歆超. 心理测试技术：从测谎到拆谎[M]. 北京：中国人民公安大学出版社，2007.
[8] 武伯欣. 中国心理测试技术：理论与实践[M]. 北京：中国人民公安大学出版社，2010.
[9] 田效勋. 发现领导潜能——情景模拟测验技术应用手册[M]. 北京：人民邮电出版社，2011.
[10] 帕金森. 人格测试：实用人才测评系列[M]. 北京：中国轻工业出版社，2007.
[11] 赵曙明. 人才测评：理论，方法，工具，实务[M]. 北京：人民邮电出版社，2014.
[12] 刘远我. 人才测评：方法与应用[M]. 北京：电子工业出版社，2011.
[13] 苏永华. 人才测评操作实务[M]. 北京：中国人民大学出版社，2011.
[14] 田斌. 管理心理学[M]. 成都：西南交通大学出版社，2012.
[15] 彼得·F. 德鲁克. 管理——任务，责任，实践[M]. 北京：中国社会科学出版社，1990.
[16] 彼得·F. 德鲁克. 有效管理者[M]. 北京：工人出版社，1989.

[17] 赫伯特·A. 西蒙. 管理行为[M]. 北京：机械工业出版社，2007.
[18] 弗莱蒙特·E. 卡斯特，詹姆斯·E. 罗森茨维克. 组织与管理：系统方法与权变方法[M]. 北京：中国社会科学出版社，2000.
[19] 赵曙明. 人力资源管理研究[M]. 北京：中国人民大学出版社，2001.
[20] 赵曙明. 国际人力资源管理[M]. 北京：中国人民大学出版社，2012.
[21] 赵曙明. 人力资源战略与规划[M]. 北京：中国人民大学出版社，2012.
[22] 劳伦斯·S. 克雷曼. 人力资源管理[M]. 北京：机械工业出版社，2009.
[23] 张磊. 人力资源信息系统[M]. 大连：东北财经大学出版社，2002.
[24] 吴振兴. 人事经理工作手册[M]. 哈尔滨：哈尔滨出版社，2006.
[25] 于桂兰，于楠. 劳动关系管理[M]. 北京：清华大学出版社，2011.
[26] 周三多，陈传明，鲁明泓. 管理学：原理与方法[M]. 南京：南京大学出版社，2011.
[27] 陈维政，余凯成，程文文. 人力资源开发与管理高级教程[M]. 北京：高等教育出版社，2004.
[28] 叶生，陈育辉. 仁本管理：中国式人力资源战略实操全录[M]. 北京：中国发展出版社，2005.

第四章 人才培训与开发

【学习指导】

1. 学习目标

（1）了解人力资本理论的发展历史。
（2）了解舒尔茨和贝克尔的人力资本和人力资本投资理论。
（3）了解人才开发的模式。
（4）掌握人力资本、人力资本投资概念。
（5）掌握人才培训的方式和培训计划的制订。

2. 学习建议

学习时间：5~9小时。
第1节建议学习时间：1.5~2.5小时。
第2节建议学习时间：1~2.5小时。
第3节建议学习时间：1.5~2.5小时。
第4节建议学习时间：1~1.5小时。

3. 学习重难点

（1）人力资本的概念。
（2）人力资本投资的概念。
（3）培训的对象与技能。
（4）培训的9种方式。
（5）培训的实施。
（6）人才开发的模式。

美国社会预测学家约翰·奈斯比特在《大趋势》一书中认为，从一国经济向世界经济的变化是改变我们生活的十大趋势之一。地球变成了全球经济村，形成一种"全球性经济"，出现了一种新的全球生产模式——协作生产。现代企业与传统企业相比，除了人、才、物三要素外，还多了信息、科学技术。尽管如此，在这一切要素中，人力资源是决定性因素；这是由于企业的资产、设备、技术都要靠人去掌握和使用；企业的经营，产供销的计划、组织、协调、控制，都要靠人去做。

既然人力资源这么重要，那么怎样才能获得高素质的人力资源呢？这就必须要对人力资源这一特殊资源进行培训与开发，而培训与开发必然需要投资，因此，我们接下来首先介绍一下人力资本及其投资理论。

第一节 人力资本及其投资

一、人力资本及其投资

人力资本（Human Capital，HC）是为提高人的能力而投入的一种资本，是西方教育经济学中的一个基本概念。现代经济学将资本分为人力资本与物质资本两类，两者可以互相补充、互相代替。

（一）人力资本理论的历史发展

古典经济学家如威廉·配第（1623—1687）、亚当·斯密（Adam Smith，1723—1790）、阿尔弗雷德·马歇尔（Alfred Mar shell，1842—1924）和约翰·斯德达·米尔（John Stuart Mill，1806—1873），就在他们的著作里提醒人们注意教育作为一种国家投资的重要性，并探讨如何资助教育，培养人才。他们已看到人力资本的重要性，但还仅把它看作从属于同物质资本相当的固定资本范围而言。

马克思也注意到这些，他认为，"从直接生产过程的观点来考察，充分发展的个人是生产固定成本"；"教育劳动是一种直接把劳动能力本身生产训练、发展、维持、再生产出来的劳动"。

尽管美国经济学家沃什在《人力资本论》中，首先提出人力资本的概念，但是直到20世纪50年代人力资本作为一种理论才从经济学中分化出来。

西奥多·舒尔茨（Theodore W. Schultz）才是对人力资本研究最具划时代的经济学家。它是人力资本理论的代表人物，并因在人力资本理论上的开创性贡献于1979年荣获诺贝尔经济学奖。他在《人力资本投资》一书中指出，有技术知识的人力和缺乏技术知识的人力对经济发展的贡献存在差异（研究表明，受教育程度与社会劳动生产率提高的百分比为：小学43%、中学108%、大学300%），而这种差异源于他们所受的教育、训练的不同，而这种不同又起因于社会和个人对人力资源教育、训练投资的程度。因此，社会和个人投资在人力本身的花费如同在固定资产上一样，是能使社会和个人产生更高收入的形式，而这显然是一种资本，应加强对它的投资。

（二）舒尔茨的人力资本理论

舒尔茨认为，人力资本是体现在人自身上的。由于各劳动者的素质、工作能力、技术水平、熟练程度各异，故受教育和训练后，各劳动者的能力、智力、技术水平等提高的程度也不同。因此，人力资本是以劳动者的质量或其他技术知识、工作能力表现出来的资本。1960年，他在美国经济学会年会上发表了《人力资本投资》的报告，对他的人力资本及其投资理论作了系统阐述，在西方学术界引起轰动，该理论的主要内容如下：

（1）人力资源是一切资源中最主要的资源，人力资本理论是经济学的核心问题。

（2）在经济增长中，人力资本的作用大于物质资本的作用。他认为，"空间、能源和耕地并不能决定人类的前途，人类的前途将由人类的才智进化来决定。"人口的质量与数量是可以互相替代的，因此，提高人口质量有利于解决人口问题。战后的日本、德国在一片废墟上，重新迅速崛起而跻身于世界经济强国的主要原因正是在于重视人力资本投资的结果。发达国家，人力资本比物力资本以快得多的速度在增长，因而国民收入比物质资源增长的速度快得多，劳动者的实际收入明显增加，这正反映了人力资本投资的收益。

（3）人力资本的核心是提高人口质量，教育投资是人力资本投资的主要部分。研究表明，各个国家的经济发展与其在教育方面的投资成正比。从柯布-道格拉斯生产函数中得到：$Y=K^{\alpha}A^{\beta}L^{\gamma}$（$Y$是产出总值，$K$是资本，$A$是土地，$L$是人力，$\alpha$，$\beta$，$\gamma$是与$K$，$A$，$L$有关的指数）里，假定在有形资本和土地不变情况下，引入有技术知识程度区别的人力变量之后，产量（产出）有相当的差异。高技术知识程度人力带来的产出明显高于技术程度低的人力带来的产出。

（4）教育投资应以市场供求关系为依据，以人力价格的浮动为衡量符号。一个国家不能企图制定一个一劳永逸的人才规划，对各类学校的投资，只能根据市场需求来调节。教育制度是由一连串的联合方程式组成，改变一个变量，其余的变量都会改变。因此，教育是随着经济在不均衡状态中发展、在适应和不适应中发展。舒尔茨创立了人力资本投资收益的计算方法：人力投资收益率，就是人力投资在国民收入增长额中所占的比率。计算公式如下：

$$社会教育资本积累总额 = \sum (各级教育的毕业生的每人平均教育费用 \times 社会上各级学历的就业人数)$$

$$某级教育投资的年收益率 = (某级教育毕业生平均年收入 - 前一级毕业生平均年收入) \div 某级教育人均费用$$

（三）人力投资理论

人力资本是通过人力投资而成的，基本观点有如下几种：

（1）人力投资即教育投资、培训投资。美国学者，诺贝尔经济学奖获得者加里·贝克尔（Gary S. Becker 认为，人力资本不单单由技术知识组成，教育也可能使人作较长远的考虑与打算，也可能使他们能够较好地对待不稳定因素和快速变化。他在名著《人力资本》中指出，这种投资（HC）包括正规学校教育、在职培训、医疗保健、迁移以及收集价格和收入的信息等多种形式，雇员通过在生产、工作中学习新技术，能增加自身的人力资本存量；通过对雇员的在职培训，更能增加雇员的人力资本量，从而提高劳动生产率，这对于雇员和提供培训的公司都是有利的。

（2）人力投资就是人口质量投资。舒尔茨认为，这种投资包括：用于教育上的投资、用于保健的投资、用于人才国内流动的投资、用于移民入境的投资（如美国，通过大量引进海外人才，省去了入境前的教育、培训、保健等费用）。

（3）人力投资，指人的全部培养费用。

二、相关理论总结

（1）市场里的企业是一个人力资本与非人力资本的特别合约，企业里的人力资本应包括企业家的人力资本、经理的人力资本、普通雇员的人力资本。

（2）人力资本指通过正规教育、实践学习及成长时所获得的旨在改善人的素质和技能的各种投资而形成的资本。此外,配置能力也应是人力资本概念的一部分,那些造成非均衡的事件也构成了对这种能力的需求。

(3)人力资本是通过人力投资而形成的。人力投资,指人才的全部培养费用,从出生到就业以及以后的旨在提高人力资本存量的所有投资。

(4)人力资本(人的健康、体力、经验、生产知识、技能和其他精神存量)的所有权,只能不可分的属于其载体;这个载体不但必须是人,而且必须是活生生的人。马克思注意到人的能力只属于个人,在他设想的社会主义社会里,一切非人力资本都已经归全社会公有。市场也已经消亡,但即使如此纯粹,还要"默认不同等的个人天赋,因而也默认不同等的工作能力是天然特权"。

三、中国企业人力资本投资现状

世界各国的成功经验表明,对人力资本的投资,是一切投资中收益最高的投资。可是反观中国企业,总体说来:

(1)人力资本投资意识淡薄,投资不足。非国有企业的绝大多数骨干技术、管理人才来自国企或者其他非国企(他们每年一般也招录应届毕业生,但数量少,职位低;或者是怕竞争对手雇用到这些人,因而招录来闲着、养着;稍重要一点的职位都是雇用有相关资历者),几乎不用再投资,便源源不断地得到人力资本存量高的人力资源。于是,许多公司对人力资本再投资并不紧迫。而国有企业又由于在市场竞争中处于劣势,以无资金的理由也不重视对职工的再投资(当然也是怕培养后职工跳槽)。

事实表明,企图一劳永逸地享用人才(愿意花高价到市场购买一流人才,却不愿意对他进一步培训投资)是徒劳的。因为人的智力是有限的,如果不再对人才进行投资,人才就会难以发挥自己的潜能,过不了多久,就会黔驴技穷。

(2)缺乏系统的、长远的人力资源开发战略,企业人力资源开发具有临时性、盲目性、随机性。老子曾说:"将欲取之,必固与之。"这说明应投资于人,提高人力资本存量,才能获取人力资源的更大效用。

因此,中国企业应针对目前的不足,建立起稳定的人力资源开发保障机制,增强公司内部人力资本投资力度,有目的、有计划地培养、储备人才。具体而言,应加强下述投资:

(1)对公司雇员的再投资(如培训、智力开发、教育);

(2)为留住人才的投资(如良好环境的营造、雇员工作生活质量——QWL的提高,为杰出人才的破格奖励——晋升、住房、配车、股票期权)等。

第二节 人才的培训与开发

一、人才培训与开发概述

人才培训是给新雇员或现有雇员传授其完成本职工作所必需的基本技能的过程。人才开发主要是指管理开发,指一切通过传授知识、转变观念或提高技能来改善当前或未来管理工作绩效的活动。

结合第一节的人力资本及其投资理论来说,培训是在一个人身上进行投入。企业投入的是财力而员工投入的是时间(有时也投入财力)。一个员工离开企业的可能性越小,企业在该员工身上的投入所得的回报就越高。

培训与开发都是组织通过学习、训导的手段提高员工的工作能力、知识水平和潜能发挥,最大限度地使员工的个人素质与工作需求相匹配,进而促进员工现在和将来的工作绩效提高。严格地讲,培训与开发是一系统化的行为改变过程,这个行为改变过程的最终目的就是通过工作能力、知识水平的提高以及个人潜能的发挥,明显地表现出工作上的绩效特征。工作行为的有效提高是培训与开发的关键所在。

总的来说,实施培训与开发的主要目的有:

(1)提高工作绩效水平,提高员工的工作能力。

(2)增强组织或个人的应变和适应能力。

(3)提高和增强组织企业员工对组织的认同和归属。

一般说来,有效的培训所产生的生产性收益要大于培训所花费的成本。对于那些技术迅速变化的企业来说,员工培训尤其重要。

培训是一个学习训练的过程,在这一过程中,人们获得有助于促进实现各种目标的技术或知识。由于学习训练过程与企业的各种目标紧紧地联系在一起,因而培训既可从狭义的角度来理解,也可以从更广义的视野来看待。从狭窄的意义上来看,培训为员工增添了他们现任职务所需要的知识和技能。广义的培训包括一般性的培训和培养两个部分。培养侧重于使员工获得既可用于当前工作又为未来职业生涯所需的知识和技能。

二、培训与开发的需求分析

(一)工作任务需求分析

明确地说明每一项工作的任务要求、能力要求和其他对人员的素质要求。通过对工作任务的需求分析使每个人都能够认识到接受一项工作的最低要求是什么,只有满足了一项工作的最低要求,人员才能上岗,否则就必须接受培训。工作分析的结果应该准确、规范,并由此来确定相应的培训标准。

(二)人员需求分析

人员需求分析包括两个方面:

(1)人员的能力、素质和技能分析。这是与工作分析密切相关的工作。工作分析明确了每项工作所要求的能力、素质和技能水平。从人员的角度进行同样的分析是用以考察工作人员是否达到了这些要求,以及其能力、素质和技能达到了什么样的水平,并由此决定对培训的需求状况。此外,对人员的能力、素质和技能加以分析不仅仅是为了满足当前工作的需要,也是为了满足组织发展的未来工作的需要。培训的目的之一就是发挥人的潜能。通过培训,使组织的人力资源系统得到合理的利用和发挥。但这一切都要求对人员的能力、素质、技能状况进行全面准确的分析。

（2）针对工作绩效的评价。如果人员的工作绩效不能达到组织提出的效益标准，就说明存在着某种对培训的需求。

（三）组织需求分析

企业的组织目标设置，长期目标与短期目标决定了开展培训的深度，包括三个方面：

1. 组织的人力资源需求分析

它决定了组织的宏观与微观设计、组织的发展、组织的正常运行等对人力资源的种类、数量和质量的需求状况。从人力资源的角度要求组织人员在能力水平上必须满足组织运行与发展的需要。

2. 组织的效率分析

组织的效率分析包括组织的生产效率、人力支出、产品的质量和数量、浪费状况、机器的使用和维修。组织可以对这些因素加以分析，制定出相应的效率标准。如有不能达到效率标准要求的，就要考虑使用培训的手段加以解决。同时这些标准也是培训效果的评价指标。

3. 组织文化的分析

组织文化是组织的管理哲学及价值体系的反映。通过培训可以将组织完整的价值体系输入到每一个员工的头脑中，从观念上指导他们的工作行为。

二、培训计划的制订

（一）长期计划

1. 确立培训目标

通过对培训需求的调查分析，将培训的一般需求转变为企业培训的总体目标，如通过培训来达到各项生产经营目标和提高企业的管理水平。通过对上年度培训计划的总结及分析培训的特殊需要，可以确立需要通过培训而改善现状的特别目标，成为本年度培训的重点项目。

2. 研究企业发展动态

企业培训部会同有关的主要管理人员研究企业的生产营销计划，以确定如何通过培训来完成企业的年度生产经营指标。一项生产经营目标的达成往往取决于一个或几个员工是否正确地完成任务；而要正确地完成任务，又取决于员工是否具备完成任务所需的知识、技能和态度。通过检查每一项业务目标，确定要在哪些方面进行培训。企业培训部还要与有关人员共同研究企业的生产经营状况，找到需要改进的不足之处，寻求通过何种培训可以改善现状、实现培训的特别目标。

3. 根据培训的目标分类

围绕企业生产经营目标的培训应列入业务培训方案；围绕提高企业管理水平的培训活动则应列入管理培训方案。因此，培训方案的制订是针对培训目标，具体设计各项培训活动的安排过程。企业的业务培训活动可分为素质训练、语言训练及专门业务训练。企业的管理培训活动主要是班组长以上管理人员的培训，内容包括系统的督导管理训练及培训员专门训练等。

4. 决定培训课程

课程是培训的主题，要求参加培训的员工，经过对某些主题的研究讨论后，达到对该训练项目的内容的掌握与运用。年度培训计划中，要对各类培训活动的课程进行安排，主要是列出训练活动的细目，通常包括：培训科目、培训时间、培训地点、培训方法等。注意培训课程的范围不宜过大，以免在各项目的训练课程之间发生过多的重叠现象；但范围也不宜过狭，以免无法真正了解该项目的学识技能，应主要以熟悉该训练项目所必需的课程为限。培训课程决定后，需选编各课程教材，教材应包括以下部分：培训教材目的的简要说明；列出有关教材的图表；说明表达教材内容的方法。可依照下列顺序编写教材：教材题目、教材大纲及时间计划、主要内容及实施方式和方法，讨论题及复习的方法和使用的资料。

5. 培训预算规划

培训预算是企业培训部在制订年度培训计划时，对各项培训方案和管理培训方案的总费用的估算。预算是根据方案中各项培训活动所需的经费、器材和设备的成本以及教材、教具、外出活动和专业活动的费用等估算出来的。

（二）短期计划

短期计划指针对每项不同科目、内容的培训活动或课程的具体计划。制订培训活动详细计划的步骤如下：

（1）确立训练目的——阐明培训计划完成后，受训人应有的收效。

（2）设计培训计划的大纲及期限——为培训计划提供基本结构和时间阶段的安排。

（3）草拟训练课程表——为受训人提供具体的日程安排，落实到详细的时间安排，即训练周数、日数及时数。

（4）设计学习形式——为受训人完成整个学习计划提供有效的途径，在不同学习阶段采用观察、实习、开会、报告、作业、测验等不同学习形式。

（5）制定控制措施——采用登记、例会汇报、流动检查等控制手段，监督培训计划的进展。

（6）决定评估方法——根据对受训人员的工作表现评估以及命题作业、书面测验、受训人员的培训报告等各方面来综合评价受训人员的培训效果。

【小资料】

培训计划制订的18个步骤

1. 问员工在来年对培训部有什么期待。
2. 安排了解和收集需求的工具（时间安排、参与人、方法、工具等）。
3. 根据公司规定或者去年的金额，了解今年的预算之后，再开始制订培训计划。
4. 将计划出的培训项目和人力资源部确定的优先发展方向结合起来。
5. 和每个员工面谈，问他们希望什么培训。
6. 首先，在培训计划中列出去年被申请的培训项目，以及没有安排进行的培训项目。
7. 按照公司的战略目标和政策，组织培训的优先方向。
8. 将合作过的培训机构提供的课程汇总、分类。
9. 将收集到的培训需求，转化为具体的培训项目，每个项目有各自的目标。
10. 分析公司最近三年的营业额的变化趋势。
11. 分析公司今后几年的战略目标。
12. 以适当的形式（全部计划、按领域分、按部门分），将培训计划通知给培训对象。
13. 将培训机构的目录分发下去，并附上一张报名回执表。
14. 拟写培训计划，做出预算并提交决策层审议。
15. 了解在来年中每个部门的费用计划。
16. 了解公司人力资源管理政策的重点。
17. 确定每个培训计划的构思与进行的具体方式，并预见出相应的评估方式。
18. 根据预定的时间表和方式，收集培训需求。

【资料链接】

××公司研发人员培训课程表

课程名称	课程课时	培训方式
研发人员创新思维培训	2	多媒体
新产品开发创意来源培训	2	案例分析
国内外纺织生产的发展现状培训	1.5	课堂讲授
现代纺织技术的发展培训	1.5	课堂讲授
先进纺织品的功能开发培训	1.5	案例分析
绿色纺织材料的开发与应用培训	1.5	课堂讲授
生产工艺流程技术创新培训	2	多媒体
合成纤维的开发与应用培训	2	多媒体
纺织面料新产品的开发培训	1.5	多媒体
家用纺织品的发展与前景分析培训	1.5	多媒体
印染新产品的开发培训	2	课堂讲授
纺织的创新与产品开发培训	2	课堂讲授

三、培训的准备

1. 培训员的选择

师资质量的高低是企业培训工作质量好坏的一个重要因素。培训部除了少量专职人员作为培训师资外,大部分培训员可由企业各部门经理或富有经验的管理人员兼任,也可以聘请其他单位的专家、学者等人员做培训教师。

培训员是受训队伍的领队与教练,职能是执行培训计划、传递信息,而不是控制人员。培训能否获得成功,在很大程度上取决于培训员的素质与能力。所以培训部要把组织和训练培训员或聘请专家为师资作为首要任务,纳入培训计划。

2. 培训时间、地点的选定

培训时间的选定要充分考虑到参加培训的职工能否出席,训练设施能否得到充分利用,做指导及协助的培训员能否腾出时间。培训地点的选定,要注意选择地点适中、交通方便、环境良好、通风光线等条件较为理想的地点和场所。

3. 培训用具及有关资料的准备

培训用具及有关资料的准备包括报到地点和教室地点的标志、桌、椅、黑板、放映灯具、布幕教学用具的准备,各种训练教材及教材以外的必读资料的准备,编排课程表、学员名册、考勤登记表,准备证书和有关奖品以及有关考评训练成绩用的考评表及试题的准备等。

【资料链接】

培训用具物品的准备

物品名称	数量	物品名称	数量
投影仪及投影屏幕	1套	笔记本电脑	1台
黑板/白板	1块	粉笔或白板笔	2盒
板擦	1块	DVD机	1台
幻灯片	30张	幻灯片保护纸	30张
幻灯片书写笔	4盒	培训游戏玩具	3套
学员名单	2份	学员登记表	1份
印刷资料	1份/人	测试题资料	1份/人

四、培训方式

(一)讲授法

传统模式的培训方法,也称课堂演讲法。在企业培训中,经常开设的专题讲座就是采用讲授法进行的培训,适用于向群体学员介绍或传授某一个单一课题的内容。培训场地可选用教室、餐厅或会场,教学资料可以事先准备妥当,教学时间也容易由讲课者控制。这种方法要求授课者对课题有深刻的研究，并对学员的知识、兴趣及经历有所了解。其中一个重要技巧是要保留适当的时间进行培训员与受训人员之间的沟通，用问答形式获取学员对讲授内容的反馈。其次，授课者表达能力的发挥、视听设备的使用也是提高效果的有效的辅助手段。

讲授法培训的优点是同时可实施于多名学员，不必耗费太多的时间与经费。其缺点是由于在表达上受到限制，因此受训人员不能主动参与培训，只能从讲授者的演讲中，做被动、有限度的思考与吸收。适宜于对本企业一种新政策或新制度的介绍与演讲、引进新设备或技术的普及讲座等理论性内容的培训。

（二）视听法

运用电视机、录像机、幻灯机、投影仪、收录机、电影放映机等视听教学设备为主要培训手段进行训练的方法。随着声像资料的普及与广泛应用，许多企业的外语培训已采用电化教学手段，并取得了较好的效果。除了外语培训，有条件的企业还运用摄像机自行摄制培训录像带，选择一定的课题将企业实务操作规范程序、礼貌礼节行为规范等内容自编成音像教材用于培训中。

（三）讨论法

对某一专题进行深入探讨的培训方法，其目的是为了解决某些复杂的问题，或通过讨论的形式使众多受训人员就某个主题进行沟通，谋求观念看法的一致。采用讨论法培训，必须由一名或数名指导训练的人员担任讨论会的主持人，对讨论会的全过程实施策划与控制。参加讨论培训的学员人数一般不宜超过 25 人，也可分为若干小组进行讨论。讨论法培训的效果，取决于培训员的经验与技巧。讨论会的主持人，要善于激发学员踊跃发言，引导学员自由发挥想象力，增加群体培训的参与性；还要控制好讨论会的气氛，防止讨论偏离主题；通过分阶段对讨论意见进行归纳小结，逐步引导学员对讨论结果达成比较统一的认识。

适用于以研究问题为主的培训内容，对培训员的技巧要求很高。在培训前，培训员要花费大量的时间对讨论主题进行分析准备，设计方案时要征集学员的意见。受训员应事先对讨论主题有认识并有所准备。在讨论过程中，要求培训员具有良好的应变、临场发挥与控制的才能。在结束阶段，培训员的口头表达与归纳总结能力同样也是至关重要的。比较适于管理层人员的训练或用于解决某些具有一定难度的管理问题。

（四）案例研讨法

一种用集体讨论方式进行培训的方法，与讨论法不同点在于：通过研讨不单是为了解决问题，而是侧重培养受训人员对问题的分析判断及解决能力。在对特定案例的分析、辩论中，受训人员集思广益，共享集体的经验与意见，有助于他们将受训的收益在未来实际业务工作中思考与应用，建立一个有系统的思考模式。同时受训人员在研讨中还可以学到有关管理方面的新认识与新原则。

培训员事先对案例的准备要充分，经过对受训群体情况的深入了解，确定培训目标，针对目标收集具有客观性与实用性的资料加以选用，根据预定的主题编写案例或选用现成的案例。在正式培训中，先安排受训人员有足够的时间去研读案例，引导他们产生身临其境、感同身受的感觉，使他们自己如同当事人一样去思考和解决问题。案例讨论可按以下步骤开展：发生什么问题——问题因何引起——如何解决问题——今后采取什么对策。适用的对象是中层以上管理人员，目的是训练他们具有良好的决策能力，帮助他们学习如何在紧急状况下处理各类事件。

（五）操作示范法

职前实务训练中被广泛采用的一种方法，适用于较机械性的工种。操作示范法是部门专业技能训练的通用方法，一般由部门经理或管理员主持，由技术能手担任培训员，以现场向受训人员简单地讲授操作理论与技术规范，然后进行标准化的操作示范表演。学员则反复模仿实习，经过一段时间的训练，使操作逐渐熟练直至符合规范的程序与要求，达到运用自如的程度。培训员在现场作指导，随时纠正操作中的错误表现。这种方法有时显得单调而枯燥，培训员可以结合其他培训方法与之交替进行，以增强培训效果。

（六）管理游戏法

当前一种较先进的高级训练法，培训的对象是企业中较高层次的管理人员。与案例研讨法相比较，管理游戏法具有更加生动、更加具体的特点。案例研讨法的结果，受训人员会在人为设计的理想化条件下，较轻松地完成决策。而管理游戏法则因游戏的设计使学员在决策过程中会面临更多切合实际的管理矛盾，决策成功或失败的可能性都同时存在，需要受训人员积极地参与训练，运用有关的管理理论与原则、决策力与判断力对游戏中所设置的种种遭遇进行分析研究，采取必要的有效办法去解决问题，以争取游戏的胜利。但是管理游戏法培训对事先准备即游戏设计、胜负评判等都有相当的难度要求。

（七）现场个别培训

强调单个的一对一的现场个别培训是一种传统的培训方式，又称为师徒式培训。做法是，受训人员紧跟在有经验的老职工后面，一边看，一边问，一边做帮手，来学习工作程序。在企业培训实践中，这种师傅带徒弟的个别培训方法仍在运用。然而，企业的培训部必须对采用师徒式培训方法的岗位做有效的培训组织指导，才能确保培训获得良好的效果。

组织现场个别培训的四个步骤：

（1）准备。制订工作任务表与工作细则，确定培训目标，让受训人员做好准备以及挑选培训员。

（2）传授。培训员以工作细则为基准，与受训员一起讨论工作中应该做些什么，然后讲解工作应该怎样做，接着就工作步骤与方法进行示范。

（3）练习。受训员对工作熟悉后，开始独立操作。练习中培训员在一旁作适当辅导，对准确动作予以肯定与赞扬，为改进动作提出建议。

（4）跟踪观察。在受训员独立工作后，培训员仍将继续对受训员进行观察，并提供明确的支持与反馈，使受训员对培训保持一种积极的态度。

（八）职位扮演法

1. 职位扮演法的含义

职位扮演法又称角色扮演法，也是一种模拟训练方法。适用的对象为实际操作或管理人员，由受训人员扮演某种与自己工作相关，但自己原来没有体验过的训练任务的角色，使他们真正体验到所扮演角色的感受与行为，以发现及改进自己原先职位上的工作态度与行为表现。多用于改善人际关系的训练中。人际关系上的感受常因所担任的职位不同而异。为了增进对对方情况的了解，在职位扮演法训练中，受训人员常扮演自己工作所接触的对方的角色而进入模拟的工作环境，以获得更好的培训效果。

采用职位扮演法培训时，扮演角色的受训人员数量有限，其余受训人员则要求在一边仔细观察，对角色扮演者的表现用"观察记录表"方式，对其姿势、手势、表情和语言表达等项目进行评估，以达到培训的效果。观察者与扮演者应轮流互换，这样就能使所有受训者都有机会参加模拟训练。

2. 职位扮演法的优点

（1）参与性强，易引起受训者共鸣。只有参与才会有体验，有了体验才会有新感受。正是这种方法使得学员不甘寂寞，学习气氛就会变得很活跃，人们的思维也在不知不觉中加速运转。

（2）易于深刻地理解角色意识。由于工作中的角色不同，思考问题的角度不同，往往给沟通带来障碍，给工作造成麻烦，也许秘书已觉得自己的工作十分投入，经理却不太满意；前台服务员自认为对客人的服务已尽善尽美，客人却抱怨这里的员工不够友善。角色扮演法给了员工一次换位思考的机会，身临其境去探索对方的心理需求，以强化自己的角色意识。

3. 职位扮演法的缺点

（1）参加人数少。部分人只能通过看别人表演来间接感觉。

（2）花费时间多。由于时间的限制，角色扮演法只适用于小范围，不适于解决普遍存在的问题。

（九）专门指导

个别培训的方法之一，在受训员对工作实践进行摸索的基础上，培训员针对其工作情况和特殊的需要实施针对性的专门指导。

五、培训的对象与技能

（一）培训对象

（1）可以改进目前工作的人，目的是使他能更加熟悉自己的工作和技术。

（2）那些有能力而且组织要求他们掌握另一门技术的人，并考虑在培训后，安排他们到更重要、更复杂的岗位上。

（3）有潜力的人，组织期望他们掌握各种不同的管理知识和技能，或更复杂的技术，目的是让他们进入更高层次的岗位。

总之，培训对象是根据个人情况、当时的技术、组织需要而确定的。

（二）培训技能

西方一般将职工的技能培训分成三种，即技术、人际关系和解决问题的培训。具体如下：
（1）技术技能的培训，就是通过培训提高职工的技术能力。
（2）人际关系能力的培训，就是通过培训提高人与人之间的合作交往能力。
（3）解决问题的能力的培训，就是通过培训，提高发现和解决工作中出现的实际问题的能力。

第三节　培训的实施

一、迎新培训

迎新培训是一种特殊的培训，是有计划地向新员工介绍他们的工作、同事和企业的各种情况。不过，不应将迎新培训搞成一个机械的单方向的运作程序。另外，由于全体新员工各不相同，因此，迎新培训还必须对新员工的顾虑、不确定感和各种需要予以敏锐的关注。

（一）迎新培训的目的

1. 了解所处的环境

迎新培训最主要的目的是帮助新员工了解他们所处的工作环境，以使他们的工作表现尽可能早日达到所要求的标准。

卓有成效的迎新培训至少可获得以下方面的收益：
（1）可增强新员工对企业的责任心。
（2）可使新员工对企业的价值观和目标具有更高程度的认同。
（3）可以降低缺勤率。
（4）可提高对工作的满意度。
（5）可减少人员流失。

2. 增强人际间的相互了解

迎新培训的另一个目的，是使新员工的融入更为容易一些。新员工通常十分关注与所在部门职工的关系。一般说来，一个群组中的员工们的各种行为举措并不总是与管理人员在迎新培训中所描述的完全一致。因此，如果缺乏一个计划良好的正式迎新培训，新员工对情况的了解就可能完全依赖于他们的同事，而这种状况很可能在许多方面对企业造成不利。

3. 向新员工提供所需信息

在组织迎新培训时，首先应注意的问题是：新员工目前需要知道些什么？新员工常常被给予大量的他们并不急需的信息，同时他们又往往未能得到第一天的工作中所真正需要的信息。

有些企业设计了一种迎新培训一览表来使这迎新程系统化。表 4.1 列出了由人力资源部门代表和新员工的负责人各自或共同负责的事项。一份一览表可以保证每一个事项按时完成，大多事项一般都可在第一周之内了结。许多企业还要求新员工在该一览表上签字，以确认他们已了解了企业有关的规定和惯例。

表 4.1　迎新培训一览表

姓名：	部门：	职位：	报到日期：	
内　　容			相关部门/人员	时　间
欢　迎	致欢迎词		总经理	
公司概况	1．公司简史		人力资源部	
	2．企业文化			
	3．组织概况			
	4．公司目标			
	5．公司规章制度			
福利政策	1．医疗、养老、失业、住房保险		人力资源部	
	2．节假日、各类假期（病假、事假、婚假、产假、计划生育假、丧假、年假等）			
薪资政策	1．薪资制度		人力资源部	
	2．支付日期			
工作时间	1．上、下班时间		人力资源部	
	2．午餐/晚餐时间			
	3．工间休息			
	4．迟到、早退、旷工			
	5．加班			
公司环境	1．公共设施环境		人力资源部	
	2．部门环境			
工作安排及注意事项	1．介绍同事		部门经理	
	2．部门概况			
	3．逐次指示他的工作			
	4．解释工作标准			
	5．指示当工作发生困难时，何人可帮助他			
	6．将有关工作规定、技术手册等交他阅读			
	7．指导工具与装备之使用			
	8．强调工作安全			
	9．强调公司机密不可外泄			

新员工还通常被要求签署一份表格，表明他们收到并通读了一份手册。这一要求为那些在以后将不得不实施某些政策规定的企业提供了法律上的保护，它使得签署了该表格的员工在今后无法否认他们被告知了这些政策和规定。

【小资料】

雅芳的"迎新培训"
——一个新人的培训体验

我叫吴怡，毕业于东南大学，经过"过五关斩六将"，我终于成了雅芳的一名新员工。初到雅芳，我就接到参加"迎新培训"的通知。刚入职就能赶上这个季度的培训，真是很难得的好开端。

一、团队这样建立

培训开始了，首先培训师请我们每人用一种动物比喻自己，并说明原因。气氛一下子活跃起来，有人说自己像马，矫健有力；有人说自己像猴子，聪明敏捷……我发现有些看上去木讷的同事，其实很风趣敏捷，感觉彼此一下子亲近起来。

自我介绍完毕，培训师又提出一个令我们始料不及的项目：以桌为单位分成4个参赛队，每队确定自己队的队名，并推选出一名队长。我们队先商量了一下，大家心目中对队名的期望——简单、响亮、有内涵，然后向着这个方向做 Brain Storming，最后确定用"AI"作为队名，有"第一"的寓意，又谐音"AVON"，简单、好记又响亮。

4个队成立完毕，为期两天的培训竞赛立即开始。因为有风险抢答计分，而且答对还可以靠运气抽加分卡片，气氛热闹非常，每个人都很投入。竞赛告一段落，接下来是公司各部门的代表给我们介绍部门职能架构，教我们合作的步骤和联络人等。

二、寓教于游戏

晚上，培训师向我们保证没有授课，只有游戏。大家一共进行了3个有趣的游戏，包括办公沟通、传话绘图和人生拍卖，气氛相当活跃和轻松。以下是其中的游戏范例。

范例一：办公沟通。

培训师要求各个队员都不能讲话，只能按照接到的纸条上的内容操作，最短时间内完成任务的队为胜。我的角色是B，纸条上的指令要求我按照A所给我的信息操作，允许我跟其他队员书面沟通，跟着是一串乱码一样的符号。问培训师是什么意思，他笑而不答，用手势提醒我们不能说话。大家无奈只好纷纷写一串乱码交给我。终于在一片混乱中接到A的纸条，上面说要我将大家纸条上相同的符号挑出来，原来如此！我快速作答，交给培训师。

游戏结束，大家感触良多。原来每人接到的指令和沟通限制都不一样，其他队员只能跟我沟通，被要求把自己的符号交给我，但人总是有好奇心，想知道更多的信息，于是大家都不会完全按指令操作，反而问培训师那串乱码到底是什么。而A的责任是要告诉我应该做什么，我的责任是应该主动问A需要我做什么，然后按照A的指示督促其他队员配合我完成任务。明了了整个游戏的内涵，我们都各抒己见，提出最优的沟通方案和最积极的沟通态度。

范例二：传话绘图。

依照培训师的指示，分成两组，各排成一条约20人的纵队，选出擅长表述的队员坐在队首，擅长绘画的队员排在队末。培训师发给两个队首队员一人一张图画，要求靠语言将这幅画的内容依次传递到最后一位队员，令其能画出画中内容。我在队首，将画的内容变成形象简单的描述一项一项传递下去，再要求后面的队员将画好的画反馈并描述给前面的人听。经过30分钟沟通，培训师宣布游戏结束，收起画纸评分，结果我们居然输了，几个错误都是分值比较高的项目。培训师告诫大家，不要在无所谓的细节上浪费时间和精力，而要抓住沟通的重点，保证最终的效果。

三、交互式的讨论

第二天继续培训的内容。每队的桌子上摆着一排彩色画笔，培训师请每人画出自己所理解的雅芳公司。因为没有任何限制，有人画公司的办公环境，有人画产品专卖店，有人画有寓意的海和天空，有人画用笑脸组成的雅芳Logo……画毕，每个人跃跃欲试，想表达一下自己的创作理念。谁知培训师却没有给大家这个机会，而是要求每队将队员的画合并成一幅画，代表本队对公司的理解。于是，我们又忙活起来，谋篇布局，推敲立意，然后分工合作，各司其职地完成了团队作品。

感性的认识是不够的，培训师要求每队分别就公司的愿景、价值观、使命和原则进行论证，然后将结果分享给大家。我们队负责"使命"，也就是雅芳的目标。我们从公司的产品、供应链、管理系统、品牌塑造以及公共事务等多方面综合考量分析，得出结论：目标虽然远大，但按照一定的经营理念是可以达到的。最后通过各队的陈述和集体讨论，互相交换彼此的分析论证，这让我们对公司更有信心，对自己的工作职责也有了更深一层的领悟。

"迎新培训"结束。从此公司在我心目中不再只是一个名称，而我对公司的归属感与培训前相比也大不一样。以团队精神为主的企业文化让我十分欣赏，基于此，我也更愿意贡献我的精力，在这里学习成长，跟随公司的指导实现自身的价值。

（资料来源：楚杰，《雅芳的"迎新培训"——一个新人的培训体验》，载《经营管理者》，2003年第10期）

二、在职培训

企业最普遍的培训方式是在职培训。不论这种培训是否是有计划的，人们都会从他们的工作经历中学到某些东西；如果工作经常变动，员工就会学到更多的东西。在职培训工作通常由管理者或其他员工或两者共同来负责。对员工进行培训的经理或负责人必须既能向职工讲解又能向员工示范怎样来从事某项工作。

（一）确立培训目标

各种培训目标必须与由需求分析所确定的培训需要联系起来。一项培训成功与否应该用所确立的目标来衡量。好的目标应该是可以被衡量的目标。通过运用以下四个标准之一，就可确立各种培训目标：

（1）由于培训而导致的工作数量上的提高（如平均每分钟打字数量，或每天平均审议的工作申请数量）。

（2）培训后工作质量的提高（如重做工作的货币成本、废料损失或错误数量）。

（3）培训后工作及时性的改善（如达到时间安排要求的情况或财务报告按时呈递的情况）。

（4）作为培训结果的成本节约（如偏离预算情况、销售费用或萧条期成本费用）。

（二）在职培训模式

工作指导训练是一种指导性的在职培训模式。这一培训模式形成于第二次世界大战期间，它主要用于培训那些几乎没有任何工作经验的人，以使其在生产军事设备的工业部门从事各种工作。事实上，由于这种培训模式在步骤上采取的是合乎逻辑的循序渐进方式，因此它是指导培训者进行培训的极佳方法。图 4.1 显示了工作指导训练过程的各个步骤。

（三）培训媒介

提供信息的培训人员可以采用多种辅助手段。有些辅助手段可以被用于多种场合，并可与其他培训方法合起来使用。计算机辅助指导和视听教具是最常用的辅助手段。另一个辅助手段是远距离教学，这种手段使用双向反馈电视或计算机技术。

准备对学员培训
- 使学员处于轻松的状态
- 发现他们对有关工作知道些什么
- 使他们产生兴趣

提供有关信息
- 讲授、示范、提问
- 每次讲授一个要点
- 检查、提问、重述
- 确保大家都明白

受培训人练习
- 让他们从事该项工作
- 向他们提出一些问题
- 观察和帮助改正不足
- 确保大家都知道怎样做

进行随访
- 让大家自己独立工作
- 不时进行检查
- 将稠密的随访降为按需要帮助改进工作

图 4.1　工作训练指导过程

1. 计算机辅助指导

计算机辅助指导使得受训人可以通过人机对话来学习。计算机辅助指导技术的应用受到两种需要的驱动。一是提高培训效率的需要，二是尽快将所学到的东西用于改进工作的需要。计算机非常有助于指导、测试、操演、练习和模拟应用。

计算机辅助指导的一个重要优点是它允许自学，因此它受到许多人的偏爱。作为一种培训工具，计算机可使人们自己确定学习进度，并且通常可在各种工作场所使用。而基于校园的辅导教学则需要员工在工作岗位以外花费大量的时间。

2. 视听辅助设备

其他技术辅助手段大多是视听性的，包括录音带和录像带、电影、闭路电视和双向反馈的电视远途通信。

除了互反馈电视外，其他都是单向信息传播。单项传播手段可以提供那些在教室无法提供的信息，如仪器操作、许多试验及行为测试的演示等。互反馈电视给计算机辅助指导增加了新的视听功能，它用屏幕触动输入法代替了键盘输入。视听辅助手段还可与卫星通信系统相连接。连接之后，就可向分布于各省市的销售人员同时输送一样的信息，如新产品详图等。

3. 远程培训和学习

许多大专院校运用互反馈电视进行教学。这一媒体使得一个老师可以在一个地点向散布于各个城镇中的"班级"授课并回答提出的问题。如果这种系统得以彻底地完善，员工就可在世界上的各个角落听课，并且既可在工作单位，也可以在家中。目前，有些院校正在为一些公司设计某些课程和学位，这些公司只需支付一定的费用，学校就会向使用互联网和其他远距离学习手段的员工传送这些课程。

（四）培训管理人员的重点

（1）熟悉开展工作的环境。对于管理人员，要求他们对于公司的经营性质、管理制度和所分配部门的工作性质要充分了解，只有如此才能有效地开展工作。

（2）注意团队生活的培养。在团体中生活，向具有经验的老手或干部学习工作经验是最快速有效的方法。所以，培训各级管理人员要让他们先打入团体，成为团体的一分子，直接参加团体活动，加入生产行列，在工作中获得经验。此外，工作最好由最基层干起，以使他们确切了解基层人员的工作情形、心理状态和工作中可能发生的问题。这在将来的主管工作中是最实用的经验。

（3）提出工作报告。在初期的培训工作中要求被训练人员定期提出工作报告，最好以三天或一星期为一期。内容至少要包括工作日记、心得报告、专案报告和改善建议等事项。每份报告均需向其工作的主管提出并经逐层详阅，使每一级主管人员均能了解该人员的学习进度和深度，以便作必要的调整和加强训练。主管人员必须在对每份报告内容了解后，对疑难问题予以解答或指示该人员如何自行发掘答案。有错误的要改正，有合理的建议和意见要立即实行。

（4）随时进行工作考核。除了定期的工作报告外，主管应以随机测验的方式作不定期的考核。这种测验方式可使主管更深入了解被培训人员的工作绩效和培训成果。主管人员更可借此机会与他们进行沟通。通常工作考核可由被训练人员的逐层主管进行，但主管有必要自己亲自了解其部门内人员的工作能力和工作绩效。这种随机测验的方式可以以单独会谈的方式进行，使被测验人员不至于因紧张拘束而影响其表达。就是一般工作人员的考核也可采用随机测验的方式进行，测验的结果要记录，以便前后比较，了解被测人员在此期间的进步情形。

（5）合理的工作调配。在管理人员对某一工作熟悉后，最好能安排调动其他的工作，特别是一些能力较高、有发展前途、有潜力的新进人员，尤不可使其长期做同一工作，以免浪费时间和精力，而造成士气低落和离职他就的危险。适当调动工作，使其能在最短时间内学习最多的工作经验。有了工作经验后要看情形许可和需要，安排职位，培养其领导和协调的能力等。

三、培训效果考评

培训考评指将岗位培训结果与经理、培训人员和受培训者的预期目标进行比较。在很多情况下，在培训结束后，企业并未想到对培训效果进行考核。但是，由于培训既耗时间又需费用，因此企业有必要将将培训考核纳入培训计划。

（一）评价方法

1. 回任工作后工作反馈的评定方法

（1）结训后一段时期，通过调查受训者的工作效益来评定培训成效。如结训后每隔六个月，以书面调查或实地访问的方式，调查受训后在工作上的获益情形。

（2）实地观察受训职工的工作实况，评定培训的成效。如根据实地观察发现，受过培训的职工在工作上确能表现出高昂的工作热诚、良好的工作态度、高度的责任心等，则可认定培训已发生效果。

（3）调查或访问受训职工的上下级主管或下属，根据所得意见来评定培训的成效。受训职工回任工作一段时间后，以书面调查或实地访问的方式，了解受训职工的上级主管或下属对受训职工在工作上表现的看法，如主管人员是否认为受过培训的职工的工作有进步。无论是主管或下属的意见，均为评定培训成效的重要资料。

（4）分析培训职工的人事记录评定培训的成效。如受过培训的职工的绩效考核较以前有进步，缺勤和请假次数减少，受奖次数增加，则表示培训对该职工的工作积极性已发挥作用。

（5）根据受过培训与未受培训的职工工作效率的比较来评定培训成效。

（6）根据受过培训的职工是否达到工作标准来评定培训的成效。

（7）根据可否达到培训目标来评价培训的成效。如回任工作后，职工解决了培训计划中预期需要解决的问题，或达到了培训计划所规定的要求，则说明培训已产生了效果。

2. 培训结业时的评定方法

（1）应用学识技能的测验评定培训成效。对参加测验的员工在培训开始和结束时用同样的方式，先后做两次，把两次测验进行比较。

（2）应用工作态度调查评定培训成效。对参加培训的职工，在开训和结训时，用同样的方式调查职工对工作的态度。

（3）调查职工关于培训的改进建议。在结训时把调查表发给受训职工，征求他们对培训的意见，如职工确能提出有价值的改进建议或其他意见，则表示职工对培训已获得应有的重视，并具有更深的认识，可断定培训已有成效。

（4）记录培训期间出席人员的变动情况。在培训期间，可约定若干人员为观察员，平心静气地观察培训的进行情况及受训人员平时对培训工作的反应，在结训时提出观察报告。

（5）根据主持培训及协助培训的人员的报告来评定培训成效。

（6）根据受训人结训成绩评定培训成效。

（二）评价标准

（1）接受培训的人员对培训的反应。每一个接受培训的人都会对培训做出效果好坏的评价，结合所有人员的总体反应可以得出对培训效果的基本认识。

（2）对培训的学习过程进行评价。主要是评价培训过程中实施的具体手段、方法是否合理、有效。培训中的每一步学习过程是否满足或达到了培训所提出的要求。

（3）培训是否带来了人员行为上的改变。培训的目的是提高能力，而能力是通过行为表现出来的。因此，评价培训的效果就是要看接受培训的人是否在工作行为上发生可观察的变化，并有利于工作绩效的提高。

（4）工作行为改变的结果是什么。培训的最终评价应该以组织的工作绩效为标准。也就是说，工作行为的改变带来的是工作绩效的提高。如果培训能够带来这种积极效果，也就可以说完成了对人员实施培训的目标。

（三）评价时机

（1）培训结束时的评价。对参加培训的人员在培训期间的各种表现做评价，并与参加培训前的技能水平做比较，可以确定经过培训有无成效。主要评价内容是：学识有无增进或增进多少；技能有无获得或获得多少；工作情况有无提高或提高多少。

（2）培训结束后回任工作后的评价。培训的目的不在于员工在受训期间的表现，而在于培训回任后的工作表现。因此培训回任后的评价，要比培训结束时的评价更为重要。评价内容有：工作态度有无改变，改变的程度如何，维持时间多久，工作效率有无增进，增进程度如何，培训目标有无达成等。

（四）培训的控制

对培训工作进行有效的控制，是指在培训计划中要规定培训课程或活动的结果必须达到什么标准。所定的标准既要切合实际，又要便于检查控制；在确定达标人数、成绩、出勤率等数量要求时，要尽量量化。在实施培训工作中，培训部要制定规章制度与控制措施，以监督培训方案的贯彻落实。培训部主管人员还必须通过旁听或参加有关培训活动、课程，监督检查培训工作的正常进行。

对培训工作的控制还包括，将受训人员的参与态度及成绩同奖罚措施挂钩，以鼓励员工积极自觉地参加培训；培训部定期举行例会，与部门主管或培训员讨论有关部门的培训事宜，听取有关人员对培训工作的建议、设想等反馈意见；切实做好培训评估也是对培训的一种控制方法。

（五）培训的应用

培训必须被运用到工作中去。培训要想产生有用的效果，就必须使受训人做到以下两点：

（1）掌握在培训中所学的东西，并将其及时应用于实际工作。

（2）在工作职务上长期保持对所学东西的应用。

【资料链接】

培训效果评价表

课程名称		授课讲师		培训地点	
学员姓名		培训时间		培训课时	

反应评估调查：请用"√"标出你对每项的评分，标准：优秀5分，良好4分，一般3分，差2分，极差1分。计算方法=得分÷满分×100%

评估主体	序号	评估项目	优秀	良好	一般	差	极差
1. 课程	1	您对课程的满意度					
	2	教材内容的适用性					
	3	课程的难易程度					
	4	是否学习到新观念和新技巧					
	5	课程案例、思路有启示性					
2. 讲师	1	对主题和课程的把握程度					
	2	授课的连贯性和逻辑性					
	3	课堂气氛与互动					
	4	引导学员发掘工作中出现的问题					
	5	课程时间控制					
合 计							

3. 本次培训中您认为哪些内容对您帮助最大？

4. 本节课程中您希望补充哪些内容？

5. 您对培训工作有什么意见或建议

备注：请您将宝贵的意见反馈给我们，便于我们的工作改善，感谢您的支持与配合！

四、学习的心理特点

无论采用什么样的培训技术和方法，都应该适应人们的学习习惯。心理学学科已对学习问题从事了多年的研究，在设计各种培训计划时应考虑到一些基本的学习原理。

在企业从事工作本身就是一个持续的学习过程，而学习是各种培训活动的核心。人们学习的进度不等，学以致用的能力也不尽相同。用于学习的努力必然与学习的动机或意向相伴随。当所学内容对人们具有实际用途时，人们就更愿意从事学习。

1. 整体性学习

在培训开始时，使受培训人对他们所要从事的事情有一个总体的了解，通常比让他们立即从事具体事项的效果要好一些。这种学习方法被称作整体性学习方法或格式塔学习方法。当将这一方法运用于职业培训时，它要求在将授课内容分成一个个组成部分之前，应首先使员工了解所有这些组成部分是怎样组成为一个整体的。

2. 强 化

强化这一概念源自效力定律，它表示人们倾向于重复那些使他们受到某种正面鼓励的举止和行动，同时避免那些可能导致负面后果的举止和行动。一个人受到的鼓励（强化）既可以是内在的，也可以是外在的。

例如，一个学会使用一种新的机床设备的机床工因被授予结业证书而受到了外在的鼓励，内在的鼓励则是因学会了某种新东西而产生的自豪感。可以设想某个机床工学习使用新机床的过程，该机床工在开始学习时，可能犯过很多错误，但随着日复一日的反复练习，他逐渐操作得越来越好。终于有一天他发现自己完全掌握了该机床的操作技术，他的心情是可想而知的。伴随这一心情而生的成就感就是一种内在的鼓励。

3. 立即确认

另一个与学习有关的概念是立即确认。它指的是，在培训过程中，越早给予受训人以正面鼓励，受训人学习的效果就会越好。另外，不论受训者的反应是否正确，都应尽早指出，这样才能收到更好的效果。

4. 自动实习

学习新的技能需要进行实习。自动实习指受培训者在培训中直接从事与工作有关的任务和职责，这种做法比之单纯地阅读或被动地听讲要有效得多。一旦基本的讲授结束后，自动实习就应该被应用到每一个培训场合。

【案例分析】

通用的培训技术

通用电气公司（GE）首席教育官、GE发展管理学院院长鲍勃·科卡伦介绍了通用培训管理人员的做法，现转贴如下，相信读了此文，对通用的培训技术你会有一个了解。

在我们看来，要培养领导人，第一，招募杰出人才。就像大学要从全国的中学中挑选最好的学生那样，我们也是全方位招募最优秀的人才为我们公司服务。第二，我们创建了强有力的业绩文化，强调业务结果。第三，我们还强调共享的价值观。我们教育人们，希望他们心领神会。第四，我们要为人们提供优异表现的机会。我们提供富有挑战性的工作岗位，挑战极限的机会，让人们去从事更多更重要的工作，他们从来没有想到过会有这么多机会。我们确立责任制度，就是说如果你负责某项工作，你就要对此负全责。我们给年轻人出人头地的机会，让他们有机会接触GE的高级领导人。第五，我们有一套育人制度。通过有序的程序来进行业绩评估和升迁前景评估，进而奖励最优，淘汰最劣，对表现最突出的员工进行奖励，对表现最差的员工，请他们走人。

从哪里，并招什么样的人？GE有20多项主营业务，在全球有30万员工，在156个国家展开经营。这一切都始于雇用好的人才。我们的人才储备主要利用的是大学招聘。我们每年招聘4 000多人参加我们的管理培训项目，包括金融方面、人力资源方面、工程和制造以及信息科技方面的发展培训。我们让他们参加两年轮训计划，在4个不同的工作岗位工作。他们边学习，边在不同的业务集团工作，同时还有机会与一些GE的领导人共事。我们虽然也雇用有工作经验的人，不过我们做得最成功的还是从大学校园直接招聘毕业生参加管理培训项目。

关于GE招人的标准：我们公司喜欢那些特别聪明并有强烈进取心的人。要特别聪明的人，因为当我们犯傻的时候，聪明人就特别有用。要有强烈进取心的人，因为这种人最想成就一番事业。有强烈进取心的人从小到大都通过成就促进自身成长。不管遇到什么挑战，他们都挺身而出；不管需要做什么，他们都去做，并比人们要求或希望的要好，因为他们有内在的驱动力。这就是我们想要的人。

如果我们无法找到太多特别聪明并有强烈进取心的人，那我们就降低标准，找那些不是非常聪明但有强烈进取心的人。有强烈进取心的人对公司非常重要，因为他们表现优异，竭尽全力，从来不会满足于刚刚好，不满足于得到95分。我们雇用那些在大学里就希望表现优异的学生。当他们考试得了98分后，他们会回头检查试卷，找出错在哪里，他们会说"哎呀，我知道了，我本来知道正确答案的"。我们不喜欢有些人得了98分后，把试卷往抽屉里一扔，说"我们去喝一杯"。我们都喜欢来一杯，这没问题，但我们希望有努力进取心态的人。

"学习"如何转化为"业绩"？当我们讲到在公司的表现和发展时，有一个简单的概念，这就是学习曲线。学习曲线与两方面有关，其纵轴是业绩或发展，横轴是时间。学习要花时间，尤其在开始阶段，花上很多时间，所得却可能不多。所以在开始阶段，学习比较艰苦。你花很多时间在吸收信息和数据，但你不知道意义何在，觉得一切都乱糟糟的。有一天，在你投入足够的时间、得到足够的信息后，会突然开窍，你会说："我明白了，我懂了。"这是因为你所吸收的信息和数据突然之间转化成了知识，转化为技能，转化为能够做事情的能力。因此在学习的第二阶段，你投入相同的时间，但是会得到大量的学识，获得飞速进步，非常之激动人心：学习和增长都充满乐趣，每天你都能学到新东西，并将其付诸实践。但是如果你干一个工作时间太久了，没有多少可学的东西了，一切按部就班，人们就会感觉平淡，因为工作不再富有挑战性。这非常简单。我们应告诉员工这一点，告诉他们关于学习和时间的概念。

相比于学习，更重要的是业绩。业绩曲线与学习曲线是一回事。刚开始你不了解自己所做的事情，不可能把它做好。我们教育员工，向他们传达的信息是，业绩在我们的文化中非常重要。在GE内部，一旦你进入了公司，你是来自哈佛大学，还是一个不起眼儿的小学校并不重要。因为一旦你进入公司，你现在的表现比你过去的经历更重要。

告诉人们我们的期望值。如果你从事一项新工作，你做得不是太好，没关系，我们知道你在学习，你能追上来。我们希望人们的表现高于一般期望值，工作得很出色。不过期望值不是一成不变的，期望值会随时间而变化。如果你停止学习，一段时间内一直表现平平，而期望值因为竞争的关系，因为客户需求，因为技术进步而上升，而你却不再学习，你就可能被淘汰。要知道在企业，期望值年年上升。如果你今年销售额达到2 000万美元，明年就要达到2 200万美元，而在接下来的年头，你需要做更多。

如果你停止学习，从个人的角度看这个问题，就像水在涨，而你就站在那里，你不会游泳，就被淹死了。这对你个人和事业来说都是一件坏事。

从公司的角度来看，这是另外一回事。我们看到的不是期望值的上升，而是某些人的表现突然下降，低于期望值很多。

告诉人们：要正确看待成长。有很多人把成长看作跟升迁有关：想得到提升，就得学习，不断成长。但是，如果我对现状很满足，就不需要学习，不需要成长。这是不对的。你从大学毕业，不意味着你就可以停止学习。你应该终生进行学习。如果你想有所作为，完全发挥自己的潜能；如果你要进步，比人们所期望的成长得更快，如果你想成为一个中国大公司的 CEO，或是一个大跨国公司的 CEO，你就要比别人成长得快，要学习如何更快地表现出业绩。这是我们公司关于学习和业绩的简单明了的规则。

存在全球经理人共享的准则吗？无论你是在中国学习管理一个国家，还是在美国学习管理一家公司，领导的原则都是普遍适用的，一个强有力的文化的基本元素都是相通的。共享的价值观对我们来说非常重要。GE 的共享价值观，主要是指诚信、业绩和追求变革。我们想要的就是把事情做得更好。

岗位内部轮换有什么意义？我们为人们提供很多出色表现的机会，能做到最好。我们有 20 多个全球性的业务集团。我曾经在其中的 6 个业务部门干过，包括飞机发动机集团、动力系统集团、医疗系统集团，等等。我们有很多机会去从事挑战极限的工作，富有挑战性的工作，以及从来没有想过的重大工作。

在 GE 的 110 年历史中，我们总共只有 9 位董事长。这对于一家产业公司来说是个骄人的纪录。在 20 世纪二三十年代成为我们第二位董事长的欧文·杨，就是个非常成功的领导人。甚至当时很多政治家想鼓动他出马竞选美国总统，但是他拒绝了。所以说我们在杰克·韦尔奇之前就有优秀的领导人，在他之后也有优秀的领导人。我们之所以能做到这一点是因为我们对他们进行培训和发展。杰克·韦尔奇和我们的现任领导人杰夫·伊梅尔特，都是从 GE 开始他们的职业生涯。我们不是从惠普，也不是从戴尔，或 IBM 把他们请来，我们是从大学里把他们招聘过来，然后培养出来的。我们给了他们很多机会、培训、挑战，等等。

打造经理人的必经历程是什么？根据实际情况的调查，领导人的培养和发展要经过三个阶段。这些位高权重的领导人，不仅有商界的领导，那些 CEO 们，还有国家领导人、宗教领袖、非盈利性组织的领导人，结果发现他们毫无例外地都经历了 3 个阶段。

第一阶段是进入某一领域的头 5 年。

第一，他们都在自己的技术领域取得了成功，也就是说他们很深入地了解这个行业，了解其复杂性，而且都在与此相关的工作中获得了成功。而这正是我们要在我们的发展培训项目中提供的。

第二，他们会接受具有挑战性的工作任务。当他们回过头去看看他们的同龄人时，他们承认："我的工作任务比任何人都重很多。这把我吓坏了，我不知道我是否能胜任，我也不明白他们为什么要我做这项工作。但是我把它完成了。"

当你在做一项具有挑战性的工作，一项你自认为难以胜任的工作时，它培养了你两方面的能力：一方面，很明显的，它培养了你新的能力，一种从事你以前从未做过的不同工作的能力；另一方面，它培养了你的自信心，令你从容面对那些令你束手无策和害怕的情况。领导者每天需要做的就是去面对他们不知如何解决的具有挑战性的问题。很多时候他们吓坏了，因为他们想"我解决不了这个问题"。但是他们摆脱了困境，解决了问题，找到了出路。这就是领导人的作为，同时他们还帮助其他人也做到这一点。

第三，他们都有早期的领导机会。

从 GE 培训项目的角度看，我们在第一阶段所做的就是提供初级培训项目，包括"财务管理培训""技术领导项目"等，在头五年里帮助从校园里新招聘来的员工实现从大学到工作岗位的转变。这些为期两年的项目还提供领导能力的培训，并提供轮职机会以使他们获取不同的工作经历，发展他们。此外，我们还提供"六西格玛质量标准"的培训。

第二阶段是进入本行业 5~15 年。

此时他们已拥有了对一个团队的管理责任。他们对整个机构的业务有着广泛的参与并且有机会接触重要人物。换言之，他们有机会同他们所仰慕的高层人士——他们心目中的"榜样"——进行面对面的交流。而这一阶段我们的培训项目，包括"新经理发展课程"、"中级培训项目"和"中级经理课程"，所做的就是让经理们成为真正的经理。在这一阶段我们教授管理技术、策略和技巧。我们给学员范围广泛的有关公司整个业务的作业和任务，培养他们跨越职能部门看待问题的能力。在这些课程里，我们利用内部管理人员教授课程，而并不总是依赖于职业教师。我自己就经常授课，每次课讲两到三个小时。

第三阶段他们将成为该机构的决策者。

此时他们对工作负有全权责任，这意味着如果有什么事没有完成，他们不能指责别人，因为那是自己的责任。这时他们已具有广泛的个人关系网络。换言之，他们获得了领导能力并且扩展了个人关系网。此一阶段，我们设置了"高级经理发展课程（MDC）""商务管理课程（BMC）""高层管理人员发展课程（EDC）"，这三门课程是 GE 最高管理人员的发展课程。每门课都为时三周半，在纽约的克劳顿村举行，也就是我所管理、居住和办公的地方。在杰克·韦尔奇担任 CEO 的二十年中，我们举办了 280 次此类课程，他每次都参加了授课。只有一次例外，那一次他在住院，刚做完心脏搭桥手术。那是二十年中他错过的唯一一次。每次讲课，他都要讲两到六个小时，教授领导能力。我们相信教授领导能力的最好方式就是由领导人授课。此外，我们用其他方式加以补充。我认为我们的培训项目在帮助学员学习和自我发展方面做得很不错。特别是我们的顶级培训项目，更为关注综合管理，关注机构的领导发展，关注文化变革以及在机构中推进变革。

进行业绩评估的标准是什么？我们评估每个人的业绩并从几个方面加以衡量。它不是一个标准的工具，但却是一个简单的方法。我们为不同工作岗位的领导都提出一套明确的价值观，一种行为方式，并提供必要经验，最重要的在于为他提供培训的机会。我们期望员工能够将这些机会转化为能力和技巧。

这是一个充满机会的世界。当人们工作的时候，就是从中学习和获取技巧，并且运用它们创造价值。简单地说，GE 用四个词衡量业务的价值——更多，更好，更快，更便宜。因为盈利性公司存在和发展的目的就是为股东创造价值。我们寻找需要产品的客户，我们雇用优秀的员工生产产品，并将产品出售给客户。我们评估业绩的标准就是员工创造的价值。当我们提升某个人担任某项职务时，我们提升的人都是在其以往的工作中创造了最大价值的人。我们不会提升长得最漂亮或穿得最漂亮，或在哈佛上学取得成绩最好的人。我们提升的是业绩最好的人，就这么简单。

如何评估经理人的升迁前景？在评估业绩表现的同时，我们也评估升迁前景。

一个人的升迁前景与公司的股票很相似。它是对未来工作、未来能力和未来价值的评估。

几十年前，GE 就是在马萨诸塞大学，当我们在学校里招聘工程师时，我们招了一个叫作杰克·韦尔奇的家伙，后来他成了 CEO。后来在哈佛大学招聘时，发现了杰夫·伊梅尔特，他来到了公司，20 年后也成了 GE 的 CEO。因此我们要看员工的未来发展潜能。我们看他们的能力，他们的强项，还看他们的发展需求。我们让员工自己评估，告诉他们的经理，然后由经理作评论。所有这一切都是通过网上的评估系统实现的，这一系统对 10 万多名 GE 的员工及管理人员进行跟踪记录，每年如此，以发现和发展我们的人才。

还有比"奖优汰劣"更重要的？如果你读过杰克·韦尔奇的自传，你就知道我们强调奖励最优，淘汰最劣。这跟一所著名大学一样，不是说随便是个教授就能来教书，也不是每个学生都能来学习。它总是要招最优秀的高中生和本科生，所以入学的竞争很激烈。它还要聘请世界上最优秀的教授，如果你教得不好或者学得不好，你就要离开学校。企业也是一样，至少在 GE 是这样的。我们挑选领导人，挑选优秀的员工。我们评估他们的表现，然后从最好的到最差的对他们进行评估。我们提升最优秀的 20%。也奖励和提升中间的 70%，只是对他们的奖励没有那么大或者提升得没那么频繁。对于排在最后的 10%，我们会告诉他们，你们今年的表现是最差的 10%。明年不能再这样下去了。你有三个月或者六个月的时间来改善你的表现。如果仍然不见起色，你就必须离开。这和你当学生时考试总不及格就得离校没有什么差别。

更重要的是创造一种优良的环境，一种每个人都有机会脱颖而出的环境。在这里要遵守标准，不能让不良的平庸之辈拖企业的后腿。这是不公平的，也是不应该的。

GE 考核的标准程序是怎样的？我们有规范的程序和方法来运行公司，只有这样才能评估和维持企业的正常运作。GE 是一家拥有 30 万雇员的企业，在我们的 20 个业务部门中，如果单独排名，有 10 个部门都可名列《财富》500 强。这对于运行企业来说是个巨大挑战，但我们通过共同的业务程序和领导人会议来实现这一目标。我们有 4 项共同的基本程序将不同的业务部门联结起来。这些业务部门涉及从医疗系统和飞机发动机这样的高科技到灯泡和洗衣机这样的低技术，以及在比利时提供信用卡、为巴西的大型建设项目进行融资等金融服务。所有业务部门都必须遵守四项共同的程序。

第一项程序叫阶段 D 的遵纪守法程序。即遵守各个国家、州和城市的法律法规以及遵守公司的政策和规定。

第二项程序称为阶段 C 的人力资源程序。即关于组织机构、人员招聘和接班人计划等等事项。它的主要内容就是发现人才、评估技巧和能力、关注当前或未来领导人的离任或者提升，以及谁能接替他们等，从而使公司保持发展的活力，这项人力资源程序在我们公司已经存在 50 多年了。具体的做法是：公司董事长杰克·韦尔奇，现在是杰夫·伊梅尔特，飞到各业务部门，只有五个人（董事长、两位副董事长、该业务集团的 CEO 及其负责人力资源的副总裁）一起，用一整天的时间进行讨论。他们先花半天时间浏览报表和比较图表。另外的半天，他们和 10 位到 20 位有较高潜力的领导人进行各 30 分钟的会谈，听他们讲，与他们面对面地交流，考查他们，更好地了解他们。

第三项程序是我们的战略规划部分。和其他程序一样，它起始于各业务部门的最底层，最终结束于业务集团的 CEO 及其直接下属到公司总部与董事长进行一整天的审核。比如，在审核医疗系统集团的战略计划时，他们召集医疗系统的 CEO 及其直接下属，包括负责技术、销售和财务的副总裁一起，来到公司总部与董事长就其业务集团的战略计划进行一整天的会谈和审查。

第四项程序是我们的运营计划。即为开展下一年业务而进行年度预算以及各项资源配置的评估程序。

所有这四项程序都由最高层的领导会议加以统筹。

首先是每年年初举行的有600位公司最高经理人参加的营运经理大会，他们一起审查上一年的业绩结果，并关注目前面临的挑战。CEC（Corporate Executive Council）是公司执行委员会会议，由公司董事长、负责各职能部门，如法律、人力资源和财务等部门的高级副总裁，以及各业务集团的CEO参加。他们每年举行四次会议。

在秋天，要召开由170位公司副总裁级以上领导人参加的"公司高级长官会议"。他们一起审查业务发展现状及年终的业务状况。

如何"迫使"各部门统一行动？现在以我们推出六个西格玛举措为例，来说明我们如何将不同的业务部门联结在一起。我们首先是在1996年1月的600位高级经理人会议上提出六西格玛的。董事长杰克·韦尔奇在两天的日程中，不停地谈论六西格玛——他请来专家谈，谈质量，谈统计分析，等等。那时候，很多领导人都说：我要去学习什么是回归分析？我要去做实验设计？我是CEO，我根本不需要。但争论的结果是每个人都必须学习，必须遵守。于是他们讨论如何才能快速地在公司推动这项变革，并提出方案。杰克·韦尔奇接着说："我要在下一次公司执行委员会会议上和你们谈在这一举措上取得的进展。"他这么做了。然后他说："我去各个业务部门，跟你们讨论人才问题、讨论接班人计划时，我想见到那些推动你们质量举措的人员。我想看一看你委派担任此项工作的人。我要看到你如何推动质量的提高。"然后，在下一次执行委员会会议上，他和20个业务集团的领导人分享他的所见所闻。他会说，你在这方面表现很好，他在那方面表现不错。告诉他你做了什么，是怎么做的。你做得不好，但是你在学习。告诉他你学到了什么。之后，他说："现在我希望你回到你的部门，对学到的经验加以推广执行。等我们一起审查业务集团的战略计划时，我想了解你在今后的三年怎样从六西格玛质量获益的战略计划：它对质量成本意味着什么？对新产品开放计划意味着什么？对销售收入有些什么贡献？对市场占有率呢？"他访问20个业务部门，审查了他们的计划，然后回来和大家分享好的做法，和大家交谈，并在预算和划拨资源时进行调整。总之，通用电气是利用共同的业务程序和共同的领导人会议来推动业务部门的一致性并实现优异业绩。

最后，我们想说："出色的领导能力孕育出色的领导人。"

（资料来源：叶生、陈育辉，《仁本管理：中国式人力资源战略实操全录》，中国发展出版社，2005年版）

第四节 人力资源开发

一、人力资源开发概述

人力资源开发的作用是给员工增添超过他们目前工作需要的各种能力。它是企业为提高员工承担各种任务之能力所进行的努力。这种努力既有利于企业也有利于员工的事业发展。企业只有拥有各种具有丰富经历和高强能力的员工和管理者，才能增强竞争力和适应竞争环境变化的能力。另外，通过开发培养，员工个人的职业生涯的目标也将逐渐变得更加明确，职务也得以步步升迁。

只要达到了如下三方面的基本要求,企业内部的人力资源开发就能不断增强企业的竞争优势:

(1) 企业员工能积极地为产品和服务增加经济效益。

(2) 全体员工所拥有的各种能力与竞争对手相比占据优势。

(3) 这些能力是竞争对手不易仿效的。

企业在某些方面总是面临着"生产"还是"购买"的选择,即到底应该自己培养有竞争力的人才,还是"购买"那些已由别的企业组织培养成了的人才。当前的趋势表明,技术和专业人员通常是根据他们已具备的技能水平而被雇用,而不是根据他们学习的能力或行为特征而雇用。目前,在人才市场上,企业明显的偏好是"购买"而不是"生产"那些稀缺的员工。不过,"购买"而非"生产"人才的做法,并非出于前面所提到的力图通过人力资源来保持竞争优势的需要。表4.2给出了培训和开发培养之间的比较。

表 4.2 培训与开发培养比较

项 目	培 训	开发培养
侧重点	学习特别的行为与动作; 用实例说明技巧和过程	理解文献的概念和内容; 提高判断力; 扩展完成工作任务的能力
时间段	短 期	长 期
效果检验方法	表现评价; 成本收益分析; 通过测试或获得证书	需要时可供选择的合格人数; 从内部提升的各种可能性; 基于人力资源的竞争优势

为了从事人力资源开发,必须首先制定各种人力资源规划。如同我们在第一章论述的,人力资源规划内容包括分析、预测和确定企业在人力资源方面的各种需要。开发计划使得企业可以预测由于退休、提升和迁居所造成的人员变动,它有助于确定将来企业所需要的各种技能的种类,以及为保证始终拥有这些能力的人才所需的开发培养工作。

图4.2描述了人力资源的开发培养过程。如同该图所示的那样,人力资源规划首先应确定企业所需要的各种能力和所应具备的条件。企业现有条件将影响人力资源计划。所需能力的种类也会影响各种开发决策,如关于应该提拔什么样的人,以及企业后续领导人应是什么样的人等方面的决策。开发培养计划既会影响企业对开发培养需要的评估,也会受到这一评估的影响。各种开发培养措施都要依据对人才需要的评估。此外,企业还应对开发培养过程进行评估,并根据新的需要不断地加以改进。

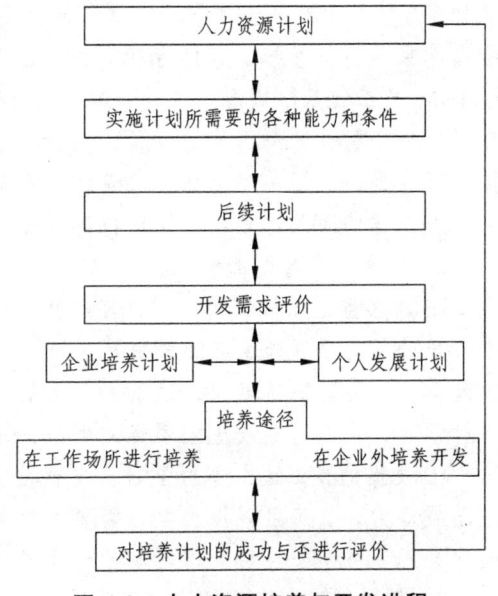

图 4.2 人力资源培养与开发进程

【案例分析】

IBM 的人力资源管理招数

IBM 这个世界上最大的信息产业跨国"蓝色巨人",在管理方面的重要特色之一,是它的人力资源管理。

一、IBM 的招聘机制

IBM 一年四季都在招聘,但能够有机会进入 IBM 的却凤毛麟角,因为 IBM 招募的是真正的精英。

在招聘条件上,IBM 公司有三方面的要求。

其一是一般能力,包括逻辑分析能力、适应环境的应变能力、注重团队精神与协作能力和创新的能力。

其二是品德,而且把这一点作为雇用的先决条件。

其三,岗位方面的实际技术能力与心理特征,包括沟通技巧、计算机操作能力、英语水平及发展潜力等。IBM 对员工的个人发展潜力非常重视,因为这关系到员工未来是否能够有所发展。

IBM 公司的招聘途径多种多样,通常有人才招聘会、报纸广告、网络和校园招聘等。IBM 一项特别又有效的途径,是实行内部推荐招聘。公司方面充分信任自己的员工,奉行"内举不避亲",鼓励员工介绍自己的亲朋好友来 IBM 公司,如果推荐的人很适合 IBM 的要求,IBM 还会奖励介绍人。

二、IBM 的培训

1. 全面塑造新员工的培训

新员工进入 IBM 以后,首先要进行 4 个月的集中培训,培训内容包括 IBM 的发展历史、规章制度、技术和产品工艺、工作规范和工作技巧。培训采用课堂授课和实地练习两种形式。培训结束后进行考核,合格者获得结业证明,不合格者则被淘汰。4 个月后,受训者有了一个 IBM 员工的基本概念。但是,要成为 IBM 的正式员工,还要经过一年的实习。实习期间公司给每个新员工派一位"师傅",一对一地进行教学。实习期间,要定期向人力资源部和新员工所在部门反馈实习情况。实习结束后员工要做工作计划和个人发展计划,提出继续做现在岗位工作的深入计划或变换岗位的计划以及职业生涯发展计划。

2. 制度化的老员工培训

IBM 注重在职员工的培训,公司制订了非常完备的员工培训制度和实施计划。培训形式除传统的教师培训外,广泛采用网上培训。IBM 建立了自己的网上大学,员工可以根据自己的时间情况随时安排学习,这解决了他们的学习培训与现实工作的矛盾冲突。课程形式既有教材学习,也有真实或虚拟项目的训练,均有较强的实用性。

IBM 提倡员工边工作边学习,或者在业余时间参加各类课程学习,以提高工作效率和个人发展潜力。员工可以提出自己需要去参加哪些内容培训,只要与工作有关、合理,公司一般都会同意并给予经费。这就有效地兼顾了企业和员工两个方面的培训需要。

3. 选拔和培养管理层的培训

IBM 公司非常重视"接班人"的培养,通过工作岗位轮换等方式来锻炼和选拔管理者的候选人。确认了合格的人员后，IBM公司会加以任命，使其有机会在管理工作实践中得到锻炼，上一级管理者与人力资源部门则负责对任职者的资格水平进行检验和有效的工作评估，优胜劣汰，整个过程则是公司与未来管理层双方之间互相审视适应性的过程。

三、员工的个人发展

IBM视员工为企业最重要的资产，以"尊重员工，协助自重；适才适职，发挥潜能；人才培养，技能提升"为原则。IBM公司第一项的主张是尊重个人，这成为该公司的最高原则。IBM非常强调机会均等，而且公司还给每一个员工提供尝试的机会。这对进行商业运作的公司来说，是极其难能可贵的。在其管理的信条中，向员工提供充满挑战性的工作、培训以及成功的机会，强调员工工作中的价值与满足感，使其与公司一起成长。

IBM的"人才培养，技能提升"，为每个员工都准备了自己所需要、甚至是完备的条件和发展空间。公司对员工提供管理和专业两种职业生涯发展渠道，使员工有多种机会实现个人的职业理想。如果一个员工想当经理层，在管理的道路方向发展，公司就考察他是否有管理才能和培养潜力。如果有发展潜力，就把该员工存入管理人才库，列入经理培训计划中去，安排3个月时间的经理培训。在培训过程中，还会给其一个具体的项目做，体会作为团队领导的责任、义务。课程完成并合格者，在公司有经理职位空缺时，即可以安排上岗。

如果一个员工愿意并适合当技术专家，IBM也为其提供发展空间，以便一级一级地向上发展。当发展到一定级别并且带过新员工和在公司培训中教过课时，就可以去参加公司组织的考试，并进行答辩。答辩合格者，获得高级技术专家的职级。

二、人才开发的模式

1. 继任计划

继任计划是人力资源开发计划的重要组成部分。例如，将技术培训、管理人员培养和内部提升结合为一体的一项计划，曾使一个被另一家公司收购的工厂"起死回生"。

该计划的结果之一，是该厂的生产能力在四年内大幅度提高但却没有注入新的经理和员工，其原因就是将对现有人才的培养当作了一种替代措施。这也提醒我们，很多时候不需引进外援，就能达成目标。

2. 管理者的模仿行为

在管理人员开发培养方面有一句格言：管理者往往像被管理人那样进行管理。换句话说，就是经理们常常通过行为仿效来学习，或者说借助模仿他人的行为方式来提高自己。因此，在培养管理人员时，可以借助人类本能的行为方式的特点。具体做法是，将年轻的或正处于发展阶段的经理与一些具有榜样作用的经理安排在一起工作，然后再进一步强化那些令人满意的行为方式。

必须特别强调，模仿并非是一个直接的模拟或复制过程，它要比这复杂得多。例如，一个人可能通过观察一个样板而学到了不要做什么。因此将一个新的经理置于正反两种样板之下，反而可能使他获得更大的受益。

3. 导师制

导师制是指由处于职业生涯顶点的经理指导那些处于职业生涯起点的员工的一种帮助关系。在这种关系下，技术的、人际关系的和政治等方面的能力从一个有经验的人传送给一个缺少经验的人。这样培养方法不仅使缺乏经验者得以受益，它同时还可使经验丰富的一方从别人对分享他的智慧的需求中得到满足。

三、人力资源开发工作中的问题

在人力资源开发工作中，有可能犯一些常见的错误或遇到一些常见的问题。大多数问题起因于计划的不当或各种工作缺乏应有的协调。常见的问题包括以下类别：

（1）需求分析不当。
（2）试用别出心裁的培养计划或培训方法。
（3）放弃在促进员工发展方面的责任。
（4）领导开发活动的人员缺乏应有的训练。
（5）将"上课听讲"作为唯一的开发措施。

四、职业生涯的开发

职业生涯是一个人在生命中所占据的各种职位按顺序排成的序列。目前，虽然一个人仍然可能在一个企业度过相当长期的职业生涯，但这在当今市场化的中国肯定已不是常规。人们之所以寻求职业生涯，是为了更多地满足方方面面的需求。曾几何时，跟随一个雇主的"从一而终"似乎满足了许多这种需要。但是如今，企业关注个人职业生涯的角度与个人关注职业生涯的角度间的差别变得日益加大。

（一）职业计划

由于存在不同的视角，职业计划的性质往往容易模糊不清。职业计划可以以企业为中心，也可以以个人为中心，或者同时以两者为中心。表 4.3 比较了以企业为重点的职业计划和以个人为定向的职业计划各自的要点。

表 4.3　企业和雇员职业计划视角

企业职业计划视角	个人职业计划视角
• 确认未来企业的人员需要 • 安排职业阶梯 • 评估每个员工的潜能及培训需要 • 使个人能力与企业需要相匹配 • 在严密检查的基础上为企业建立一个职业计划体系	• 确认个人的能力与兴趣 • 计划生活和工作目标 • 评估企业内、外可供选择的路径 • 关注随着职业和生命阶段的变化而在兴趣和目标方面的变化

以企业为中心的职业计划注重职务本身，它侧重于铺设使员工可以在企业各种职务之间循序渐进地发展自己的各种路径。这些路径提供了多层次的阶梯，员工可以在企业的各个部

门沿着这些阶梯向上攀登。

以个人为中心的职业计划侧重于个人的职业生涯而非企业的需要。就个人职业生涯计划来说，员工个人的目标和技能是分析的焦点，在这一分析中，应同时考虑企业内部和外部那些能够扩展个人职业生涯的环境条件。

（二）技术和专业人员的双重路径

如何对待工程师和科学家等这类技术和专业人员，是企业所面临的另一种新的挑战。这类人员大多希望待在他们的实验室里或绘图板前，而不愿挪到管理部门去工作。可是，个人的晋升又常常要求他们走入管理部门。虽然这些人大都喜欢关于责任感的观念以及晋升带来的机会，但是他们就是不愿意离开各种技术难题或问题的解决岗位。

双职业阶梯是解决这一问题的一种尝试，所谓双职业阶梯，乃是指使这类人员既可以沿着管理角色的阶梯攀登，也可以顺着在技术和专业这一面的相应的阶梯而升迁。

（三）双职工夫妇

新中国成立后，妇女的地位越来越提高到男女平等的时代，劳动大军中妇女人数的增加，特别是在专业职业领域中的增加，大大增加了双职工夫妇的数量。双方都是经理、专业人员或技术人员的婚配在改革开放以来成倍增长。涉及双职工夫妇的问题包括聘用、迁居和家庭等事宜。

尽早意识到双职工夫妇职业生涯中的各种问题，特别是工作调动问题，是十分重要的，这可以促进对现实办法的认真探讨。

1. 双职工夫妇的聘用问题

作为人才引进、聘用双职工夫妇的一方，越来越意味着要在新地点为另一方提供一个同样有吸引力的职务。双职工夫妇在因工作需要而搬迁时，其损失往往相对较大。由于这一原因，在需要搬迁时，他们经常表现出较高的期望并要求较多的帮助和经济补偿。

2. 双职工夫妇的搬迁

传统上，搬迁是在多个企业寻求晋升路径的一部分。然而，由于一个人的调动将影响其配偶的事业，因而，双职工夫妇的流动性相对较小。除了在双份事业上的投入外，双职工夫妇还建立了朋友和邻居网络以应付交通和孩子照料上的需要。对于单职工家庭来说，这些家务事一般由其中一方来做。重新安置双职工夫妇的一方，要么意味着打乱了这个精心组建的网络，要么就将造成夫妇间"经常往返于两地"的两地分居的"飞人"家庭关系。

（四）事业、工作和家务

由工作和家务施加的压力不仅影响个人的职业生涯，而且也会影响企业的战略选择。也就是说，企业在确定战略方针时，必须在处理家庭与工作关系的方式上做出某些改变。由于高水平的管理者很难聘到和保有，因此，企业不得不考虑兼顾员工家庭的需要和员工本人的发展。此外，有证据表明，在选择企业时，许多求职者对家庭和个人生活质量给予了更优先的考虑。

（五）第二职业

第二职业习惯上指一个人在正式工作之外，每周花费至少12小时来从事另外的工作。近年来，第二职业的概念被大大扩展，它包括了自我雇用、投资、癖好或其他爱好等各种具有物质、利益回报的活动。显然，由于第二职业可能采取的形式多种多样而且在有些情况下还很难辨别，因此，关于第二职业是一种固定的外部承诺的概念在内涵上就显得过于狭窄。

第二职业并非没有遇到问题。反对第二职业的主要论点是认为，用于第二职业的能量应该用到第一职业上去。因为这部分人们认为，工作努力的这种切割会导致较差的工作表现、缺勤和减少对职务所承担的义务。然而，随着每周平均工作时间的不断缩短，这种论点有些越来越缺乏说服力。

本书作者认为：第二职业最大的潜在危害不是绩效的降低，而是对原雇主的忠诚感和归属感的降低。因为，人的感情是有限的，当一个人在两个甚至多个企业组织间效力周旋时，他的感情必定是分散的；且容易伴随某某组织的收入薪酬变化而变化，直到"狡兔三窟"的"逃之夭夭"。此外，企业组织对第二职业员工的管理处理不当（比如现有通行的绩效考核体系都是关注员工绩效而很少关注员工的忠诚），会大大影响组织其他员工的公平公正感，从而导致其他员工降低自己的投入，或者仿效寻找第二甚至多职业，从而导致组织人心涣散、一盘散沙。因此，建议组织对有余力的员工工作加码加薪，避免员工工作轻松而懈怠寻求第二职业甚至多职业。

【案例分析】

艾科公司的人力资源开发

艾科公司是世界上规模最庞大、历史最悠久的工业企业之一。艾科公司的创始人出生于美国纽约州的一个乡村，七岁时父亲便教他经营之道。后来，他与另外四人联合成立了标准石油。当时，石油工业的发展完全取决于石油的运输，为此，他与铁路运输系统达成长期协议：标准石油将保证铁路运输系统定时定量地大批量运送石油及其他产品。由于保证石油的货运量大，铁路运输系统将给予标准石油最优惠的价格。

其经验是："要想在混乱的竞争中崛起，唯一的办法或者与竞争者合作，或者将竞争者兼并。如果一味地与竞争者互相残杀，那所有的同类都将在残酷的竞争中消亡。"

1. 从总公司使命出发

艾科公司的全球使命是"努力成为世界上最优秀的石油公司，为股东进行稳健的投资、提供丰厚的回报"。公司对"最优秀"的定义不是最大，而是指最佳的盈利能力。要获取最佳的盈利能力，就必须在各个业务领域均做到低成本、高效率地运作。

在建立使命陈述的基础上，公司制定了明确的教育培训使命："建立一个世界级的加速公司所需商业技能的发展和知识传播的教育培训系统。"

每个公司的管理层都说，人是企业最重要的因素，是公司最宝贵的资源。但是，在实践中这一点又经常被人遗忘或在决策时置于最不重要的位置。而艾科公司在经理人的培养上付出了其他公司不能比拟的重视。

美国纽约时报记者曾经说过:"艾科公司经常说公司的竞争优势是人力资源,其他公司也如是说,但艾科公司真正做到了,没有一间公司能比得上艾科公司对培育新经理人所做出的努力。"

公司在业务原则中明确指出了对员工培训和发展的重视,公司业务目标之一是"优秀的人才:公司在战略、组织和经营上的成功取决于公司的员工。艾科公司致力于在各地可能的资源中聘用高素质的人才,并在所有人力资源项目上提供平等的机会,包括聘用、工作分配、培训机会、调动和升迁等方面"。

与全世界各地的麦当劳快餐店完全按照统一模式运作一样,全世界的艾科公司分公司都完全遵照总部的原则来运作,分享同一个使命和目标。在中国,艾科公司的各个组织机构均按照总部的原则来实施业务、培训开发人才,没有丝毫的偏差。

如此严格的照搬需要有严格的内部控制系统来维护,公司具备极高标准的内部控制系统,设置专门的专家小组对各个分公司的各个部门、各个组织不定期地实施检查、审计,以检查以前的运作中有没有背离公司原则和规定,挖掘现有运作中的漏洞和瑕疵。

2. 内部提拔

遵循艾科公司总部重视对内部员工的培养和提拔,在中国的各个分公司所有一线、中级管理职位都是尽量选拔公司内部的人员来担任。从内部选拔管理人才的好处在于可以兼顾员工个人发展和公司业务发展两方面。公司会遵照个人的能力倾向挑选发展机会,一般包括:

(1)短期派往其他国家工作,目的是培养该员工对跨国文化带来的问题的处理能力,以及培养跨国管理经验和视野。

(2)特别项目,公司往往会指定这些管理人才去做一些新的、极其困难的项目,例如在越南开设油站的市场调查、财务控制新系统的推广等,以锻炼该员工在面临困境和复杂的新环境时的领导能力。

(3)集中培训,公司对于高潜质员工有专门的培训方案,例如,对于区域总经理的培训项目包括"跨文化管理""将变化转化为效益""对非财务经理的财务培训";对于即将担任总部高级职位的员工有以下培训项目:"全球管理经理的研讨会"和"国际化经理培训",等等。

3. 工作表现作为薪酬的唯一依据

艾科公司一直以员工的工作表现为决定薪酬福利和晋升机会的唯一依据。很多跨国公司都明确规定工作表现是决定员工薪酬和职业发展的唯一标准,但在真正实施上却各有各的说法,而艾科公司在这一点上是当之无愧的名副其实。在决定是否对员工给予培训和发展机会之前,公司对该员工的工作表现做全面而客观的评估。工作评估按照员工入职的时间为标准,艾科公司的员工按照加入公司的日期以每年为期限进行评估,客观地评估员工一年来在公司工作的表现,而第二个工作年的薪酬福利就根据工作评估的结果而定。

工作表现评估由员工填写自我评估表格,员工的直接主管填写正式的表现评估。然后员工和主管双方面谈,就评估表格中每一项的标准和评分进行详尽的谈话,直至员工和主管双方都达成一致意见。最后,每个员工的评估表格经部门汇集,交至分公司管理委员会,由管理委员会的全体经理们就全公司的员工进行排名。在亚太区属下的各个分公司，工作表现排名在前十名的员工名字、职位和工作表现将送至亚太区区域总部新加坡，由区域的管理委员会进一步评估，以确定该员工是否具备国际化发展的潜力。

4. 奖励忠诚者

公司非常重视员工的忠诚度，尽量通过多种方式奖励员工对公司的长期优质服务，包括在公司刊物上的肯定，10周年或20周年的纪念品，薪酬方面的积累也是可观的。在中国各个分公司里，经常可以看到一些外方员工已经为公司服务了20~30年，而仍然为拥有在艾科公司工作的机会而荣幸，这对于年轻一代树立了很好的榜样。而艾科公司不仅仅是简单地鼓励员工长期留在公司里，而是要求员工有优秀的工作表现，对于公司的工作要求和业绩发展都有明显的贡献。这是基于流动淘汰制的长期雇用关系。当员工没有令人满意的工作表现时，将被调到一些初级、更适合该员工能力的职位，甚至被公司解雇。

5. 培训系统

在全球教育培训使命"建立一个世界级的加速公司所需商业技能的发展和知识传播的教育培训系统"的指引下，艾科公司多年来一直重视培训，并于各个分支机构设置培训专业人员，负责对该公司的员工实施培训。

艾科公司刚进入中国时，与很多大型跨国公司类似，除了少数课程是在全球性或区域性范围进行之外，每个分公司自行决定、设计、选择和实施该分公司所需的培训课程。这种分散化管理的原因是：

（1）各地区的文化知识背景不同。

（2）各地的竞争环境不同，要求员工具备特定知识。

（3）各地顾客需求不同，要求特定技能。

（4）各地政府、顾客、代理商沟通所需的特定技能。

随着公司业务的不断扩展，分散化管理的弊端也逐渐显露出来：

（1）课程重复设计。各个分公司、地区独立管理培训，对大多数课程有重复设计的问题。例如，同一个领导技能课程，北京分公司根据员工需求设计的课程与广州公司设计的课程尽管形式和资料不同，但内容上大同小异，而两间分公司都分别投入了大量人力物力来设计该课程，同一个到职培训，各分公司独立设计不仅造成重复设计，而且使各分公司员工对公司的了解局限于一个地区或业务范围之内，不能对全部业务进行全面的了解，从长远来看，制约了员工职业前景的多样性和发展机会。

（2）课程标准和理念不统一。因为跨国公司的业务和分支机构遍布全球，员工来源不同，统一管理就尤其重要。作为一间跨国公司，各种政策和投资战略都由总公司确定，各个分公司在总公司的统一指导下实施各种职能。

艾科公司进入中国以后，分公司所经营的业务广泛，包括上游、下游、化工和各种合资生产项目。在中国的分公司/组织地理区域也分布广泛，遍布全国各大中小城市。除了在北京、上海和广州等三个大城市有较多员工之外，其他城市均分布着很少的员工，在每个城市设置培训专业人员不合乎公司资源优化的原则，甚至在北京、上海广州分别设置培训部都会造成费用的提高。

本章小结

【重点再现】

本章在介绍了人力资本的发展历史的基础上，重点介绍了人力资本以及人力资本投资的概念；接着本章在分析中国企业人力资本投资现状之后引入了人才培训和开发的概念，并分别对培训方式、培训对象与技能以及培训的实施作了阐述，并以案例形式介绍了迎新培训的实施；最后介绍了人力资源开发的模式以及职业生涯的开发。

（1）人力资本指通过正规教育、实践学习及成长时所获得的旨在改善人的素质和技能的各种投资而形成的资本。此外，配置能力也应是人力资本概念的一部分，那些造成非均衡的事件也构成了对这种能力的需求。

（2）人力资本是通过人力投资而形成的。人力投资，指人才的全部培养费用，从出生到就业以及以后的旨在提高人力资本存量的所有投资。

（3）培训方式包括：讲授法、视听法、讨论法、案例研讨法、操作示范法、管理游戏法、现场个别培训、职位扮演法和专门指导。

（4）培训的三种技能：技术技能的培训、人际关系能力的培训和解决问题能力培训。

【难点突破】

（1）人力资本（人的健康、体力、经验、生产知识、技能和其他精神存量）的所有权，只能不可分的属于其载体；这个载体不但必须是人，而且必须是活生生的人。马克思注意到人的能力只属于个人，在他设想的社会主义社会里，一切非人力资本都已经归全社会公有。市场也已经消亡，但即使如此纯粹，还要"默认不同等的个人天赋，因而也默认不同等的工作能力是天然特权"。

（2）第二职业最大的潜在危害不是绩效的降低，而是对原雇主的忠诚感和归属感的降低。企业组织对第二职业员工的管理处理不当（比如现有通行的绩效考核体系都是关注员工绩效而很少关注员工的忠诚），会大大影响组织其他员工的公平公正感，从而导致其他员工降低自己的投入，或者仿效寻找第二甚至多职业，从而导致组织人心涣散、一盘散沙。

作业与练习

一、名词解释

人力资本　　人力资本投资　　第二职业

二、简答

人才培训的方式有哪些？

三、论述

结合理论与现实实例谈谈自己对职业生涯中的第二职业甚至多职业的理解与看法。

四、案例思考

快活林快餐公司

快活林快餐公司开办了不足三年，生意发展得很快，从开业时的两间店面，到现在已是由 11 家分店组成的连锁网络了。

不过，公司分管人员培训工作的副总经理张某却发现，直接寄到公司和由"消费者协会"转来的顾客投诉越来越多，上个季度竟达 80 多封。这不能不引起他的不安和关注。

这些投诉并没啥大问题，大多鸡毛蒜皮，如抱怨菜及主食的品种、味道、卫生不好，价格太贵等；但更多是有关服务员的服务质量的，不仅指态度欠热情、上菜太慢、卫生打扫不彻底、语言不文明，而且业务知识差，顾客咨询的有关食品的问题，如菜的原料规格、烹制程序等常一问三不知，而且有的抱怨店规不合理而服务员听了不予接受，反而粗暴反驳，再如发现饭菜不太熟，拒绝退换，强调已经动过了，等等。

张副总分析，服务员业务素质差，知识不足，态度不好，也难怪她们，因为生意扩展快，大量招入新职工，草草做半天或一天岗前集训，有的甚至未培训就上岗干活了，当然影响服务质量。

服务员们是两班制。张副总批示人事科杨科长拟订一个计划，对全体服务进行两周业余培训，每天三小时。开设的课既有"公共关系实践""烹饪知识与技巧""本店特色菜肴""营养学常识""餐馆服务员操作技巧训练"等务"实"的硬性课程，也有"公司文化""敬业精神"等务"虚"的软性课程。张副总还准备亲自去讲"公司文化"课，并指示杨科长制定"服务态度奖励细则"并予宣布。

培训效果显著，以后连续两季度，抱怨信分别减至 32 封和 25 封。

【讨论思考题】

1. 你认为这项培训计划编得如何？你有何理论或内容增删的建议？
2. 你觉得这次培训奏效，起主要作用的是哪些内容？
3. 要是你去主讲那两门"软"性课，你将讲些什么内容？请列出一份课程提纲。你会采用什么样的教学方法？为什么？

本章术语

人力资本　　　人力资本投资　　双职业阶梯　　第二职业　　　讲授法　　　视听法
讨论法　　　　案例研讨法　　　操作示范法　　管理游戏法　　现场个别培训
职位扮演法　　专门指导

学习活动

利用本章所学习的内容，回忆以往生活、工作中经历到的某企业的培训模式，描述一下印象中该企业的培训过程、流程，并结合学习本章后的体会，谈谈你当时的学习心得与现在的感受；以及换位思考一下，如果你是该次培训的组织者，你将如何实施培训？

参考资料

[1] 马克思，恩格斯. 马克思恩格斯选集[M]. 北京：人民出版社，1972.
[2] 彼得·F. 德鲁克. 管理——任务，责任，实践[M]. 北京：中国社会科学出版社，1990.
[3] 彼得·F. 德鲁克. 有效管理者[M]. 北京：工人出版社，1989.
[5] 加里·S. 贝克尔. 人力资本[M]. 北京：北京大学出版社，1987.
[6] 西奥多·W. 舒尔茨. 论人力资本投资[M]. 北京：北京经济学院出版社，1990.
[7] 赫伯特·A. 西蒙. 管理行为[M]. 北京：机械工业出版社，2007.
[8] 弗莱蒙特·E. 卡斯特，詹姆斯·E. 罗森茨维克. 组织与管理：系统方法与权变方法[M]. 北京：中国社会科学出版社，2000.
[9] 赵曙明. 人力资源管理研究[M]. 北京：人民大学出版社，2001.
[10] 赵曙明. 国际人力资源管理[M]. 北京：人民大学出版社，2012.
[11] 赵曙明. 人力资源战略与规划[M]. 北京：人民大学出版社，2012.
[12] 劳伦斯·S. 克雷曼. 人力资源管理[M]. 北京：机械工业出版社，2009.
[13] 吴振兴. 人事经理工作手册[M]. 哈尔滨：哈尔滨出版社，2006.
[14] 于桂兰，于楠. 劳动关系管理[M]. 北京：清华大学出版社，2011.
[15] 周三多，陈传明，鲁明泓. 管理学：原理与方法[M]. 南京：南京大学出版社，2011.
[16] 周其仁. 市场里的企业：一个人力资本与非人力资本的特别合约[J]. 经济研究，1996（6）.
[17] 楚杰. 雅芳的"迎新培训"——一个新人的培训体验[J]. 经营管理者，2003（10）.
[18] 叶生，陈育辉. 仁本管理：中国式人力资源战略实操全录[M]. 北京：中国发展出版社，2005.
[19] 陈维政，余凯成，程文文. 人力资源开发与管理高级教程[M]. 北京：高等教育出版社，2004.
[20] 陈维政，余凯成，程文文. 人力资源管理[M]. 合肥：中国科技大学出版社，2011.
[21] 宋联可，杨东涛. 高效人力资源管理案例：MBA 提升捷径[M]. 北京：中国经济出版社，2009.

第五章 动机与激励

【学习指导】

1. 学习目标

（1）了解劳动态度概念及分类。
（2）了解与激励有关的人性假说。
（3）掌握需要层次理论、ERG理论、成就动机理论。
（4）掌握双因素理论、强化理论、期望理论、公平理论。
（5）掌握激励机制以及激励措施的灵活运用。

2. 学习建议

学习时间：7~10小时。
第1节建议学习时间：3.5~4.5小时。
第2节建议学习时间：2~3.5小时。
第3节建议学习时间：1.5~2小时。

3. 学习重难点

（1）需要层次理论。
（2）ERG理论。
（3）强化理论。
（4）双因素理论。
（5）期望理论。
（6）公平理论。
（7）激励机制设计。
（8）激励模型和激励措施。

第一节 动机理论

一、劳动态度

人的活动需要动力，没有动力，就没有积极性。在一个企业里，雇员的工作是由企业安排的，对于雇员来说是外来的要求。雇员以什么方式认识和对待这种要求，就会形成什么样的劳动态度，会带来什么样的劳动效果。因此，企业必须认真研究工作与雇员之间的关系，采取适当的方法，使雇员认同和接受企业的工作要求，形成积极的劳动态度。

（一）雇员个性

1. 个性的含义

个性也称为人格，也就是个体特殊性，主要是指个体的意识倾向性；是人们心理和品质的稳定特征，由气质、能力、性格等方面因素构成，体现在人们对待工作、对待他人、对待自己的独特方式，具有不同个性的雇员常常表现出不同的工作风格，需要加以不同的对待。

人的意识状况如何，具有什么样的特征和趋向，也就决定人们具有什么样的本质。具体地说，人的意识倾向性又包括两个层次的内容。

一个层次的内容是心理层次，例如是急性子还是慢性子，是性格外向还是性格内向等。这个层次的内容，主要受先天遗传因素的影响，是不易改变的。

另一个层次是意识层次，例如是喜欢工作还是厌恶工作，是具有社会责任感还是缺乏社会责任感等。这个层次的内容，主要受后天教育和环境的影响，是可以改变的。

在这两个层次中，意识层次起主导作用，它决定人们的行为方向，心理层次起辅导作用，它使人们的行为具有特定的风格。

人力资源的开发与管理，也就是对于人们行为活动的引导和利用，因此把握员工的个性特征，找到影响员工个性的有效途径，具有非常重要的意义。

2. 个性的构成

个性主要由三方面的因素构成，即气质、能力、性格。

气质是指人们的行为的动力特点，体现人们心理过程的速度、强度、稳定性、指向性等特征，例如人的反应是灵活还是稳定，情感是强烈还是沉稳，等等。

能力，是指人们行为的效率特点，分为实际能力和潜在能力。前者是与某种知识和技艺相结合的能力，是实际生活中表现出来的能力。后者是掌握某种知识和技能的可能性大小，是实际能力赖以形成的个体基础。个体潜能不能直接看到，只能通过观察和分析间接推断出来。

性格，指人们行为的方式特点，是人们对待现实的习惯性态度。它与人气质和能力有关，如性格外向与性格内向、性格坚毅与性格软弱等。人们性格的形成，后天的影响起决定作用，其中最重要的是人的价值观念的特征。人的个性就是人的气质、能力、性格的总和，是三方面因素综合作用的结果。

3. 个性的影响

人们的不同个性，不仅使人们有不同的兴趣和志向，而且即使志趣相同者，也具有不同的表现形式和行为风格，使人活动具有错综复杂、丰富多彩的面貌。为此，对人管理也必须适应这种状况，考虑每一个人的个性特点，把管理规范的普遍要求与具体实践结合起来，针对雇员的特点进行，才能得到好的效果。

必须注意，要善于把雇员个性的思想问题与雇员个性的心理内容区分开来，不能把心理特征当成思想问题来处理，也不能把思想问题当成心理特征，否则会造成管理上的错位，产生不必要的负面影响。

（二）工作角色

工作角色是指岗位职责要求雇员所具有的行为方式，雇员只有投入到岗位之中，才能当好工作角色。它对雇员的要求形成一种压力，即工作压力。合理的工作压力不仅可以提高工作效果，而且有助于提高工作生活质量。

1. 角 色

所谓角色，不是一个人的本像，而是一个人由于某种需要而扮演出来的形象。一个工作岗位，具有相应的要求与规范，只有按这些要求和规范去行动，才能完成工作职责。对于雇员来讲，工作要求和工作规范是外在的东西，不是从他们的人性中产生出来的东西，但要成为一个合格的雇员，他们必须真正理解和接受这些要求和规范，并真正的履行他们。因此，进入工作岗位的雇员，就要像担任角色的演员一样，有一个如何把外在规范转化为内在需要的任务。

2. 工作压力

工作角色的好坏，直接影响到雇员的经济报酬和社会地位，因此，工作角色的标准和当好工作角色的愿望就成为一种压力，一种影响人们意识和心理行为的压力，促使人们为此而努力。由于这种压力是由工作原因引起的，所以称为工作压力。

在企业里，工作压力是由多方面的因素引起的，其中常见的有任务压力（为要完成任务而要做的努力）、技能压力（为掌握必要的新技能而要做的努力）、人际关系压力（为改善人们之间的关系而做的努力）等。每一种压力都是客观要求的结果，当这种要求未能达到时，就会以心理压力的形式影响着雇员，推动雇员采取相应行动。

3. 工作生活质量（Quality of Working Life，QWL）

这是指组织中所有雇员，通过与组织目标相适应的公开的交流渠道，有权影响决策改善自己的工作，进而导致人们更多的参与感、更高的工作满意感和更少的精神压力的过程。也即把工作作为一种生活内容时获得的满意程度，通过雇员从工作中得到的自尊感和成就感等表现出来。广义上说，工作也是一种生活，是人们自身发展的需要。

现代企业重视QWL可以：① 提高雇员主人翁精神；② 提高雇员自我控制能力；③ 加强雇员的责任感；④ 增加雇员的自尊性；⑤ 有利于提高产品的质量；⑥ 有利于提高产品的产量。

QWL的主要内容：① 改善与雇员交往的渠道与质量；② 科学合理地进行群体设计；③ 有效地进行职业管理，为雇员的前途着想；④ 适当地进行组织机构的调整；⑤ 优化企业内部的心理气氛；⑥ 优化工作环境。

(三) 劳动态度的含义及类型

劳动态度是指人们对待工作的心理倾向和行为趋势，通过对工作的认识和情感以及相应的行动体现出来。比如是喜爱还是厌恶，接受还是逃避，被迫还是自觉工作等。

劳动态度的类型：① 被迫式劳动。把劳动看成一种负担，只要有可能，就会逃避工作；② 主动式劳动。把劳动看成一种责任，在力所能及的情况下，会自觉地做好工作；③ 创造性劳动。把劳动当成一种权利，在可能的条件下，会尽量在工作中发挥自己的创造性。

由于雇员劳动态度的不同，使企业管理也具有不同的风格。一般而言，可以依据劳动态度把企业管理分为两种类型：强制式管理和引导式管理。

（1）强制式管理，主要应用于（早期）雇员普遍具有消极劳动态度的企业。管理的基本任务是，强迫雇员完成生产定额；管理的基本手段是，饥饿与皮鞭。这种管理方式集中表现在 X 理论[①]中，X 理论认为人天性厌恶工作，必须以强迫手段加工控制，才能实现企业目标。

（2）引导式管理，主要应用于（后期）雇员普遍具有积极劳动态度的企业，其基本点是，把雇员的工作积极性当成企业发展的动力，不再简单的从外部强制雇员完成工作任务，而是努力引导和帮助雇员实现企业工作目标。这种管理方式，集中表述在 Y 理论[②]中，即认为工作不一定是人们的负担，也可以成为满足人们需要的条件，关键在于如何把工作目标与雇员的实际需要结合起来，使雇员通过工作劳动获得经济上和社会上的发展。

二、动机理论概述

(一) 关于动机与需要

人的行为是由动机支配的，动机是一种能够提供精神动力、活力、(从而形成激励) 并能够指导或引导行为达到目的的内心状态。动机越强烈，完成预定目标的努力程度就越高。反之，缺乏完成目的的内在动机，就没有积极性，他所能完成预定目标取得的工作成绩就要低得多。

在朝向一定目标的前提下，能力、积极性、工作成绩三者之间的关系可以这样描述：

$$工作成绩 = 能力 \times 积极性$$

在能力相同的条件下，一个人的动机强弱，即积极性的高低，与工作成绩有直接关系。

一般来说，能力和积极性的取值都在[0, 1]区间；特殊情况下，如果一个人非常反对某件事情，那么他的积极性会变成负数，也即是反对、阻碍事情的进行，这时候，积极性的取值就在[-1, 1]了。于是，积极性为负值的员工，能力越大，他所爆发的负能量越大，反倒对企业危害越大。这是值得领导和管理者警醒的头等大事。

通常，在同一个单位里面的雇员，工作能力差别并不大，一般来说一个老板不可能雇用

---

① ② 该理论的具体介绍见本章第二节。

一个能力在 0.6 以下的员工。这表明，虽然在很多单位，绩效考评经常发现员工之间的工作成绩差异较大，但根本原因并不在能力差异上，而是在于积极性差异太大。

管理的目的就是通过激励来调动雇员的积极性以达到企业的战略目标，最起码要让员工的积极性为正值，让企业全体员工爆发出来的都是正能量，而这无疑需要了解人的动机与动机激励问题。关于动机的理论主要属于心理学知识，这里不加讨论，仅就动机的另一层面即需要、期望略加讨论。

（二）动机的产生原因

其一是需要（包括生理需要和社会需要），其二是刺激（包括内部刺激和外部刺激）。斯蒂尔斯（R. M. Steers）和波特（L. W. Porter）在《动机与工作行为》中指出，个人的兴趣、态度、需要三个主要方面的因素影响着个人的动机。

马克思主义认为，人的需要决定于人的自然属性和社会属性。人有生存、享受、发展的需要，或者说物质和精神的需要。而生存需要是人的最低需要，是其他需要的必要前提。但"人们已经习惯于以他们的思维而不是以他们的需要来解释他们的行为（自然，这种需要是反映在头脑中、是被意识到的）"。因此有社会意识的人，其精神享受的需要、发展的需要，大大高于生存的需要、物质享受的需要。

三、个人动机理论

（一）需要层次理论

马斯洛（Abraham Maslow）的需要层次理论（Hierarchy of Needs Theory）是研究组织激励时应用得最广泛的理论。其把需要分成生理需要、安全需要、社交需要、尊重需要和自我实现需要五类，依次由较低层次到较高层次。

1. 生理需要

对食物、水、空气和住房等需要都是生理需要，也可以归纳为衣食住行的需要。这类需要的级别最低，人们在转向较高层次的需要之前，总是尽力满足这类需要。一个人在饥饿时不会对其他任何事物感兴趣，他的主要动力是寻到食物。即使在今天，还有许多人不能满足这些基本的生理需要。

管理人员应该明白，如果员工还在为生理需要而忙碌时，他们所真正关心的问题就与他们所做的工作无关。当努力用满足这类需要来激励下属时，我们是基于这种假设，即人们为报酬而工作，主要关于收入、舒适等，所以激励时试图利用增加工资、改善劳动条件、给予更多的业余时间和工间休息、提高福利待遇等来激励员工。

2. 安全需要

安全需要包括对人身安全、生活稳定以及免遭痛苦、威胁或疾病等的需要，简洁地说，就是生老病死的需要。和生理需要一样，在安全需要没有得到满足之前，人们唯一关心的就是这种需要。对许多员工而言，安全需要表现为安全而稳定以及有医疗保险、失业保险和退休福利等。受安全需要激励的人，在评估职业时，主要把它看作不致失去基本需要满足的保障。

如果管理人员认为对员工来说安全需要最重要，他们就在管理中着重利用这种需要，强调规章制度、职业保障、福利待遇，并保护员工不致失业。如果员工对安全需要非常强烈时，管理者在处理问题时就不应标新立异，并应该避免或反对冒险，而员工们将循规蹈矩地完成工作。

3. 社交需要

社交需要包括对友谊、爱情以及隶属关系的需要，归纳为爱与归属的需要。当生理需要和安全需要得到满足后，社交需要就会突出出来，进而产生激励作用。在马斯洛需要层次中，这一层次是与前两层次截然不同的另一层次。这些需要如果得不到满足，就会影响员工的精神，导致高缺勤率、低生产率、对工作不满及情绪低落。

管理者必须意识到，当社交需要成为主要的激励源时，工作被人们视为寻找和建立温馨和谐人际关系的机会，能够提供同事间社交往来机会的职业会受到重视。管理者感到下属努力追求满足这类需要时，通常会采取支持与赞许的态度，十分强调能为共事的人所接受，开展有组织的体育比赛和集体聚会等业务活动，并且遵从集体行为规范。

4. 尊重需要

尊重需要既包括对成就或自我价值的个人感觉，也包括他人对自己的认可与尊重，也即是自尊与他尊的需要。有尊重需要的人希望别人按照他们的实际形象来接受他们，并认为他们有能力，能胜任工作。他们关心的是成就、名声、地位和晋升机会。这是由于别人认识到他们的才能而得到的。当他们得到这些时，不仅赢得了人们的尊重，同时就其内心因对自己价值的满足而充满自信。不能满足这类需要，就会使他们感到沮丧。如果别人给予的荣誉不是根据其真才实学，而是徒有虚名，也会对他们的心理构成威胁。

在激励员工时应特别注意有尊重需要的管理人员，应采取公开奖励和表扬的方式。布置工作要特别强调工作的艰巨性以及成功所需要的高超技巧等。颁发荣誉奖章、在公司的刊物上发表表扬文章、公布优秀员工光荣榜等手段都可以提高人们对自己工作的自豪感。

5. 自我实现需要

自我实现需要的目标是自我实现，或是发挥潜能，也就是追求个人充分发展、达成虽死无憾境界的需要。达到自我实现境界的人，接受自己也接受他人。解决问题能力增强，自觉性提高，善于独立处事，要求不受打扰地独处。要满足这种尽量发挥自己才能的需要，他应该已在某个时刻部分地满足了其他的需要。当然自我实现的人可能过分关注这种最高层次的需要的满足，以至于自觉或不自觉地放弃满足较低层次的需要。

自我实现需要占支配地位的人，会受到激励在工作中运用最富于创造性和建设性的技巧。重视这种需要的管理者会认识到，无论哪种工作都可以进行创新，创造性并非管理人员独有，而是每个人都期望拥有的。为了使工作有意义，强调自我实现的管理者，会在设计工作时考虑运用适应复杂情况的策略，会给身怀绝技的人委派特别任务以施展才华，或者在设计工作程序和制订执行计划时为员工群体留有余地。

下面我们将需要层次理论归纳总结一下，主要包括以下内容（如图5.1所示）：

（1）生理需要（physiological needs），衣食住行；

（2）安全需要（safety and security needs），生老病死；

（3）社交需要（social needs），爱与归属；

（4）尊重需要（esteem needs），个人能力与成就得到社会承认与尊重；

（5）自我实现需要（self-actualization needs），个人的技能、能力、潜能得到充分发挥，实现个人的理想和抱负，死而无憾。

图5.1 马斯洛的需要层次理论

前三种需要是低级需要，后两种是高级需要。

（二）阿德弗（Clayton P. Alderfer）的 ERG 理论

美国耶鲁大学的克雷顿·阿德弗（Clayton P. Alderfer）在马斯洛提出的需要层次理论的基础上，进行了更接近实际经验的研究，提出了一种新的人本主义需要理论。

阿德弗认为，人们共存在三种核心的需要，即生存（existence）的需要、关系（relatedness）的需要和成长（growth）的需要，因而这一理论被称为"ERG 理论"。

生存需要与人们基本的物质生存需要有关，它包括马斯洛提出的生理和安全需要。

第二种需要是关系需要，即指人们对于保持重要的人际关系的要求。这种社会和地位的需要的满足是在与其他需要相互作用中达成的，它们与马斯洛的社会需要和自尊需要分类中的外在部分是相对应的。

另外，阿德弗把成长需要独立出来，它表示个人谋求发展的内在愿望，包括马斯洛的自尊需要分类中的内在部分和自我实现层次中所包含的特征。

除了用三种需要替代了五种需要以外，与马斯洛的需要层次理论不同的是，阿德弗的ERG理论还表明了：人在同一时间可能有不止一种需要起作用；如果较高层次需要的满足受到抑制的话，那么人们对较低层次的需要的渴望会变得更加强烈。

马斯洛的需要层次是一种刚性的阶梯式上升结构，即认为较低层次的需要必须在较高层次的需要满足之前得到充分的满足，两者具有不可逆性。而相反的是，"ERG"理论并不认为各类需要层次是刚性结构，比如说，即使一个人的生存和关系需要尚未得到完全满足，他仍然可以为成长需要工作，而且这三种需要可以同时起作用。

此外，ERG 理论还提出了一种叫做"挫折—退缩"的思想。马斯洛认为当一个人的某一层次需要尚未得到满足时，他可能会停留在这一需要层次上，直到获得满足为止。相反的，ERG 理论则认为，当一个人在某一更高等级的需要层次受挫时，那么作为替代，他的某一较低层次的需要可能会有所增加。例如，如果一个人社会交往需要得不到满足，可能会增强他对得到更多金钱或更好的工作条件的愿望。

与马斯洛需要层次理论相类似的是，ERG 理论认为较低层次的需要满足之后，会引发出对更高层次需要的愿望。不同于需要层次理论的是，ERG 理论认为多种需要可以同时作为激励因素而起作用，并且当满足较高层次需要的企图受挫时，会导致人们向较低层次需要的回归。因此，管理措施应该随着人的需要结构的变化而做出相应的改变，并根据每个人不同的需要制定出相应的管理策略。

现在我们总结一下两种理论的比较。

两者主要联系：

（1）"ERG"理论的生存需要，与马斯洛的生理与安全需要相近。

（2）"ERG"理论的关系需要，与马斯洛的安全、社交、尊重需要相近。

（3）"ERG"理论的成长需要，与马斯洛的尊重及自我实现的需要相近。

两者主要区别：

（1）需要层次理论以"满足—前进途径"为基础，但 ERG 理论除此之外，还有"挫折—退缩"，退而求其次。如图 5.2。

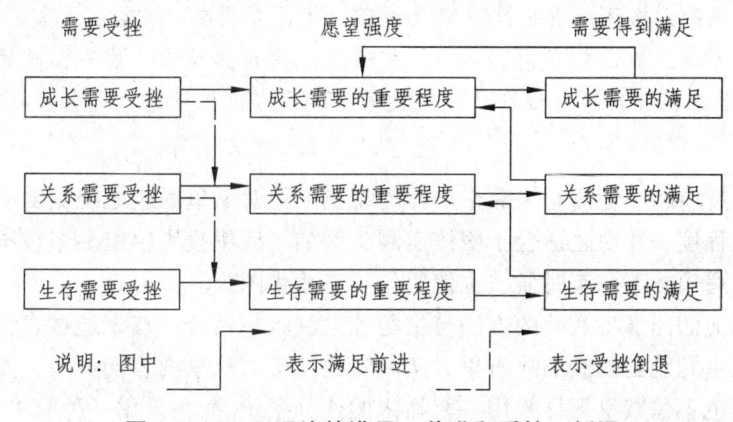

图 5.2 ERG 理论的满足—前进和受挫—倒退

（2）ERG 理论表明，在某一时间可有一个以上需要发生，这与需要层次理论的从低级到高级的严格次序不同。

（三）成就动机理论

美国哈佛大学教授戴维·麦克利兰（D. C. McClelland）是当代研究动机的权威心理学家。他从 20 世纪 40~50 年代起就开始对人的需要和动机进行研究，提出了著名的"成就动机理论"，并得出了一系列重要的研究结论。

在麦克利兰之前，精神分析学派和行为主义学派的心理学家对动机进行了研究。以弗洛伊德为代表的精神分析学派用释梦、自由联想等方法研究动机，他们往往将人们的行为归于性和本能的动机，而且他们的研究方法和技术很难得出有代表性的结果，可重复性差、无法得出动机的强度。行为主义者用实验的方法研究动机，使得动机的强度可以测量，要集中于饥、渴、疼痛等基本生存的需要上，没有区分人的动机与动物的动机。

麦克利兰认为他们对动机的研究都带有一定的局限性，他注重研究人的高层次需要与社会性的动机，强调采用系统的、客观的、有效的方法进行研究。他的研究主要受到了美国心理学家默里的需要理论及其研究方法的影响，默里提出了人的多种需要，并且编制了主题统觉测验进行测量。

【小资料】

主题统觉测验

主题统觉测验常简称 TAT，是投射测验的一种。该测验由美国心理学家默里与摩根在 1935 年编制而成，可以用于了解被试的心理需要与矛盾及内心情感。全套测验包括 30 张内容暧昧的黑白图片及一张空白卡片。实际使用时，测验人员按被试的年龄、性别从实际 30 张黑白图片中选取 20 张图片，让被试者根据图片自由陈述图片所代表的故事。测验中不对被试所编故事的内容进行任何限制，但可事先提示被试故事必须涉及图示情景、意义、背景、演变及其个人感想 4 方面。对被试所编故事进行的分析是以被试在每个故事中涉及的主题（theme）为核心的，这在默里的人格理论中是被假定反映着个体深层需要、欲望、矛盾、恐惧等状态的。该测验的目的在于通过被试的自由陈述将其内心的情绪自然投注于故事，从而寻找出个人生活经验、意识、潜意识与其当前心理状态的关系。TAT 的施测与分析对测验者有较高的要求，一般需经严格培训后才可使用。

麦克利兰通过主题统觉测验来测量个体的动机。他对默里的主题统觉测验进行了修改，增加了其客观化程度，并使之适合于团体实测。例如，使用投影仪给一组被试者呈现图画，让他们根据图画写出故事；有时候，也使用句子来替代图画。

麦克利兰和他的同事将实验的方法与主题统觉测验相结合，首先通过实验唤起所欲测量的动机，然后在主题统觉测验的故事里看实验唤起动机对故事内容的影响。麦克利兰对主题统觉测验的评分也不像默里那样采用一套临床的计分系统，而是采用一种简单化的计分方法，即将故事的特征分成一些类别，看看各个类别的特征在被试的故事中的一些复杂特征。麦克利兰认为使用主题统觉测验方法和使用问卷方法测量的是两种基本不同的人格特征。问卷方法测量的是被试者的认知而不是自发表现出来的动机。因此他认为主题统觉测验的方法更适合测量内隐的、潜意识中的动机。由此我们可以看出，麦克利兰的贡献不仅在于提出一个重要的动机理论，而且还在于发展了研究和测量动机的方法。

现在我们将麦克利兰的研究进行总结：

麦克利兰认为，成就动机是社会性动机之一，是指个人对于自己认为重要的工作、任务，去从事、完成，并希望达到某种理想地步的一种内在驱动力。一个人愿意努力工作的一种主要因素就是他有一种强烈的成就需要。

麦克利兰认为，人的行为方式的差异来自不同的动机，而不同的动机又来自不同的需要。在管理中理解激励很重要的三种需要，它们分别是权力需要（need Power，n-Power）、归属需要（need Affiliation，n-Aff）和成就需要（need Achievement，n-Ach），并以成就需要为主导。这三种需要的具体内容如下：

（1）权力需要：影响或控制他人且不受他人控制的需要。

（2）归属需要：建立友好亲密的人际关系的需要。

（3）成就需要：争取成功，希望做到最好的需要。

麦克利兰发现，最优秀的管理者往往是权力需要很高而归属需要很低的人。如果一个大企业的经理的权力需要与责任感和自我控制相结合，那么他很有可能成功。

麦克利兰认为，具有强烈的成就需要的人渴望将事情做得更为完美，提高工作效率，获得更大的成功,他们追求的是在争取成功的过程中克服困难、解决难题、努力奋斗的乐趣,以及成功之后的个人的成就感,他们并不看重成功所带来的物质奖励。个体的成就需要与他们所处的经济、文化、社会、政府的发展程度有关;社会风气也制约着人们的成就需要。

麦克利兰发现具有强烈成就需要的人具备三种特性:
(1) 希望自己找出解决问题的方法来;
(2) 喜欢冒适度的险、树立适当的目标;
(3) 喜欢对他们的工作表现有具体的反馈。

高成就需要者事业心强,有进取心,敢冒一定的风险,比较实际,大多是进取的现实主义者。高成就需要者对于自己感到成败机会各半的工作,表现得最为出色。他们不喜欢成功可能性非常低的工作,这种工作碰运气的成分非常大,那种带有偶然性的成功机会无法满足他们的成就需要。同样,他们也不喜欢成功可能性很大的工作,因为这种轻而易举就取得的成功对于他们的自身能力不具有挑战性。他们喜欢设定通过自身努力才能达到的奋斗目标。对他们而言,当成败可能性均等时,才是一种能从自身的奋斗中体验成功的喜悦与满足的最佳机会。

成就需要的强弱对一个人的发展、一个组织的发展、一个国家的发展都起着特别重要的作用。管理者不但要了解本单位每个人的主要需要,而且要确定那些人有强烈的成就需要,以便使组织满足这些人的特别需要,引导他们为组织目标服务。

权力需要是指影响和控制别人的一种愿望或驱动力。不同人对权力的渴望程度也有所不同。权力需要较高的人喜欢支配、影响他人,喜欢对别人发号施令,注重争取地位和影响力。他们喜欢具有竞争性和能体现较高地位的场合和情景,他们也会追求出色的成绩,但他们这样做并不像高成就需要的人那样是为了个人的成就感,而是为了获得地位和权力,或与自己已具有的权力和地位相称。权力需要是管理成功的基本要素之一。

归属需要就是寻求被他人喜爱和接纳的一种愿望。高归属需要者渴望友谊,喜欢合作而不是竞争的工作环境,希望彼此之间的沟通与理解,他们对环境中的人际关系更为敏感。有时,归属需要也表现为对失去某些亲密关系的恐惧和对人际冲突的回避。归属需要是保持社会交往和人际关系和谐的重要条件。

四、组织动机理论

组织动机理论研究内容包括:工作动机与组织士气、人际沟通与组织沟通、组织的结构、组织政策与领导作风、领导者的心理品质、组织与社会环境的相互作用等。

(一) 双因素理论

激励因素—保健因素(motivation-hygiene factors)理论是美国的行为科学家弗雷德里克·赫茨伯格(Fredrick Herzberg)提出来的,又称双因素理论(Two Factor Theory)。

(1) 激励因素,有时也称内部因素,包括工作富有成就感、工作成绩能得到社会承认、工作本身具有挑战性、负有重大责任、在职业上能得到发展成长和提升等6个方面。这种因素的改善能激励雇员的积极性和热情,从而能提高生产率。

（2）保健因素，也称外部因素，包括组织的政策与行政管理、基层管理人员的质量、与主管人员的关系、工资、福利、工作环境与条件、与同级关系、个人生活、与下级关系与安全设施等10个方面。这是保持雇员达到合理满意水平所必需的因素，不具备这些因素，雇员则不满意。

赫茨伯格曾获得纽约市立学院的学士学位和匹兹堡大学的博士学位，以后在美国和其他三十多个国家从事管理教育和管理咨询工作，是犹他大学的特级管理教授。他的主要著作有：《工作的激励因素》（1959，与伯纳德·莫斯纳、巴巴拉·斯奈德曼合著）、《工作与人性》（1966）、《管理的选择：是更有效还是更有人性》（1976）。双因素理论是他最主要的成就，在工作丰富化方面，他也进行了开创性的研究。

20世纪50年代末期，赫茨伯格和他的助手们在美国匹兹堡地区对200名工程师、会计师进行了调查访问。访问主要围绕两个问题：在工作中，哪些事项是让他们感到满意的，并估计这种积极情绪持续多长时间；又有哪些事项是让他们感到不满意的，并估计这种消极情绪持续多长时间。

赫茨伯格以对这些问题的回答为材料，着手去研究哪些事情使人们在工作中快乐和满足，哪些事情造成不愉快和不满足。结果他发现，使职工感到满意的都是属于工作本身或工作内容方面的；使职工感到不满的，都是属于工作环境或工作关系方面的。他把前者叫做激励因素，后者叫做保健因素。

保健因素的满足对职工产生的效果类似于卫生保健对身体健康所起的作用。保健从人的环境中消除有害于健康的事物，它不能直接提高健康水平，但有预防疾病的效果；它不是治疗性的，而是预防性的。保健因素包括公司政策、管理措施、监督、人际关系、物质工作条件、工资、福利等。当这些因素恶化到人们认为可以接受的水平以下时，就会产生对工作的不满意。但是，当人们认为这些因素很好时，它只是消除了不满意，并不会导致积极的态度，这就形成了某种既不是满意、又不是不满意的中性状态。

那些能带来积极态度、满意和激励作用的因素就叫做"激励因素"，这是那些能满足个人自我实现需要的因素，包括成就、赏识、挑战性的工作、增加的工作责任，以及成长和发展的机会。如果这些因素具备了，就能对人们产生更大的激励。

从这个意义出发，赫茨伯格认为传统的激励假设，如工资刺激、人际关系的改善、提供良好的工作条件等，都不会产生更大的激励；它们能消除不满意，防止产生问题，但这些传统的"激励因素"即使达到最佳程度，也不会产生积极的激励。按照赫茨伯格的意见，管理当局应该认识到保健因素是必需的，不过它一旦使不满意中和以后，就不能产生更积极的效果。只有"激励因素"才能使人们有更好的工作成绩。

赫茨伯格及其同事以后又对各种专业性和非专业性的工业组织进行了多次调查，他们发现，由于调查对象和条件的不同，各种因素的归属有些差别，但总的来看，激励因素基本上都是属于工作本身或工作内容的，保健因素基本都是属于工作环境和工作关系的。但是，赫茨伯格注意到，激励因素和保健因素都有若干重叠现象，如赏识属于激励因素，基本上起积极作用；但当没有受到赏识时，又可能起消极作用，这时又表现为保健因素。工资是保健因素，但有时也能产生使职工满意的结果。

赫茨伯格的双因素理论同马斯洛的需要层次论有相似之处。他提出的保健因素相当于马斯洛提出的生理需要、安全需要、社交需要等较低级的需要；激励因素则相当于尊重的需要、自我实现的需要等较高级的需要。当然，他们的具体分析和解释是不同的。但是，这两种理论都没有把"个人需要的满足"同"组织目标的达到"这两点联系起来。两种理论的比较如图 5.3 所示。

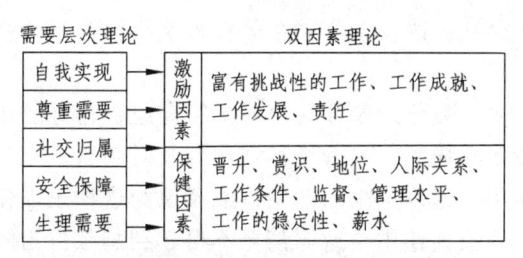

需要层次理论	双因素理论	
自我实现	激励因素	富有挑战性的工作、工作成就、工作发展、责任
尊重需要		
社交归属	保健因素	晋升、赏识、地位、人际关系、工作条件、监督、管理水平、工作的稳定性、薪水
安全保障		
生理需要		

图 5.3 需要层次理论与双因素理论的比较

有些西方行为科学家对赫茨伯格的双因素理论的正确性表示怀疑。有人做了许多试验，也未能证实这个理论。赫茨伯格及其同事所做的试验，被有的行为科学家批评为是他们所采用方法本身的产物：人们总是把好的结果归结于自己的努力而把不好的结果归罪于客观条件或他人身上，问卷没有考虑这种一般的心理状态。另外，被调查对象的代表性也不够，事实上，不同职业和不同阶层的人，对激励因素和保健因素的反应是各不相同的。实践还证明，高度的工作满足不一定就产生高度的激励。许多行为科学家认为，不论是有关工作环境的因素或工作内容的因素，都可能产生激励作用，而不仅是使职工感到满足，这取决于环境和职工心理方面的许多条件。

但是，双因素理论促使企业管理人员注意工作内容方面因素的重要性，特别是它们同工作丰富化和工作满足的关系，因此是有积极意义的。赫茨伯格告诉我们，满足各种需要所引起的激励深度和效果是不一样的。物质需求的满足是必要的，没有它会导致不满，但是即使获得满足，它的作用往往是很有限的、不能持久的。要调动人的积极性，不仅要注意物质利益和工作条件等外部因素，更重要的是要注意工作的安排，量才录用，各得其所，注意对人进行精神鼓励，给予表扬和认可，注意给人以成长、发展、晋升的机会。随着温饱问题的解决，这种内在激励的重要性越来越明显。

（二）强化理论

强化理论（Reinforcement Theory）是由美国心理学家、行为科学家斯金纳（B. F. Skinner）提出的，又称为"操作性条件反射理论（Operant Conditioning theory）"。斯金纳研究了动物和人的行为后发现：人或动物为了达到某个目的，会采取一定的行为。当这种行为的结果对自身有利时，这种行为以后就会重复出现；不利时，这种行为就会减弱或消失。由此产生了强化理论。

强化理论认为，人的行为重复出现的概率，取决于人们对以往行为结果价值的主观认识：有利还是不利。对他有利，则这种行为就会重复出现；若对他不利，则这种行为就会减弱直至消失。但这种认识也是可以改变的。例如当一个人的某种行为受到领导和同事的称赞，得到奖励时，他会感到他的行为很有价值，值得再干，尽管原来并不这样认为，而当行为结果受到别人指责、受到惩罚时，他自己也可能会认为这种行为是不好的，以后不能再干了，尽管原来可能没有认识到。这种使人们重复或减少原有行为的力量就是强化。

强化有正强化和负强化之分。所谓正强化，就是奖励那些符合组织目标的行为，以便使这些行为得到进一步加强，从而有利于组织目标的实现。正强化的刺激物不仅仅包含奖金等物质奖励，还包含表扬、提升、改善工作关系等精神奖励。为了使强化能达到预期的效果，可以实施不同的正强化方式。

一种是连续的、固定的正强化，譬如对每一次符合组织目标的行为都给予强化，和每隔一固定时间都给予一定数量的强化。尽管这种强化有及时刺激、立竿见影的效果，但久而久之，人们就会对这种正强化有越来越高的期望，或者认为这种正强化是理所当然的。管理者要不断加强这种正强化，否则其作用会减弱甚至不再起到刺激行为的作用。

另一种是间断的、时间和数量都不固定的正强化，亦即管理者根据组织的需要和个人行为在工作中的反应，不定期、不定量实施强化，使每一次强化能起到较大的效果。实践证明，后一种正强化更有利于组织目标的实现。

所谓负强化，就是惩罚那些不符合组织目标的行为，以使这些行为削弱直至消失，从而保证组织目标的实现不受干扰。负强化包含给予行为当事人某些他不喜欢的东西或是取消他所喜欢的东西，如减少奖酬或罚款、批评、降级、解聘等。实际上，不进行正强化也是一种负强化。譬如，过去对某种行为进行正强化，现在组织不再需要这种行为，但基于这种行为并不妨碍组织目标的实现，这时就可以取消正强化，使行为较少或不再重复出现。实施负强化的方式与正强化有所差异，应以连续负强化为主，即对每一次不符合组织的行为都应及时予以负强化，消除人们的侥幸心理，减少直至完全避免这种行为重复出现的可能性。

简单地说，斯金纳的强化理论详细说明了奖励与绩效的关系，并利用奖励作为有效的动力激励方式。他认为行为技术学应该做到最大程度地运用积极性强化和最小限度地运用消极性强化，使人受到控制和强化。根据斯金纳的观点，动机行为的重要因素有以下三种，即促进因素（stimulus）、反应（response）、强化（reinforcement）。人和动物中，受到奖励的行为会重复，没有受到奖励的行为趋于消失。如果在某种促进因素下产生某种特殊行为，而且这种行为受到奖励，在今后同样的促进因素下，这种行为还将重复。该理论的基本原则是：

（1）某种行为经过强化后，趋向于重复发生。

（2）在激励一个人按某种特定方式工作时，报酬奖励（积极强化）比惩罚更有效，所以应尽可能地避免惩罚。

（3）强化的一种形式是对工作成绩的反馈，使工作者本人了解工作的成果如何。

（4）为了取得最好的效果，报酬应在它所期望加强的需要发生以后尽快地提供。

（5）应明确区分训练和激励的需要，如果混淆常会导致激励的失败。

（6）应明确规定和表述期望所获得的工作成绩。

（7）报酬的付给应循着所期望的行为目标的方向。

在实践中运用强化理论时，还必须注意以下四方面的问题：

（1）必须针对行为的结果给予及时的强化。不管是表扬、奖励，还是批评、惩罚都不能事隔太久才进行。

（2）必须针对行为给予明确的强化信息。应该明确针对某种行为，不能因人而异，不管谁这样做都会得到奖励或处罚。

（3）强化的频率不能太高。经常表扬和老是批评都会降低强化的力度和效果，间断性的强化会更加有效。

（4）正强化比负强化的激励效果更大，要多用正强化，慎用负强化。正强化给人以愉快的刺激，使人们产生一种强大的进取效应。负强化给人以不愉快的刺激，人们对不愉快的刺激具有一种抑制情绪。如给予同一个人过多的负强化，他往往不从自身找原因，反而认为领导故意跟他过不去，或形成"逆反心理"，偏偏和领导对着干。所以，领导在必须进行负强化时，要特别注意技巧。

第二节　激励理论

一、激励概述

如前所述，人的行为来自于动机，而动机则产生于人的内在需要或外来的刺激，这就是激励的基础。也就是说，要使员工的行为符合组织目标的要求（努力工作），管理者必须运用一些制度和方法，使员工有一种预期——只要按照要求去做就能使自己的需要得到满足。

1. 激励的含义

"激励"的中文意为激发、鼓励与斥责、批评。英文"motivate"意为提供一种行为的动机，即诱导、驱使之意；通过特别的设计来激发工作、学习者的兴趣。总之，激励既包括激发、鼓励，以利益引导之意，也包括约束和归化之意。

在管理工作中可以将其定义为调动人的积极性的过程，或者更完整地讲，是一个为了特定的目的而对人们的内在需要或动机施加影响，从而强化、引导或改变人们行为的反复过程。通过激励，能够激活人的潜能，产生更高的绩效。

从人力资本层面来说，激励（包括负激励）的内容就是把人力资本开发利用的市值信号（现实的或预期的）传导给有关的个人，由他决策在何种范围内，以多大的强度来利用其人力资本的存量，进而决定其人力资本投资的未来方向和强度。

2. 激励机制

激励理论认为，人力资源管理者可以设计合理的激励机制以解决组织激励问题，通过激励因素的作用将雇员的行为最大限度地引导到组织所希望的轨道上去。这样，激励机制的设计就成为人力资源管理者的关键性工作。现代经济生活中，人力资本的开发利用日益居于中心地位，因此，为人力资本利用制定激励机制就具有普遍性。

激励机制指组织系统中，激励主体通过激励因素与激励客体之间相互作用的方式。激励因素主要有：工作的挑战性、地位、取得领导身份的强烈愿望、竞争的鞭策、恐惧（危机意识）、金钱。

激励机制可归结为：

（1）诱导因素集合（满足需要，诱导、激发、进步）。

（2）行为导向制度（个人与组织价值观、目标一致）。
（3）行为幅度制度（控制激励依赖性和抗激励性的产生，适度原则）。
（4）行为时空制度（奖励与绩效的时空范围限制，防止激励客体的短期行为）。
（5）行为归化制度（对激励客体违反行为规范的事前预防和事后处理）。

3. 激励过程

激励过程体现为：通过了解雇员的需要、期望或动机，以及他在工作中的行为表现，施以恰当激励，使之在动力支配下形成一个持续往返的良性循环。如图5.4：

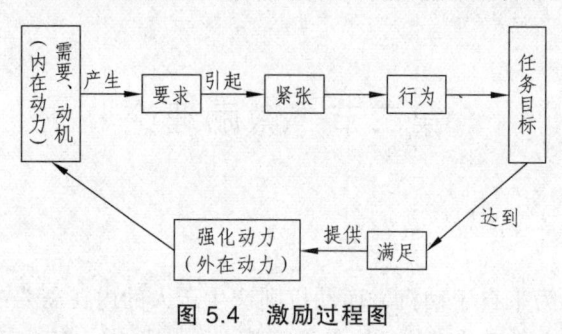

图5.4 激励过程图

二、与激励有关的人性假说

美国的心理学家和行为科学家道格拉斯·麦格雷戈（Douglas McGregor）在《企业中人的方面》一书中提出了人性假说的观点。他通过观察管理人员处理员工关系的方式发现，管理者关于人性的观点是建立在一些假设基础之上的，管理者根据这些假设来塑造他们自己对下属的行为方式，他提出了有关人性的两种截然不同的思想：一种是X理论，另一种是Y理论。

（一）X理论

X理论（Theory X）认为：人的本性是坏的，一般人的天性好逸恶劳，尽可能逃避工作。由于员工天生不喜欢工作，因此，对于大多数人来说，仅用奖赏的办法不足以战胜其对工作的厌恶倾向，必须采取强制、监督、指挥、惩罚和威胁等的管理办法，才能使他们付出足够的努力去完成给定的工作目标。一般人都胸无大志，愿意受人指导，缺乏进取心，把个人的安全看得最重要，通常满足平平稳稳地完成工作，而不喜欢具有"压迫感"的创造性的困难工作。

X理论的中心原则是通过行使职权实现指导和控制，侧重于硬性管理。这种理论在美国各个工业部门都有着广泛的影响，以此为基点，产生了以处罚为主的严格管理和以奖赏为手段的激励模式，即所谓的"严格而公平"，借助于外力的刺激，控制和提高职工的工作热情。该种理论一般适合处于低层次需求的人，而对高层次需求的人就无效了。

（二）Y理论

与X理论相反，积极的Y理论（Theory Y）认为：人的本性是好的，并不是懒惰的，他们对工作的喜欢或是厌恶决定于这项工作对他是一种满足还是一种惩罚；在正常情况下人愿意承担责任；人们都热衷于发挥自己的才能和创造性。也就是说，员工视工作如休息和娱乐一般是自然的需要，如果员工对某项工作做出承诺，他们会进行自我指导和自我控制，以完成任务。一般而言，每个人不仅能够承担责任，而且还会主动寻求承担责任，大多数人都具有相当高的智力、想象力和创造力，只是可能没有得以发挥。因此，管理者就要创造一个能满足员工需要的工作环境，使他们的智慧、能力得以充分发挥，以更好地实现组织和个人的目标。

Y 理论强调人的主观能动性，影响人的行为变量不仅有个人特性而且有环境特性。领导者利用人的本能动机，按照创造条件正确引导的原则，不断革新组织方法和环境条件，使职工自我管理达到个人目标与组织目标的一体化。管理者主要依靠创造机会、鼓励、改善条件等方法，引导个人努力工作，侧重于软性管理。

可以这样认为，在马斯洛需要层次的框架基础上，X 理论假设较低层次的需要支配着个人的行为，Y 理论则假设较高层次的需要支配着个人的行为。麦格雷戈本人认为，Y 理论的假设与 X 理论相比更实际有效，因此他建议让员工参与决策，为员工提供富有挑战性和责任感的工作，建立良好的群体关系，这都会极大地调动员工的积极性。

（三）超 Y 理论

1. 基本内容

在麦格雷戈提出 X 理论和 Y 理论之后，美国的乔伊·洛尔施（Joy Lorsch）和约翰·莫尔斯（John Morse）对此进行了试验并提出了超 Y 理论。他们选了两个工厂和两个研究所作为试验对象；其中一个工厂和一个研究所按照 X 理论实施严密的组织和监督管理；另一个工厂和研究所则按照 Y 理论实施松弛的组织和参与式管理，并以诱导和鼓励为主。实验结果如表 5.1 所示。

表 5.1　X 理论与 Y 理论试验结果对比

	工厂 （工作任务易测定）	研究所 （工作任务不易测定）
X 理论	效率高	效率低
Y 理论	效率低	效率高

从表中可以看出，采用 X 理论的单位和 Y 理论的单位都有效率高和效率低的。可见，Y 理论不一定比 X 理论好。那么，到底应在什么情况下选用哪种理论呢？

2. 基本思想

超 Y 理论认为，管理方式要由工作性质、成员素质等来决定。不同的人对管理方式的要求不相同，有人希望有正规化的组织与规章条例来要求自己的工作，而不愿参与问题的解决去承担责任，这种人欢迎 X 理论指导管理工作。有的人却需要更多的自治和发挥个人创造性的机会，这种人则欢迎以 Y 理论为指导的管理方式。此外，在工作方面，任务明确、易于测定的工作适合用 X 理论指导进行管理；而任务复杂且不明确、不易测量的工作用 Y 理论进行管理将会取得较高的效率。

超 Y 理论是一种情势理论，该理论的基本思想有几个方面：

（1）人们是怀着许多不同的需要和动机加入工作组织的，而且人们的需要类型可能有所不同。

（2）不同的人，对管理方式的要求是不一样的。

（3）组织目标、工作性质、职工的素质对组织结构和领导方式有很大的影响。

（4）当目标达到后，个人的胜任感得到了满足，原来已经实现的目标，又会激起职工产生新的胜任感，使职工向着新的更高的目标努力。

超 Y 理论要求领导者与管理者在管理中应根据实际情况，因人、因事、因其不同的情景采取不同的方法，而不是千篇一律或因循守旧。

（四）Z 理论

加州大学日裔美籍教授威廉·大内（William Ouchi）在研究分析了日本的企业管理经验后，在《Z 理论：美国企业界怎样迎接日本的挑战》一书中提出了他所设想的 Z 理论。他认为，企业管理当局与职工的利益是一致的，两者的积极性可融为一体。

Z 理论主要包括以下的内容：

（1）企业对职工的雇用应该是长期的而不是短期的。企业在经济不佳或遇到困难的情况下，一般也不采取解雇职工的办法，而是动员大家"节衣缩食"共渡难关。这样，就可使职工感到职业有保障，企业就是"家"。

（2）上下结合制定决策，鼓励职工参与企业和管理工作、关心企业的利益和前途。

（3）实行个人负责制。要求基层管理人员不机械地执行上级的命令，而要敏感地体会上级命令的实质，创造性地执行。强调中层管理人员对各方面的建议要进行协调统一，统一的过程就是反复协商的过程，这样做尽管费时，但便于贯彻执行。

（4）上下级关系要融洽。企业管理当局要处处显示对职工的全面关心，使职工心情舒畅、愉快。

（5）对职工要进行全面的培训，使职工有多方面的工作经验。如果要提拔一位员工做经营副经理，那么就必须在提拔前使他具有财务科长、计划科长、生产科长所具备的能力。

（6）准备评价与稳步提拔。强调对职工进行长期而全面的考察，不以"一时一事"为根据对职工表现下结论。

（7）控制机制要较为含蓄而不正规，但检测手段要正规。

综上所述，Z 理论的中心是提出了"Z 型组织"管理模式。"平均、民主"是 Z 型组织的核心，信任是基础，亲和是纽带，合作是宗旨，职工对企业的忠诚是结果。由于社会化大生产，工业分工的不断细化，促进了专业领域的不断发展；平等合作为特征的 Z 理论的应用，使管理者以民主参与式管理模式挖掘个体潜能，使人力资本增值；同时，培养团队精神，使个体能在整体中合作，从而产生整体效应。这恰恰把个体目标与组织的根本宗旨相融合，为企业、组织的持续发展奠定了基础。

不同的管理环境需要有不同的管理模式。Z 理论的观点正是与日本的社会、经济、文化背景相适应的，所以，该种管理模式在日本取得了成功。然而，美国与日本相比，社会文化背景差异较大，所以美国企业所采用的管理模式与日本相比也存在很大不同。表 5.2 对美国与日本企业管理模式进行了比较。

表 5.2 美国与日本企业管理模式的比较

美　国	日　本
短期雇用	终身雇用
以任务为中心	以从业人员为中心
强调个人竞争	提倡内部合作
注重短期业绩考核	注重长期业绩考核
重视显露的专长能力	注重潜在的基础能力
管理者专业化道路	管理者非专业化道路
职务规定明确	职务规定暧昧
优先使用权限	优先使用协调
明确的控制	含蓄的控制
依赖契约、规章	重视互相依赖

哪种管理理论最好，应该采用哪种理论？各种理论都有其正确性与适用性，我们认为，只有适合我们的社会、文化、经济背景的管理模式才是我们应该采用的。

三、激励理论

（一）期望理论

维克托·弗鲁姆（Victor H. Vroom），著名心理学家和行为科学家。早年于加拿大麦吉尔大学先后获得学士及硕士学位，后于美国密执安大学获博士学位。他曾在宾州大学和卡内基-梅隆大学执教，并长期担任耶鲁大学管理科学"约翰塞尔"讲座教授兼心理学教授。

弗鲁姆对管理思想发展的贡献主要在两个方面：一是深入研究组织中个人的激励和动机，率先提出了形态比较完备的期望理论模式；二是从分析领导者与下属分享决策权的角度出发，将决策方式或领导风格划分为三类五种，设计出了根据主客观条件特别是环境因素，按照一系列基本法则，经过七个层次来确定应当采用何种决策方式的树状结构判断选择模型。弗鲁姆最重要的两部著作《工作与激励》和《领导与决策》就分别阐述了期望理论模式和领导规范模型。

弗鲁姆的期望理论（Expectancy Theory），于 1964 年在《工作与激励》中提出。弗鲁姆提出的期望理论的基础是：人之所以能够从事某项工作并达成组织目标，是因为这些工作和组织目标会帮助他们达成自己的目标，满足自己某方面的需要。弗鲁姆认为，人们采取某项行动的动力或激励力取决于其对行动结果的价值评价和预期达成该结果可能性的估计。

换言之，激励力的大小取决于该行动所能达成目标并能导致某种结果的全部预期价值乘以他认为达成该目标并得到某种结果的期望概率。

用公式可以表示为：

$$M = V \times E$$

式中　M——激发力量（motivation），是直接推动或使人们采取某一行动的内驱力。这是指调动一个人的积极性，激发出人的潜力的强度。

V——目标效价（valence），指达成目标后对于满足个人需要其价值的大小，它反映个人对某一成果或奖酬的重视与渴望程度；

E——期望值（expectancy），这是指根据以往的经验进行的主观判断，达成目标并能导致某种结果的概率，是个人对某一行为导致特定成果的可能性或概率的估计与判断。显然，只有当人们对某一行动成果的效价和期望值同时处于较高水平时，才有可能产生强大的激励力。

该理论还指出，效价受个人价值取向、主观态度、优势需要及个性特征的影响。有人认为有价值的事物，另外的人可能认为全无价值。如1 000元奖金对生活困难者可能很有价值，而对百万富翁来说意义不大。从公式可以看出，期望值与效价越大，激发的动机越强烈，激发的力量也越大。期望值与效价其中一个小，激发的力量也相应减弱；一者为零，激发力量也为零。例如，完成某项任务可得到一大笔奖金，当不存在完成任务的可能性时，奖金再多，人也不会去积极争取。另外，做一件事对个人与社会都没有意义，即无效价，这种事情再容易，人也不会去做。对于目标的期望值怎样才算适合？有人把它形容为摘苹果。只有跳起来能摘到苹果时，人才最用力去摘。倘若跳起来也摘不到，人就不跳了。如果坐着能摘到，无需去跳，便不会使人努力去做。由此可见，领导者给员工制订工作定额时，要让员工经过努力就能完成，再努力就能超额，这才有利于调动员工的积极性。定额太高使员工失去完成的信心，他就不会努力去做；太低，唾手可得，员工也不会努力去做。因为期望概率太高、太容易的工作会影响员工的成就感，失去目标的内在价值。所以领导者制订工作、生产定额，以及使员工获得奖励的可能性都有个适度问题，只有适度才能保持员工恰当的期望值。

另外，期望值不仅受个人主客观条件的影响，不同的事件也影响期望概率的大小。有些特殊事件，如升职、加薪等与个人利益直接相关联的事情，就容易使人产生较高的期望值。因为受工资、奖励总额与比例的限制，人们的高期望值是不可能都实现的。对于未能实现者，就会期望越高，失望越大，挫折感也会越强烈。领导者应早做工作，使大家的期望值保持在适当水平上。适当降温，有利于使员工减轻挫折的打击，保护其身心健康。

效价受人的价值取向、主导需要和个性特征等的影响，所以同一件事情对不同的人带来的效价会不同。就一般情况而言，任何人都存在着物质需要与精神需要。所以要想使奖励对人产生更大的效价，即产生更大的意义，最好是奖励既能满足人的物质需要，同时也能满足人的精神需要，把两者有机地结合起来，这样就会使奖励起到更大的激励作用。如有的工厂开展生产竞赛，优胜者可免费旅游。这种奖励形式，使员工不仅感到光荣，满足了荣誉需要，又为实现了旅游愿望，且节省一笔开支而高兴，从而对员工产生了较大的吸引力，这可能比只发给一笔奖金的效价要大得多。

例如，宋朝时期，某位将军被派驻边地镇守。他到了边地之后发现守城的尽是些老弱残兵，虽然人人都会武艺，但全都是些花拳绣腿，根本无法打仗。用这样的军卒来防守，根本抵挡不了如狼似虎的金兵，怎么办？这位将军计上心头。他颁布了一条命令，就是用一块银子作靶，凡是射中者，银子便归他所有。自此后，边地军民争以习箭为任，箭术均有提高，个个精于箭术。不久，金兵入侵，边地军民同仇敌忾，把金兵打得抱头鼠窜，成功地守住了边城。

正是这位将军把军民期望得到银子的心理运用到训练中，便得军民人人习箭，最终达到了守城的目的。作为领导者，也可以将这种心理应用于激励下属的措施中，定会取得良好的效果。

期望理论的具体情形参见后面的表 5.3。

弗鲁姆的期望理论辩证地提出了在进行激励时要处理好三方面的关系，这些也是调动人们工作积极性的三个条件。

第一，努力与绩效的关系。人们总是希望通过一定的努力达到预期的目标，如果个人主观认为达到目标的概率很高，就会有信心，并激发出很强的工作力量，反之如果他认为目标太高，通过努力也不会有很好的绩效时，就失去了内在的动力，导致工作消极。

第二，绩效与奖励的关系。人总是希望取得成绩后能够得到奖励，当然这个奖励也是综合的，既包括物质上的，也包括精神上的。如果他认为取得绩效后能得到合理的奖励，就可能产生工作热情，否则就可能没有积极性。

第三，奖励与满足个人需要的关系。人总是希望自己所获得的奖励能满足自己某方面的需要。然而由于人们在年龄、性别、资历、社会地位和经济条件等方面都存在着差异，他们对各种需要要求得到满足的程度就不同。因此，对于不同的人，采用同一种奖励办法能满足的需要程度不同，能激发出的工作动力也就不同。

研究表明，许多因素决定了报酬制度是否有效地调动个人的积极性，并引导出正确的行为：

（1）个人必须了解现有的报酬制度，而且感到有吸引力。

（2）个人必须准确地了解什么样的行为可以得到自己期望的报酬。

（3）个人必须感到自己有能力产生这种行为。

（4）个人必须看到行为与报酬之间有直接的关系。

（5）如果其表现是由其他人来评价，个人必须看到自己的表现得到了准确、公正的评价。

为了使激发力量达到最佳值，弗鲁姆提出了人的期望模式，如图 5.5：

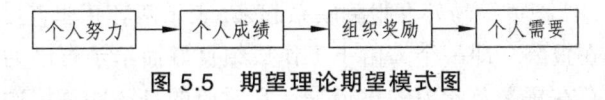

个人努力 → 个人成绩 → 组织奖励 → 个人需要

图 5.5　期望理论期望模式图

对期望理论的应用主要体现在激励方面，这启示管理者不要泛泛地采用一般的激励措施，而应当采用多数组织成员认为效价最大的激励措施，而且在设置某一激励目标时应尽可能加大其效价的综合值，加大组织期望行为与非期望行为之间的效价差值。在激励过程中，还要适当控制期望概率和实际概率，加强期望心理的疏导。期望概率过大，容易产生挫折，期望概率过小，又会减少激励力量；而实际概率应使大多数人受益，最好实际概率大于平均的个人期望概率，并与效价相适应。

（二）途径—目标理论

途径—目标理论（Path-Goal Theory）是美国行为科学家爱德华·劳勒（E. F. Lawler）和莱曼·波特（L. W. Porter）1968 年在《管理态度与绩效》中提出的一种激励理论。

爱德华·劳勒在美国的布朗大学获学士学位，在加利福尼亚大学伯克利分校获博士学位，曾在耶鲁大学任教，之后在密歇根大学任心理学教授和社会研究所组织行为室主任。他还是西雅图的巴特勒纪念研究所人类事务所研究中心的访问学者。

莱曼·波特也是美国著名行为科学家，在耶鲁大学获得博士学位后，在加州大学伯克利分校任教十一年，并在耶鲁大学管理科学系任访问教授一年。之后，他在加州大学管理研究院任院长和管理及心理学教授。

1. 理论特点

（1）"激励"导致一个人是否努力及其努力的程度。

（2）工作的实际绩效取决于能力的大小、努力程度以及对所需完成任务理解的深度。具体地讲，"角色概念"就是一个人对自己扮演的角色认识是否明确，是否将自己的努力指向正确的方向，抓住了自己的主要职责或任务。

（3）奖励要以绩效为前提，不是先有奖励后有绩效，而是必须先完成组织任务才能导致精神的、物质的奖励。当职工看到他们的奖励与成绩关联性很差时，奖励将不能成为提高绩效的刺激物。

（4）奖惩措施是否会产生满意，取决于被激励者认为获得的报偿是否公正。如果他认为符合公平原则，当然会感到满意，否则就会感到不满。众所周知的事实是，满意将导致进一步的努力。

2. 理论内容

1967年，波特和劳勒还在他们合作的《成绩对工作满足的影响》一文中表示了成绩对满足影响的一种理论模式：

这种模式的具体内容是，一个人在做出了成绩后，得到两类报酬。

一是外在报酬，包括工资、地位、提升、安全感等。按照马斯洛的需要层次论，外在报酬往往满足的是一些低层次的需要。由于一个人的成绩，特别是非定量化的成绩往往难于精确衡量，而工资、地位、提升等报酬的取得也包含多种因素的考虑，不完全取决于个人成绩，所以在图中用了一条曲折的线把成绩与外在报酬联系起来，表示两者并非直接的、必然的因果关系。

另一种报酬是内在报酬。即一个人由于工作成绩良好而给予自己的报酬，如感到对社会做出了贡献，对自我存在意义及能力的肯定等。它对应的是一些高层次的需要的满足，而且与工作成绩是直接相关的，所以图中用曲折程度不大的线连接了"成绩"与"内在报酬"。

是不是"内在报酬"与"外在报酬"就可以决定是否"满足"呢？答案是否定的。我们注意到，在其间必然要经过"所理解的公正报酬"来调节。也就是说，一个人要把自己所得到的报酬同自己认为应该得到的报酬相比较。如果他认为相符合，他就会感到满足，并激励他以后更好地努力。如果他认为自己得到的报酬低于"所理解的公正报酬"，那么，即使事实上他得到的报酬量并不少，他也会感到不满足，甚至失落，从而影响他以后的努力。

波特—劳勒期望激励理论在20世纪60～70年代是非常有影响的激励理论，在今天看来仍有相当的现实意义。它告诉我们，不要以为设置了激励目标、采取了激励手段，就一定能获得所需的行动和努力，并使员工满意。要形成激励→努力→绩效→奖励→满足并从满足回馈努力这样的良性循环，取决于奖励内容、奖惩制度、组织分工、目标导向行动的设置、管理水平、考核的公正性、领导作风及个人心理期望等多种综合性因素。

期望理论与途径—目标理论两种模式中有三种共同的因素以及三种报酬—绩效的关系。

三种共同的因素是动机、个人能力、组织评价。三种报酬—绩效的关系是"努力—绩效期望（Exert-Performance）""绩效—报酬（Performance-Outcome）""有效价值（Valence）"。见表5.3分析：

表5.3 期望理论的八种激励效果

E→P 期望	P→O 期望	有效价值 V	激励效果
高	高	高	高
高	高	低	中
高	低	高	中
高	低	低	低
低	高	高	低
低	高	低	低
低	低	高	低
低	低	低	非常低

期望理论以及途径—目标理论模式，说明个人努力的程度（动机），不单是报酬的功能，个人必须感到自己有能力去完成好任务（期望），并且觉得绩效是获得报酬的手段，而且对价值报酬有自己的价值判断。如果三种条件都满足的话，个人的积极性就会调动起来，从而更加努力工作。管理者必须根据每一个人的能力，分配给他们合适的岗位职责，使他们发挥出自己的专长。管理者同时也要让下属知道，表现好、绩效高会受到组织奖励。管理者还要能确定哪些奖励对哪些人适用。

【拓展资料】

目标管理法

途径—目标理论是建立在目标管理法基础之上的。目标管理（Management By Objectives，简称为MBO）是20世纪50年代中期出现于美国的一种管理制度，美国管理专家彼得·德鲁克（Peter F. Drucker）1954年在其《管理实践》一书中就提出了"目标管理和自我控制"的主张，他认为"企业的目的和任务必须转化为目标，企业如果无总目标及与总目标相一致的分目标来指导职工的生产和管理活动，则企业规模越大，人员越多，发生内耗和浪费的可能性越大。"

概括来说，目标管理就是组织的最高领导层根据组织面临的形势和社会需要，制定出一定时期内组织活动所要达到的总目标，然后层层落实，要求下属各部门主管人员以至每个员工根据上级制定的目标和保证措施，形成一个目标体系，并把目标完成的实际情况作为各部门或个人考核的依据。简言之，目标管理是让组织的主管人员和员工亲自参加目标的制定，在工作中实行自我管理并努力完成工作目标的一种管理制度或管理方法。

（三）公平理论

公平理论（Equity Theory）是美国心理学家亚当斯（J. Stacey Adams）于20世纪60年代提出来的，也称为社会比较理论。这种激励理论主要讨论报酬的公平性对人们工作积极性的影响。该理论认为，一个人的工作动机和动力，不仅受其所得到报酬的绝对值的影响，更要受到报酬相对值的影响。一般情况下，人们会以同事、同学、亲友、邻居或自己以前的情况作为参考，来评价是否得到公正、公平的待遇。

将"自己"与"别人"相比称之为横向比较。我们以下列公式来说明：

$$O_P/I_P = O_X/I_X$$

式中　O_P——对自己（或自己现在）所获报酬的感觉；

　　　I_P——对自己（或自己现在）所投入量的感觉；

　　　O_X——自己对别人（或自己以前）所获报酬的感觉；

　　　I_X——自己对别人（或自己以前）所投入量的感觉。

当公式基本相等时，此人觉得报酬是公平的，他可能会因此保持工作的积极性和努力程度。这里需要说明的问题是：

（1）投入量（input）包括个人所受到的教育、能力、努力程度、时间、技能、绩效、地位、生产数量、生产质量等因素。

（2）报酬（output）包括精神和物质奖励以及工作安排等因素。具体表现为：工资薪金、奖金和福利，以及职务的升降、被人的赏识、尊重等。

如果 $O_P/I_P>O_X/I_X$，则说明此人得到了过高的报酬或付出的努力较少。在这种情况下，一般来讲他不会要求减少报酬，而有可能会自觉地增加投入量。但过一段时间他就会因重新高估自己的投入而对高报酬心安理得，于是其产出又会恢复到原先的水平。

如果 $O_P/I_P<O_X/I_X$，则此人会对组织的激励措施感到不公平。此时他可能会要求增加报酬，或者自动地减少投入（消极怠工）以便达到心理上的平衡。当然，他甚至有可能离职。

每个人都会不自觉地把自己付出的劳动和所得报酬与他人（包括本公司的和其他公司的同行）付出的劳动和所得报酬进行社会比较，也会把自己现在付出的劳动和所得报酬与自己过去劳动和所得报酬进行历史比较。研究表明，个人将自己的情况与别人相比后，总会调整他们的输入，以求获得输入—输出关系的平等待遇。

基于公平理论，当员工感到不公平时，会采取以下六种选择中的一种：

（1）改变自己的投入（比如不再那么努力）。

（2）改变自己的产出（比如实行计件工资的员工通过增加产量降低质量来增加自己的工资）。

（3）改变自我认知（比如"我曾认为我以中等速度工作，但是现在我意识到我比其他任何人工作都更努力"）。

（4）改变对其他人的看法（比如"小李的工作不像我从前认为的那样令人满意"）。

（5）选择另一个不同的参照对象（比如"我可能不如我弟弟挣得多，但我比我爸爸在我这个年龄时做得好得多"）。

（6）离开工作场所（比如辞职）。

【拓展资料】

如此分配合理吗

某大学管理学院院长带领其他五位老师为某企业做咨询项目，赚了30 000元，就按每人5 000元分了下去，结果分发报酬的当天晚上，有一位老师跑到院长家，说自己工作做得比较少,不能拿那么多钱,自己拿 2 000 元就够了,要退回 3 000 元,如果您作为院长,该怎么办?

尽管公平理论的基本观点是普遍存在的,但是在实际工作中很难把握。个人的主观判断对此有很大的影响,因为人们总是倾向于过高估计自己的投入量,而过低估计自己所得到的报酬,对别人的投入量以及所得报酬的估计则与此相反。因此管理者在运用该理论时应该更多地注意实际工作绩效与报酬之间的合理性,管理者必须做到合理分配,同工同酬,公平对待组织内的每一个成员。当然,对有些具有特殊才能的人,或对完成某些复杂工作的人,应更多地考虑到其心理的平衡。

【案例分析】

巴斯夫公司激励员工的五项原则

如何有效地生产粮食是人类一直面临的重大问题。据估计,全世界每年竟有 1/3 的粮食因受到病虫和杂草危害而遭受损失。120 年前,于德国路德维希港创立的巴斯夫公司,就是一直为发现和生产各种农业化学品而孜孜不倦地工作的。目前,巴斯夫公司经营着世界最大的化工厂,并在 35 个国家中拥有 300 多家分公司和合资经营企业及各种工厂,拥有雇员 13 万人。

巴斯夫公司之所以能够在百年经营中兴旺不衰,在很大程度上归功于它在长期的发展中确立的激励员工的五项基本原则。如下所示:

1. 职工分配的工作要适合他们的工作能力和工作量

不同的人有不同的工作能力,不同的工作也同样要求有不同工作能力的人。企业家的任务在于尽可能地保证所分配的工作适合每一位职工的兴趣和工作能力。巴斯夫公司采取四种方法做好这方面的工作:

(1)数名高级经理人员共同接见每一位新雇员,以对他的兴趣、工作能力有确切的了解。
(2)除公司定期评价工作表现外,公司内部应有正确的工作说明和要求规范。
(3)利用电子数据库贮存了有关工作要求和职工能力的资料和数据。
(4)利用"委任状",由高级经理人员小组向董事会推荐提升到领导职务的候选人。

2. 论功行赏

每位职工都对公司的一切成就做出了自己的贡献,这些贡献与许多因素有关,如和职工的教育水平、工作经验、工作成绩等有关,但最主要的因素是职工的个人表现。

巴斯夫公司的原则是:职工的工资收入必须看他的工作表现而定。他们认为,一个公平的薪酬制度是高度刺激劳动力的先决条件,工作表现得越好,报酬也就越高。因此,为了激发个人的工作表现,工资差异是必要的。另外,公司还根据职工表现提供不同的福利,例如膳食补助金、住房、公司股票,等等。

3. 通过基本和高级的训练计划,提高职工的工作能力,并且从公司内部选拔有资格担任领导工作的人才

除了适当的工资和薪酬之外,巴斯夫公司还提供广泛的训练计划,由专门的部门负责,为公司内人员提供本公司和其他公司的课程。公司的组织结构十分明确,职工们可以获得关于升职的可能途径的资料,而且每个人都了解自己在哪个岗位。该公司习惯从公司内部选拔经理人

员,这就保护了有才能的职工,因此,他们保持很高的积极性,而且明白有真正的升职机会。

4. 不断改善工作环境和安全条件

一个适宜的工作环境,对刺激劳动力十分重要。如果工作环境适宜,职工们感到舒适,就会有更佳的工作表现。因此,巴斯夫公司在工厂附近设立各种专用汽车设施,并设立弹性的工作时间。公司内有11家食堂和饭店,每年提供400万顿膳食。每个工作地点都保持清洁,并为体力劳动者设盥洗室。这些深得公司雇员的好感。

巴斯夫公司建立了一大批保证安全的标准设施,由专门的部门负责,例如医务部、消防队、工厂高级警卫等。他们都明白预防胜于补救。因此,全部劳动力都要定时给予安全指导,还提供必要的防护设施。公司经常提供各种安全设施,并日夜测量环境污染和噪声。各大楼中每一层都有一名经过专门安全训练的职工轮流值班,负责安全。意外事故发生率最低的那些车间,会得到安全奖。所有这些措施,使公司内意外事故发生率降到很低的水平,使职工有一种安全感。1984年,巴斯夫公司在环境保护方面耗费了7亿马克的资金,相当于公司销售净额的3.5%。

5. 实行抱合作态度的领导方法

巴斯夫公司领导认为,在处理人事关系中,激励劳动力的最主要原则之一是抱合作态度的领导方法。上级领导应像自己也被领导一样,积极投入工作,并在相互尊重的气氛中合作。巴斯夫公司给领导者规定的任务是商定工作指标、委派工作、收集情报、检查工作、解决矛盾、评定下属职工和提高他们的工作水平。

在巴斯夫公司,如果上级领导人委派了工作,就亲自检查,职工本身也自行检查中期工作和最终工作结果。在解决矛盾和纠纷时,只有当各单位自行解决矛盾的尝试失败后,才由更上一级的领导人解决。

巴斯夫公司要求每一位领导人的主要任务就是根据所交付的工作任务、工作能力和表现评价下属职工,同时应让职员都感觉到自己在为企业完成任务的过程中所起的作用。如果巴斯夫公司刺激劳动力的整个范畴简单地表达出来,那就是"多赞扬,少责备"。他们认为,一个人工作做得越多,犯错误的机会也就越多,如果不允许别人犯错误,甚至惩罚犯错误人,那么雇员就会尽量少做工作,避免犯错误。在这种情况下,最"优秀"的雇员当然是什么事情也不做的人了。

巴斯夫公司的多年经验表明,抱合作态度的领导方法,由于能使雇员更积极地投入工作和参与决策,因此,这是一个为达到更高生产率而刺激劳动力的优越途径。

该公司由于贯彻了上述五项基本原则,近10年来销售额增长了5倍。目前,巴斯夫公司生产的产品品种达6 000种之多,每年还有数以万计的新产品投入市场出售。

【讨论思考题】

你认为该公司哪些做法值得我们学习和借鉴,其理论依据何在?

第三节 激励模型与激励措施

一、激励模型

结合实际,在已有的理论基础上,我们可构造以下激励模型:

$$A = [C, E]$$

其中，$C = [M, D, E] = kC_{max}$ ($0 < k < 1$)，$D = [P, E]$，$M = [D, E]$

式中　A——工作成就（Achievement）；

C——个体发挥的能力（Capacity）；

E——个体所处环境（Environment）；

M——激励动力（Motivation）；

D——个体内部欲望动力（Desire）；

P——个体的个性（Personality）。

上式表明：由激励产生动力而形成的工作成就是个性与环境的函数。

我们认为，个体的工作成就与个体发挥的能力及环境有关，而且 $C = [M, D, E] = kC_{max}$ 中，k 为能力发挥系数，且 $0 < k < 1$，即个体视激励动力发挥自己的能力，其值介于 0 与个体最大潜能 C_{max} 之间。

一般情况下，$0.4 < k < 0.6$。个体能力发挥的大小与所受激励、自身欲望、环境有关，而自身欲望（内部动力）与个体个性和环境有关，激励动力则取决于个体欲望及环境。换言之，个体能力发挥情况，即 k 的大小是由内部、外部动力合力形成的。研究表明：当一个人积极性高，其才能可发挥 80%～90%，$k = 0.8$～0.9；反之，$k = 0.1$～0.2，甚至为 0。

注意：本模型中的关键点，个体欲望 D、环境 E 是随时间 T 而不同的。

二、综合激励模式

激励的综合模式（Integrated model of motivation），将前面的需要理论、组织动机理论、期望、公平等理论综合起来，我们可以得到如图 5.5 所示的激励模式图。

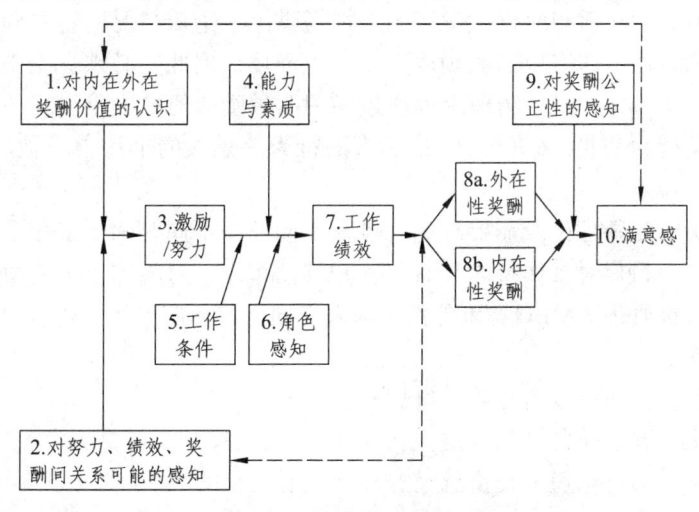

图 5.5　综合激励模式图

三、激励措施

由上述激励模型可以发现，人的潜能是无限的，只要有适当的激励手段，人将发挥难以估量的潜力。因此，采取恰当适宜的激励措施，对于激励公司雇员发挥出最大潜能是至关重要的。那么，采取怎样的激励措施才合适呢？

激励分为外部激励（如工资、奖金、利润分成）和内在激励（也称非经济性激励，主要是以满足雇员在岗位多样化、从事挑战性工作、取得成就、得到承认、承担责任、获取新技能和事业发展机会、在决策过程中发挥更重要作用等诸方面的精神需要）。罗森兹韦克认为，"需要是因人而异的"，"个人的需要是因时而异的"，"同样的刺激用于不同人、不同时代效果是完全不一样的"。事实上，一种需要在其被满足的行动中改变着。当人们的经济需要得到满足时，他们对获得更多经济报酬的满足程度就越来越小了。这样，经济报酬作为积极刺激的作用逐渐消失，而由此产生的失望、不满足感迅速增长；于是，经济报酬就成了一种阻力，一种负向激励，激发的非但不是员工积极向上的正能量，反倒是阻碍、愤懑不满的负能量！

目前，中国企业雇员对物质报酬需要日益增长，从而使之成为一种激励工具的作用迅速降低，为此，人力资源管理者应努力去降低物质报酬的作用，而非把它当作一种胡萝卜。若雇员产生抗激励性，即"如果只有很大的——而且是越来越大的——增量才能达到刺激作用，那么物质刺激的应用就将自陷绝境"。"预期的激励效果会达到，但其成本之高将超过其所得之利益"，"成本将会消耗掉增长的生产率"。（德鲁克）"一个具有判断力和想象力的管理者，应用不断充实的有关激励的知识和管理科学与艺术，是能够把必要的诱因体现在有效的集体的合作体系中，以求调动一个人的积极性的"。（哈罗德·孔兹）

德鲁克强调，"金钱不能购买责任感"，"金钱奖励与刺激当然重要，但是这些东西起的作用主要是消极的"，"它只有在其他各种条件使雇员愿意去承担责任的情况下才能起推动作用。只有当他已经具备了更好的工作的意愿，奖金才能提高产量，否则它是无效的"。德鲁克认为，企业必须要求雇员心甘情愿地干活，投身进去干，而不是顺从地干。"我们需要的是用自己发自内心的动力来代替外加的恐惧新的刺激，唯一能做到这一目的的是责任心，而不是其他。"

由于权变观为我们在适当时候做适当的事情提供了一个依情况而定的框架，因此实践中应采用权变的激励方法：即有效的激励取决于组织环境，因此，必须立足于随机制宜的基础之上。卢因（Kurt Lewin）的力场理论也许最能阐明激励如何取决于组织环境。该理论的内核即他著名的人类行为公式：$B=f(P, E)$，人的行为 B 是人的个性 P 及他的环境 E 的函数。该公式体现了权变观点。

依据前面分析的激励理论及需要理论，可在不同环境不同时间下采用下述激励手段：

（1）目标激励。目标对个体行为具有引发和推动作用，对群体行为有协调和聚合作用。目标激励即采用目标管理（MBO）和自我控制来定向。目标应具体、可衡量、可行、富有挑战性、因时而变性。

（2）领导激励。上司应以身作则，"己身正不令而行"！

（3）榜样激励。在公司各部门各层次树立榜样，"榜样的力量是无穷的"。

（4）情感激励。多维沟通、交流感情，让下属甘心效力。"士为知己者用"。

（5）参与激励。参与管理与许多基本的激励因素相适应，它是对人们给予重视和奖赏的一种手段，它能满足归属的需要和受人赏识的需要。尤其是，它能给人一种成就感。

（6）晋升激励（内部提升制与工作轮换制）。让雇员有勤奋、忠诚、努力的晋升目标，否则，就没有足够的吸引力来接受培训和提高技术水平。工作轮换还可以让雇员得到全面的培训，使他们的技术、思维全面。因此，靠挖墙脚来填补高层空缺是导致士气低落的主要原因，外援不一定能解决问题,更不一定能增加企业的竞争优势。

(7)奖罚激励。以考核为依据,以公司法规、任务、目标要求为准绳;奖罚分明、恰当、及时。不能因功而不罚,一视同仁。

(8)物质(金钱、期权等)激励。物质激励的最简单方式就是发红包、发物品。但在现代股份制企业里,可以为优秀的人才分配内部股票,像微软公司那样实行员工持股计划;考虑给人才一个期权,从而与人力资本形成一个资本的纽带,既维系人力资本,又固强物质资本。可谓一举两得。随着经济的飞速发展,对于雇员而言,物质激励的重要性已经远远超过了金钱的意义。尤其是对于地位较高的雇员(白领、金领阶层),在目前的个人所得税制度下,增加一些金钱一般而言只有很小的经济意义。事实上,大都用来支付了个人所得税。然而,增加一些金钱作为一种地位的标志和感情上的影响,其作用却是难以估量的。因为它向他们表明公司老板的价值观及他们在管理层心目中所处的地位,它以明确而具体的方式表明一个人在公司中的地位、级别以及别人对他的评价。

(9)公平激励。奖惩都要公平。从报酬的公平理论出发,如果要使金钱等手段成为一种有效的激励因素,那么,在各个职位的人们,即使级别类似,所得薪金和奖金也都必须能反映出他们每个人的绩效,否则,将是负激励。对于同样性质、类别的错误,不管是谁,都应受到公平的处罚。

(10)环境激励。改善工作环境,解决于情于理可以解决的困难(住房、子女入托、家属调动等),以绝后顾之忧。响应政府,让雇员带薪休假。

【小资料】

名企别具匠心的奖励方式

- 当初为苹果电脑研发出麦金塔电脑的员工,公司请他们签名,并在该型电脑的内部,把他们的签名全刻了上去。
- 大都会汽车公司每个月选出表现优异的员工,然后利用经销商的电子看板,在上面打出本月份优良员工的名字。
- 费城市政府也有同样的做法,他们在闹市区一座摩天大楼四面的电子看板上,打出字幕,来表扬当地的教育主管:费城恭贺克雷顿博士服务满十周年。
- 联邦快递用员工子女的名字,来给新买的飞机命名。公司以抽签的方式来挑选幸运者,选中之后,不但把孩子的名字漆在飞机的鼻尖上,而且把孩子和他的家人送到飞机工厂,参加命名仪式。
- 大西洋贝尔电话公司的移动电话部,用优秀员工的名字,作为中继站的站名。
- 全录公司在表扬员工时,公司的走廊上会响起祝贺的钟声。
- 太平洋瓦斯与电力公司的员工完成某一特殊任务时,类似轮船用的汽笛声便响遍四方。
- 为了奖励某一位店面经理,克莱尔服饰连锁店的地区经理选一个星期六,去代替那位店面经理工作一天。

- 生产医疗电子产品的物理控制公司,当每一位新员工进来时,不管他的职位高低,总裁辛普森一定找时间与他相处一个钟头,辛普森认为这样做是绝对必要的。
- 当威京货运公司雇进一批新员工时,一定会举行为期一天的新人训练,并由总裁或另一位高级主管接待他们一小时。
- 玫琳凯化妆公司的新进员工,在进公司第一个月之内,公司创办人玫琳凯·艾许,一定会接见他们。
- 田纳西的管理 21 管理顾问公司持有贵宾证的优秀员工,能够享受一个月或一个季度的免费权益,譬如在员工餐厅免费吃午餐,免费使用公司的健身中心,或者免费使用停车场。
- 福特汽车与美国电报电话公司,用他们的员工担任电视广告的角色。
- 印第安纳波利斯电力公司为优秀员工付一个月或一年的停车费。
- 每隔四五年,培尼百货公司会在全国十多个地方举行确认仪式,确认新来的店面经理。新来的店面经理在仪式里对公司的创办人念一篇承诺,在仪式结束时则获颁一枚胸针,代表荣誉、信心、服务及合作。

本章小结

【重点再现】

本章在首先介绍了工作角色和劳动态度,包括被迫式劳动、主动式劳动、创造式劳动;接着从动机的概念入手,介绍了个人动机理论和组织动机理论;再从激励的定义着手,介绍了激励机制以及与激励有关的几种人性假说,并对几种激励理论做了介绍;最后,提出了激励模型,探讨了 10 种激励措施。

(1)人的行为是由动机支配的,动机是一种能够提供精神动力、活力,从而形成激励,并能够指导或引导行为达到目的的内心状态。

(2)动机理论包括个人动机理论(需要层次理论、ERG 理论、成就动机理论)和组织动机理论(双因素理论、强化理论)。

(3)激励既包括激发、鼓励,以利益引导之意,也包括约束和归化之意。激励理论包括期望理论、途径—目标理论、公平理论。

(4)激励措施一般有以下 10 种:目标激励、领导激励、榜样激励、情感激励、参与激励、晋升激励、奖罚激励、物质(金钱、期权等)激励、公平激励、环境激励。

【难点突破】

(1)需要层次理论与 ERG 理论区别在于:① 需要层次理论以"满足—前进途径"(Satisfaction-Progression approach)为基础,但 ERG 理论除此之外,还有"挫折—退缩"(Frustration regression),退而求其次;② ERG 理论表明,在某一时间可有一个以上需要发生,这与需要层次理论的从低到高级的严格次序不同。

（2）公平理论中员工选择的参照物是一个重要变量。员工可以选择四种参照物：① 自我—内部。员工在当前组织中不同职位上的经验。② 自我—外部。员工在当前组织以外的职位或情景中的经验。③ 别人—内部。员工所在组织中的其他人或群体。④ 别人—外部。员工所在组织之外的其他人或群体。所以员工可能把自己与朋友、邻居、同事或其他组织中的成员相比较，也可以与自己过去的工作经验相比较。

（3）期望理论中，同样的东西对不同人以及对不同时期的同一人，效价是完全不同的。有人爱财，有人重名，有人名利都要，有人名利都抛。

作业与练习

一、名词解释

动机　　激励　　劳动态度　　工作角色　　工作压力

二、简答

1. 需要五层次理论与 ERG 理论的异同有哪些？
2. 常见的激励措施有哪些？

三、论述

结合理论与现实实例谈谈自己对期望理论的理解与看法。

四、案例分析

约翰·亚力山大的辞职

约翰·亚历山大是一个能干而有进取心的人。在大学里他学的专业是企业管理，而且积极参加学校的多种组织活动。大学四年成绩全是优秀，并且以优等生的荣誉毕业。

毕业后，几家全国性的大公司积极争取他去工作。约翰与他父亲商量了这一些公司给他的条件，最后，约翰决定去一家著名但比较小的炼油加工厂接受一个培训职务。他认为这家公司正在发展，很有潜力；对他来说这很重要，因为可以提高，而且有机会升职。他想如果努力工作，并且干出成绩来，他完全有机会在 35 岁时担任公司副总裁。

在到公司的前五年，约翰工作非常努力，每个星期差不多要花 80 个小时在办公室工作。公司给他的报酬也很合理。他很快被提升为低层主管经理，他的工资比刚进公司时的工资增加了 3 倍。正在这时他恋爱了。他的恋爱对象是公司总经理的女秘书吉尔·麦克唐纳，在短期热恋之后，他们结婚了。

因为家庭的新的责任，约翰不可能像以前那样每个星期工作 80 个小时，当他看到施工经理都比他有能力，而且起码都是企管硕士毕业生时。感到再往上升中层经理的职务要比他升最近一次的低层主管经理难得多。而且许多低层经理比他工作要更加努力，但在他们这些低层经理中离婚率比较高。当然，他都有自己的办法对付总经理的压力。一些人婚姻生活很美满，但就某些方面来说，他们必须牺牲一些自己的工作机会。

虽然吉尔从来没有埋怨他的加班加点的工作，而且吉尔告诉过他，她结婚时就知道他工作努力，有雄心壮志。但是，约翰还是感觉到工作与婚姻家庭之间的矛盾冲突。从此，他不再像从前那样加班加点了，他也不指望再升为中层经理了。他似乎感觉到已失去竞争力。结婚正好一年的这一天，他用他所有的积蓄现付购买了一艘中型旅游客船。当他向公司老板提交的辞职书时解释到：我对我的职位不太满意，我想试试做其他事。我知道这很难，但我想我对旅游事业有兴趣，我会成功的。我可以肯定这次改行会给我带来幸福。

【讨论思考题】

1. 为什么约翰·亚历山大突然改变他的动机？
2. 是不是大多数成功的经理都有像约翰这样的行为？
3. 为了使公司有前途的年轻经理们不要像约翰那样辞职，组织应如何对付这种情况？
4. 根据动机理论观点，如何解释约翰的行为？

本章术语

动机　　　激励　　　劳动态度　　　工作角色　　　工作压力
个性　　　气质　　　能力　　　　　性格　　　　　激励机制
正强化　　负强化　　目标管理

学习活动

利用本章所学习的内容，回忆以往生活、工作中经历到的管理者管理中的激励模式，描述一下印象中该管理者针对某一具体事件采取的激励措施的细节特写镜头，并结合学习本章后的体会，谈谈你当时的感受与现在的感想；以及换位思考一下，如果你是管理者，你的激励模式将会是怎样？

参考资料

[1] 田斌. 管理心理学[M]. 成都：西南交通大学出版社，2012.
[2] 彼得·F. 德鲁克. 管理——任务，责任，实践[M]. 北京：中国社会科学出版社，1990.
[3] 彼得·F. 德鲁克. 有效管理者[M]. 北京：工人出版社，1989.
[4] 海因茨·韦里克，哈罗德·孔茨. 管理学[M]. 北京：经济科学出版社，2004.
[5] 唐华山. 激励员工不用钱[M]. 北京：人民邮电出版社，2012.
[6] 曾仕强，刘君政. 最有效的激励艺术[M]. 北京：北京联合出版公司，2011.
[7] 文新. 有效激励员工的N个方法[M]. 北京：中国纺织出版社，2012.

[8] 赫伯特·A.西蒙.管理行为[M].北京：机械工业出版社，2007.
[9] 弗莱蒙特·E.卡斯特，詹姆斯·E.罗森茨维克.组织与管理：系统方法与权变方法[M].北京：中国社会科学出版社，2000.
[10] 赵曙明.人力资源管理研究[M].北京：中国人民大学出版社，2001.
[11] 赵曙明.国际人力资源管理[M].北京：中国人民大学出版社，2012.
[12] 赵曙明.人力资源战略与规划[M].北京：中国人民大学出版社，2012.
[13] 劳伦斯·S.克雷曼.人力资源管理[M].北京：机械工业出版社，2009.
[14] 张磊.人力资源信息系统[M].大连：东北财经大学出版社，2002.
[15] 吴振兴.人事经理工作手册[M].哈尔滨：哈尔滨出版社，2006.
[16] 于桂兰，于楠.劳动关系管理[M].北京：清华大学出版社，2011.
[17] 周三多，陈传明，鲁明泓.管理学：原理与方法[M].南京：南京大学出版社，2011.
[18] 陈维政，余凯成，程文文.人力资源管理[M].3版.北京：高等教育出版社，2011.
[19] 宋联可，杨东涛.高效人力资源管理案例：MBA提升捷径[M].北京：中国经济出版社，2009.

第六章　绩效考核

【学习指导】

1. 学习目标

（1）了解员工绩效考核标准。
（2）了解员工绩效考核的六类考核人。
（3）掌握绩效考核方法（比较法、关键事件法、目标管理法）。
（4）掌握绩效考核误差分析。

2. 学习建议

学习时间：5~8小时。
第1节建议学习时间：1~2小时。
第2节建议学习时间：2~3小时。
第3节建议学习时间：2~3小时。

3. 学习重难点

（1）绩效考核标准。
（2）绩效考核方法。
（3）绩效考核误差分析。
（4）绩效考核实践实施。

第一节　绩效考核概述

员工的努力程度关系到企业各种目标的实现，为此，企业必须设法调动员工的积极性。员工绩效管理体系，就是旨在对员工的工作绩效进行监督、测度、改进和鼓励的一种制度。绩效管理还包括提高员工各种工作能力的开发规划。绩效管理是连接企业战略和企业最终成果的一个环节（见图6.1）。

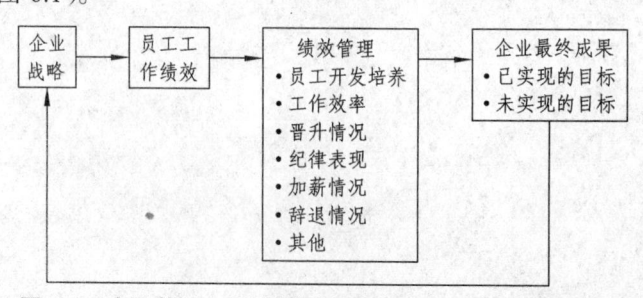

图 6.1　企业战略、工作绩效管理与企业最终成果的关系

一、员工绩效考察与衡量标准

员工绩效最终不是由管理者而是由员工自己控制的。经理的任务是帮助员工,确保使员工明白怎样从事他们的工作、什么是良好的绩效、他们现在做得怎么样、是否需要及怎样改进等。要想确定员工应如何从事工作以及其绩效是否是可接受的,就需要确定主要工作要素和制定绩效标准。

1. 主要工作要素和绩效标准

职务分析已确定了各项职务最重要的职责和任务。在职务分析的基础上,还必须确定主要工作要素。所谓主要工作要素,就是指那些用作衡量绩效的工作构成成分。如果职务设计得合理,主要工作要素就可表示哪些工作是实现企业战略所必需的。

绩效标准是企业期望员工在工作中的表现水准。每项主要工作要素均应与绩效标准联系起来。员工绩效几乎从来不是一维的,因此应给予每项职务的各个要素以不同的权重,以反映各个工作要素的相对重要程度。例如,在文字处理工作中,速度可能要比精确重要一倍,而精确则可能与按时上班和每天出勤具有同等的重要性。

2. 绩效标准的类别

各种绩效标准是用于测试和衡量绩效的一般标准。用于考核绩效的各种标准可以分为不同的类别,如以个人特点分类、以工作方式分类和以结果分类等。

以个人特点分类的标准所确定的是一些主观的性格特征,如"令人愉快的个性""主动性"或"创造力"等。这类标准与具体的工作没有太大关系,而且往往显得模棱两可。并且,往往劳动仲裁认为,基于"适应能力""一般举止"等个人特点的考核过于模糊,从而不能作为与人力资源管理有关的各种决定的依据。

以工作方式为基础的标准侧重于能使工作取得成功的行为方式。关于工作方式的标准制定起来往往比较困难,但其优点是可以明确指出管理者所希望看到的行为方式。但在这方面也存在潜在的问题,因为在一个既定的环境下,可能有几种工作方式都能取得工作上的成功。

以结果为基础的标准侧重于员工做了些什么和完成得怎么样。对那些易于衡量企业适于衡量的工作来说,以结果为基础的标准最为有用。不过,那些被衡量的部分往往容易被过分强调,而同等重要但却不易度量的部分往往被忽视了。例如,一个其个人收入只取决于销售量的汽车销售员,也许不情愿做任何与其汽车销售无直接关系的书写工作。此外,当只强调结果而不注重这些结果是如何取得的时候,还有可能导致道德甚至法律方面的问题。

3. 确立适用的绩效标准

符合实际的、可衡量的和明白无误的工作标准将使企业和员工双双受益。在一定意义上,这些标准表明了从事各项工作的"正确方法"。但应特别强调,这些标准应在工作之前制定,以使所有有关人员在开始工作之前,就得以明确什么是企业所期望的工作水准。

企业通常针对以下方面制定标准:

（1）产出数量。
（2）产出质量。
（3）完成任务的时间。
（4）工作方式。
（5）资源利用的有效性。

已往的经验表明，监管人员对业已完成的工作的数量评定一般是准确的，但在根据标准对质量进行评定时，则往往缺乏准确性。原因在于，在很多情况下，质量更具主观色彩。销售定额和生产定额是人们所最为熟悉的数量标准。

各项职务的工作标准通常由该职务任职者之外的人来确定，但实际上，它们也可有效地由从事该工作的员工本人来确定。有经验的员工一般都知道，在关于他们职务的说明中，对各种工作职责都有哪些要求。他们的负责人也同样了解。因此，在制定工作标准时，管理者可与这些有经验的员工进行卓有成效的合作。例如，对于两项有一定难度的职责，双方可协作确定以下的工作标准：

职责1：随时了解供货商在技术方面的最新进展。

工作标准：

（1）每6个月一次，邀请供货商前来介绍关于最近技术的进展情况。
（2）每年参观一次供货商的所有生产厂。
（3）出席行业内各种有关的内部试映和展览。

职责2：根据要求进行适时的价格与成本分析。

工作标准：当关于价格与成本分析过程的所有要求都得到满足时，绩效就是符合要求的。

二、员工绩效考核

绩效考核是根据职务所定工作标准来考核员工工作做得怎样，并将考核结果转达给有关员工的过程。绩效考核也被称为员工评分、员工考核、工作考评、表现评价和成果考核等。

绩效考核听起来确实很简单。有关研究发现，它被广泛地应用于工薪管理、工作改进和员工长、短处的确认。许多美国公司拥有用于办公室人员、专业人员、技术人员、监管负责人员、中层经理和非工会属生产工人的各类绩效考核体系。

绩效考核往往是经理们最不喜欢的工作事项，这一感受确实不无原因。并非所有的工作考核都具有正面作用，由于这一原因，与员工讨论考核结果往往并非是令人愉快的事。

一般说来，绩效考核在企业内承担着两种角色，而这两个角色经常被认为具有潜在的冲突。一个角色旨在通过表现考核来对某些员工进行鼓励，或对另一些员工进行某种行政性处罚。提升或解雇常常取决于工作考核，届时将使经理们感到十分棘手。另一个角色是开发绩效考核员工的各种潜能。在这种情况下，经理看起来更像一个顾问而非裁判官，而气氛通常也别有不同。这时的重点是了解员工的潜能和确定培养计划。图6.2显示了工作考核的两个具有潜在冲突的角色。

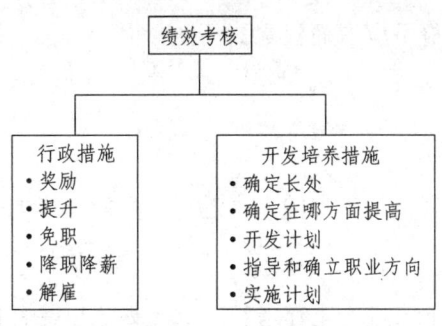

```
                        ┌─────────┐
                        │ 绩效考核 │
                        └────┬────┘
                   ┌─────────┴─────────┐
         ┌─────────────┐       ┌──────────────────┐
         │  行政措施    │       │   开发培养措施    │
         │ • 奖励       │       │ • 确定长处        │
         │ • 提升       │       │ • 确定在哪方面提高 │
         │ • 免职       │       │ • 开发计划        │
         │ • 降职降薪    │       │ • 指导和确立职业方向│
         │ • 解雇       │       │ • 实施计划        │
         └─────────────┘       └──────────────────┘
```

图 6.2　绩效考核的角色冲突

1. 行政措施

绩效考核体系通常是员工希望获得的奖励和他们的生产力或工作业绩之间的连接环节，这一连环表现为如下的方式：

生产力→绩效考核→奖励。

这种分配原则是晋级加薪应根据业绩而非资历这一理念的核心。在按功行赏的体制下，员工报酬的提高以绩效为前提。经理的角色传统上是充当下属员工表现的考核人，而考核的侧重点是对不同员工的表现进行比较。如果考核过程的任何一部分出了问题，生产力最高的人就可能得不到最高的奖励，这就会使员工感到分配不公，并由此会引发一系列的问题。

企业根据考核结果所采取的提升、免职和解雇等行政措施，对员工来说实在是事关重大。绩效考核为企业的行政措施提供了有关的依据。例如，解雇命令的正当性可以受到绩效考核的支持。由于这一原因，如果企业声称这一决定是以绩效为基础的，那么，表现考核就必须以书面的形式清楚地表明员工表现的差距。同样，基于表现的提升或降职也必须以包括考核结果在内的书面材料作为依据。

2. 开发培养措施

对员工来说，绩效考核可以作为一个基本的信息来源和改进的依据，这对他们今后的发展具有关键意义。当负责人通过工作考核确定了员工的弱点、潜能和培训需要后，就可以告诉员工他们在哪方面有所进步，与员工讨论他们需要发展哪些方面的技能，并制订出发展计划。

向员工反馈关于发展需要的信息之目的，是力图改变或强化员工的行为方式，而不是像在依考核采取行政措施情况下那样，侧重于向员工解释考核的比较结果。对企业所希望的行为方式实行正强化，是人力资源开发的一个重要组成部分。

3. 非正式评价与系统性考核

绩效考核可以采取两种方式，一种是非正式的考核，另一种是系统性的考核。非正式考核可以在负责人感到有必要的任何时候进行。经理与员工每天的工作接触，为经理提供了判断员工表现的机会。经常性地将评价信息反馈给员工，可以避免以后的正式考核结论可能引起的吃惊（以及因此产生的问题）。

当经理与员工的接触已变得常规化，并且已建立了正式的体制来报告经理对员工表现的印象和考察结果时，就可以采用系统性的正式考核。虽然非正式评价仍然有用，但在需要正式考核的情况下，非正式评价不应取而代之。

三、谁来进行考核

绩效考核可以由任何了解员工表现的人来进行，可能选择方式包括以下几种：

1. 负责人考核下属

传统上一般由负责人对下属进行工作考核。这一做法以一种假定为基础，即直接负责人最有资格对下属的绩效进行实际的、客观的和公正的考核。如同任何考核一样，负责人的考核应该客观地和真实地反映员工的实际绩效。为了达到这一目的，有些负责人用工作记录簿记下他们下属日常的所作所为。负责人的考核记录一般都被他们的老板所查阅，以确认考核工作是否被适当地予以执行。

2. 下级人员考核上级人员

由员工或小组成员来考核负责人和经理的理念如今已被大量的企业所接受。这类考核的原型产生于大专院校，在那里，学生对教授在课堂上的表现进行评定。产业部门出于企业发展的目的也采取了员工考核上级的方法。

3. 专门工作小组成员考核或同事间相互考核

当负责人没有机会观察每个员工的表现但其他小组成员或同事有此机会时，小组或同事间的考核就特别有其实用价值。小组或同事间考核最好是用于员工发展的目的，而非行政性奖罚的目的。不过，有人认为，包括小组和同事考核在内的任何形式的绩效考核，都可能对小组工作和员工参与管理的热忱产生负面影响。

4. 员工自我考核

员工自我考核在某些情况下是有效的，它实质上是一种自我开发手段。这一做法迫使员工思考自己的长处与弱点并进而确立改进的目标。如果一名员工在一个与人隔绝的环境中从事工作，或者他掌握着唯他独有的技能，那么，这个员工就是唯一有资格对他的工作进行考核的人。当然，员工可能并不一定像负责人考核他们那样考核自己，他们可能使用相当不同的标准。不过，尽管对自我考核的评价存在着难题，但员工自我考核仍可能不失为关于绩效的一个有价值的和可靠的信息来源。

5. 外部人员对内部人员进行考核

一个企业的顾客或客户显然是外部评价的来源。对于销售人员和其他服务性工作来说，顾客恐怕是能够对某些行为提供唯一真正准确看法的人。有的公司就将顾客对服务满意程度的评价作为确定高层销售经理奖励的一种辅助手段。

6. 多方人员（360°）共同考核

多方人员共同考核是近些年出现的用于促进绩效的一种新尝试，也称为360°绩效考核，与传统的考核往往来自上级而施于下属不同，360°考核采用被考核人周围所有人的评价信息。多方人员包括上级人员、下级人员、同类人员、顾客甚至包括被考核人自己共同考核，因为此种考核方式全方位、立体化，故形象化地称为360°绩效考核。

随着时间的推移，这一方法已被越来越多的企业所采用。推动形成和应用360°绩效考核的因素有多种，其中包括各种工作小组在数量上日益增加，质量强化活动使企业对顾客满意程度和有关意见更加重视等。不过，在工作小组中应用360°绩效考核产生了一个问题：是否甚至让经理也来参与对小组成员的考核，还是由小组的负责人参加即可，或只由小组成员彼此之间进行考核？在企业层次消减后，经理们也面临着一些难题。许多经理发现他们的角色发生了变化，如今企业内越来越多的人直接向他们汇报工作，使得经理在企业内推卸某些责任的可能性变得大大低于以往。

多方人员考核的结果显然可用作经理、领导或其他人员开发培养工作的参考。实际上，在有些企业，多方考核结果确实在人力资源开发方面扮演了某些角色。但在其他一些企业，多方考核结果只是被作为员工最终绩效考核的参考，而这种考核又仅仅被用来确定报酬调整和其他更为传统的行政性决定。

当360°反馈信息被用于行政性目的时，就明显地出现了一些潜在的问题。考核人之间的不同评价本身就导致了某些难题，当360°考核被用于制定处分和工薪决定时，往往使问题变得更加复杂。偏见之根植于顾客、下级和同级同事的头脑就像根植于老板和经理的脑瓜一样容易，而他们对考核评价无须负责的状态很可能影响考核的结果。因此360°考核要注意各方考核人员的权重合理科学，尽量避免考核者与被考核者的私人恩怨影响考核结果公正。不过，尽管如此，鉴于人们对当今依法所必需的行政性考核体制有充分理由的不满情绪，各种多元考核方法或许仍不失为缓解或解决问题的方案之一。

第二节　考核方法

绩效可以用许多方法来考核。最简单的考核方法只要求经理在一个特别的表格里标出员工表现水平。

一、图表考核法

图表考核法使得考核者可以以连续的方式标明员工的表现。由于其简易性，这一方法使用得最普遍。在图表为每项职责确定的等级中，考核人只需在他认为适当的级别上打上标记。更详细的考核评价可以填写在每个被考核因素旁边的用于书写评价的空格内。

图表考核法有其明显的缺陷。一方面，这一方法常常将不同的特征或要素组合在一起，而考核人只能选择一个方格来画钩。另一方面的缺陷是，在这些等级表中，有时使用的说明性文字容易致使不同考核者产生不同的理解。像主动性和合作精神这些标准就容易引起不同的理解。特别是与出色、一般、较差这些考评文字同时出现时，更容易导致五花八门的理解。由于设计起来比较容易，各种各样的考核分级方式在许多考核表中被广泛地采用。但是由于上述原因，对于那些过分依赖这些考核表的考核人来说，这种多样性往往使他们更容易出错。

二、比较法

比较法要求管理者将不同员工的绩效进行直接的相互对比。例如，数据运算负责人需将一个数据录入员的表现与另一个数据录入员进行比较。

1. 排序法

排序法指从表现最好的员工开始，自上而下地列出所有的员工。排序法最主要的缺点是员工之间差别的程度并无很好的衡量尺度。此外，如果被排列的人数太多，这一排序结果就往往缺乏实用性。

2. 钟形曲线分布法

钟形曲线分布法可用实例来说明。比如，在对护理人员进行考核时，一个护士长可能使全体护理人员的表现水平沿着某些等级而排列，在每个表现级别上填写全部护理人员的某一百分比数字。

强迫分布法实际上假定，广为人知的钟形正态分布曲线适用于任何一个给定的组群。强迫分布法也有若干缺陷。首先是负责考核的人可能不愿将任何人置于最低（或最高）组。其次，当考核人被员工问及为什么他被置于某一等级而有些其他人被置于高于他的等级时，解释起来也可能存在一定的困难。再者，当一个群组人数较少时，也许并没有理由假定钟形正态分布会符合员工表现的实际差别。最后，在有些情况下，考核者本人也可能会感到，自己被迫在员工中人为制造一个根本不存在的钟形正态分布，这会给考核者带来心理上的压力。

三、关键事件法

企业有时会要求经理人员和人力资源专家提供书面的考核资料。关键性事件就是一种书面考核资料。按照关键性事件考核方法，经理应对员工表现中最令人赞许和最令人难以承受的行为进行书面的记录。当一个员工与工作有关的"关键性事件"发生时，经理便将其记载下来。每个员工的关键性事件清单在整个考核期限内始终予以保留。当关键事件法和其他一些方法同时使用时，就可以更充分地说明为什么一个员工被给予一个特定的考核评定。

关键事件法也有其不利的方面。首先，对于什么属于关键性事件，并非在所有的经理人员那里都具有相同的定义。其次，每天或每周记下对每个员工的表现评价会很耗时间。此外，它可能使员工过分关注他们的上司到底写了些什么，并因此而恐惧经理的"小黑本"。

四、工作方式法

作为克服以上所述几种方法之问题的一种尝试，一些企业还采用了某些工作方式考核方法。工作方式法在有些情况下确实有助于克服其他方法所产生的一些问题。工作方式法注重考核员工在工作中的行为方式而非其他特征。行为定式考核、行为观察考核和行为期望考核是各种行为方式考核方法的几种类型。行为定式考核的特点，是在各种可能的行为方式中，找出员工所显示出来的最通常的行为方式;行为观察考核主要是统计某些特定行为方式出现的频次;行为期望考核是连续不断地对各种行为进行某种排列。所有这些方法都是为了确定绩效到底是杰出的、中等的还是无法接受的。

五、目标管理

目标管理指详细确定员工希望在一个适当的时期内所实现的绩效方面的各种目标,并将其列入管理计划。在此基础上,每个经理再根据所有员工们的具体目标和企业的基本目标制定自己的工作目标。不过,应注意,不应使目标管理变相地成为上级将目标强行加给经理和员工的一种工具。目标管理方法通常用来对经理人员进行考核,但目标管理的作用并不限于这种考核。根据目标管理所制定的有引导的自我考核制度,是一个包括四个阶段的过程,图 6.3 列出了这四个阶段。

图 6.4 给出了目标管理下的绩效考核系统流程:

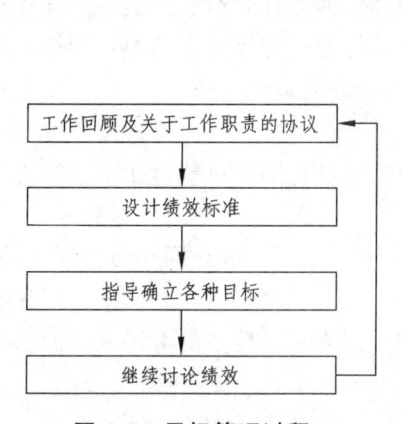

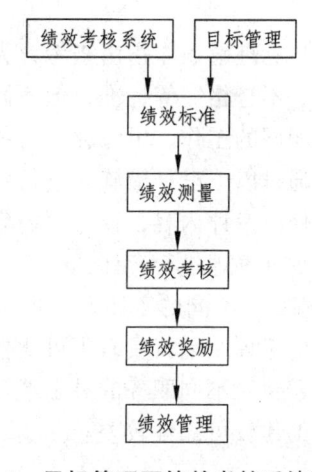

图 6.3　目标管理过程　　　　图 6.4　目标管理下绩效考核系统流程图

目标管理考核制度以三个假定为根据:

第一,如果在计划与设立各种目标和确定衡量标准的过程中,让员工也参与其中,那么,就可增强员工对企业的认同感和工作积极性。

第二,如果所确定的各种目标十分清楚和准确,那么员工就会更好地工作以实现理想的结果。

第三,绩效的各种目标应该是可衡量的并且应该直接针对各种结果。

经常出现在许多上级对下属的考核中的"具有主动性"和"具有合作精神"这些过于模糊的一般性概括评价,应该尽量予以避免。应切记,各种目标是由将要采取的各种具体行动和需要完成的各种工作所构成的。

以下是一些目标实例:
- 每月 5 日提供区域销售报告。
- 平均每月至少从 5 个客户获得新订单。
- 使工资总额保持在销售额的 10% 左右。

- 将物耗损失降到 5% 以下。
- 企业的所有空缺都在空缺出现后的 30 天内予以填补。

本书认为,目标管理考核法需要特别注意的是,目标管理考核不要只重目标结果,而忽视结果达成前的过程,否则很容易出现"胜者王败者寇"的极端绩效考核导向,从而致使组织滋生负面情绪,负能量慢慢累积,慢慢消解吞噬组织正能量,而组织渐渐积重难返致使"千里之堤,溃于蚁穴"。

考虑到企业人力资源管理实务的变通性,我们在这里仅就一般的考核方法做了简单介绍,更多的考核方法与技术大家可以在企业管理实践中实干中学习,进步远胜课堂。

第三节 考核误差分析

一、考评指标理解误差

考评指标理解误差指由于考评人对考评指标的理解的差异而造成的误差。同样是"优、良、合格、不合格"等标准,但不同的考评人对这些标准的理解会有偏差;同样一个员工,对于某项相同的工作,甲考评人可能会选"良",乙考评人可能会选"合格"。要避免这种误差,可以通过以下三种措施来进行:

(1)修改考评内容,让考评内容更加明晰,使能够量化的尽可能量化。这样可以让考评人能够更加准确地进行考评;

(2)避免让不同的考评人对相同职务的员工进行考评,尽可能让同一名考评人进行考评,员工之间的考评结果就具有了可比性;

(3)避免对不同职务的员工考评结果进行比较,因为不同职务的考评人不同,所以不同职务之间的比较可靠性较差。

二、光环效应误差

光环效应也称晕轮效应(The Halo Effect),由心理学家桑代克提出。当一个人有一个显著优点的时候,人们会误以为他在其他方面也有同样的优点。以偏概全,只看一点,不及其余,这就是光环效应。在考评中也是如此。比如,被考评人工作非常积极主动,考评人可能会误以为他的工作业绩也非常优秀,从而给被考评人较高的评价。在进行考评时,被考评人应该将所有考评人的同一项考评内容同时考评,而不要以人为单位进行考评,这样可以有效地防止光环效应。

三、趋中误差

考评人倾向于将被考评人的考评结果放置在中间的位置,就会产生趋中误差。这主要是由于考评人害怕承担责任或对被考评人不熟悉所造成的。在考评前,对考评人员进行必要的绩效考评培训,消除考评人的后顾之忧,同时避免让被考评人不熟悉的考评人进行考评,可以有效地防止趋中误差。

四、近因误差

近因效应指绩效考核中对近期绩效评价权重过高，对远期记忆模糊。

由于人们对最近发生的事情记忆深刻，而对以前发生的事情印象浅显，所以容易产生近因误差。

在考核员工绩效时，对最近时期的表现给予较大的权重。比如考评人往往会用被考评人近一个月的表现来评判一个季度的表现，从而产生误差。对于考核者来说，一般很难记住一个员工七八个月前的绩效。员工对绩效的关注也是随着正式考核日期的来临而日甚一日。负责考核的人员可以通过对正反两方面的表现进行日常记录的方式，将这类问题减少到最低限度。

消除近因误差的最好方法是考评人每月进行一次当月考评记录，在每季度进行正式的考评时，参考月度考评记录来得出正确考评结果。

五、个人偏见误差

考评人喜欢或不喜欢（熟悉或不熟悉）被考评人，都会对被考评人的考评结果产生影响。考评人往往会给自己喜欢（或熟悉）的人较高的评价，而对自己不喜欢（或不熟悉）的人给予较低的评价，这就是个人偏见误差。比如隔行如隔山（基础研究与开发研究人员之间的理解，管理与工程技术人员之间的理解）。

采取小组评价或员工互评的方法可以有效地防止个人偏见误差。

六、压力误差

当考评人了解到本次考评的结果会与被考评人的薪酬或职务变更有直接的关系，或者惧怕在考评沟通时受到被考评人的责难，鉴于上述压力，考评人可能会做出偏高的考评。解决压力误差，一方面要注意对考评结果的用途进行保密，一方面在考评培训时让考评人掌握考评沟通的技巧。如果考评人不适合进行考评沟通，可以让人力资源部门代为进行。

七、完美主义误差

考评人可能是一位完美主义者，他往往放大被考评人的缺点，从而对被考评人进行了较低的评价，造成了完美主义误差。解决该误差，首先要向考评人讲明考评的原则和方法，另外可以增加员工自评，与考评人考评进行比较。如果差异过大，应该对该项考评进行认真分析，看是否出现了完美主义误差。

八、自我比较误差

考评人不自觉地将被考评人与自己进行比较，以自己作为衡量被考评人的标准，这样就会产生自我比较误差。解决办法是将考核内容和考核标准细化和明确，并要求考评人严格按照考评要求进行考评。

九、盲点误差

考评人由于自己有某种缺点，而无法看出被考评人也有同样的缺点，这就造成了盲点误差。盲点误差的解决方法和自我比较误差的解决方法相同。

十、感情效应

感情效应（Emotional Effect）是考评者与考评对象特殊的感情关系在评价过程中的利益反映。

在社会生活中，感情是维系人与人之间关系的一根纽带，感情的亲疏密间形成了考评者和考评对象之间不同的利益关系，这种关系一旦失去原则的约束，便会造成考评结果的严重失真。

感情效应在绩效考评过程中的具体表现是：

当考评者与考评对象有着某种特殊的良好的感情关系时，为了博得评价对象的欢心，或者怕因坚持原则而得罪考评对象会给"自我"造成某种不良后果，不惜以牺牲绩效考评中的公平性、客观性原则为代价，自觉地给予考评对象高于实际水平的评价；对于那些与自己感情较差的考评对象则给予低于实际水平的评价。

感情效应的特殊表现形式是本位主义，或称本位效应。这种效应以维护本部门、本单位的利益为考评的基本准则，抬高"自我"，压低别人。感情效应在考评过程中广泛存在，因而，它的影响具有一定的普遍性。

十一、暗示效应

暗示效应是指评估人在权威人士或领导的富有暗示性讲话后会改变自己看法。

最后，需要说明的是，上面讨论的绩效考核误差在每一次考核中往往不是单一出现，而是多种综合出现的。

【案例分析】

联想集团的考核体系

联想集团从1984年创业时的11个人、20万元资金，发展到今天已拥有近万名员工，成为具有一定规模的贸、工、技一体化的中国民营高科技企业。当一大批优秀的年轻人被联想的外部光环吸引来的时候，人们不妨走入联想内部去看看联想的人力资源管理，尤其是独具特色的考核体系。联想集团的考核体系结构围绕"静态的职责＋动态的目标"两条主线展开，建立起目标与职责协调一致的岗位责任考核体系。考核实施体系的框架包括四个部分：职责分解、目标分解、目标与职责结合、考核实施。

一、静态职责分解

静态职责分解是以职责和目标为两条主线，建立以"工作流程"和"目标管理"为核心，适应新的组织结构和管理模式的大岗位责任体系。

一是明确公司宗旨，即公司存在的意义和价值；二是在公司宗旨之下确立公司的各个主要增值环节、增值流程，比如市场—产品—研发—工程—渠道—销售等；三是确立完成这些增值环节、增值流程需要的组织单元，构造组织结构：如产品流程牵头部门为各事业部产品部，服务流程牵头部门为技服部，财务流程牵头部门为财监部等；四是确立部门宗旨：依据公司宗旨和发展战略并在相应的组织结构下，阐述部门存在的目的和在组织结构中的确切定位。

确立部门职责。部门职责指部门为实现其宗旨而应履行的工作责任和应承担的工作项目，它确定了部门在公司增值流程中的工作范围和职责边界。宗旨确定部门职责的方面和方向，职责是对宗旨的细化和具体演绎。职责不是具体的工作事项，而是同类工作项目的归总，一般从以下几个方面考虑：部门在增值流程中所处的业务环节；依据穿过该部门的若干业务主线确定部门所涉及的主要职责；依据与部门相邻的部门的"输入"与"输出"关系确定职责边界、工作模式的改进与创新。部门职责能起到明确工作职责边界、减少部门之间工作职责交叉、确定部门岗位设置、制定工作流程的作用。

建立工作流程。工作流程包括工作本身的过程、信息与管理控制过程。它在部门内部，在独立的部门与部门之间、处与处之间，建立职责的联系、规章和规范。如一台电脑从开发到最终消费要经过需求调研产品规划—产品定义—产品开发—测试鉴定—工程转化—采购—生产准备—生产制造—品质测试—产品运输—市场准备—代理分销—用户服务—信息反馈诸多环节。电脑公司就是通过与这些环节建立同步的、覆盖各个工作环节的工作流程，并在全员范围内培训制定工作流程的方法，为部门协调、运作规范、揭示问题、持续改进、提升效率打下坚实的基础。

制定岗位职责。在理清了由公司宗旨、部门职责以及部门为履行职责而应遵循的工作流程后，需要将具体职责最终落实到每个岗位上。岗位职责具体明确一个标准岗位应承担的职责、岗位素质、工作条件、岗位考核等具体规定。它是以"岗位指导书"的形式出现的。岗位职责来源于部门职责的细化和工作流程的分解。比如，一个部门经理的职责由三部分组成：一是由本人具体完成的职责；二是将一部分职责分解为下属承担的职责；三是由本部门牵头，并由几个部门共同承担的职责。

二、动态目标分解

一个岗位仅仅知道"做什么""怎么做"还不够，还要知道什么时间要做到什么程度、达成什么目标。动态目标分解就是按照职责这条横线，与时间、目标这条纵线的有机整合，使各部门、岗位之间的职责和工作关系有机地协调起来。首要过程是战略规划。战略规划的过程是将企业目标具体化。公司战略更多关注的是在哪儿竞争的问题，而不是如何竞争的问题。公司范围的战略分析可以导致增加业务、保持业务、强调业务、弱化业务和调整业务的决定。业务部门将战略落实到组织每一单元的活动中去。联想的战略规划分为三个层次：集团战略发展纲要、子公司战略规划、业务部门战略规划。子公司层次的战略规划是业务部门年度业务规划的重要指导，业务规划的结果落实到每年的经营预算，各业务模块的预算都必须与业务规划相联系，在"能量化的量化、不能量化的细化"的原则指导下，业务规划按责任中心和时间进度，分解落实成具体的成本、利润、销量、时间、满意度等指标。业务规划要求首先确立宗旨、职责，根据宗旨和职责，在非常详细的环境分析基础上得出全年的目标。之后，进行经营预算、业务规划、管理规划。

三、目标分解

为保证各项规划的实施，各牵头部门在与相关部门进行沟通与交流的基础上，将目标按职责分解到相关部门。各部门根据《年度发展规划与目标》，按职责——时间分解为部门内各处的年度目标、各季度的工作目标和实施计划，形成《部门季度计划》；处级经理以上干部，要按季度分解季度目标，并列入处级经理以上干部的考核之中，形成《处季度（月）工作计划》；重要干部或岗位，要按月分解，制订月工作计划。具体到员工要落实到与岗位责任书对应，比如电脑公司采用了"目标任务书"进行方针目标管理，其要点是：针对部门目标和薄弱环节，重点抓关键环节和重要步骤，对重点工作制定改进措施和计划，并重点推进监控实施，以保证最终实现目标。确定最重要的又确实有能力解决的工作目标。一个部门或岗位一个季度的重点工作目标为3至4项；日常职责则不在"目标任务书"上体现。把企业宗旨和目标分解到个人的"岗位责任书"和"目标任务书"后，为监控和考核打下了扎实基础。

将目标落到实处，首先需要在目标与职责之间建立清晰的分解和对应关系，为了建立这种联系，集团管理部门协助建立了大量的各种运作和核算模型，最具特色的是联想电脑公司的"屋顶图"。"屋顶图"是联想电脑公司根据管理会计原理，结合自己的产品成本结构建立的一个量化的产品经营核算体系。电脑公司台式机事业部通过"屋顶图"，将所有的费用细分成广告费、部门费，成本分成材料、制造、运输、技术服务、积压、财务六块成本，再把前两年的历史数据装进去，就得到清晰的产品成本结构。这六块成本都可以落实到一个最直接的部门，比如说广告费是由市场部负责，部门费用是经营管理部负责等。这样就建立起一个架构，使开源节流的任务分解到每一个部门，控制成本的任务进而分解到每一个岗位上去，就把每项费用变成它最直接的部门考核指标。

四、考核评价

设定职责和目标后，联想利用制度化的手段对各层员工进行考核评价：

1. 定期检查评议。以干部考核评价为例，联想集团干部每季要写对照上月工作目标的述职报告、自我评价和下季工作计划。述职报告和下季工作计划都要与直接上级商议，双方认可。

2. 量化考核、细化到人。比如，电脑公司的综合考核评价体系分部门业绩考核、员工绩效考核两部分。部门业绩考核的目的是通过检查各部门中心工作和主要目标完成情况，加强公司对各部门工作的导向性，增强公司整体团队意识，促进员工业绩与部门业绩的有机结合；员工绩效考核的目的是使员工了解组织目标，将个人表现与组织目标紧密结合，客观评价员工，建立有效沟通反馈渠道，不断改进绩效，运用考核结果实现有效激励，帮助组织进行人事决策。

考核形式是多视角、全方位的，包括上级对下级的考核，平级之间、下级对上级的评议，以及部门互评等。部门互评的目的是对各部门在"客户意识、沟通合作、工作效率"等软性工作指标方面进行评价，评价结果作为对部门负责人年度绩效考核的参考依据。通过部门互评，发现组织在工作关系方面存在的问题；民主评议的目的是为了考察干部管理业绩，为干部选拔提供参考依据，并为培养干部及干部的自我发展提供参考，帮助干部清醒认识自我，建立干部提升的透明、健康发展机制。员工绩效考核和部门业绩考核每季度进行，员工绩效考核、部门互评和民主评议，每年综合考评一次。部门业绩考核均围绕"利润中心"进行考核，同时要体现各自的主题业务。

员工绩效考核的内容分两部分：一是工作业绩结果导向，针对员工根据直接上级与员工预先商定的目标业绩工作计划进行；针对各级管理者则主要是围绕"管理三要素"并分解成"目标计划、激励指导、公正考评"等管理业绩进行。二是行为表现及能力，这部分为过程导向，按普通员工、各级管理人员分别制定不同的考核标准和权重。

各部门在制定年度规划的同时，制定各自的年度考核方案及季度分解方案；各部门方案上报企管部门，由企管部门负责组织相关业务考核部门与被考核部门沟通、协商，最后确定部门考核方案，包括考核项目、权重、考核数据来源、评分标准等；人力资源部根据考核方案，计算考核得分，再根据部门类别对应，计算分值并反馈给各部门。员工绩效考核则是由个人根据工作述职报告、绩效考核表自评打分，再与直接上级共同商定制订下一季度工作计划、考核表，作为下一季度业绩考核的主要依据；直接上级在员工自评基础上，对照工作计划考核表和员工的实际业绩和表现进行打分，同时对其下一季度的工作计划、完成效果、考核建议等进行审批，通常采用面对面交流或每季一次的干部民主生活会形式；部门总经理对员工及所属部门的考核等级进行审核调整后，汇总到人力资源部，要求符合公司的正态分布比例；绩效面谈：告之考核结果，肯定成绩，提出改进意见和措施，挖掘员工潜力，同时确定下季度工作计划，面谈结果双方签字认可；员工如果对考核评定过程有重大异议，有权向部门总经理或人力资源部提出申诉；所在部门及人力资源部为每位员工建立考核档案，考核结果作为工薪、年度奖金、干部任免、评选先进、岗位调换以及考核辞退的重要依据。

本章小结

【重点再现】

本章首先对绩效管理和绩效考核概况做了介绍，包括绩效考核标准、绩效考核措施、绩效考核人员；接着本章简要介绍了绩效考核方法，着重从基本概念层面进行了介绍；最后我们对绩效考核误差做了分析。

（1）绩效考核的前提是确定好绩效考核标准，企业通常针对以下方面制定标准：产出数量、产出质量、完成任务的时间、工作方式、资源利用的有效性等。

（2）绩效考核方法，一般包括图表考核法、比较法、关键事件法、工作方式法、目标管理法等。

（3）绩效考核方式一般包括：负责人考核下属、下属考核上级、同事间相互考核、外部客户考核内部人员、员工自我考核等。目前多综合进行，也即360°考核。

（4）绩效考核的误差主要有如下方面：考核指标理解误差、光环效应误差、趋中误差、近因效应、个人偏见误差、压力误差、完美主义误差、自我比较误差、盲点误差、感情效应、暗示效应。

【难点突破】

（1）360°考核要注意各方考核人员的权重合理科学，尽量避免考核者与被考核者的私人恩怨影响考核结果公正。

（2）目标管理考核不要只重目标结果，而忽视结果达成前的过程，否则很容易出现"胜者王败者寇"的极端绩效考核导向，从而致使组织滋生负面情绪，负能量慢慢累积，慢慢消解吞噬组织正能量；组织渐渐积重难返致使"千里之堤，溃于蚁穴"。

（3）各种绩效考核误差在每一次考核中往往不是单一出现，而是多种综合出现的。

作业与练习

一、名词解释

360°考核　　关键事件法　　近因效应　　光环效应

二、简答

常见的绩效考核误差有哪些？

三、论述

结合理论与现实实例谈谈目标管理考核法中只重视结果忽视过程的后果、危害。

四、案例思考

天龙航空食品公司

罗某在天龙航空食品公司担任地区经理快一年了。她分管10家供应站，每站有1名主任，负责向一定范围内的客户销售和服务。

天龙公司不仅服务于航空公司，也向成批订购盒装中、西餐的单位提供所需食品。天龙公司请所有需要的厨房工作人员，采购全部原料，并按客户要求的规格，烹制订购的食品。供应站主任要负责订计划、编预算、监控分管指定客户的销售服务员等活动。

罗某上任的头一年，主要是巡视各供应站，了解业务情况，熟悉各站的所有工作人员。通过巡视，她收获不少，也增加了自信。罗某手下的10名主任中资历最老是老马。他只念过一年大专，后来就进了天龙，从厨房带班长干起，三年多前当上了如今这个供应站主任。

近一年的接触，罗某了解了老马的长处和缺点。老马很善于和他重视的人，包括他的部下和客户们搞好关系。他的客户都是"铁杆"，三年来没一个转投向天龙的对手去订货的；他招来的部下，经过他指点培训，在好几位已被提升，当上其他地区的经理了。不过他的不良饮食习惯给他带来严重的健康问题，身体过胖，心血管病加胆囊结石，使他这一年里请了三个月病假。其实医生早给过他警告，他置若罔闻。再则，他太爱表现自己了，做了一点小事，也要来电话向罗某表功。他给罗芸打电话的次数,超过另9位主任的电话数总和。罗某觉得过去共过事的人没有一人是这样的。

由于营业扩展,已盛传要给罗某添一名副手。老马已公开说过,站主任中他资格最老,他觉得这地区副经理非他莫属。但罗某觉得老马若来当她的副手,真叫她受不了,两人管理风格太悬殊;再说,老马的行为准会激怒地区和公司的工作人员。

正好年终考绩要到了。公开地讲,老马这一年的工作,总的来说,是干得挺不错的。天龙的年度考绩表总体评分是10级制,10分是最优;7~9分属良,虽然程度有所不同;5~6分合格,中等;3~4分是较差;1~2分最差。罗某不知道该评老马几分。评高了,他就更认为该提升他;太低了,他准大为光火,会吵着说对他不公平。

老马自我感觉良好,觉得跟别的主任比,他是鹤立鸡群。他性格开放豪迈,爱去造访客户,也爱跟手下人打成一片,他最得意的是指导部下某种新操作方法,卷起袖子亲自下厨,示范手艺。跟罗某谈过几次后,他就知道罗某讨厌他事无巨细,老打电话表功,有时一天两三次,不过他还是想让她知道干的每项成绩。他也知道罗某对他不听医生劝告,饮食无节制的看法。他为自己学历不高但成绩斐然而自豪,觉得这副经理就该提他,而这只是他实现更大抱负的过程中的又一台阶而已。

考虑再三后,罗某给老马考绩总体分评了个6分,她觉得这是有充足理由的:因为他不注意卫生,病假三个来月。她知道这分数远低于老马的期望,但她要用充分说理来坚持自己评的分。然后她开始考虑给老马各考评维度的分项分数,并准备怎样跟老马面谈,向他传达所评的成绩结果。

【讨论思考题】
1. 你认为罗某给老马等的成绩是用的什么方法?
2. 罗某对老马绩效的考评合理吗?老马不服气有令人信服的理由吗?
3. 天龙公司的考绩制度有什么需要改进的地方?你建议该公司应做哪些改革?

本章术语

绩效考核	图表考核法	关键事件法	工作方式法
晕轮效应	近因误差	感情效应	暗示效应
个人偏见误差	考评指标理解误差	完美主义误差	自我比较误差
盲点误差	压力误差	趋中误差	

学习活动

利用本章所学习的内容,回忆以往生活、工作中经历到的管理者的绩效考核与绩效管理模式,描述一下印象中该管理者绩效考核的具体做法,并结合学习本章后的体会,谈谈你当时的感受与现在的感想;以及换位思考一下,如果你是管理者你将会怎么进行该次绩效考核?

参考资料

[1] 彼得·F. 德鲁克. 管理——任务，责任，实践[M]. 北京：中国社会科学出版社，1990.
[2] 彼得·F. 德鲁克. 有效管理者[M]. 北京：工人出版社，1989.
[3] 赫伯特·A. 西蒙. 管理行为[M]. 北京：机械工业出版社，2007.
[4] 弗莱蒙特·E. 卡斯特，詹姆斯·E. 罗森茨维克. 组织与管理：系统方法与权变方法[M]. 北京：中国社会科学出版社，2000.
[5] 赵曙明. 人力资源管理研究[M]. 北京：中国人民大学出版社，2001.
[6] 赵曙明. 国际人力资源管理[M]. 北京：中国人民大学出版社，2012.
[7] 赵曙明. 人力资源战略与规划[M]. 北京：中国人民大学出版社，2012.
[8] 劳伦斯·S. 克雷曼. 人力资源管理[M]. 北京：机械工业出版社，2009.
[9] 郝忠胜，刘海英. 人力资源管理与绩效评估[M]. 北京：中国经济出版社，2005.
[10] 朱飞. 绩效管理与薪酬激励[M]. 北京：企业管理出版社，2008.
[11] 李宝元. 绩效管理：原理方法实践[M]. 北京：机械工业出版社，2009.
[12] 张磊. 人力资源信息系统[M]. 大连：东北财经大学出版社，2002.
[13] 吴振兴. 人事经理工作手册[M]. 哈尔滨：哈尔滨出版社，2006.
[14] 蔡剑，张宇，李东. 企业绩效管理[M]. 北京：清华大学出版社，2007.
[15] 周三多，陈传明，鲁明泓. 管理学：原理与方法[M]. 南京：南京大学出版社，2011.
[16] 范秀成，英格玛·比约克曼. 外商投资企业人力资源管理与绩效关系研究[J]. 管理科学学报，2003（2）.
[17] 陈维政，余凯成，程文文. 人力资源管理[M]. 3版. 北京：高等教育出版社，2011.
[18] 宋联可，杨东涛. 高效人力资源管理案例：MBA提升捷径[M]. 北京：中国经济出版社，2009.

第七章 薪酬制度

【学习指导】

1. 学习目标

（1）了解劳动报酬的概念及分类。
（2）了解报酬的战略意义。
（3）了解报酬策略与目标。
（4）掌握工薪制度设计方法。
（5）掌握宽带薪酬。
（6）了解奖励类型。
（7）掌握员工福利类型。

2. 学习建议

学习时间：3~5小时。
第1节建议学习时间：2~3小时。
第2节建议学习时间：1~2小时。

3. 学习重难点

（1）报酬的战略意义。
（2）宽带薪酬概念以及实践。
（3）工资挤压的解决方案。
（4）"黄金降落伞"制度。
（5）福利的隐性激励。

第一节 劳动报酬

从最本质的意义上说，劳动报酬是对人力资源的成本与吸引和保持员工的需要之间进行权衡的结果，是劳动者付出体力或脑力劳动所得的收入以及其他等价物，体现的是劳动者创造的社会价值。一般说来，每个企业都有自己的薪酬制度，大多数企业都力图借助薪酬制度对其员工的知识、技能和能力提供尽可能合理的报酬。另外，薪酬制度也是支持实现企业目标和战略的手段之一。

一、报酬的含义和分类

从某种意义上说,报酬是以工作的吸引力和酬劳数量为基础在企业之间进行人员配置的一种机制。为了雇用和保持所需要的员工,企业就必须在几种类型的报酬方面具有说得过去的竞争力。报酬可以是有形的也可以是无形的。如同图7.1所示,有形的(财物的)报酬分为两大类:直接报酬和间接报酬。在直接报酬制下,企业为员工提供实际的有形利益,最通常的表现形式是工薪和奖励。

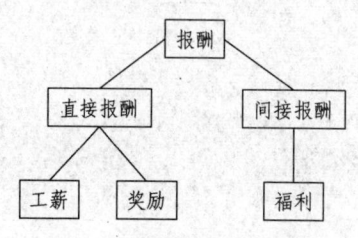

```
                报酬
              /      \
        直接报酬    间接报酬
         /    \         |
       工薪   奖励     福利
```

图7.1 报酬类别的划分

薪金是员工所得到的最基本的报酬,通常分为工资和薪水。奖励用以报答员工在常规工作以外所付出的努力。奖励的方式通常包括奖金、佣金和利润分享等。

在间接报酬下,员工得到非现金形式的有形奖励。福利就是一种间接奖励,一般包括健康保险、带薪假期或退休金等形式。这些奖励作为企业成员福利的一部分,奖给职工个人或者员工小组。

二、报酬的战略意义

由于报酬是非常重要的事项,因此,报酬观和目的必然反映企业总的文化、观念和战略计划。通常,新兴企业的报酬措施往往不同于成熟的官僚化企业的分配方式。企业应特别注重使其分配方式与企业自身的文化协调一致,尤其是当企业在竞争压力下努力改变自身文化的情况下,就更是必须如此。

(一)报酬观

报酬首先应从战略的角度来看待。由于大量的资金被用于报酬和与报酬有关的事项,因此,对最高管理层和人力资源高管来说,当他们在确立报酬观以指导报酬计划时,必须使报酬从"战略上"适应企业的目标,这一点对企业来说是至关重要的。

有两种基本的报酬观,并且,这两种报酬观处于完全对立的两极。在一极的终端是津贴观,在另一端是业绩观。

1. 津贴报酬观

津贴报酬观在许多企业通过报酬措施得以反映。这些企业一般每年都自动给员工增加报酬。大多数员工每年的报酬都按照等比例或近乎等比例增长。赞许津贴观的员工认为,不论企业和经济状况发生了什么变化,那些又干了一年的员工有权利既增加基本工薪,又保持原有的奖励和福利不变。在遵循津贴观的企业中,工薪增长被普遍地视为提高生活费的手段,而不论工薪提高是否和实际的经济指标相挂钩。遵循津贴观最终意味着,只要员工们继续他们的就业生涯,那么不管员工的工作表现和企业在各方面所面临的竞争压力如何,企业的费用都不得不一步步上升。

2. 业绩报酬观

在遵循业绩报酬观的情况下,没有人被保证仅仅因为在企业又工作了一年而增加报酬。相反,工薪和奖励主要以工作表现为依据。工作表现好的员工的报酬可得到较大的增长,而那些表现较差的员工在报酬上则往往几无增加。当然,实际上很少有企业在报酬措施的所有方面都彻底以工作表现为依据。不过,在席卷许多产业部门的企业重组中,打破津贴模式的做法正与日俱增。

(二)报酬的基础

另一个战略性的问题是,在设计各种报酬制度特别是基本报酬方案时,应怎样体现企业的报酬观和企业的各种目标。可供参照的分配依据有数种类别,不同的类别可用于不同的方面。

1. 按时间与按生产力付酬

企业可以根据员工花在工作上的时间来付酬,也可以根据工作总量来付酬。许多企业采取双轨制的付酬方法,即对一部分员工实行小时工资制,对另一部分员工实行薪水制。这两种分配方式是根据职务的性质而确定的。小时工资制是一种以工作时间为基础的最通用的付酬方式,按工作小时取酬的员工拿到的是工资(wage),工资总额直接根据工作小时数计算而得。相比之下,对那些以薪水(salary)形式获得报酬的员工来说,不论他们的工作小时数如何,他们所得到的报酬基本上总是一致的。一般说来,拿薪水的员工比拿工资的员工的地位相对要高一些。

另一种分配的依据是工作表现或生产力。最直接以生产力为基础的报酬制度是计件工资制,它是根据工作的数量支付报酬。例如,电话销售公司可以按每销售一件产品支付一定量的报酬。

2. 按职责与按知识和技能付酬

大多数基本报酬方案的设计原则,是按员工所完成或承担的任务、职责和责任来支付报酬的。一般说来,报酬在相当大的程度上与职务有关,也就是说,员工所从事的职务类别往往是确定基本报酬高低的依据。

如果员工的职务相比之下要求任务更加多变、更多的知识和技能、更大的体力付出和更苛刻的工作条件,那么他们所得的报酬往往就会比较高。

越来越多的企业开始按照员工尤其是小时工资制员工的技能或胜任能力来支付报酬,而不再按照所完成的具体工作任务来支付报酬。根据技能支付报酬的办法,对那些多才多艺和技能不断提高的员工形成了鼓励。在按知识付酬或按技能付酬的制度下,员工从一个起点报酬标准开始,随着不断学会从事他种工作或获得其他技能,其报酬也相应得到不断的提高。之所以采用这种分配方式，是因为员工在各方面的不断提高使他们对企业具有了更高的价值。

三、报酬策略与目标

鉴于许多部门和企业在分配方面发生的各种各样的变化，人们普遍认识到，以往所遵循的传统的报酬措施正在逐渐演化并将在未来表现出很大的不同。实际上，几乎在所有企业，报酬计划都应针对以下三个目标：

（一）遵纪守法

首先，在企业所涉足的所有领域，报酬方案都应服从法律的约束和规定。大量的法律和规定都会影响关于工薪、奖励和福利的决策。在设计和实施报酬方案时，企业必须牢记各种法律的限制。最低工资标准和工作小时数就是法律所干预的两个重要方面。相关法律法规参见附录。

（二）费用的有效性

鉴于企业所面对的各种竞争压力，企业必须使报酬成为有效的并且是企业有能力承担的花费。在大多数情况下，提供过高报酬的企业将很难与付酬相对较低但却更有效的企业进行竞争。

（三）公　平

人们希望在基本工薪、奖励和福利等所有的报酬方面享有合理的对待，这就是公平的观念。换句话说，公平就是人们对一个人的所做（投入）和所得（产出）关系的合理性的感受。投入是一个人带给企业的东西，包括教育水平、年龄、经历、生产力以及其他的技能和能力。这个人所得到的东西是他用工作所交换来的各种回报。所得包括工薪、福利、表彰、成就、威望和其他种种报答。应注意，产出既可以是有形的（来自身外的报答如工薪和福利等），也可以是无形的（内在的回报如被人赏识和获得成就感）。公平涉及两个方面：

1. 报酬分配过程公正与结果公正

在关于企业的研究中，有一个日益重要的公平议题，即企业公正问题。其中所涉及的两个重要的方面，是分配过程公正和分配结果公正。分配过程公正指关于员工报酬决定的过程和程序的公平性受到普遍的认同。基本报酬、工薪增长以及工作表现衡量标准的确定过程，都应使人们感到合情合理。分配结果公正指对劳动报酬分配的合理性的感觉。企业必须认真贯彻分配公正原则。

2. 保密的与公开的分配制度

另一个关于公平的问题涉及企业对其分配制度所允许的公开或保密程度。被保存在"封闭"系统内的分配信息包括：其他人的收入水平、工薪增长情况和企业的分配等级和变化幅度等。

禁止讨论个人收入的政策很可能被违背。同事间有时会交换关于报酬的信息。此外，阐明分配制度有助于防止扭曲的信息以小道消息的方式散播。通过使分配曝光，那些真正按工作表现分配的企业就可以进一步强调工作表现对于获取更高收入的必要性。在存在客观的个人表现标准的情况下，分配曝光的作用尤其明显，比如对某些销售工作就是如此。

如何在企业薪酬管理中运用公平理论？下面是相关的12点建议：

（1）建立按劳分配的报酬体系。
（2）确保薪酬政策的内部一致性。
（3）做到男女同工同酬，它也是薪酬政策内部一致性的表现。
（4）保持本组织薪酬水平与其他组织薪酬水平相比较时的竞争力。
（5）保证员工的薪酬逐年得到增长，特别是扣除物价指数增长之外，还略有增长。经济萧条时，如削减薪酬，一定要做好充分的论证和其他准备工作。
（6）在坚持公平原则的基础上，要坚持效率优先的原则。具体体现在分配，主要以绩效为基础。
（7）考虑合理的薪酬结构。
（8）增加其他形式（除了金钱之外）的报酬（如温暖、尊重、互助、信任、团结、认可的人际环境）。
（9）保证报酬的分配过程公平、公正。如规章制度制定过程中讨论、统计工作量和绩效考核的公开、透明。
（10）妥善运用发放薪酬的保密制度。
（11）依法治企，奖惩明确。不可因领导个人好恶随意变更管理规章制度。
（12）当员工产生不公平感的时候，有相应的机构或人员对其不满给予关注和受理，如平等机会委员会、总经理信箱。还要加以必要的疏导，如模拟发泄室、说服教育和心理辅导等。

【拓展资料】

报酬高低对运动员行为表现的影响

哈德（Hader，1992）调查了过高的工资和过低的工资对篮球与垒球运动员的影响。他认为垒球基本属于个体化的运动，对大多数垒球运动员来说，他们的绩效获得了过高的报酬，但这些感到报酬过高的人绩效也高。而篮球是团体性的运动，而那些报酬过低的队员，则是为他们自己打球，而不是与队友合作打球。从这一观察中可以预测，那些感到报酬过低的人会增加自己得分的机会，而忽视其他队友正站在有利位置，应把球传给他们。

（四）工资和薪水管理

基本报酬的设计、实施和日常管理被称为工资和薪水管理。工资管理的目的，是力求使报酬既有竞争力又具公平性。构成报酬管理活动基础的，是企业作为分配指导原则的分配政策。

企业必须制定作为分配指导原则的分配政策。在员工报酬分配方面，只有制定统一的政策，才能保证分配上的协调性、一致性和公平性。

在市场工资与企业工薪的关系方面，企业必须做出基本的政策性决定。该决定应确定，相对于人才市场的工资水平而言，企业愿意将自己的工薪标准保持在什么样的相对水平。从另一个角度看，这也就意味着，企业必须确定它希望在人才市场上保持什么样的竞争力。

有些企业特别是一些小企业并没有正式的工薪制度。小企业往往假定，其他企业的工薪标准就是某项职务价值的准确反应，从而它们通常也就按照市场价格来确定本企业的工薪水平。所谓市场价格，就是在当前人才市场上，大多数企业付给某项职务的通行的工资水平。

四、工薪制度的设计

如图 7.2 所示，在进行工资与薪水设计时，职务说明和职务要求细则应该已经准备完毕。然后，职务说明和职务要求细则被用于两项工作事项：职务级别评定和报酬调查。这两项工作的目的，是保证分配制度的内部公平性和外部竞争力。这两项活动所积累的资料被用来设计工薪结构，包括确定工薪等级和最低至最高工资的上下限。在工薪结构设计完毕后，每项职务都必须给予一个相应的工薪等级。在此基础上，还须根据工作年限和工作表现对每个员工的工薪进行一定的调整。最后，企业还必须对工薪制度执行情况进行监测，以根据新情况不断加以改进。

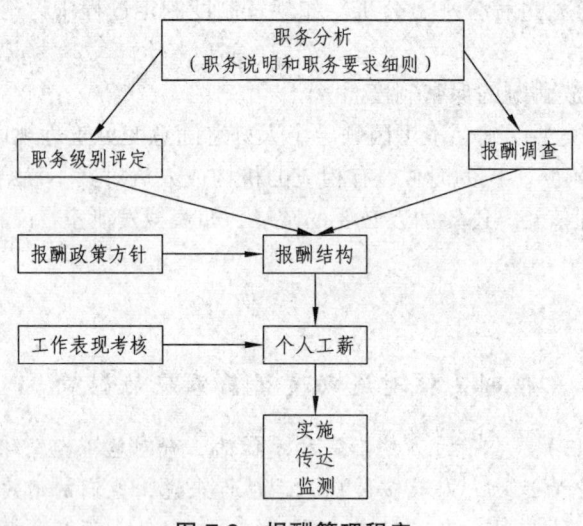

图 7.2　报酬管理程序

（一）职务级别评定

职务级别评定的目的，是确定企业各项职务的相对重要性。它是职务分析的自然结果，同时又以职务说明和职务要求细则为基础。在职务级别评定中，企业对每一项职务都要进行认真审查，并在最后根据下列特征确定每个职务的级别：

（1）该职务的相对重要性。

（2）与其他职务相比，这项职务所需要的知识、技能和能力。

（3）与其他职务相比，这项职务的难度。

在职务级别评定中，应注意的重要一点，是应使员工感到，他们的报酬相对于其他职务的报酬而言，能够说得过去。由于企业内的职务各式各样，因此，确定基本工作职务尤其必要。所谓基本工作职务，是指那些见诸于许多企业而在本企业又有多人来从事的职务，并且，从事这些职务的员工又具有大致相同的职责，同时这些职责又相对比较稳定和要求大致相同的知识、技能和能力。工薪制度的设计有以下几类方法：

1. 排序法

排序法是职务评定方法中较简单的方法之一。该方法根据各项职务对企业的重要性，从高到低将各项职务予以一一排列。排序的依据，是该职务整体上的重要程度，而非某些个别组成部分的重要性。可供采用的排序方法有多种。

2. 分类法

分类法是以责任大小和在能力和技能、知识、职责、工作量和经历等方面的要求为依据，将企业的各类职务分别定级。然后将各种级别排列成为一个体系。

3. 计分法

计分法是最为广泛采用的职务级别评定方法，它比排序法和分类法要复杂得多。计分法首先确定与职务有关的报酬要素，并给予这些要素以不同的权数或分数。报酬要素用来确定多种职务所共有的工作价值。这些要素是根据职务分析而确定的。例如，对仓库和制造场所的职务来说，体力要求、可能遇到的风险以及工作环境就可以作为报酬要素，并给予较大的权数。而对大多数办公室和文书性的职务来说，上述因素就无足轻重。因此，在确定报酬要素和权数时，必须以职务的性质和特点为依据。

4. 要素比较法

要素比较法是一种综合性的数量方法。该方法是通过将排序法和计分法组合一体而成。要素比较不仅确定了哪项职务对企业更加重要，而且还确定了重要多少，从而使得更容易将报酬要素的价值转化成货币工资。

5. 计算机化的职务级别评定方法

计算机化的职务分析软件的出现，促进了计算机化的职务级别评定方法的开发和利用。不过，一般说来，在运用计算机职务级别评定软件时，仍需要首先由人来确定职务报酬要素的相对重要程度即权重。

6. 职务评级和报酬平等

企业在确定工薪水平时，通常需要在很大程度上参照人才市场的工薪水平。使企业工薪水平与市场大致相等，是企业在必要时，为其分配制度进行辩护的主要依据。等值等酬指对需要类似知识、技能和能力的所有职务支付大致相同的报酬。根据等值等酬的原则，只要不同的职务具有同等的价值，那么，不论这些职务实际的职责有多大差别，也不论在人才市场上这些职务的实际工资率如何千差万别,企业都应该对这些职务支付大致同等的报酬。

（二）报酬调查

为了确定企业的分配制度，企业还须对其他企业对同样职务支付报酬的情况进行调查。调查的目的是搜集有关工薪水平的详细资料。企业可以自己进行直接调查，也可以利用其他企业或机构的有关调查资料，企业可以从许多不同的渠道得到这类调查资料。

（三）宽带薪酬

宽带薪酬始于20世纪90年代，是作为一种与企业组织扁平化、流程再造等新的管理战略与理念相配套的新型薪酬结构而出现的。

所谓"宽带薪酬设计"，就是在组织内用少数跨度较大的工资范围来代替原有数量较多的工资级别的跨度范围，将原来十几甚至二十几、三十几个薪酬等级压缩成几个级别，取消原来狭窄的工资级别带来的工作间明显的等级差别。但同时将每一个薪酬级别所对应的薪酬浮动范围拉大，从而形成一种新的薪酬管理系统及操作流程。宽带中的"带"意指工资级别，宽带则指工资浮动范围比较大。与之对应的则是窄带薪酬管理模式，即工资浮动范围小，级别较多。目前国内很多企业实行的都是窄带薪酬管理模式。

在宽带薪酬体系设计中，员工不是沿着公司中唯一的薪酬等级层次垂直往上走，相反，他们在自己职业生涯的大部分或者所有时间里可能都只是处于同一个薪酬宽带之中，他们在企业中的流动是横向的，随着能力的提高，他们将承担新的责任，只要在原有的岗位上不断改善自己的绩效，就能获得更高的薪酬，即使是被安排到低层次的岗位上工作，也一样有机会获得较高的报酬。

宽带薪酬具有以下几方面的独有的特征与作用：

（1）宽带薪酬适应企业战略动态调整的需要。
（2）支持组织扁平化设计。
（3）关注员工技能和能力的提高。
（4）有利于职位轮换与员工职业生涯发展。
（5）促进绩效的改进。
（6）配合劳动力市场上的变化。

五、员工工薪报酬

一旦确定了工薪等级，企业就可以确定每个人的工薪水平。企业可在每一等级内部设定一个变化区间，这一做法增加了工薪变动的灵活性，它使员工的工资可以在一个等级内逐步上升，而不必在每次提薪时都不得不让他们跳到一个新的等级。不论工薪结构设计得怎样完美，一般总会有少数人员的工薪低于最低限或高于最高限。那些工薪高于最高限的在职人员被称为红圈员工，而那些工薪低于最低限的员工则被称为绿圈员工。

（一）工资挤压

工资挤压是许多企业所遇到的一个重大问题。当不同经历和不同表现的员工间的工薪差别变得很小的时候，就出现了所谓的工资挤压。工资挤压产生的原因不一而足，但最主要的原因，在于人才市场上工资水平的增长快于企业工资的调整。

在有些情况下，由于市场竞争造成了拥有某些技能之人员的短缺，企业为了获得掌握稀缺技能的人员，在支付报酬时，往往就不得不偏离自己所定的等级。例如，假定一家公司对焊工职务的价值评价为每小时 20 元～35 元，但是由于市场上焊工短缺，其他企业支付焊工的报酬已达每小时 50 元。在这种情况下，如果企业急需焊工，那么，为了雇到新的焊工，该企业就不得不支付时薪 50 元或更高的工资。但是，如果企业现有的焊工已在企业干了好几年，并且他们的起薪为每小时 20 元，以后每年提高 4%，那么，到目前为止，他们的时薪仍然低于 50 元。也就是说，他们的工资仍然低于这位新来的员工。如果遇到了这种工资挤压的情况，企业一般不得不使现有有关员工的工资依工作年限而上台阶，当然，前提是他们的工作表现必须是令人满意的甚至更好。

（二）工薪增长

一旦等级间隔确立并且每个员工已对号入座，管理者就须将注意力放在对员工工薪的调整上。确定工薪增长的方式有多种：

1. 按劳付酬制度

许多企业表示信奉按劳分配原则。为此，就需要设计一种将工作考核和工薪变动结合起来的分配制度，并平等地应用于每个员工。通常，这种结合通过使用工薪调整矩阵或薪酬导图来完成。运用工薪调整矩阵对不同人员的工薪进行调整时，一般以个人相对工薪率为部分依据。相对工薪率系用个人工薪水平除以工薪上下限的中值而得。图 7.3 为工薪调整矩阵图。

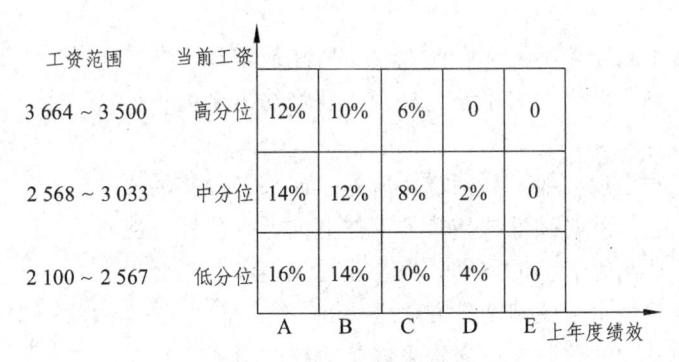

工资范围	当前工资	A	B	C	D	E
3 664～3 500	高分位	12%	10%	6%	0	0
2 568～3 033	中分位	14%	12%	8%	2%	0
2 100～2 567	低分位	16%	14%	10%	4%	0

图 7.3　工资调整矩阵图

2. 根据生活成本调整薪金

为了使员工在通货膨胀期间的实际薪金保持不变，以一定的比例给所有的员工加薪。

3. 根据资历调整薪金

资历指在企业或某一职务上工作的时间，它也可以作为增加工资的依据之一。许多企业规定，雇员须在工作一段时间后才有资格增加工薪。一旦员工工作期限超过了规定的要求，其工薪通常就会根据资历自动调整。

4. 一次性加薪

一次性加薪有时也称为工作表现奖励，它是一次性付给的年度加薪。有些企业规定，一次性加薪的数额不能超过全部业绩奖励总额的某一比例。还有的企业将一次性加薪分两次支付，每半年支付一次。

六、企业高管报酬

许多企业，特别是大企业，对企业高管实行单独的报酬分配方式。我们这里说的企业高管通常指占据企业两个最高职务的人，如总裁和第一副总裁。有时也包括另外少数高层人士。企业高管的报酬通常既包括工薪，也包各种奖励和其他的报酬形式。企业之所以对高管实行单独的报酬分配方式，主要是基于两方面的考虑：① 将付给企业高管的报酬与企业在某一时期全部的经营情况相挂钩；② 确保付给企业高管的一揽子报酬方案，比那些可能雇用他们的其他企业的一揽子报酬方案更具吸引力。

1. 报酬委员会

报酬委员会通常是企业董事会的一个下属小组，这个小组一般由企业高层人士以外的董事所组成。报酬委员会的任务，是向董事会提出各种分配方面的建议，建议的内容主要包括：总的分配政策、高层人员的薪水、辅助性报酬如持股权和奖励以及给予企业高管的特别待遇等。

2. 企业高管报酬的构成

图 7.4 显示了企业高管报酬的构成要素，包括薪水、年度红利、长期性奖励、附加福利和特别待遇。

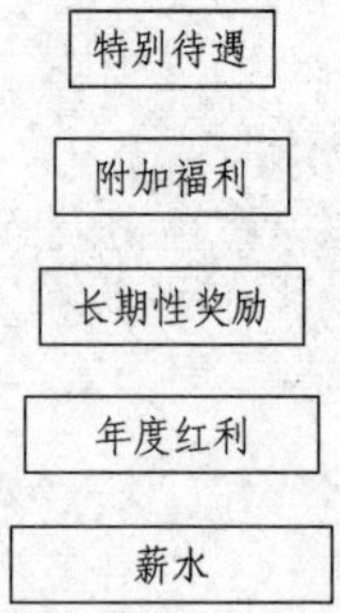

企业高管的薪水因业务种类、企业规模、所在地域和所在行业的不同而高低有别。就平均水平看，高管的薪水约占全部年报酬的三分之一左右。

企业高管的工作表现一般不易确定。但是，如果各种奖励要不失其意义，那么它们就必须反映高管的工作业绩。有几种方法可以用来确定对企业高管人员的奖励。由企业总经理和董事会根据判断来斟酌确定奖励水平的制度是方法之一。

图 7.4　企业高管报酬构成

以工作业绩为基础的奖励方法通常采取持股权的形式，其目的是将企业高管的报酬与企业的长期发展和成功绑在一起。持股权指给予个人的购买公司股票的权利，通常是按照优惠的价格购买。由于不同地域和不同时期税收法律的不同，持股权的类型也因此而多种多样。

当企业的股票数量是封闭的时候，企业可采用给予"股票等价物"的方式，其形式有虚拟股票和增值权益。对于那些握有虚拟股票或享有增值权益的人来说，企业将在未来各个时期按股票增值额付给他们一定的现金，每一时期所得现金总量，一般根据给予其虚拟股票或股票增值权益时的本金价值来确定。

企业高管的福利如同其他员工一样，也可采用多种形式，如传统的退休金、健康保险、假期等。不过，企业高管的福利通常还包括其他雇员所没有的东西。

除了全体员工所得到的常规性福利以外，企业高管通常享有被称为特别待遇的某些福利。特别待遇是企业高管特有的福利，通常采用非现金的形式。特别待遇一方面将企业高管与企业的命运拴在一起，另一方面还可显示他们对企业的重要性。对许多高管来说，他们主要看重的是特别待遇对其地位的强化价值。

某些企业主还享有一种被称为"黄金降落伞"（Golden Parachute）的独特待遇。根据这项待遇，企业主管在失去工作或其所在企业被其他企业收购时，企业为他们提供某些保护和保障。通常的做法是，企业在它与高管所签的雇用合同中，写入一项特殊的补偿条款，一旦由于收购或兼并而使企业高管受到负面影响，他们就可得到这笔补偿。

3. 对于企业高管报酬的批评

大量的批评将矛头直指企业高管们的报酬。一种批评认为，它提供的并非真正以经营业绩为基础的长期性回报。相反，尽管企业经营情况从长期看很平庸，但某一年的经营业绩却可为企业高管们带来丰厚的报酬。另一种批评认为，虽然辅助报酬如奖金和持股权被假定与企业的经营状况捆绑在一起，但关于这种联系是否真正存在的研究在结果上却充满了相互矛盾。

第二节　奖励与福利

大多数公司，员工奖励与福利已成为报酬的一个重要部分。奖励旨在将员工报酬与产出挂钩，它是对员工超过常规期望的工作表现的一种鼓励性报酬。员工福利则是各种间接报酬的一个大杂烩，如退休金、健康保险、带薪假期以及其他福利，等等。每项福利都是一种间接报酬形式。

一、奖励概述

奖励是对员工超常规工作表现的一种鼓励性报酬。为了鼓励提高生产力，企业尝试了一些新的分配方式，由此产生了许多不同的付酬方式、计划和设想。工作表现奖励制度通常以下列简单的逻辑为基础：

（1）某些工作对企业的贡献要大于其他工作。
（2）有些人比其他人工作做得更好。
（3）贡献多的员工应该得到的也多。

奖励可以针对个人表现、团队或小组表现或企业整体表现。这三种聚焦方式对员工间的合作具有不同的影响作用。

对个人奖励既不要求也不会在很大程度上促进个人间的合作。为了追求对个人的奖励，一个员工可能会对别的员工封锁信息；暗中破坏其竞争对手的各种努力；眼睛只盯着可能的奖励，或者说拒绝从事任何与奖励性回报没有直接关系的事情。不过，尽管可能存在这些不良的行为，但如果某些工作并不需要员工间太多的合作，那么，对个人的奖励是可以具有显著收效的。

当奖励是用于鼓励整个团体或小组的工作表现时，成员之间就需要具有更多的合作精神，而且事实也通常确实如此。但是，团队间因奖励而起的竞争在有些情况下也会损害整体的工作效果。

企业全员奖励是根据整个企业的经营效果给全体员工以奖励。这一方式减少了个人和团队间的竞争。全员奖励的依据是，全体员工为共同目标而努力工作将会使企业的收益增加，从而这种增长就可由大家来分享。

二、奖励制度的指导原则

奖励制度可能往往搞得比较复杂，并且形式也多种多样。但是，以下一般性的指导原则，对于设立和维持奖励制度仍会有所帮助。

1. 了解企业的文化和资源

任何奖励方案得以成功的一个重要原因，是它与企业的文化和财务资源都能保持协调一致。

2. 将奖励与良好的表现挂钩

奖励应尽可能与良好的表现联系在一起。必须让员工感觉到，他们的工作努力与他们的奖励所得紧密相连。另外，还必须使员工和管理者都确实感到，奖励是公平的且效果是理想的。

3. 使奖励计划符合当前的要求

奖励计划应一贯反映当前技术的和企业的各种条件。应不断检查各种奖励制度，以确定它们是否如同设计的那样在有效地发挥作用。

4. 了解个人间的差别

奖励计划应考虑到个人间的差别。人是各种各样的，因此有必要设计多样性的奖励制度，以适应不同团队和个人的口味。并非所有的人都指望同样的奖励方式。由于这种或其他原因，个人奖励计划必须仔细认真地加以制定。

5. 使奖励计划与基本工薪保持独立

成功的奖励计划必定是将奖励报酬与基本工薪水平相互分开的。这种区分使工作表现与奖励报酬的关系一目了然，它同时还进一步强化了这样的理念，即员工的一部分收入在下一个开支周期必须通过努力才能"再次挣回"。

三、个人奖励

个人奖励制度旨在将个人努力与其收入联系起来。最彻底的个人奖励制度是计件工资制度。在最直接的计件工资制下,工资等于生产的件数与每单位计件价格的乘积。也就是说,不论生产的件数是多少,单位计件价格始终保持不变。

1. 佣 金

佣金是销售工作中广泛采用的一种奖励制度。它是一种按销售数量或销售额的某一百分比来计算的报酬。佣金以三种方式纳入对销售人员的报酬分配:直接佣金、薪水加佣金以及红利。

在直接佣金制度下,销售代表得到其销售总额的某一比例。不过,最通行的做法是将销售佣金和薪水并用。这种并用措施将薪水的稳定性与佣金注重业绩的一面结合为一体。虽然两者的分割比例因行业和其他因素而不尽相同,但比较普遍的分割比例是薪水占报酬的80%,佣金占20%左右。

目前许多销售佣金方案过于复杂,以致难以对销售人员形成刺激;而另一些方案则过于简单,着重点只放在如何确定销售人员的报酬上,而置企业目标于不顾。另外,多数企业只注重销售总量的增长。重视销售量并没有什么不对,但如果将其作为唯一的工作考核标准,可能并不利于发挥员工的最大潜能。反之,如果采用多样性的工作考核标准,如将销售人员获得新客户的数量、能够体现企业销售计划的高价值与低价值产品的销售比例等也作为工作考核标准,那么销售业绩反而可能更上一层楼。

2. 红 利

如上所述,销售人员所得佣金可以采取一次性收入的方式,或者说红利的形式。其他员工也同样可以得到红利。由于红利并不成为员工基本工薪的一部分,而基本工薪乃是今后计算提薪幅度的基数,因此,支付红利的代价一般比工薪增长要低一些。红利近年来有些盛行。红利形式的个人奖励报酬已往主要是给予企业高管或高层的管理人员,但用于中下层人员的情况呈现出日益增长的趋势。

四、团队奖励

企业设立团队奖励的原因大致有:提高生产力或改进团队工作表现,将收入与工作表现或质量改进联系起来,招聘和保持内部员工不变/削减工资总成本,提高士气或鼓励某些特定行为。

以团队为对象的奖励是否有效,在很大程度上取决于团队规模的大小。如果团队规模过大,员工就会认为,他们个人的努力对整个团队工作业绩的影响微不足道,因而对作为结果的最终奖励的作用也必定是微乎其微的。因此,企业通常侧重针对小规模团队设计奖励方案。企业实行团队奖励的原因,在于越来越多的复杂工作需要依靠员工的相互协作。当团队规模较小且相互依赖程度较高时,以团队为对象的奖励计划就会起到比较明显的作用。

团队奖励计划引发了设计工作方面的难题,团队奖励的管理工作也不无麻烦。团队如同个人一样,也可能会限制产出、抵制对各种标准的修改,甚至以其他团队为代价来获取一己之得。如果对不同的团队实行不同的奖励方案,则又可能导致团队过分侧重某些方面的工作,而这种顾此失彼的工作方式往往会对整个企业的业绩产生不良影响。

五、企业全员奖励

企业全员奖励制度指根据企业一年的总业绩来确定对全体员工的奖励。

1. 收益分享

收益分享是让员工参与分享超过常规收益的那部分额外收益。这部分额外收益可以是额外的利润，也可以是额外的产出。收益分享的目的，是力图提高员工可自由斟酌的努力程度，也就是让员工在最高可达到的努力极限和为保证不被开除所需的最低努力下限之间，尽可能主动地向上努力。

收益分享部分的派发可以按月份、季度、半年和年度进行，具体情况取决于管理理念和对工作业绩的衡量方式。额外收益的分配越经常，员工对奖励的感受度就越高。因此，在可能的情况下，多数具有收益分享计划的企业都选择比年度分配要频繁的分配次数。全员收益分享可以采用以下四种分配方式：

（1）所有员工获得同等数量的奖励。
（2）所有员工按基本工薪的同一比例获得奖励。
（3）不同类的员工按不同的比例分享额外收益。
（4）根据分配标准，不同的表现获得不同的比例或数量。

2. 利润分享

利润分享指将企业的部分利润在员工间进行分配。分配给员工的利润的百分比，一般在年底分配之前由协议来确定。在有些利润分享计划中，员工在年底直接获得应分享的部分；在另一些计划中，利润分配被推迟并置入一种基金，员工可在退休或离开企业时随身带走。

3. 员工持股计划

员工持股计划是一种比较普遍采用的利润分享方式。员工持股计划使得员工成为其所在企业的持股人，这种方式增强了职工对企业的认同、忠诚和责任心。

员工持股措施带来了几方面的好处。最主要的好处是，企业用于员工持股计划的那部分收入可享受税收上的优惠待遇。其次，员工持股计划使员工分得"一块额外的蛋糕"，即使他们得以分享企业的增长和利润。

员工持股计划也有它的缺点。最主要的一个缺点，是它常被用作一种经营的工具，来阻止其他企业"不友好"的接管意图。虽然员工持股计划绝非意在保护无效的经营，但员工股的持股人却经常站在企业一边，来推翻那些可使外部持股人受益的接管计划或经营重组方案。不过，尽管存在一些缺陷，员工持股计划仍然呈现出越来越流行的趋势。

六、员工福利

企业为什么要提供各种福利呢？员工可以自己购买健康保险，也可以自己为自己储蓄养老金。企业用于支付福利的花费无疑可以以现金的方式付给员工，而员工可以将这笔钱用于任何他们想要的福利。须知，这笔钱并非是个小数。福利必须被视为全部报酬的一部分，而总报酬是人力资源战略决策的重要方面之一。从管理层的角度看，福利可对以下若干战略目标做出贡献：

（1）协助吸引员工。
（2）协助保持员工。
（3）提高企业在员工和其他企业心目中的形象。
（4）提高员工对职务的满意度。

与员工的收入不同，福利一般不须纳税。由于这一原因，相对于等量的现金支付，福利在某种意义上来说，对员工就具有更大的吸引价值。

现阶段，企事业组织在员工心目中的口碑好不好，主要因素就是福利好不好。比如，让大学生趋之若鹜的一些好单位，好就在于福利比其他单位好了太多。究其原因，是因为福利是隐性的收入。比如某些行业单位，表面上的工资条工资收入才 2 000 元不是特别高，但是考虑了该单位的医疗、住房、日常发放的用品等隐性福利收入之后，待遇远远超过同期进入外资、民营企业的工资 10 000 元以上的同龄人。

（一）工伤补偿

工伤补偿是为那些因公受伤的员工提供的各种福利。企业可通过从保险机构或政府保险基金购买保险的方式，来覆盖员工的工伤保险；也可用企业自有保险的方式为员工提供工伤补偿保险。根据工伤保险制度的要求，企业必须为在职务范围内受伤或得病的员工，提供现金补偿并支付医疗和康复服务费用。员工有权根据工伤补偿制度，迅速获得一定数量的赔偿金，并且不必提供任何关于企业是否负有责任的证据。作为一种对等的交换，员工则自动放弃了通过诉助法律来获取进一步赔偿的权利。这种方案可减轻企业在因公伤残和致病方面所承担的债务付出。

（二）失业补偿

失业补偿是劳动法所要求的另一项福利，具体内容参见附录中《中华人民共和国劳动法》的相关规定。

（三）社保和医保

企业为员工和其家属提供各种各样的健康和医疗福利，通常是通过保险来覆盖各项赔付。

（四）假期福利

在大多数情况下，企业给予员工带薪的假期和班上休息。带薪的午餐时间和工间休息、节假日、休假等都广为人知。此外，企业还为员工其他方面的需要提供假期。据估计，假期福利占整个报酬的比例从 5% 到 13% 不等。最普遍的假期福利包括带薪假日、带薪休假和缺勤假。如果不是全部的话，那么至少大多数企业提供带薪的节假日。

带薪休假是一种通行的福利。企业通常根据员工工作年限，运用等级表来计算员工应享有的休假天数。有些企业允许员工将未使用的假期累积起来，留待以后使用。如同对待节假日一样，为防止滥用休假，企业通常员工要求在休假开始的前一天和假期结束后的第一天上班工作。

1. 缺勤假

员工可因一些不同的原因请缺勤假。缺勤假可能带薪，也可能不带薪。这里所讨论的所有假期即便不带薪，也实际上给企业增加了成本，因为离任职工的工作必须有人来做，不是由其他员工加班来做，就是由那些签有合同的临时雇员来做。

2. 家庭事假

家庭事假主要包括：

（1）生育、领养子女或对领养孩子的照料进行安置。

（2）照料具有严重健康问题的配偶、子女和父母。

（3）员工本人具有严重的健康问题。严重的健康问题指病人需要住院治疗、需要医院或诊所进行医疗护理或需要在家中进行医务护理和休养。企业可能要求员工提供医生开具的病情证明或者住院证明。

3. 医疗和病假

医疗和病假紧密相关。许多企业给予得病的员工某些天数的带薪病假；有些企业允许员工将未使用的病假累积起来，以在大病的情况下使用；另有些企业对未使用的病假给予现金补偿。

另有些企业采用"应得假期计划"，即将病假、休假和节假日合并在一起，计算出总小时数或总天数，在这些小时或天数范围内，员工不论因何原因离任都不扣除工薪。有一家企业发现，当它取消了固定病假天数并实施了应得假期计划后，缺勤情况减少了，离任时间安排也更为合理了，同时员工对假期政策的满意程度也提高了。

4. 带薪休假计划

还有一些企业采用了假期账户方式。这种方式将员工全部的带薪假期加总放入一个一揽子账户，员工可以自由地使用这些时间。这一新计划在假期的使用方面提供了更大的灵活性，有些人认为它还维护了员工在使用假期过程时的人格尊严。

（五）其他福利

为了吸引和保持员工，许多企业还提供了某些其他福利如退休金福利。其中，两个最盛行的福利是额外商业保险福利和教育福利。

1. 其他保险福利

除了与健康有关的保险以外，有些企业还提供其他类型的保险。由于企业对这些保险支付部分或全部费用，因此这些福利对员工来说是比较重要的受益。即便在企业不支付任何费用的情况下，由于团组保险项目享受较低的付费待遇，员工也同样可从中受益。

2. 教育福利

教育福利指对员工在受教育方面的资助。该福利支付部分或全部与正规教育课程和学位有关的费用,甚至包括书本费和实验室材料使用费,学习往返旅费。

3. 日常财物福利

比如为员工定做发放一年四季的工作套装,发放超市购物卡、加油卡、电话卡、装修抵用卡、美容美发卡、按摩保健卡、游泳卡、滑雪卡、酒楼充值卡、茶房练歌卡等现金卡或抵用卡,米、油、面、水果等食品资料,平板电脑、手机、投影仪等生活用品。某些特定的效益好、福利好的单位,组织成员一年四季吃穿住行都不用自己张罗发愁。

【案例分析】

赏罚有据的摩托罗拉

摩托罗拉员工的薪酬和晋升都与评估紧密挂钩,但是摩托罗拉对员工评估的目的绝不仅仅是为员工薪酬调整和晋升提供依据。摩托罗拉评估的目的是:使个人、团队业务和公司的目标密切结合;提前明确要达到的结果和需要的具体领导行为;提高对话质量;增强管理人员、团队和个人在实现持续进步方面的共同责任;在工作要求和个人能力、兴趣和工作重点之间发展最佳的契合点。

一、评估目标

摩托罗拉业绩评估的成绩报告表(score card)是参照美国国家质量标准制定的。各个部门根据这个质量标准,针对具体业务制定自己的目标。摩托罗拉员工每年制定的工作目标包括两个方面,一个是战略方向,包括长远的战略和优先考虑的目标;另一个是业绩,它可能会包括员工在财政、客户关系、员工关系和合作伙伴之间的一些作为,也包括员工的领导能力、战略计划、客户关注程度、信息和分析能力、人力发展、过程管理等。

员工制定目标的执行要求老板和下属参与。摩托罗拉每 3 个月会考核员工的目标执行情况。员工在工作中有一个联系紧密的合作伙伴,摩托罗拉称之为"key work partner",他们彼此之间能够相互推动工作。跨部门同事和同部门同事之间有紧密联系,使考核达到 360 度的平衡。

二、如何避免误区

有些人在工作中的焦点不是客户,而是怎样使他的老板满意。这种情况也导致评估的误区,出现两种不好的情况:一个是员工业绩比较一般,但是老板很信任他;另一种是后加入团队的员工,成绩很好,但是没有与老板建立信任的交情。人力资源部的细致工作就变得非常重要了。人力资源部会花很多精力在工作表现前 25 名和后 25 名人身上。有时候如果这个人很有能力,老板不重视,人力资源部会帮他找一个好老板。

三、论功行赏

摩托罗拉年终评估在 1 月份进行,个人评估是每季度一次,部门评估是一年一次,年底对业务进行总结。根据 score card 的情况,公司年底决定员工个人薪水的涨幅,也根据业绩晋升员工。摩托罗拉常年都在选拔干部,一般比较集中的时间是每年 2、3 月份,公司挑选管理精英,到总部去考核学习,到 5、6 月份会定下管理人才来。

四、管理者的素质是关键

如果员工对评估有不公之感，可以拒绝在评估结果上签字。每个员工的评估表会有自己的高管和高管的高管签字，所以他的上级会知道其中有问题，并会参与进来，了解其中情况，解决存在的问题。

评估的质量如何与管理者的关系很大。摩托罗拉非常注重管理者的素质，因为管理者是制度的执行者，所以选拔管理者有许多明确的条件。例如摩托罗拉对副总裁候选人的素质要求有四点：第一是个人的道德素质高；第二是在整个大环境下，能够有效管理自己的人员；第三是在执行总体业务目标时，能够执行得好，包括最好的效果、最低的成本、最快的速度；第四是需要能够创新，理解客户，大胆推动一些项目，进行创新改革。副总裁需要有这四个素质，而且还要求这几点比较平衡。总监、部门经理等都会有其就职要求。摩托罗拉有许多给领导的素质培训，职业道德培训。摩托罗拉还给他们跨国性的培训，让他们在全球做项目，让他们知道做事方法不止一种。

摩托罗拉重视管理者的素质，如果管理手段不妥，犯了严重管理过失，摩托罗拉会将管理者撤掉。

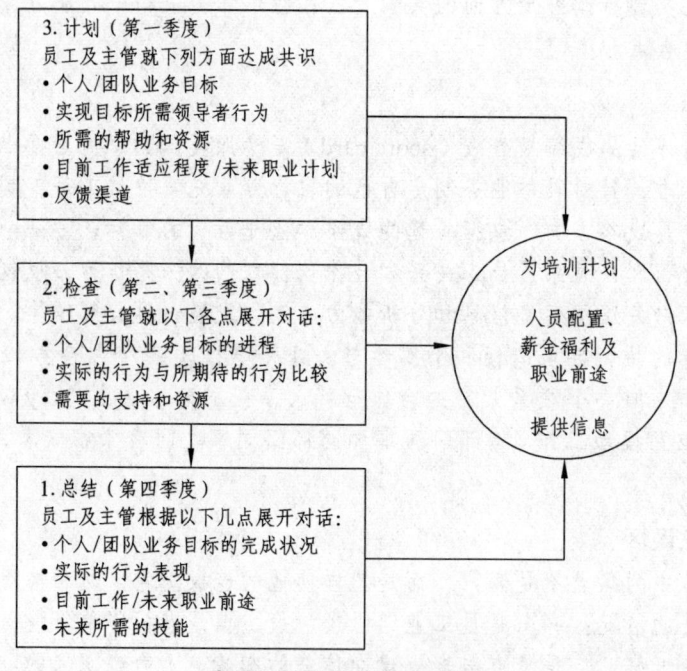

```
3. 计划（第一季度）
员工及主管就下列方面达成共识
• 个人/团队业务目标
• 实现目标所需领导者行为
• 所需的帮助和资源
• 目前工作适应程度/未来职业计划
• 反馈渠道
          ↓

2. 检查（第二、第三季度）             为培训计划
员工及主管就以下各点展开对话：      人员配置、
• 个人/团队业务目标的进程           薪金福利及
• 实际的行为与所期待的行为比较      职业前途
• 需要的支持和资源                    提供信息
          ↓

1. 总结（第四季度）
员工及主管根据以下几点展开对话：
• 个人/团队业务目标的完成状况
• 实际的行为表现
• 目前工作/未来职业前途
• 未来所需的技能
```

摩托罗拉绩效评估流程图

五、适应变革的薪酬

在摩托罗拉，薪水的标准从职位入手，同一个职位可能会有差距，因为要看工作业绩。有些特殊能力的人，可能要从国外招聘，薪水跟国际市场挂钩。摩托罗拉的工资水平在市场中处于中间档次。

摩托罗拉的薪水一大部分是基本工资，占的百分比很大，还有年终奖金。

摩托罗拉意识到固定工资也有好有坏，逐渐变革会增加一些可变动的工资，并将以前每年一次的奖金改为每季度发放。以前奖金与全球市场挂钩，逐渐变革为以一个国家单元的业绩作为奖金考核依据。

六、科学调节薪酬

如果员工对自己的薪酬不满，向人力资源部提出来，摩托罗拉会进行市场调查，如果真的比市场平均水平低，摩托罗拉会普调工资。成都的员工曾经反映说工资低，人力资源部就通过调查市场，发现情况的确如此，然后给员工涨工资。

在摩托罗拉刚刚开始工作时，学历上的差别会在工资中体现出来，例如研究生和本科生会有差别。工作后，本科生比研究生高是非常可能的。随着时间的推移，老员工可能经过几年涨工资，基数变得很大，那么应届毕业生的涨幅就会比老员工高。对有创造性的人摩托罗拉会破格调级。

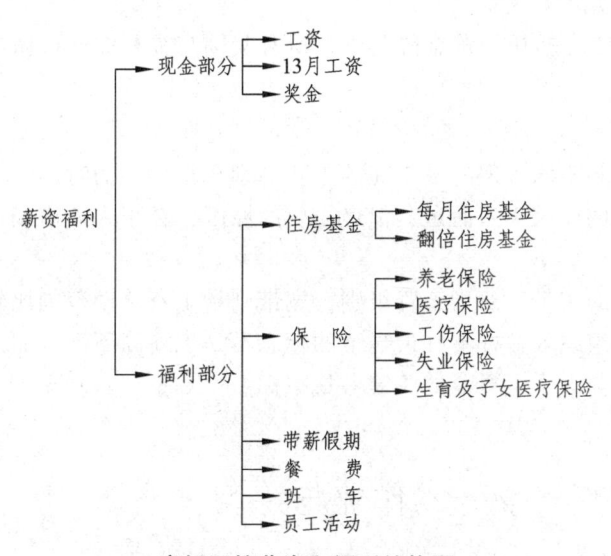

```
                        ┌─ 工资
             ┌─ 现金部分 ├─ 13月工资
             │           └─ 奖金
             │
             │           ┌─ 住房基金 ┌─ 每月住房基金
             │           │           └─ 翻倍住房基金
             │           │
             │           │           ┌─ 养老保险
薪资福利 ─┤           │           ├─ 医疗保险
             │           ├─ 保　险 ─├─ 工伤保险
             │           │           ├─ 失业保险
             │           │           └─ 生育及子女医疗保险
             └─ 福利部分 │
                         │           ┌─ 带薪假期
                         │           ├─ 餐　费
                         └───────────├─ 班　车
                                     └─ 员工活动
```

摩托罗拉薪资和福利结构图

七、大家都有奔头

摩托罗拉的经理级别为初级经理、部门经理、区域经理（总监）、副总裁（兼总监或总经理）、资深副总裁。在摩托罗拉，员工的男女比例相当。摩托罗拉的经理数有 **664** 人，女经理人数占到经理总数的 **23%**，而且计划要发展到 **40%**。在摩托罗拉，中专毕业的工人也有做到部门经理的。摩托罗拉强有力的培训给许多人提供了成长的空间。在摩托罗拉技术人员可以搞管理，管理人员也有做技术的，做管理的和做技术的在工资上有可比性。在许多企业大家都看着职业经理人的位置，因为拿钱多，在摩托罗拉做技术的和做经理的完全可以拿钱一样多。摩托罗拉对许多职能部门都有专业职称评定，例如在法律部、人力资源部可以评经济师、副教授、教授等。摩托罗拉共有 1 377 名有摩托罗拉内部职称的专业人员，分布在 8 个不同的事业单位。

本章小结

【重点再现】

本章首先介绍了报酬的类型：直接报酬和间接报酬。直接报酬最通常的表现形式是工薪和奖励。奖励的方式通常包括奖金、佣金和利润分享等。间接报酬表现形式有福利奖励，一般包括健康保险、带薪假期或退休金等形式。

有两种对立的报酬观：津贴报酬观和业绩报酬观。前者主要关注年功，后者主要关注工作表现。

职务级别评定的方法有排序法、分类法、计分法、要素比较法，等等。

宽带薪酬设计，就是在组织内用少数跨度较大的工资范围来代替原有数量较多的工资级别的跨度范围，将原来十几甚至二十几、三十几个薪酬等级压缩成几个级别，取消原来狭窄的工资级别带来的工作间明显的等级差别。但同时将每一个薪酬级别所对应的薪酬浮动范围拉大，从而形成一种新的薪酬管理系统及操作流程。宽带中的"带"意指工资级别，宽带则指工资浮动范围比较大。

最后本章介绍了工资挤压、黄金降落伞，以及奖励与福利的通行做法。

【难点突破】

（1）当不同经历和不同表现的员工间的工薪差别变得很小的时候，就出现了所谓的工资挤压。工资挤压产生的原因不一而足，但最主要的原因，在于人才市场上工资水平的增长快于企业工资的调整。

（2）宽带薪酬中的"带"意指工资级别，宽带则指工资浮动范围比较大。

（3）中国企事业组织效益好不好最显著的标志不是工薪高不高，而是该组织的隐性福利好不好。福利也是目前大学生择业的关键考量指标。

作业与练习

一、名词解释

工资挤压　　宽带薪酬　　黄金降落伞　　佣金

二、简答

奖励制度的指导原则有哪些？

三、论述

结合历史与现实实例谈谈自己对公务员的收入尤其是隐性福利的理解与看法，并结合理论谈谈公务员薪酬制度改革的构想。

四、案例思考

小白的跳槽

小白在大学时代成绩不算突出，老师和同学都不认为他是很有自信和抱负的学生，他的专业是日语，不知何故，毕业后被一家中日合资公司招为销售员了。他对这岗位挺满意，不仅工资高，而且尤其令他喜欢的是这公司给销售业务发的是固定工资，而不采用佣金制。他担心自己没受过这方面的专业训练，比不过别人，若拿佣金比人少多了丢脸。

刚上岗位的头两年，小白虽然兢兢业业，但销售成绩只属一般。可是随着他对业务的逐渐熟练，又跟那些零售商客户们搞熟了，他的销售额渐渐上升。到第三年年底，他觉得自己已可算是全公司几十名销售员中头20名之列了。下一年，根据跟同事们的接触，他估计自己当属销售员中的冠军了。不过这公司的政策是不公布每人的销售额的，也不鼓励互相比较，所以他还不能很有把握说自己一定是坐上了第一把交椅。

去年，小白干得特别出色。尽管定额比前年提高了25%，可到了9月初他就完成了全年销售定额。虽然他对同事们仍不露声色，不过他冷眼旁观，也没发现有什么迹象说明他们中有谁已接近完成自己的定额了。此外，10月中旬时，日方销售经理召他去汇报工作。听完他用日语做的汇报后，那经理对他说："咱公司要再有几位像你一样棒的推销明星就好了。"小白只微微一笑，没说什么，不过他心中思忖，这不就意味着承认他在销售员队伍中的出类拔萃、独占鳌头么？

今年，公司又把他的定额提高了25%。尽管一开始不如去年顺手，但他仍是一马当先，比预计干得要好。他根据经验估计，10月中旬前他准能完成自己的定额。不过他觉得自己心情不舒畅。最令他烦恼的事，也许莫过于公司不告诉大家干得好坏，没个反应。他听说本市另两家中美合资的化妆品制造企业都搞销售竞赛和奖励活动，其中一家是总经理亲自请最佳销售员到大酒店吃一顿饭，而且人家还有内部发行的公司通讯之类的小报，让人人知道每人的销售情况，还表扬每季和年度的最佳销售员。

想到自己公司这套做法，他就特别恼火。其实，在开头他干得不怎么样时，他并不太关心排名第几的问题，如今可觉得这对他越来越重要了。不仅如此，他开始觉得公司对于销售员实行固定工资制是不公平的，一家合资企业怎么也搞"大锅饭"？应该按劳付酬嘛。

上星期，他主动找了那位日本经理谈了他的想法，建议改行佣金制，至少实行按成绩给予奖励的制度。不料那日本上司说这是既定政策，母公司一贯就是如此，这正是本公司的文化特色，从而拒绝了他的建议。昨天，令公司领导吃惊的是，小白辞职而去，听说他给挖到另一家竞争对手那儿去了。

【讨论思考题】
1. 分析小白跳槽的原因是什么？
2. 你认为该公司是应该让小白留下，还是让他离开，为什么？
3. 如果要留住小白，公司应该采取什么措施？
4. 该公司的薪酬制度存在哪些问题？

本章术语

宽带薪酬	小时工资制	薪水制	计件工资制
工资和薪水管理	基本工作职务	工资挤压	虚拟股票
黄金降落伞	佣金	红利	收益分享	利润分享

学习活动

利用本章所学习的理论内容，回忆以往生活、工作中了解到的某行业的员工收入与隐形福利，描述一下印象中该员工的收入与现实中的生活水准情况，谈谈你的感受与现在的感想。结合中国全民收入分配改革背景，谈谈针对社会少数收入畸高行业的薪酬制度改革建议。

参考资料

[1] 马克思，恩格斯. 马克思恩格斯选集[M]. 北京：人民出版社，1972.
[2] 彼得·F. 德鲁克. 管理——任务，责任，实践[M]. 北京：中国社会科学出版社，1990.
[3] 彼得·F. 德鲁克. 有效管理者[M]. 北京：工人出版社，1989.
[4] 加里·S. 贝克尔. 人力资本[M]. 北京：北京大学出版社，1987.
[5] 西奥多·W. 舒尔茨. 论人力资本投资[M]. 北京：北京经济学院出版社，1990.
[6] 赫伯特·A. 西蒙. 管理行为[M]. 北京：机械工业出版社，2007.
[7] 弗莱蒙特·E. 卡斯特，詹姆斯·E·罗森茨维克. 组织与管理：系统方法与权变方法[M]. 北京：中国社会科学出版社，2000.
[8] 赵曙明. 人力资源管理研究[M]. 北京：中国人民大学出版社，2001.
[9] 赵曙明. 国际人力资源管理[M]. 北京：中国人民大学出版社，2012.
[10] 赵曙明. 人力资源战略与规划[M]. 北京：中国人民大学出版社，2012.
[11] 劳伦斯·S. 克雷曼. 人力资源管理[M]. 北京：机械工业出版社，2009.
[12] 刘爱军. 薪酬管理：理论与实务[M]. 北京：机械工业出版社，2008.
[13] 朱飞. 绩效管理与薪酬激励[M]. 北京：企业管理出版社，2008.
[14] 吴振兴. 人事经理工作手册[M]. 哈尔滨：哈尔滨出版社，2006.
[15] 于桂兰，于楠. 劳动关系管理[M]. 北京：清华大学出版社，2011.
[16] 周三多，陈传明，鲁明泓. 管理学：原理与方法[M]. 南京：南京大学出版社，2011.
[17] 陈维政，余凯成，程文文. 人力资源管理[M]. 3版. 北京：高等教育出版社，2011.
[18] 宋联可，杨东涛. 高效人力资源管理案例：MBA提升捷径[M]. 北京：中国经济出版社，2009.

附录　相关劳动人事法规

附录一　《中华人民共和国劳动法》

1994年7月5日第八届全国人民代表大会常务委员会第八次会议通过。

第一章　总　则
第二章　促进就业
第三章　劳动合同和集体合同
第四章　工作时间和休息休假
第五章　工　资
第六章　劳动安全卫生
第七章　女职工和未成年工特殊保护
第八章　职业培训
第九章　社会保险和福利
第十章　劳动争议
第十一章　监督检查
第十二章　法律责任
第十三章　附　则

第一章　总　则

第一条　为了保护劳动者的合法权益，调整劳动关系，建立和维护适应社会主义市场经济的劳动制度，促进经济发展和社会进步，根据宪法，制定本法。

第二条　在中华人民共和国境内的企业、个体经济组织（以下统称用人单位）和与之形成劳动关系的劳动者，适用本法。

国家机关、事业组织、社会团体和与之建立劳动合同关系的劳动者，依照本法执行。

第三条　劳动者享有平等就业和选择职业的权利、取得劳动报酬的权利、休息休假的权利、获得劳动安全卫生保护的权利、接受职业技能培训的权利、享受社会保险和福利的权利、提请劳动争议处理的权利以及法律规定的其他劳动权利。劳动者应当完成劳动任务，提高职业技能，执行劳动安全卫生规程，遵守劳动纪律和职业道德。

第四条　用人单位应当依法建立和完善规章制度，保障劳动者享有劳动权利和履行劳动义务。

第五条　国家采取各种措施，促进劳动就业，发展职业教育，制定劳动标准，调节社会收入,完善社会保险,协调劳动关系,逐步提高劳动者的生活水平。

第六条 国家提倡劳动者参加社会义务劳动,开展劳动竞赛和合理化建议活动,鼓励和保护劳动者进行科学研究、技术革新和发明创造,表彰和奖励劳动模范和先进工作者。

第七条 劳动者有权依法参加和组织工会。工会代表和维护劳动者的合法权益,依法独立自主地开展活动。

第八条 劳动者依照法律规定,通过职工大会、职工代表大会或者其他形式,参与民主管理或者就保护劳动者合法权益与用人单位进行平等协商。

第九条 国务院劳动行政部门主管全国劳动工作。县级以上地方人民政府劳动行政部门主管本行政区域内的劳动工作。

第二章 促进就业

第十条 国家通过促进经济和社会发展,创造就业条件,扩大就业机会。国家鼓励企业、事业组织、社会团体在法律、行政法规规定的范围内兴办产业或者拓展经营,增加就业。国家支持劳动者自愿组织起来就业和从事个体经营实现就业。

第十一条 地方各级人民政府应当采取措施,发展多种类型的职业介绍机构,提供就业服务。

第十二条 劳动者就业,不因民族、种族、性别、宗教信仰不同而受歧视。

第十三条 妇女享有与男子平等的就业权利。在录用职工时,除国家规定的不适合妇女的工种或者岗位外,不得以性别为由拒绝录用妇女或者提高对妇女的录用标准。

第十四条 残疾人、少数民族人员、退出现役的军人的就业,法律、法规有特别规定的,从其规定。

第十五条 禁止用人单位招用未满十六周岁的未成年人。

文艺、体育和特种工艺单位招用未满十六周岁的未成年人,必须依照国家有关规定,履行审批手续,并保障其接受义务教育的权利。

第三章 劳动合同和集体合同

第十六条 劳动合同是劳动者与用人单位确立劳动关系、明确双方权利和义务的协议。建立劳动关系应当订立劳动合同。

第十七条 订立和变更劳动合同,应当遵循平等自愿、协商一致的原则,不得违反法律、行政法规的规定。劳动合同依法订立即具有法律约束力,当事人必须履行劳动合同规定的义务。

第十八条 下列劳动合同无效:

(一)违反法律、行政法规的劳动合同;

(二)采取欺诈、威胁等手段订立的劳动合同。

无效的劳动合同,从订立的时候起,就没有法律约束力。确认劳动合同部分无效的,如果不影响其余部分的效力,其余部分仍然有效。劳动合同的无效,由劳动争议仲裁委员会或者人民法院确认。

第十九条 劳动合同应当以书面形式订立,并具备以下条款:

（一）劳动合同期限；
（二）工作内容；
（三）劳动保护和劳动条件；
（四）劳动报酬；
（五）劳动纪律；
（六）劳动合同终止的条件；
（七）违反劳动合同的责任。
劳动合同除前款规定的必备条款外，当事人可以协商约定其他内容。

第二十条　劳动合同的期限分为有固定期限、无固定期限和以完成一定的工作为期限。劳动者在同一用人单位连续工作满十年以上，当事人双方同意续延劳动合同的，如果劳动者提出订立无固定期限的劳动合同，应当订立无固定期限的劳动合同。

第二十一条　劳动合同可以约定试用期。试用期最长不得超过六个月。

第二十二条　劳动合同当事人可以在劳动合同中约定保守用人单位商业秘密的有关事项。

第二十三条　劳动合同期满或者当事人约定的劳动合同终止条件出现，劳动合同即行终止。

第二十四条　经劳动合同当事人协商一致，劳动合同可以解除。

第二十五条　劳动者有下列情形之一的，用人单位可以解除劳动合同：
（一）在试用期间被证明不符合录用条件的；
（二）严重违反劳动纪律或者用人单位规章制度的；
（三）严重失职，营私舞弊，对用人单位利益造成重大损害的；
（四）被依法追究刑事责任的。

第二十六条　有下列情形之一的，用人单位可以解除劳动合同，但是应当提前三十日以书面形式通知劳动者本人：
（一）劳动者患病或者非因工负伤，医疗期满后，不能从事原工作也不能从事由用人单位另行安排的工作的；
（二）劳动者不能胜任工作，经过培训或者调整工作岗位，仍不能胜任工作的；
（三）劳动合同订立时所依据的客观情况发生重大变化，致使原劳动合同无法履行，经当事人协商不能就变更劳动合同达成协议的。

第二十七条　用人单位濒临破产进行法定整顿期间或者生产经营状况发生严重困难，确需裁减人员的，应当提前三十日向工会或者全体职工说明情况，听取工会或者职工的意见，经向劳动行政部门报告后，可以裁减人员。用人单位依据本条规定裁减人员，在六个月内录用人员的，应当优先录用被裁减的人员。

第二十八条　用人单位依据本法第二十四条、第二十六条、第二十七条的规定解除劳动合同的，应当依照国家有关规定给予经济补偿。

第二十九条　劳动者有下列情形之一的，用人单位不得依据本法第二十六条、第二十七条的规定解除劳动合同：
（一）患职业病或者因工负伤并被确认丧失或者部分丧失劳动能力的；
（二）患病或者负伤，在规定的医疗期内的；

（三）女职工在孕期、产期、哺乳期内的；
（四）法律、行政法规规定的其他情形。

第三十条　用人单位解除劳动合同，工会认为不适当的，有权提出意见。如果用人单位违反法律、法规或者劳动合同，工会有权要求重新处理；劳动者申请仲裁或者提起诉讼的，工会应当依法给予支持和帮助。

第三十一条　劳动者解除劳动合同，应当提前三十日以书面形式通知用人单位。

第三十二条　有下列情形之一的，劳动者可以随时通知用人单位解除劳动合同：

（一）在试用期内的；
（二）用人单位以暴力、威胁或者非法限制人身自由的手段强迫劳动的；
（三）用人单位未按照劳动合同约定支付劳动报酬或者提供劳动条件的。

第三十三条　企业职工一方与企业可以就劳动报酬、工作时间、休息休假、劳动安全卫生、保险福利等事项，签订集体合同。集体合同草案应当提交职工代表大会或者全体职工讨论通过。

集体合同由工会代表职工与企业签订；没有建立工会的企业，由职工推举的代表与企业签订。

第三十四条　集体合同签订后应当报送劳动行政部门；劳动行政部门自收到集体合同文本之日起十五日内未提出异议的，集体合同即行生效。

第三十五条　依法签订的集体合同对企业和企业全体职工具有约束力。职工个人与企业订立的劳动合同中劳动条件和劳动报酬等标准不得低于集体合同的规定。

第四章　工作时间和休息休假

第三十六条　国家实行劳动者每日工作时间不超过八小时、平均每周工作时间不超过四十四小时的工时制度。

第三十七条　对实行计件工作的劳动者，用人单位应当根据本法第三十六条规定的工时制度合理确定其劳动定额和计件报酬标准。

第三十八条　用人单位应当保证劳动者每周至少休息一日。

第三十九条　企业因生产特点不能实行本法第三十六条、第三十八条规定的，经劳动行政部门批准，可以实行其他工作和休息办法。

第四十条　用人单位在下列节日期间应当依法安排劳动者休假：

（一）元旦；
（二）春节；
（三）国际劳动节；
（四）国庆节；
（五）法律、法规规定的其他休假节日。

第四十一条　用人单位由于生产经营需要，经与工会和劳动者协商后可以延长工作时间，一般每日不得超过一小时；因特殊原因需要延长工作时间的，在保障劳动者身体健康的条件下延长工作时间每日不得超过三小时，但是每月不得超过三十六小时。

第四十二条　有下列情形之一的，延长工作时间不受本法第四十一条的限制：

（一）发生自然灾害、事故或者因其他原因，威胁劳动者生命健康和财产安全，需要紧急处理的；

（二）生产设备、交通运输线路、公共设施发生故障，影响生产和公众利益，必须及时抢修的；

（三）法律、行政法规规定的其他情形。

第四十三条　用人单位不得违反本法规定延长劳动者的工作时间。

第四十四条　有下列情形之一的，用人单位应当按照下列标准支付高于劳动者正常工作时间工资的工资报酬：

（一）安排劳动者延长工作时间的，支付不低于工资的百分之一百五十的工资报酬；

（二）休息日安排劳动者工作又不能安排补休的，支付不低于工资的百分之二百的工资报酬；

（三）法定休假日安排劳动者工作的，支付不低于工资的百分之三百的工资报酬。

第四十五条　国家实行带薪年休假制度。

劳动者连续工作一年以上的，享受带薪年休假。具体办法由国务院规定。

第五章　工　资

第四十六条　工资分配应当遵循按劳分配原则，实行同工同酬。工资水平在经济发展的基础上逐步提高。国家对工资总量实行宏观调控。

第四十七条　用人单位根据本单位的生产经营特点和经济效益，依法自主确定本单位的工资分配方式和工资水平。

第四十八条　国家实行最低工资保障制度。最低工资的具体标准由省、自治区、直辖市人民政府规定，报国务院备案。用人单位支付劳动者的工资不得低于当地最低工资标准。

第四十九条　确定和调整最低工资标准应当综合参考下列因素：

（一）劳动者本人及平均赡养人口的最低生活费用；

（二）社会平均工资水平；

（三）劳动生产率；

（四）就业状况；

（五）地区之间经济发展水平的差异。

第五十条　工资应当以货币形式按月支付给劳动者本人。不得克扣或者无故拖欠劳动者的工资。

第五十一条　劳动者在法定休假日和婚丧假期间以及依法参加社会活动期间，用人单位应当依法支付工资。

第六章　劳动安全卫生

第五十二条　用人单位必须建立、健全劳动安全卫生制度，严格执行国家劳动安全卫生规程和标准，对劳动者进行劳动安全卫生教育，防止劳动过程中的事故，减少职业危害。

第五十三条　劳动安全卫生设施必须符合国家规定的标准。

新建、改建、扩建工程的劳动安全卫生设施必须与主体工程同时设计、同时施工、同时投入生产和使用。

第五十四条　用人单位必须为劳动者提供符合国家规定的劳动安全卫生条件和必要的劳动防护用品,对从事有职业危害作业的劳动者应当定期进行健康检查。

第五十五条　从事特种作业的劳动者必须经过专门培训并取得特种作业资格。

第五十六条　劳动者在劳动过程中必须严格遵守安全操作规程。劳动者对用人单位管理人员违章指挥、强令冒险作业,有权拒绝执行;对危害生命安全和身体健康的行为,有权提出批评、检举和控告。

第五十七条　国家建立伤亡事故和职业病统计报告和处理制度。县级以上各级人民政府劳动行政部门、有关部门和用人单位应当依法对劳动者在劳动过程中发生的伤亡事故和劳动者的职业病状况,进行统计、报告和处理。

第七章　女职工和未成年工特殊保护

第五十八条　国家对女职工和未成年工实行特殊劳动保护。

未成年工是指年满十六周岁未满十八周岁的劳动者。

第五十九条　禁止安排女职工从事矿山井下、国家规定的第四级体力劳动强度的劳动和其他禁忌从事的劳动。

第六十条　不得安排女职工在经期从事高处、低温、冷水作业和国家规定的第三级体力劳动强度的劳动。

第六十一条　不得安排女职工在怀孕期间从事国家规定的第三级体力劳动强度的劳动和孕期禁忌从事的劳动。对怀孕七个月以上的女职工,不得安排其延长工作时间和夜班劳动。

第六十二条　女职工生育享受不少于九十天的产假。

第六十三条　不得安排女职工在哺乳未满一周岁的婴儿期间从事国家规定的第三级体力劳动强度的劳动和哺乳期禁忌从事的其他劳动,不得安排其延长工作时间和夜班劳动。

第六十四条　不得安排未成年工从事矿山井下、有毒有害、国家规定的第四级体力劳动强度的劳动和其他禁忌从事的劳动。

第六十五条　用人单位应当对未成年工定期进行健康检查。

第八章　职业培训

第六十六条　国家通过各种途径,采取各种措施,发展职业培训事业,开发劳动者的职业技能,提高劳动者素质,增强劳动者的就业能力和工作能力。

第六十七条　各级人民政府应当把发展职业培训纳入社会经济发展的规划,鼓励和支持有条件的企业、事业组织、社会团体和个人进行各种形式的职业培训。

第六十八条　用人单位应当建立职业培训制度,按照国家规定提取和使用职业培训经费,根据本单位实际,有计划地对劳动者进行职业培训。从事技术工种的劳动者,上岗前必须经过培训。

第六十九条　国家确定职业分类,对规定的职业制定职业技能标准,实行职业资格证书制度,由经过政府批准的考核鉴定机构负责对劳动者实施职业技能考核鉴定。

第九章 社会保险和福利

第七十条 国家发展社会保险事业，建立社会保险制度，设立社会保险基金，使劳动者在年老、患病、工伤、失业、生育等情况下获得帮助和补偿。

第七十一条 社会保险水平应当与社会经济发展水平和社会承受能力相适应。

第七十二条 社会保险基金按照保险类型确定资金来源，逐步实行社会统筹。用人单位和劳动者必须依法参加社会保险，缴纳社会保险费。

第七十三条 劳动者在下列情形下，依法享受社会保险待遇：

（一）退休；

（二）患病、负伤；

（三）因工伤残或者患职业病；

（四）失业；

（五）生育。

劳动者死亡后，其遗属依法享受遗属津贴。劳动者享受社会保险待遇的条件和标准由法律、法规规定。劳动者享受的社会保险金必须按时足额支付。

第七十四条 社会保险基金经办机构依照法律规定收支、管理和运营社会保险基金，并负有使社会保险基金保值增值的责任。社会保险基金监督机构依照法律规定，对社会保险基金的收支、管理和运营实施监督。社会保险基金经办机构和社会保险基金监督机构的设立和职能由法律规定。任何组织和个人不得挪用社会保险基金。

第七十五条 国家鼓励用人单位根据本单位实际情况为劳动者建立补充保险。国家提倡劳动者个人进行储蓄性保险。

第七十六条 国家发展社会福利事业，兴建公共福利设施，为劳动者休息、休养和疗养提供条件。用人单位应当创造条件，改善集体福利，提高劳动者的福利待遇。

第十章 劳动争议

第七十七条 用人单位与劳动者发生劳动争议，当事人可以依法申请调解、仲裁、提起诉讼，也可以协商解决。调解原则适用于仲裁和诉讼程序。

第七十八条 解决劳动争议，应当根据合法、公正、及时处理的原则，依法维护劳动争议当事人的合法权益。

第七十九条 劳动争议发生后，当事人可以向本单位劳动争议调解委员会申请调解；调解不成，当事人一方要求仲裁的，可以向劳动争议仲裁委员会申请仲裁。当事人一方也可以直接向劳动争议仲裁委员会申请仲裁。对仲裁裁决不服的，可以向人民法院提起诉讼。

第八十条 在用人单位内，可以设立劳动争议调解委员会。劳动争议调解委员会由职工代表、用人单位代表和工会代表组成。劳动争议调解委员会主任由工会代表担任。劳动争议经调解达成协议的，当事人应当履行。

第八十一条 劳动争议仲裁委员会由劳动行政部门代表、同级工会代表、用人单位方面的代表组成。劳动争议仲裁委员会主任由劳动行政部门代表担任。

第八十二条 提出仲裁要求的一方应当自劳动争议发生之日起六十日内向劳动争议仲裁委员会提出书面申请。仲裁裁决一般应在收到仲裁申请的六十日内作出。对仲裁裁决无异议的，当事人必须履行。

第八十三条　劳动争议当事人对仲裁裁决不服的，可以自收到仲裁裁决书之日起十五日内向人民法院提起诉讼。一方当事人在法定期限内不起诉又不履行仲裁裁决的，另一方当事人可以申请人民法院强制执行。

第八十四条　因签订集体合同发生争议，当事人协商解决不成的，当地人民政府劳动行政部门可以组织有关各方协调处理。因履行集体合同发生争议，当事人协商解决不成的，可以向劳动争议仲裁委员会申请仲裁；对仲裁裁决不服的，可以自收到仲裁裁决书之日起十五日内向人民法院提起诉讼。

第十一章　监督检查

第八十五条　县级以上各级人民政府劳动行政部门依法对用人单位遵守劳动法律、法规的情况进行监督检查，对违反劳动法律、法规的行为有权制止，并责令改正。

第八十六条　县级以上各级人民政府劳动行政部门监督检查人员执行公务，有权进入用人单位了解执行劳动法律、法规的情况，查阅必要的资料，并对劳动场所进行检查。

县级以上各级人民政府劳动行政部门监督检查人员执行公务，必须出示证件，秉公执法并遵守有关规定。

第八十七条　县级以上各级人民政府有关部门在各自职责范围内，对用人单位遵守劳动法律、法规的情况进行监督。

第八十八条　各级工会依法维护劳动者的合法权益，对用人单位遵守劳动法律、法规的情况进行监督。任何组织和个人对于违反劳动法律、法规的行为有权检举和控告。

第十二章　法律责任

第八十九条　用人单位制定的劳动规章制度违反法律、法规规定的，由劳动行政部门给予警告，责令改正；对劳动者造成损害的，应当承担赔偿责任。

第九十条　用人单位违反本法规定，延长劳动者工作时间的，由劳动行政部门给予警告，责令改正，并可以处以罚款。

第九十一条　用人单位有下列侵害劳动者合法权益情形之一的，由劳动行政部门责令支付劳动者的工资报酬、经济补偿，并可以责令支付赔偿金：

（一）克扣或者无故拖欠劳动者工资的；

（二）拒不支付劳动者延长工作时间工资报酬的；

（三）低于当地最低工资标准支付劳动者工资的；

（四）解除劳动合同后，未依照本法规定给予劳动者经济补偿的。

第九十二条　用人单位的劳动安全设施和劳动卫生条件不符合国家规定或者未向劳动者提供必要的劳动防护用品和劳动保护设施的，由劳动行政部门或者有关部门责令改正，可以处以罚款；情节严重的，提请县级以上人民政府决定责令停产整顿；对事故隐患不采取措施，致使发生重大事故，造成劳动者生命和财产损失的，对责任人员比照刑法第一百八十七条的规定追究刑事责任。

第九十三条　用人单位强令劳动者违章冒险作业，发生重大伤亡事故，造成严重后果的，对责任人员依法追究刑事责任。

第九十四条 用人单位非法招用未满十六周岁的未成年人的,由劳动行政部门责令改正,处以罚款;情节严重的,由工商行政管理部门吊销营业执照。

第九十五条 用人单位违反本法对女职工和未成年工的保护规定,侵害其合法权益的,由劳动行政部门责令改正,处以罚款;对女职工或者未成年工造成损害的,应当承担赔偿责任。

第九十六条 用人单位有下列行为之一,由公安机关对责任人员处以十五日以下拘留、罚款或者警告;构成犯罪的,对责任人员依法追究刑事责任:

(一)以暴力、威胁或者非法限制人身自由的手段强迫劳动的;

(二)侮辱、体罚、殴打、非法搜查和拘禁劳动者的。

第九十七条 由于用人单位的原因订立的无效合同,对劳动者造成损害的,应当承担赔偿责任。

第九十八条 用人单位违反本法规定的条件解除劳动合同或者故意拖延不订立劳动合同的,由劳动行政部门责令改正;对劳动者造成损害的,应当承担赔偿责任。

第九十九条 用人单位招用尚未解除劳动合同的劳动者,对原用人单位造成经济损失的,该用人单位应当依法承担连带赔偿责任。

第一百条 用人单位无故不缴纳社会保险费的,由劳动行政部门责令其限期缴纳,逾期不缴的,可以加收滞纳金。

第一百零一条 用人单位无理阻挠劳动行政部门、有关部门及其工作人员行使监督检查权,打击报复举报人员的,由劳动行政部门或者有关部门处以罚款;构成犯罪的,对责任人员依法追究刑事责任。

第一百零二条 劳动者违反本法规定的条件解除劳动合同或者违反劳动合同中约定的保密事项,对用人单位造成经济损失的,应当依法承担赔偿责任。

第一百零三条 劳动行政部门或者有关部门的工作人员滥用职权、玩忽职守、徇私舞弊,构成犯罪的,依法追究刑事责任;不构成犯罪的,给予行政处分。

第一百零四条 国家工作人员和社会保险基金经办机构的工作人员挪用社会保险基金,构成犯罪的,依法追究刑事责任。

第一百零五条 违反本法规定侵害劳动者合法权益,其他法律、法规已规定处罚的,依照该法律、行政法规的规定处罚。

第十三章 附 则

第一百零六条 省、自治区、直辖市人民政府根据本法和本地区的实际情况,规定劳动合同制度的实施步骤,报国务院备案。

第一百零七条 本法自1995年1月1日起施行。

附录二 《中华人民共和国劳动合同法》

2007年6月29日第十届全国人民代表大会常务委员会第二十八次会议通过。
目　录
第一章　总　则
第二章　劳动合同的订立
第三章　劳动合同的履行和变更
第四章　劳动合同的解除和终止
第五章　特别规定
第一节　集体合同
第二节　劳务派遣
第三节　非全日制用工
第六章　监督检查
第七章　法律责任
第八章　附　则

第一章　总　则

第一条　为了完善劳动合同制度，明确劳动合同双方当事人的权利和义务，保护劳动者的合法权益，构建和发展和谐稳定的劳动关系，制定本法。

第二条　中华人民共和国境内的企业、个体经济组织、民办非企业单位等组织（以下称用人单位）与劳动者建立劳动关系，订立、履行、变更、解除或者终止劳动合同，适用本法。

国家机关、事业单位、社会团体和与其建立劳动关系的劳动者，订立、履行、变更、解除或者终止劳动合同，依照本法执行。

第三条　订立劳动合同，应当遵循合法、公平、平等自愿、协商一致、诚实信用的原则。

依法订立的劳动合同具有约束力，用人单位与劳动者应当履行劳动合同约定的义务。

第四条　用人单位应当依法建立和完善劳动规章制度，保障劳动者享有劳动权利、履行劳动义务。

用人单位在制定、修改或者决定有关劳动报酬、工作时间、休息休假、劳动安全卫生、保险福利、职工培训、劳动纪律以及劳动定额管理等直接涉及劳动者切身利益的规章制度或者重大事项时，应当经职工代表大会或者全体职工讨论，提出方案和意见，与工会或者职工代表平等协商确定。

在规章制度和重大事项决定实施过程中，工会或者职工认为不适当的，有权向用人单位提出，通过协商予以修改完善。

用人单位应当将直接涉及劳动者切身利益的规章制度和重大事项决定公示，或者告知劳动者。

第五条　县级以上人民政府劳动行政部门会同工会和企业方面代表，建立健全协调劳动关系三方机制，共同研究解决有关劳动关系的重大问题。

第六条　工会应当帮助、指导劳动者与用人单位依法订立和履行劳动合同，并与用人单位建立集体协商机制，维护劳动者的合法权益。

第二章　劳动合同的订立

第七条　用人单位自用工之日起即与劳动者建立劳动关系。用人单位应当建立职工名册备查。

第八条　用人单位招用劳动者时，应当如实告知劳动者工作内容、工作条件、工作地点、职业危害、安全生产状况、劳动报酬，以及劳动者要求了解的其他情况；用人单位有权了解劳动者与劳动合同直接相关的基本情况，劳动者应当如实说明。

第九条　用人单位招用劳动者，不得扣押劳动者的居民身份证和其他证件，不得要求劳动者提供担保或者以其他名义向劳动者收取财物。

第十条　建立劳动关系，应当订立书面劳动合同。

已建立劳动关系，未同时订立书面劳动合同的，应当自用工之日起一个月内订立书面劳动合同。

用人单位与劳动者在用工前订立劳动合同的，劳动关系自用工之日起建立。

第十一条　用人单位未在用工的同时订立书面劳动合同，与劳动者约定的劳动报酬不明确的，新招用的劳动者的劳动报酬按照集体合同规定的标准执行；没有集体合同或者集体合同未规定的，实行同工同酬。

第十二条　劳动合同分为固定期限劳动合同、无固定期限劳动合同和以完成一定工作任务为期限的劳动合同。

第十三条　固定期限劳动合同，是指用人单位与劳动者约定合同终止时间的劳动合同。

用人单位与劳动者协商一致，可以订立固定期限劳动合同。

第十四条　无固定期限劳动合同，是指用人单位与劳动者约定无确定终止时间的劳动合同。

用人单位与劳动者协商一致，可以订立无固定期限劳动合同。有下列情形之一，劳动者提出或者同意续订、订立劳动合同的，除劳动者提出订立固定期限劳动合同外，应当订立无固定期限劳动合同：

（一）劳动者在该用人单位连续工作满十年的；

（二）用人单位初次实行劳动合同制度或者国有企业改制重新订立劳动合同时，劳动者在该用人单位连续工作满十年且距法定退休年龄不足十年的；

（三）连续订立二次固定期限劳动合同，且劳动者没有本法第三十九条和第四十条第一项、第二项规定的情形，续订劳动合同的。

用人单位自用工之日起满一年不与劳动者订立书面劳动合同的，视为用人单位与劳动者已订立无固定期限劳动合同。

第十五条　以完成一定工作任务为期限的劳动合同，是指用人单位与劳动者约定以某项工作的完成为合同期限的劳动合同。

用人单位与劳动者协商一致，可以订立以完成一定工作任务为期限的劳动合同。

第十六条 劳动合同由用人单位与劳动者协商一致,并经用人单位与劳动者在劳动合同文本上签字或者盖章生效。

劳动合同文本由用人单位和劳动者各执一份。

第十七条 劳动合同应当具备以下条款:

(一)用人单位的名称、住所和法定代表人或者主要负责人;

(二)劳动者的姓名、住址和居民身份证或者其他有效身份证件号码;

(三)劳动合同期限;

(四)工作内容和工作地点;

(五)工作时间和休息休假;

(六)劳动报酬;

(七)社会保险;

(八)劳动保护、劳动条件和职业危害防护;

(九)法律、法规规定应当纳入劳动合同的其他事项。

劳动合同除前款规定的必备条款外,用人单位与劳动者可以约定试用期、培训、保守秘密、补充保险和福利待遇等其他事项。

第十八条 劳动合同对劳动报酬和劳动条件等标准约定不明确,引发争议的,用人单位与劳动者可以重新协商;协商不成的,适用集体合同规定;没有集体合同或者集体合同未规定劳动报酬的,实行同工同酬;没有集体合同或者集体合同未规定劳动条件等标准的,适用国家有关规定。

第十九条 劳动合同期限三个月以上不满一年的,试用期不得超过一个月;劳动合同期限一年以上不满三年的,试用期不得超过二个月;三年以上固定期限和无固定期限的劳动合同,试用期不得超过六个月。

同一用人单位与同一劳动者只能约定一次试用期。

以完成一定工作任务为期限的劳动合同或者劳动合同期限不满三个月的,不得约定试用期。

试用期包含在劳动合同期限内。劳动合同仅约定试用期的,试用期不成立,该期限为劳动合同期限。

第二十条 劳动者在试用期的工资不得低于本单位相同岗位最低档工资或者劳动合同约定工资的百分之八十,并不得低于用人单位所在地的最低工资标准。

第二十一条 在试用期中,除劳动者有本法第三十九条和第四十条第一项、第二项规定的情形外,用人单位不得解除劳动合同。用人单位在试用期解除劳动合同的,应当向劳动者说明理由。

第二十二条 用人单位为劳动者提供专项培训费用,对其进行专业技术培训的,可以与该劳动者订立协议,约定服务期。

劳动者违反服务期约定的,应当按照约定向用人单位支付违约金。违约金的数额不得超过用人单位提供的培训费用。用人单位要求劳动者支付的违约金不得超过服务期尚未履行部分所应分摊的培训费用。

用人单位与劳动者约定服务期的,不影响按照正常的工资调整机制提高劳动者在服务期期间的劳动报酬。

第二十三条 用人单位与劳动者可以在劳动合同中约定保守用人单位的商业秘密和与知识产权相关的保密事项。

对负有保密义务的劳动者，用人单位可以在劳动合同或者保密协议中与劳动者约定竞业限制条款，并约定在解除或者终止劳动合同后，在竞业限制期限内按月给予劳动者经济补偿。劳动者违反竞业限制约定的，应当按照约定向用人单位支付违约金。

第二十四条 竞业限制的人员限于用人单位的高级管理人员、高级技术人员和其他负有保密义务的人员。竞业限制的范围、地域、期限由用人单位与劳动者约定，竞业限制的约定不得违反法律、法规的规定。

在解除或者终止劳动合同后，前款规定的人员到与本单位生产或者经营同类产品、从事同类业务的有竞争关系的其他用人单位，或者自己开业生产或者经营同类产品、从事同类业务的竞业限制期限，不得超过二年。

第二十五条 除本法第二十二条和第二十三条规定的情形外，用人单位不得与劳动者约定由劳动者承担违约金。

第二十六条 下列劳动合同无效或者部分无效：

（一）以欺诈、胁迫的手段或者乘人之危，使对方在违背真实意思的情况下订立或者变更劳动合同的；

（二）用人单位免除自己的法定责任、排除劳动者权利的；

（三）违反法律、行政法规强制性规定的。

对劳动合同的无效或者部分无效有争议的，由劳动争议仲裁机构或者人民法院确认。

第二十七条 劳动合同部分无效，不影响其他部分效力的，其他部分仍然有效。

第二十八条 劳动合同被确认无效，劳动者已付出劳动的，用人单位应当向劳动者支付劳动报酬。劳动报酬的数额，参照本单位相同或者相近岗位劳动者的劳动报酬确定。

第三章 劳动合同的履行和变更

第二十九条 用人单位与劳动者应当按照劳动合同的约定，全面履行各自的义务。

第三十条 用人单位应当按照劳动合同约定和国家规定，向劳动者及时足额支付劳动报酬。

用人单位拖欠或者未足额支付劳动报酬的，劳动者可以依法向当地人民法院申请支付令，人民法院应当依法发出支付令。

第三十一条 用人单位应当严格执行劳动定额标准，不得强迫或者变相强迫劳动者加班。用人单位安排加班的，应当按照国家有关规定向劳动者支付加班费。

第三十二条 劳动者拒绝用人单位管理人员违章指挥、强令冒险作业的，不视为违反劳动合同。

劳动者对危害生命安全和身体健康的劳动条件，有权对用人单位提出批评、检举和控告。

第三十三条 用人单位变更名称、法定代表人、主要负责人或者投资人等事项，不影响劳动合同的履行。

第三十四条 用人单位发生合并或者分立等情况，原劳动合同继续有效，劳动合同由承继其权利和义务的用人单位继续履行。

第三十五条　用人单位与劳动者协商一致，可以变更劳动合同约定的内容。变更劳动合同，应当采用书面形式。

变更后的劳动合同文本由用人单位和劳动者各执一份。

第四章　劳动合同的解除和终止

第三十六条　用人单位与劳动者协商一致，可以解除劳动合同。

第三十七条　劳动者提前三十日以书面形式通知用人单位，可以解除劳动合同。劳动者在试用期内提前三日通知用人单位，可以解除劳动合同。

第三十八条　用人单位有下列情形之一的，劳动者可以解除劳动合同：

（一）未按照劳动合同约定提供劳动保护或者劳动条件的；

（二）未及时足额支付劳动报酬的；

（三）未依法为劳动者缴纳社会保险费的；

（四）用人单位的规章制度违反法律、法规的规定，损害劳动者权益的；

（五）因本法第二十六条第一款规定的情形致使劳动合同无效的；

（六）法律、行政法规规定劳动者可以解除劳动合同的其他情形。

用人单位以暴力、威胁或者非法限制人身自由的手段强迫劳动者劳动的，或者用人单位违章指挥、强令冒险作业危及劳动者人身安全的，劳动者可以立即解除劳动合同，不需事先告知用人单位。

第三十九条　劳动者有下列情形之一的，用人单位可以解除劳动合同：

（一）在试用期间被证明不符合录用条件的；

（二）严重违反用人单位的规章制度的；

（三）严重失职，营私舞弊，给用人单位造成重大损害的；

（四）劳动者同时与其他用人单位建立劳动关系，对完成本单位的工作任务造成严重影响，或者经用人单位提出，拒不改正的；

（五）因本法第二十六条第一款第一项规定的情形致使劳动合同无效的；

（六）被依法追究刑事责任的。

第四十条　有下列情形之一的，用人单位提前三十日以书面形式通知劳动者本人或者额外支付劳动者一个月工资后，可以解除劳动合同：

（一）劳动者患病或者非因工负伤，在规定的医疗期满后不能从事原工作，也不能从事由用人单位另行安排的工作的；

（二）劳动者不能胜任工作，经过培训或者调整工作岗位，仍不能胜任工作的；

（三）劳动合同订立时所依据的客观情况发生重大变化，致使劳动合同无法履行，经用人单位与劳动者协商，未能就变更劳动合同内容达成协议的。

第四十一条　有下列情形之一，需要裁减人员二十人以上或者裁减不足二十人但占企业职工总数百分之十以上的，用人单位提前三十日向工会或者全体职工说明情况，听取工会或者职工的意见后，裁减人员方案经向劳动行政部门报告，可以裁减人员：

（一）依照企业破产法规定进行重整的；

（二）生产经营发生严重困难的；

（三）企业转产、重大技术革新或者经营方式调整，经变更劳动合同后，仍需裁减人员的；

（四）其他因劳动合同订立时所依据的客观经济情况发生重大变化，致使劳动合同无法履行的。

裁减人员时，应当优先留用下列人员：

（一）与本单位订立较长期限的固定期限劳动合同的；

（二）与本单位订立无固定期限劳动合同的；

（三）家庭无其他就业人员，有需要扶养的老人或者未成年人的。

用人单位依照本条第一款规定裁减人员，在六个月内重新招用人员的，应当通知被裁减的人员，并在同等条件下优先招用被裁减的人员。

第四十二条　劳动者有下列情形之一的，用人单位不得依照本法第四十条、第四十一条的规定解除劳动合同：

（一）从事接触职业病危害作业的劳动者未进行离岗前职业健康检查，或者疑似职业病病人在诊断或者医学观察期间的；

（二）在本单位患职业病或者因工负伤并被确认丧失或者部分丧失劳动能力的；

（三）患病或者非因工负伤，在规定的医疗期内的；

（四）女职工在孕期、产期、哺乳期的；

（五）在本单位连续工作满十五年，且距法定退休年龄不足五年的；

（六）法律、行政法规规定的其他情形。

第四十三条　用人单位单方解除劳动合同，应当事先将理由通知工会。用人单位违反法律、行政法规规定或者劳动合同约定的，工会有权要求用人单位纠正。用人单位应当研究工会的意见，并将处理结果书面通知工会。

第四十四条　有下列情形之一的，劳动合同终止：

（一）劳动合同期满的；

（二）劳动者开始依法享受基本养老保险待遇的；

（三）劳动者死亡，或者被人民法院宣告死亡或者宣告失踪的；

（四）用人单位被依法宣告破产的；

（五）用人单位被吊销营业执照、责令关闭、撤销或者用人单位决定提前解散的；

（六）法律、行政法规规定的其他情形。

第四十五条　劳动合同期满，有本法第四十二条规定情形之一的，劳动合同应当续延至相应的情形消失时终止。但是，本法第四十二条第二项规定丧失或者部分丧失劳动能力劳动者的劳动合同的终止，按照国家有关工伤保险的规定执行。

第四十六条　有下列情形之一的，用人单位应当向劳动者支付经济补偿：

（一）劳动者依照本法第三十八条规定解除劳动合同的；

（二）用人单位依照本法第三十六条规定向劳动者提出解除劳动合同并与劳动者协商一致解除劳动合同的；

（三）用人单位依照本法第四十条规定解除劳动合同的；

（四）用人单位依照本法第四十一条第一款规定解除劳动合同的；

（五）除用人单位维持或者提高劳动合同约定条件续订劳动合同，劳动者不同意续订的情形外，依照本法第四十四条第一项规定终止固定期限劳动合同的；

（六）依照本法第四十四条第四项、第五项规定终止劳动合同的；

（七）法律、行政法规规定的其他情形。

第四十七条　经济补偿按劳动者在本单位工作的年限，每满一年支付一个月工资的标准向劳动者支付。六个月以上不满一年的，按一年计算；不满六个月的，向劳动者支付半个月工资的经济补偿。

劳动者月工资高于用人单位所在直辖市、设区的市级人民政府公布的本地区上年度职工月平均工资三倍的，向其支付经济补偿的标准按职工月平均工资三倍的数额支付，向其支付经济补偿的年限最高不超过十二年。

本条所称月工资是指劳动者在劳动合同解除或者终止前十二个月的平均工资。

第四十八条　用人单位违反本法规定解除或者终止劳动合同，劳动者要求继续履行劳动合同的，用人单位应当继续履行；劳动者不要求继续履行劳动合同或者劳动合同已经不能继续履行的，用人单位应当依照本法第八十七条规定支付赔偿金。

第四十九条　国家采取措施，建立健全劳动者社会保险关系跨地区转移接续制度。

第五十条　用人单位应当在解除或者终止劳动合同时出具解除或者终止劳动合同的证明，并在十五日内为劳动者办理档案和社会保险关系转移手续。

劳动者应当按照双方约定，办理工作交接。用人单位依照本法有关规定应当向劳动者支付经济补偿的，在办结工作交接时支付。

用人单位对已经解除或者终止的劳动合同的文本，至少保存二年备查。

第五章　特别规定

第一节　集体合同

第五十一条　企业职工一方与用人单位通过平等协商，可以就劳动报酬、工作时间、休息休假、劳动安全卫生、保险福利等事项订立集体合同。集体合同草案应当提交职工代表大会或者全体职工讨论通过。

集体合同由工会代表企业职工一方与用人单位订立；尚未建立工会的用人单位，由上级工会指导劳动者推举的代表与用人单位订立。

第五十二条　企业职工一方与用人单位可以订立劳动安全卫生、女职工权益保护、工资调整机制等专项集体合同。

第五十三条　在县级以下区域内，建筑业、采矿业、餐饮服务业等行业可以由工会与企业方面代表订立行业性集体合同，或者订立区域性集体合同。

第五十四条　集体合同订立后，应当报送劳动行政部门；劳动行政部门自收到集体合同文本之日起十五日内未提出异议的，集体合同即行生效。

依法订立的集体合同对用人单位和劳动者具有约束力。行业性、区域性集体合同对当地本行业、本区域的用人单位和劳动者具有约束力。

第五十五条　集体合同中劳动报酬和劳动条件等标准不得低于当地人民政府规定的最低标准；用人单位与劳动者订立的劳动合同中劳动报酬和劳动条件等标准不得低于集体合同规定的标准。

第五十六条　用人单位违反集体合同，侵犯职工劳动权益的，工会可以依法要求用人单位承担责任；因履行集体合同发生争议，经协商解决不成的，工会可以依法申请仲裁、提起诉讼。

第二节 劳务派遣

第五十七条 劳务派遣单位应当依照公司法的有关规定设立，注册资本不得少于五十万元。

第五十八条 劳务派遣单位是本法所称用人单位，应当履行用人单位对劳动者的义务。劳务派遣单位与被派遣劳动者订立的劳动合同，除应当载明本法第十七条规定的事项外，还应当载明被派遣劳动者的用工单位以及派遣期限、工作岗位等情况。

劳务派遣单位应当与被派遣劳动者订立二年以上的固定期限劳动合同，按月支付劳动报酬；被派遣劳动者在无工作期间，劳务派遣单位应当按照所在地人民政府规定的最低工资标准，向其按月支付报酬。

第五十九条 劳务派遣单位派遣劳动者应当与接受以劳务派遣形式用工的单位（以下称用工单位）订立劳务派遣协议。劳务派遣协议应当约定派遣岗位和人员数量、派遣期限、劳动报酬和社会保险费的数额与支付方式以及违反协议的责任。

用工单位应当根据工作岗位的实际需要与劳务派遣单位确定派遣期限，不得将连续用工期限分割订立数个短期劳务派遣协议。

第六十条 劳务派遣单位应当将劳务派遣协议的内容告知被派遣劳动者。

劳务派遣单位不得克扣用工单位按照劳务派遣协议支付给被派遣劳动者的劳动报酬。

劳务派遣单位和用工单位不得向被派遣劳动者收取费用。

第六十一条 劳务派遣单位跨地区派遣劳动者的，被派遣劳动者享有的劳动报酬和劳动条件，按照用工单位所在地的标准执行。

第六十二条 用工单位应当履行下列义务：

（一）执行国家劳动标准，提供相应的劳动条件和劳动保护；

（二）告知被派遣劳动者的工作要求和劳动报酬；

（三）支付加班费、绩效奖金，提供与工作岗位相关的福利待遇；

（四）对在岗被派遣劳动者进行工作岗位所必需的培训；

（五）连续用工的，实行正常的工资调整机制。

用工单位不得将被派遣劳动者再派遣到其他用人单位。

第六十三条 被派遣劳动者享有与用工单位的劳动者同工同酬的权利。用工单位无同类岗位劳动者的，参照用工单位所在地相同或者相近岗位劳动者的劳动报酬确定。

第六十四条 被派遣劳动者有权在劳务派遣单位或者用工单位依法参加或者组织工会，维护自身的合法权益。

第六十五条 被派遣劳动者可以依照本法第三十六条、第三十八条的规定与劳务派遣单位解除劳动合同。

被派遣劳动者有本法第三十九条和第四十条第一项、第二项规定情形的，用工单位可以将劳动者退回劳务派遣单位，劳务派遣单位依照本法有关规定，可以与劳动者解除劳动合同。

第六十六条 劳务派遣一般在临时性、辅助性或者替代性的工作岗位上实施。

第六十七条 用人单位不得设立劳务派遣单位向本单位或者所属单位派遣劳动者。

第三节 非全日制用工

第六十八条 非全日制用工,是指以小时计酬为主,劳动者在同一用人单位一般平均每日工作时间不超过四小时,每周工作时间累计不超过二十四小时的用工形式。

第六十九条 非全日制用工双方当事人可以订立口头协议。

从事非全日制用工的劳动者可以与一个或者一个以上用人单位订立劳动合同;但是,后订立的劳动合同不得影响先订立的劳动合同的履行。

第七十条 非全日制用工双方当事人不得约定试用期。

第七十一条 非全日制用工双方当事人任何一方都可以随时通知对方终止用工。终止用工,用人单位不向劳动者支付经济补偿。

第七十二条 非全日制用工小时计酬标准不得低于用人单位所在地人民政府规定的最低小时工资标准。

非全日制用工劳动报酬结算支付周期最长不得超过十五日。

第六章 监督检查

第七十三条 国务院劳动行政部门负责全国劳动合同制度实施的监督管理。

县级以上地方人民政府劳动行政部门负责本行政区域内劳动合同制度实施的监督管理。

县级以上各级人民政府劳动行政部门在劳动合同制度实施的监督管理工作中,应当听取工会、企业方面代表以及有关行业主管部门的意见。

第七十四条 县级以上地方人民政府劳动行政部门依法对下列实施劳动合同制度的情况进行监督检查:

(一)用人单位制定直接涉及劳动者切身利益的规章制度及其执行的情况;

(二)用人单位与劳动者订立和解除劳动合同的情况;

(三)劳务派遣单位和用工单位遵守劳务派遣有关规定的情况;

(四)用人单位遵守国家关于劳动者工作时间和休息休假规定的情况;

(五)用人单位支付劳动合同约定的劳动报酬和执行最低工资标准的情况;

(六)用人单位参加各项社会保险和缴纳社会保险费的情况;

(七)法律、法规规定的其他劳动监察事项。

第七十五条 县级以上地方人民政府劳动行政部门实施监督检查时,有权查阅与劳动合同、集体合同有关的材料,有权对劳动场所进行实地检查,用人单位和劳动者都应当如实提供有关情况和材料。

劳动行政部门的工作人员进行监督检查,应当出示证件,依法行使职权,文明执法。

第七十六条 县级以上人民政府建设、卫生、安全生产监督管理等有关主管部门在各自职责范围内,对用人单位执行劳动合同制度的情况进行监督管理。

第七十七条 劳动者合法权益受到侵害的,有权要求有关部门依法处理,或者依法申请仲裁、提起诉讼。

第七十八条 工会依法维护劳动者的合法权益,对用人单位履行劳动合同、集体合同的情况进行监督。用人单位违反劳动法律、法规和劳动合同、集体合同的,工会有权提出意见或者要求纠正;劳动者申请仲裁、提起诉讼的,工会依法给予支持和帮助。

第七十九条 任何组织或者个人对违反本法的行为都有权举报,县级以上人民政府劳动行政部门应当及时核实、处理,并对举报有功人员给予奖励。

第七章 法律责任

第八十条 用人单位直接涉及劳动者切身利益的规章制度违反法律、法规规定的,由劳动行政部门责令改正,给予警告;给劳动者造成损害的,应当承担赔偿责任。

第八十一条 用人单位提供的劳动合同文本未载明本法规定的劳动合同必备条款或者用人单位未将劳动合同文本交付劳动者的,由劳动行政部门责令改正;给劳动者造成损害的,应当承担赔偿责任。

第八十二条 用人单位自用工之日起超过一个月不满一年未与劳动者订立书面劳动合同的,应当向劳动者每月支付二倍的工资。

用人单位违反本法规定不与劳动者订立无固定期限劳动合同的,自应当订立无固定期限劳动合同之日起向劳动者每月支付二倍的工资。

第八十三条 用人单位违反本法规定与劳动者约定试用期的,由劳动行政部门责令改正;违法约定的试用期已经履行的,由用人单位以劳动者试用期满月工资为标准,按已经履行的超过法定试用期的期间向劳动者支付赔偿金。

第八十四条 用人单位违反本法规定,扣押劳动者居民身份证等证件的,由劳动行政部门责令限期退还劳动者本人,并依照有关法律规定给予处罚。

用人单位违反本法规定,以担保或者其他名义向劳动者收取财物的,由劳动行政部门责令限期退还劳动者本人,并以每人五百元以上二千元以下的标准处以罚款;给劳动者造成损害的,应当承担赔偿责任。

劳动者依法解除或者终止劳动合同,用人单位扣押劳动者档案或者其他物品的,依照前款规定处罚。

第八十五条 用人单位有下列情形之一的,由劳动行政部门责令限期支付劳动报酬、加班费或者经济补偿;劳动报酬低于当地最低工资标准的,应当支付其差额部分;逾期不支付的,责令用人单位按应付金额百分之五十以上百分之一百以下的标准向劳动者加付赔偿金:

(一)未按照劳动合同的约定或者国家规定及时足额支付劳动者劳动报酬的;
(二)低于当地最低工资标准支付劳动者工资的;
(三)安排加班不支付加班费的;
(四)解除或者终止劳动合同,未依照本法规定向劳动者支付经济补偿的。

第八十六条 劳动合同依照本法第二十六条规定被确认无效,给对方造成损害的,有过错的一方应当承担赔偿责任。

第八十七条 用人单位违反本法规定解除或者终止劳动合同的,应当依照本法第四十七条规定的经济补偿标准的二倍向劳动者支付赔偿金。

第八十八条 用人单位有下列情形之一的,依法给予行政处罚;构成犯罪的,依法追究刑事责任;给劳动者造成损害的,应当承担赔偿责任:

(一)以暴力、威胁或者非法限制人身自由的手段强迫劳动的;
(二)违章指挥或者强令冒险作业危及劳动者人身安全的;

（三）侮辱、体罚、殴打、非法搜查或者拘禁劳动者的；
（四）劳动条件恶劣、环境污染严重，给劳动者身心健康造成严重损害的。

第八十九条　用人单位违反本法规定未向劳动者出具解除或者终止劳动合同的书面证明，由劳动行政部门责令改正；给劳动者造成损害的，应当承担赔偿责任。

第九十条　劳动者违反本法规定解除劳动合同，或者违反劳动合同中约定的保密义务或者竞业限制，给用人单位造成损失的，应当承担赔偿责任。

第九十一条　用人单位招用与其他用人单位尚未解除或者终止劳动合同的劳动者，给其他用人单位造成损失的，应当承担连带赔偿责任。

第九十二条　劳务派遣单位违反本法规定的，由劳动行政部门和其他有关主管部门责令改正；情节严重的，以每人一千元以上五千元以下的标准处以罚款，并由工商行政管理部门吊销营业执照；给被派遣劳动者造成损害的，劳务派遣单位与用工单位承担连带赔偿责任。

第九十三条　对不具备合法经营资格的用人单位的违法犯罪行为，依法追究法律责任；劳动者已经付出劳动的，该单位或者其出资人应当依照本法有关规定向劳动者支付劳动报酬、经济补偿、赔偿金；给劳动者造成损害的，应当承担赔偿责任。

第九十四条　个人承包经营违反本法规定招用劳动者，给劳动者造成损害的，发包的组织与个人承包经营者承担连带赔偿责任。

第九十五条　劳动行政部门和其他有关主管部门及其工作人员玩忽职守、不履行法定职责，或者违法行使职权，给劳动者或者用人单位造成损害的，应当承担赔偿责任；对直接负责的主管人员和其他直接责任人员，依法给予行政处分；构成犯罪的，依法追究刑事责任。

第八章　附　则

第九十六条　事业单位与实行聘用制的工作人员订立、履行、变更、解除或者终止劳动合同，法律、行政法规或者国务院另有规定的，依照其规定；未作规定的，依照本法有关规定执行。

第九十七条　本法施行前已依法订立且在本法施行之日存续的劳动合同，继续履行；本法第十四条第二款第三项规定连续订立固定期限劳动合同的次数，自本法施行后续订固定期限劳动合同时开始计算。

本法施行前已建立劳动关系，尚未订立书面劳动合同的，应当自本法施行之日起一个月内订立。

本法施行之日存续的劳动合同在本法施行后解除或者终止，依照本法第四十六条规定应当支付经济补偿的，经济补偿年限自本法施行之日起计算；本法施行前按照当时有关规定，用人单位应当向劳动者支付经济补偿的，按照当时有关规定执行。

第九十八条　本法自2008年1月1日起施行。

附录三 《中华人民共和国劳动合同法实施条例》

中华人民共和国国务院令

第 535 号

《中华人民共和国劳动合同法实施条例》已经 2008 年 9 月 3 日国务院第 25 次常务会议通过,现予公布,自公布之日起施行。

总理　温家宝

二〇〇八年九月十八日

第一章　总　则

第一条　为了贯彻实施《中华人民共和国劳动合同法》(以下简称劳动合同法),制定本条例。

第二条　各级人民政府和县级以上人民政府劳动行政等有关部门以及工会等组织,应当采取措施,推动劳动合同法的贯彻实施,促进劳动关系的和谐。

第三条　依法成立的会计师事务所、律师事务所等合伙组织和基金会,属于劳动合同法规定的用人单位。

第二章　劳动合同的订立

第四条　劳动合同法规定的用人单位设立的分支机构,依法取得营业执照或者登记证书的,可以作为用人单位与劳动者订立劳动合同;未依法取得营业执照或者登记证书的,受用人单位委托可以与劳动者订立劳动合同。

第五条　自用工之日起一个月内,经用人单位书面通知后,劳动者不与用人单位订立书面劳动合同的,用人单位应当书面通知劳动者终止劳动关系,无需向劳动者支付经济补偿,但是应当依法向劳动者支付其实际工作时间的劳动报酬。

第六条　用人单位自用工之日起超过一个月不满一年未与劳动者订立书面劳动合同的,应当依照劳动合同法第八十二条的规定向劳动者每月支付两倍的工资,并与劳动者补订书面劳动合同;劳动者不与用人单位订立书面劳动合同的,用人单位应当书面通知劳动者终止劳动关系,并依照劳动合同法第四十七条的规定支付经济补偿。

前款规定的用人单位向劳动者每月支付两倍工资的起算时间为用工之日起满一个月的次日,截止时间为补订书面劳动合同的前一日。

第七条　用人单位自用工之日起满一年未与劳动者订立书面劳动合同的,自用工之日起满一个月的次日至满一年的前一日应当依照劳动合同法第八十二条的规定向劳动者每月支付两倍的工资,并视为自用工之日起满一年的当日已经与劳动者订立无固定期限劳动合同,应当立即与劳动者补订书面劳动合同。

第八条　劳动合同法第七条规定的职工名册,应当包括劳动者姓名、性别、公民身份号码、户籍地址及现住址、联系方式、用工形式、用工起始时间、劳动合同期限等内容。

第九条　劳动合同法第十四条第二款规定的连续工作满10年的起始时间，应当自用人单位用工之日起计算，包括劳动合同法施行前的工作年限。

第十条　劳动者非因本人原因从原用人单位被安排到新用人单位工作的，劳动者在原用人单位的工作年限合并计算为新用人单位的工作年限。原用人单位已经向劳动者支付经济补偿的，新用人单位在依法解除、终止劳动合同计算支付经济补偿的工作年限时，不再计算劳动者在原用人单位的工作年限。

第十一条　除劳动者与用人单位协商一致的情形外，劳动者依照劳动合同法第十四条第二款的规定，提出订立无固定期限劳动合同的，用人单位应当与其订立无固定期限劳动合同。对劳动合同的内容，双方应当按照合法、公平、平等自愿、协商一致、诚实信用的原则协商确定；对协商不一致的内容，依照劳动合同法第十八条的规定执行。

第十二条　地方各级人民政府及县级以上地方人民政府有关部门为安置就业困难人员提供的给予岗位补贴和社会保险补贴的公益性岗位，其劳动合同不适用劳动合同法有关无固定期限劳动合同的规定以及支付经济补偿的规定。

第十三条　用人单位与劳动者不得在劳动合同法第四十四条规定的劳动合同终止情形之外约定其他的劳动合同终止条件。

第十四条　劳动合同履行地与用人单位注册地不一致的，有关劳动者的最低工资标准、劳动保护、劳动条件、职业危害防护和本地区上年度职工月平均工资标准等事项，按照劳动合同履行地的有关规定执行；用人单位注册地的有关标准高于劳动合同履行地的有关标准，且用人单位与劳动者约定按照用人单位注册地的有关规定执行的，从其约定。

第十五条　劳动者在试用期的工资不得低于本单位相同岗位最低档工资的80%或者不得低于劳动合同约定工资的80%，并不得低于用人单位所在地的最低工资标准。

第十六条　劳动合同法第二十二条第二款规定的培训费用，包括用人单位为了对劳动者进行专业技术培训而支付的有凭证的培训费用、培训期间的差旅费用以及因培训产生的用于该劳动者的其他直接费用。

第十七条　劳动合同期满，但是用人单位与劳动者依照劳动合同法第二十二条的规定约定的服务期尚未到期的，劳动合同应当续延至服务期满；双方另有约定的，从其约定。

第三章　劳动合同的解除和终止

第十八条　有下列情形之一的，依照劳动合同法规定的条件、程序，劳动者可以与用人单位解除固定期限劳动合同、无固定期限劳动合同或者以完成一定工作任务为期限的劳动合同：

（一）劳动者与用人单位协商一致的；

（二）劳动者提前30日以书面形式通知用人单位的；

（三）劳动者在试用期内提前3日通知用人单位的；

（四）用人单位未按照劳动合同约定提供劳动保护或者劳动条件的；

（五）用人单位未及时足额支付劳动报酬的；

（六）用人单位未依法为劳动者缴纳社会保险费的；

（七）用人单位的规章制度违反法律、法规的规定，损害劳动者权益的；

（八）用人单位以欺诈、胁迫的手段或者乘人之危，使劳动者在违背真实意思的情况下订立或者变更劳动合同的；

（九）用人单位在劳动合同中免除自己的法定责任、排除劳动者权利的；

（十）用人单位违反法律、行政法规强制性规定的；

（十一）用人单位以暴力、威胁或者非法限制人身自由的手段强迫劳动者劳动的；

（十二）用人单位违章指挥、强令冒险作业危及劳动者人身安全的；

（十三）法律、行政法规规定劳动者可以解除劳动合同的其他情形。

第十九条 有下列情形之一的，依照劳动合同法规定的条件、程序，用人单位可以与劳动者解除固定期限劳动合同、无固定期限劳动合同或者以完成一定工作任务为期限的劳动合同：

（一）用人单位与劳动者协商一致的；

（二）劳动者在试用期间被证明不符合录用条件的；

（三）劳动者严重违反用人单位的规章制度的；

（四）劳动者严重失职，营私舞弊，给用人单位造成重大损害的；

（五）劳动者同时与其他用人单位建立劳动关系，对完成本单位的工作任务造成严重影响，或者经用人单位提出，拒不改正的；

（六）劳动者以欺诈、胁迫的手段或者乘人之危，使用人单位在违背真实意思的情况下订立或者变更劳动合同的；

（七）劳动者被依法追究刑事责任的；

（八）劳动者患病或者非因工负伤，在规定的医疗期满后不能从事原工作，也不能从事由用人单位另行安排的工作的；

（九）劳动者不能胜任工作，经过培训或者调整工作岗位，仍不能胜任工作的；

（十）劳动合同订立时所依据的客观情况发生重大变化，致使劳动合同无法履行，经用人单位与劳动者协商，未能就变更劳动合同内容达成协议的；

（十一）用人单位依照企业破产法规定进行重整的；

（十二）用人单位生产经营发生严重困难的；

（十三）企业转产、重大技术革新或者经营方式调整，经变更劳动合同后，仍需裁减人员的；

（十四）其他因劳动合同订立时所依据的客观经济情况发生重大变化，致使劳动合同无法履行的。

第二十条 用人单位依照劳动合同法第四十条的规定，选择额外支付劳动者一个月工资解除劳动合同的，其额外支付的工资应当按照该劳动者上一个月的工资标准确定。

第二十一条 劳动者达到法定退休年龄的，劳动合同终止。

第二十二条 以完成一定工作任务为期限的劳动合同因任务完成而终止的，用人单位应当依照劳动合同法第四十七条的规定向劳动者支付经济补偿。

第二十三条 用人单位依法终止工伤职工的劳动合同的，除依照劳动合同法第四十七条的规定支付经济补偿外，还应当依照国家有关工伤保险的规定支付一次性工伤医疗补助金和伤残就业补助金。

第二十四条 用人单位出具的解除、终止劳动合同的证明，应当写明劳动合同期限、解除或者终止劳动合同的日期、工作岗位、在本单位的工作年限。

第二十五条 用人单位违反劳动合同法的规定解除或者终止劳动合同，依照劳动合同法第八十七条的规定支付了赔偿金的，不再支付经济补偿。赔偿金的计算年限自用工之日起计算。

第二十六条 用人单位与劳动者约定了服务期，劳动者依照劳动合同法第三十八条的规定解除劳动合同的，不属于违反服务期的约定，用人单位不得要求劳动者支付违约金。

有下列情形之一，用人单位与劳动者解除约定服务期的劳动合同的，劳动者应当按照劳动合同的约定向用人单位支付违约金：

（一）劳动者严重违反用人单位的规章制度的；

（二）劳动者严重失职，营私舞弊，给用人单位造成重大损害的；

（三）劳动者同时与其他用人单位建立劳动关系，对完成本单位的工作任务造成严重影响，或者经用人单位提出，拒不改正的；

（四）劳动者以欺诈、胁迫的手段或者乘人之危，使用人单位在违背真实意思的情况下订立或者变更劳动合同的；

（五）劳动者被依法追究刑事责任的。

第二十七条 劳动合同法第四十七条规定的经济补偿的月工资按照劳动者应得工资计算，包括计时工资或者计件工资以及奖金、津贴和补贴等货币性收入。劳动者在劳动合同解除或者终止前12个月的平均工资低于当地最低工资标准的，按照当地最低工资标准计算。劳动者工作不满12个月的，按照实际工作的月数计算平均工资。

第四章 劳务派遣特别规定

第二十八条 用人单位或者其所属单位出资或者合伙设立的劳务派遣单位，向本单位或者所属单位派遣劳动者的，属于劳动合同法第六十七条规定的不得设立的劳务派遣单位。

第二十九条 用工单位应当履行劳动合同法第六十二条规定的义务，维护被派遣劳动者的合法权益。

第三十条 劳务派遣单位不得以非全日制用工形式招用被派遣劳动者。

第三十一条 劳务派遣单位或者被派遣劳动者依法解除、终止劳动合同的经济补偿，依照劳动合同法第四十六条、第四十七条的规定执行。

第三十二条 劳务派遣单位违法解除或者终止被派遣劳动者的劳动合同的，依照劳动合同法第四十八条的规定执行。

第五章 法律责任

第三十三条 用人单位违反劳动合同法有关建立职工名册规定的，由劳动行政部门责令限期改正；逾期不改正的，由劳动行政部门处2 000元以上2万元以下的罚款。

第三十四条 用人单位依照劳动合同法的规定应当向劳动者每月支付两倍的工资或者应当向劳动者支付赔偿金而未支付的，劳动行政部门应当责令用人单位支付。

第三十五条 用工单位违反劳动合同法和本条例有关劳务派遣规定的，由劳动行政部门和其他有关主管部门责令改正；情节严重的，以每位被派遣劳动者 1 000 元以上 5 000 元以下的标准处以罚款；给被派遣劳动者造成损害的，劳务派遣单位和用工单位承担连带赔偿责任。

第六章 附 则

第三十六条 对违反劳动合同法和本条例的行为的投诉、举报，县级以上地方人民政府劳动行政部门依照《劳动保障监察条例》的规定处理。

第三十七条 劳动者与用人单位因订立、履行、变更、解除或者终止劳动合同发生争议的，依照《中华人民共和国劳动争议调解仲裁法》的规定处理。

第三十八条 本条例自公布之日起施行。

附录四 《全国人民代表大会常务委员会关于修改〈中华人民共和国劳动合同法〉的决定》

中华人民共和国主席令

第七十三号

《全国人民代表大会常务委员会关于修改〈中华人民共和国劳动合同法〉的决定》已由中华人民共和国第十一届全国人民代表大会常务委员会第三十次会议于2012年12月28日通过,现予公布,自2013年7月1日起施行。

中华人民共和国主席　胡锦涛
2012年12月28日

第十一届全国人民代表大会常务委员会第三十次会议决定对《中华人民共和国劳动合同法》作如下修改:

一、将第五十七条修改为:"经营劳务派遣业务应当具备下列条件:

"(一)注册资本不得少于人民币二百万元;

"(二)有与开展业务相适应的固定的经营场所和设施;

"(三)有符合法律、行政法规规定的劳务派遣管理制度;

"(四)法律、行政法规规定的其他条件。

"经营劳务派遣业务,应当向劳动行政部门依法申请行政许可;经许可的,依法办理相应的公司登记。未经许可,任何单位和个人不得经营劳务派遣业务。"

二、将第六十三条修改为:"被派遣劳动者享有与用工单位的劳动者同工同酬的权利。用工单位应当按照同工同酬原则,对被派遣劳动者与本单位同类岗位的劳动者实行相同的劳动报酬分配办法。用工单位无同类岗位劳动者的,参照用工单位所在地相同或者相近岗位劳动者的劳动报酬确定。

"劳务派遣单位与被派遣劳动者订立的劳动合同和与用工单位订立的劳务派遣协议,载明或者约定的向被派遣劳动者支付的劳动报酬应当符合前款规定。"

三、将第六十六条修改为:"劳动合同用工是我国的企业基本用工形式。劳务派遣用工是补充形式,只能在临时性、辅助性或者替代性的工作岗位上实施。

"前款规定的临时性工作岗位是指存续时间不超过六个月的岗位;辅助性工作岗位是指为主营业务岗位提供服务的非主营业务岗位;替代性工作岗位是指用工单位的劳动者因脱产学习、休假等原因无法工作的一定期间内,可以由其他劳动者替代工作的岗位。

"用工单位应当严格控制劳务派遣用工数量,不得超过其用工总量的一定比例,具体比例由国务院劳动行政部门规定。"

四、将第九十二条修改为:"违反本法规定,未经许可,擅自经营劳务派遣业务的,由劳动行政部门责令停止违法行为,没收违法所得,并处违法所得一倍以上五倍以下的罚款;没有违法所得的,可以处五万元以下的罚款。

"劳务派遣单位、用工单位违反本法有关劳务派遣规定的,由劳动行政部门责令限期改正;逾期不改正的,以每人五千元以上一万元以下的标准处以罚款,对劳务派遣单位,吊销其劳务派遣业务经营许可证。用工单位给被派遣劳动者造成损害的,劳务派遣单位与用工单位承担连带赔偿责任。"

本决定自 2013 年 7 月 1 日起施行。

本决定公布前已依法订立的劳动合同和劳务派遣协议继续履行至期限届满,但是劳动合同和劳务派遣协议的内容不符合本决定关于按照同工同酬原则实行相同的劳动报酬分配办法的规定的,应当依照本决定进行调整;本决定施行前经营劳务派遣业务的单位,应当在本决定施行之日起一年内依法取得行政许可并办理公司变更登记,方可经营新的劳务派遣业务。具体办法由国务院劳动行政部门会同国务院有关部门规定。

《中华人民共和国劳动合同法》根据本决定作相应修改,重新公布。

附录五 《劳动保障监察条例》

第一章 总则

第一条 为了贯彻实施劳动和社会保障（以下称劳动保障）法律、法规和规章，规范劳动保障监察工作，维护劳动者的合法权益，根据劳动法和有关法律，制定本条例。

第二条 对企业和个体工商户（以下称用人单位）进行劳动保障监察，适用本条例。

对职业介绍机构、职业技能培训机构和职业技能考核鉴定机构进行劳动保障监察，依照本条例执行。

第三条 国务院劳动保障行政部门主管全国的劳动保障监察工作。县级以上地方各级人民政府劳动保障行政部门主管本行政区域内的劳动保障监察工作。

县级以上各级人民政府有关部门根据各自职责，支持、协助劳动保障行政部门的劳动保障监察工作。

第四条 县级、设区的市级人民政府劳动保障行政部门可以委托符合监察执法条件的组织实施劳动保障监察。

劳动保障行政部门和受委托实施劳动保障监察的组织中的劳动保障监察员应当经过相应的考核或者考试录用。

劳动保障监察证件由国务院劳动保障行政部门监制。

第五条 县级以上地方各级人民政府应当加强劳动保障监察工作。劳动保障监察所需经费列入本级财政预算。

第六条 用人单位应当遵守劳动保障法律、法规和规章，接受并配合劳动保障监察。

第七条 各级工会依法维护劳动者的合法权益，对用人单位遵守劳动保障法律、法规和规章的情况进行监督。

劳动保障行政部门在劳动保障监察工作中应当注意听取工会组织的意见和建议。

第八条 劳动保障监察遵循公正、公开、高效、便民的原则。

实施劳动保障监察，坚持教育与处罚相结合，接受社会监督。

第九条 任何组织或个人对违反劳动保障法律、法规或者规章的行为，有权向劳动保障行政部门举报。

劳动者认为用人单位侵犯其劳动保障合法权益的，有权向劳动保障行政部门投诉。

劳动保障行政部门应当为举报人保密；对举报属实，为查处重大违反劳动保障法律、法规或者规章的行为提供主要线索和证据的举报人，给予奖励。

第二章 劳动保障监察职责

第十条 劳动保障行政部门实施劳动保障监察，履行下列职责：

（一）宣传劳动保障法律、法规和规章，督促用人单位贯彻执行；

（二）检查用人单位遵守劳动保障法律、法规和规章的情况；

（三）受理对违反劳动保障法律、法规或者规章的行为的举报、投诉；

（四）依法纠正和查处违反劳动保障法律、法规或者规章的行为。

第十一条　劳动保障行政部门对下列事项实施劳动保障监察：

（一）用人单位制定内部劳动保障规章制度的情况；

（二）用人单位与劳动者订立劳动合同的情况；

（三）用人单位遵守禁止使用童工规定的情况；

（四）用人单位遵守女职工和未成年工特殊劳动保护规定的情况；

（五）用人单位遵守工作时间和休息休假规定的情况；

（六）用人单位支付劳动者工资和执行最低工资标准的情况；

（七）用人单位参加各项社会保险和缴纳社会保险费的情况；

（八）职业介绍机构、职业技能培训机构和职业技能考核鉴定机构遵守国家有关职业介绍、职业技能培训和职业技能考核鉴定的规定的情况；

（九）法律、法规规定的其他劳动保障监察事项。

第十二条　劳动保障监察员依法履行劳动保障监察职责，受法律保护。

劳动保障监察员应当忠于职守，秉公执法，勤政廉洁，保守秘密。

任何组织或者个人对劳动保障监察员的违法违纪行为，有权向劳动保障行政部门或者有关机关检举、控告。

第三章　劳动保障监察的实施

第十三条　对用人单位的劳动保障监察，由用人单位用工所在地的县级或者设区的市级劳动保障行政部门管辖。

上级劳动保障行政部门根据工作需要，可以调查处理下级劳动保障行政部门管辖的案件。劳动保障行政部门对劳动保障监察管辖发生争议的，报请共同的上一级劳动保障行政部门指定管辖。

省、自治区、直辖市人民政府可以对劳动保障监察的管辖制定具体办法。

第十四条　劳动保障监察以日常巡视检查、审查用人单位按照要求报送的书面材料以及接受举报投诉等形式进行。

劳动保障行政部门认为用人单位有违反劳动保障法律、法规或者规章的行为，需要进行调查处理的，应当及时立案。

劳动保障行政部门或者受委托实施劳动保障监察的组织应当设立举报、投诉信箱和电话。

对因违反劳动保障法律、法规或者规章的行为引起的群体性事件，劳动保障行政部门应当根据应急预案，迅速会同有关部门处理。

第十五条　劳动保障行政部门实施劳动保障监察，有权采取下列调查、检查措施：

（一）进入用人单位的劳动场所进行检查；

（二）就调查、检查事项询问有关人员；

（三）要求用人单位提供与调查、检查事项相关的文件资料，并作出解释和说明，必要时可以发出调查询问书；

（四）采取记录、录音、录像、照相或者复制等方式收集有关情况和资料；

（五）委托会计师事务所对用人单位工资支付、缴纳社会保险费的情况进行审计；

（六）法律、法规规定可以由劳动保障行政部门采取的其他调查、检查措施。

劳动保障行政部门对事实清楚、证据确凿、可以当场处理的违反劳动保障法律、法规或者规章的行为有权当场予以纠正。

第十六条　劳动保障监察员进行调查、检查，不得少于2人，并应当佩戴劳动保障监察标志、出示劳动保障监察证件。

劳动保障监察员办理的劳动保障监察事项与本人或者其近亲属有直接利害关系的，应当回避。

第十七条　劳动保障行政部门对违反劳动保障法律、法规或者规章的行为的调查，应当自立案之日起60个工作日内完成；对情况复杂的，经劳动保障行政部门负责人批准，可以延长30个工作日。

第十八条　劳动保障行政部门对违反劳动保障法律、法规或者规章的行为，根据调查、检查的结果，作出以下处理：

（一）对依法应当受到行政处罚的，依法作出行政处罚决定；

（二）对应当改正未改正的，依法责令改正或者作出相应的行政处理决定；

（三）对情节轻微且已改正的，撤销立案。

发现违法案件不属于劳动保障监察事项的，应当及时移送有关部门处理；涉嫌犯罪的，应当依法移送司法机关。

第十九条　劳动保障行政部门对违反劳动保障法律、法规或者规章的行为作出行政处罚或者行政处理决定前，应当听取用人单位的陈述、申辩；作出行政处罚或者行政处理决定，应当告知用人单位依法享有申请行政复议或者提起行政诉讼的权利。

第二十条　违反劳动保障法律、法规或者规章的行为在2年内未被劳动保障行政部门发现，也未被举报、投诉的，劳动保障行政部门不再查处。

前款规定的期限，自违反劳动保障法律、法规或者规章的行为发生之日起计算；违反劳动保障法律、法规或者规章的行为有连续或者继续状态的，自行为终了之日起计算。

第二十一条　用人单位违反劳动保障法律、法规或者规章，对劳动者造成损害的，依法承担赔偿责任。劳动者与用人单位就赔偿发生争议的，依照国家有关劳动争议处理的规定处理。

对应当通过劳动争议处理程序解决的事项或者已经按照劳动争议处理程序申请调解、仲裁或者已经提起诉讼的事项，劳动保障行政部门应当告知投诉人依照劳动争议处理或者诉讼的程序办理。

第二十二条　劳动保障行政部门应当建立用人单位劳动保障守法诚信档案。用人单位有重大违反劳动保障法律、法规或者规章的行为的，由有关的劳动保障行政部门向社会公布。

第四章　法律责任

第二十三条　用人单位有下列行为之一的，由劳动保障行政部门责令改正，按照受侵害的劳动者每人1 000元以上5 000元以下的标准计算，处以罚款：

（一）安排女职工从事矿山井下劳动、国家规定的第四级体力劳动强度的劳动或者其他禁忌从事的劳动的；

（二）安排女职工在经期从事高处、低温、冷水作业或者国家规定的第三级体力劳动强度的劳动的；

（三）安排女职工在怀孕期间从事国家规定的第三级体力劳动强度的劳动或者孕期禁忌从事的劳动的；

（四）安排怀孕7个月以上的女职工夜班劳动或者延长其工作时间的；

（五）女职工生育享受产假少于90天的；

（六）安排女职工在哺乳未满1周岁的婴儿期间从事国家规定的第三级体力劳动强度的劳动或者哺乳期禁忌从事的其他劳动，以及延长其工作时间或者安排其夜班劳动的；

（七）安排未成年工从事矿山井下、有毒有害、国家规定的第四级体力劳动强度的劳动或者其他禁忌从事的劳动的；

（八）未对未成年工定期进行健康检查的。

第二十四条　用人单位与劳动者建立劳动关系不依法订立劳动合同的，由劳动保障行政部门责令改正。

第二十五条　用人单位违反劳动保障法律、法规或者规章延长劳动者工作时间的，由劳动保障行政部门给予警告，责令限期改正，并可以按照受侵害的劳动者每人100元以上500元以下的标准计算，处以罚款。

第二十六条　用人单位有下列行为之一的，由劳动保障行政部门分别责令限期支付劳动者的工资报酬、劳动者工资低于当地最低工资标准的差额或者解除劳动合同的经济补偿；逾期不支付的，责令用人单位按照应付金额50%以上1倍以下的标准计算，向劳动者加付赔偿金：

（一）克扣或者无故拖欠劳动者工资报酬的；

（二）支付劳动者的工资低于当地最低工资标准的；

（三）解除劳动合同未依法给予劳动者经济补偿的。

第二十七条　用人单位向社会保险经办机构申报应缴纳的社会保险费数额时，瞒报工资总额或者职工人数的，由劳动保障行政部门责令改正，并处瞒报工资数额1倍以上3倍以下的罚款。

骗取社会保险待遇或者骗取社会保险基金支出的，由劳动保障行政部门责令退还，并处骗取金额1倍以上3倍以下的罚款；构成犯罪的，依法追究刑事责任。

第二十八条　职业介绍机构、职业技能培训机构或者职业技能考核鉴定机构违反国家有关职业介绍、职业技能培训或者职业技能考核鉴定的规定的，由劳动保障行政部门责令改正，没收违法所得，并处1万元以上5万元以下的罚款；情节严重的，吊销许可证。

未经劳动保障行政部门许可，从事职业介绍、职业技能培训或者职业技能考核鉴定的组织或者个人，由劳动保障行政部门、工商行政管理部门依照国家有关无照经营查处取缔的规定查处取缔。

第二十九条　用人单位违反《中华人民共和国工会法》，有下列行为之一的，由劳动保障行政部门责令改正：

（一）阻挠劳动者依法参加和组织工会，或者阻挠上级工会帮助、指导劳动者筹建工会的；

（二）无正当理由调动依法履行职责的工会工作人员的工作岗位，进行打击报复的；

（三）劳动者因参加工会活动而被解除劳动合同的；

（四）工会工作人员因依法履行职责被解除劳动合同的。

第三十条　有下列行为之一的，由劳动保障行政部门责令改正；对有第（一）项、第（二）项或者第（三）项规定的行为的，处2 000元以上2万元以下的罚款：

（一）无理抗拒、阻挠劳动保障行政部门依照本条例的规定实施劳动保障监察的；

（二）不按照劳动保障行政部门的要求报送书面材料，隐瞒事实真相，出具伪证或者隐匿、毁灭证据的；

（三）经劳动保障行政部门责令改正拒不改正，或者拒不履行劳动保障行政部门的行政处理决定的；

（四）打击报复举报人、投诉人的。

违反前款规定，构成违反治安管理行为的，由公安机关依法给予治安管理处罚；构成犯罪的，依法追究刑事责任。

第三十一条　劳动保障监察员滥用职权、玩忽职守、徇私舞弊或者泄露在履行职责过程中知悉的商业秘密的，依法给予行政处分；构成犯罪的，依法追究刑事责任。

劳动保障行政部门和劳动保障监察员违法行使职权，侵犯用人单位或者劳动者的合法权益的，依法承担赔偿责任。

第三十二条　属于本条例规定的劳动保障监察事项，法律、其他行政法规对处罚另有规定的，从其规定。

第五章　附　则

第三十三条　对无营业执照或者已被依法吊销营业执照，有劳动用工行为的，由劳动保障行政部门依照本条例实施劳动保障监察，并及时通报工商行政管理部门予以查处取缔。

第三十四条　国家机关、事业单位、社会团体执行劳动保障法律、法规和规章的情况，由劳动保障行政部门根据其职责，依照本条例实施劳动保障监察。

第三十五条　劳动安全卫生的监督检查，由卫生部门、安全生产监督管理部门、特种设备安全监督管理部门等有关部门依照有关法律、行政法规的规定执行。

第三十六条　本条例自2004年12月1日起施行。

附录六 《职工带薪年休假条例》

中华人民共和国国务院令

第 514 号

《职工带薪年休假条例》已经 2007 年 12 月 7 日国务院第 198 次常务会议通过,现予公布,自 2008 年 1 月 1 日起施行。

总理　温家宝

二〇〇七年十二月十四日

第一条　为了维护职工休息休假权利,调动职工工作积极性,根据劳动法和公务员法,制定本条例。

第二条　机关、团体、企业、事业单位、民办非企业单位、有雇工的个体工商户等单位的职工连续工作 1 年以上的,享受带薪年休假(以下简称年休假)。单位应当保证职工享受年休假。职工在年休假期间享受与正常工作期间相同的工资收入。

第三条　职工累计工作已满 1 年不满 10 年的,年休假 5 天;已满 10 年不满 20 年的,年休假 10 天;已满 20 年的,年休假 15 天。

国家法定休假日、休息日不计入年休假的假期。

第四条　职工有下列情形之一的,不享受当年的年休假:

(一)职工依法享受寒暑假,其休假天数多于年休假天数的;

(二)职工请事假累计 20 天以上且单位按照规定不扣工资的;

(三)累计工作满 1 年不满 10 年的职工,请病假累计 2 个月以上的;

(四)累计工作满 10 年不满 20 年的职工,请病假累计 3 个月以上的;

(五)累计工作满 20 年以上的职工,请病假累计 4 个月以上的。

第五条　单位根据生产、工作的具体情况,并考虑职工本人意愿,统筹安排职工年休假。

年休假在 1 个年度内可以集中安排,也可以分段安排,一般不跨年度安排。单位因生产、工作特点确有必要跨年度安排职工年休假的,可以跨 1 个年度安排。

单位确因工作需要不能安排职工休年休假的,经职工本人同意,可以不安排职工休年休假。对职工应休未休的年休假天数,单位应当按照该职工日工资收入的 300% 支付年休假工资报酬。

第六条　县级以上地方人民政府人事部门、劳动保障部门应当依据职权对单位执行本条例的情况主动进行监督检查。

工会组织依法维护职工的年休假权利。

第七条　单位不安排职工休年休假又不依照本条例规定给予年休假工资报酬的,由县级以上地方人民政府人事部门或者劳动保障部门依据职权责令限期改正;对逾期不改正的,除责令该单位支付年休假工资报酬外，单位还应当按照年休假工资报酬的数额向职工加付赔偿金；对拒不支付年休假工资报酬、赔偿金的，属于公务员和参照公务员法管理的人员所在单位的，对直接负责的主管人员以及其他直接责任人员依法给予处分；属于其他单位的，由劳动保障部门、人事部门或者职工申请人民法院强制执行。

第八条　职工与单位因年休假发生的争议，依照国家有关法律、行政法规的规定处理。

第九条　国务院人事部门、国务院劳动保障部门依据职权，分别制定本条例的实施办法。

第十条　本条例自 2008 年 1 月 1 日起施行。

附录七 《中华人民共和国就业促进法》

中华人民共和国主席令

第七十号

《中华人民共和国就业促进法》已由中华人民共和国第十届全国人民代表大会常务委员会第二十九次会议于2007年8月30日通过，现予公布，自2008年1月1日起施行。

中华人民共和国主席　胡锦涛

2007年8月30日

目　录

第一章　总　则
第二章　政策支持
第三章　公平就业
第四章　就业服务和管理
第五章　职业教育和培训
第六章　就业援助
第七章　监督检查
第八章　法律责任
第九章　附　则

第一章　总　则

第一条　为了促进就业，促进经济发展与扩大就业相协调，促进社会和谐稳定，制定本法。

第二条　国家把扩大就业放在经济社会发展的突出位置，实施积极的就业政策，坚持劳动者自主择业、市场调节就业、政府促进就业的方针，多渠道扩大就业。

第三条　劳动者依法享有平等就业和自主择业的权利。

劳动者就业，不因民族、种族、性别、宗教信仰等不同而受歧视。

第四条　县级以上人民政府把扩大就业作为经济和社会发展的重要目标，纳入国民经济和社会发展规划，并制定促进就业的中长期规划和年度工作计划。

第五条　县级以上人民政府通过发展经济和调整产业结构、规范人力资源市场、完善就业服务、加强职业教育和培训、提供就业援助等措施，创造就业条件，扩大就业。

第六条　国务院建立全国促进就业工作协调机制，研究就业工作中的重大问题，协调推动全国的促进就业工作。国务院劳动行政部门具体负责全国的促进就业工作。

省、自治区、直辖市人民政府根据促进就业工作的需要，建立促进就业工作协调机制，协调解决本行政区域就业工作中的重大问题。

县级以上人民政府有关部门按照各自的职责分工，共同做好促进就业工作。

第七条 国家倡导劳动者树立正确的择业观念，提高就业能力和创业能力；鼓励劳动者自主创业、自谋职业。

各级人民政府和有关部门应当简化程序，提高效率，为劳动者自主创业、自谋职业提供便利。

第八条 用人单位依法享有自主用人的权利。

用人单位应当依照本法以及其他法律、法规的规定，保障劳动者的合法权益。

第九条 工会、共产主义青年团、妇女联合会、残疾人联合会以及其他社会组织，协助人民政府开展促进就业工作，依法维护劳动者的劳动权利。

第十条 各级人民政府和有关部门对在促进就业工作中作出显著成绩的单位和个人，给予表彰和奖励。

第二章 政策支持

第十一条 县级以上人民政府应当把扩大就业作为重要职责，统筹协调产业政策与就业政策。

第十二条 国家鼓励各类企业在法律、法规规定的范围内，通过兴办产业或者拓展经营，增加就业岗位。

国家鼓励发展劳动密集型产业、服务业，扶持中小企业，多渠道、多方式增加就业岗位。

国家鼓励、支持、引导非公有制经济发展，扩大就业，增加就业岗位。

第十三条 国家发展国内外贸易和国际经济合作，拓宽就业渠道。

第十四条 县级以上人民政府在安排政府投资和确定重大建设项目时，应当发挥投资和重大建设项目带动就业的作用，增加就业岗位。

第十五条 国家实行有利于促进就业的财政政策，加大资金投入，改善就业环境，扩大就业。

县级以上人民政府应当根据就业状况和就业工作目标，在财政预算中安排就业专项资金用于促进就业工作。

就业专项资金用于职业介绍、职业培训、公益性岗位、职业技能鉴定、特定就业政策和社会保险等的补贴，小额贷款担保基金和微利项目的小额担保贷款贴息，以及扶持公共就业服务等。就业专项资金的使用管理办法由国务院财政部门和劳动行政部门规定。

第十六条 国家建立健全失业保险制度，依法确保失业人员的基本生活，并促进其实现就业。

第十七条 国家鼓励企业增加就业岗位，扶持失业人员和残疾人就业，对下列企业、人员依法给予税收优惠：

（一）吸纳符合国家规定条件的失业人员达到规定要求的企业；

（二）失业人员创办的中小企业；

（三）安置残疾人员达到规定比例或者集中使用残疾人的企业；

（四）从事个体经营的符合国家规定条件的失业人员；

（五）从事个体经营的残疾人；

（六）国务院规定给予税收优惠的其他企业、人员。

第十八条 对本法第十七条第四项、第五项规定的人员,有关部门应当在经营场地等方面给予照顾,免除行政事业性收费。

第十九条 国家实行有利于促进就业的金融政策,增加中小企业的融资渠道;鼓励金融机构改进金融服务,加大对中小企业的信贷支持,并对自主创业人员在一定期限内给予小额信贷等扶持。

第二十条 国家实行城乡统筹的就业政策,建立健全城乡劳动者平等就业的制度,引导农业富余劳动力有序转移就业。

县级以上地方人民政府推进小城镇建设和加快县域经济发展,引导农业富余劳动力就地就近转移就业;在制定小城镇规划时,将本地区农业富余劳动力转移就业作为重要内容。

县级以上地方人民政府引导农业富余劳动力有序向城市异地转移就业;劳动力输出地和输入地人民政府应当互相配合,改善农村劳动者进城就业的环境和条件。

第二十一条 国家支持区域经济发展,鼓励区域协作,统筹协调不同地区就业的均衡增长。

国家支持民族地区发展经济,扩大就业。

第二十二条 各级人民政府统筹做好城镇新增劳动力就业、农业富余劳动力转移就业和失业人员就业工作。

第二十三条 各级人民政府采取措施,逐步完善和实施与非全日制用工等灵活就业相适应的劳动和社会保险政策,为灵活就业人员提供帮助和服务。

第二十四条 地方各级人民政府和有关部门应当加强对失业人员从事个体经营的指导,提供政策咨询、就业培训和开业指导等服务。

第三章 公平就业

第二十五条 各级人民政府创造公平就业的环境,消除就业歧视,制定政策并采取措施对就业困难人员给予扶持和援助。

第二十六条 用人单位招用人员、职业中介机构从事职业中介活动,应当向劳动者提供平等的就业机会和公平的就业条件,不得实施就业歧视。

第二十七条 国家保障妇女享有与男子平等的劳动权利。

用人单位招用人员,除国家规定的不适合妇女的工种或者岗位外,不得以性别为由拒绝录用妇女或者提高对妇女的录用标准。

用人单位录用女职工,不得在劳动合同中规定限制女职工结婚、生育的内容。

第二十八条 各民族劳动者享有平等的劳动权利。

用人单位招用人员,应当依法对少数民族劳动者给予适当照顾。

第二十九条 国家保障残疾人的劳动权利。

各级人民政府应当对残疾人就业统筹规划,为残疾人创造就业条件。

用人单位招用人员,不得歧视残疾人。

第三十条 用人单位招用人员,不得以是传染病病原携带者为由拒绝录用。但是,经医学鉴定传染病病原携带者在治愈前或者排除传染嫌疑前,不得从事法律、行政法规和国务院卫生行政部门规定禁止从事的易使传染病扩散的工作。

第三十一条 农村劳动者进城就业享有与城镇劳动者平等的劳动权利，不得对农村劳动者进城就业设置歧视性限制。

第四章 就业服务和管理

第三十二条 县级以上人民政府培育和完善统一开放、竞争有序的人力资源市场，为劳动者就业提供服务。

第三十三条 县级以上人民政府鼓励社会各方面依法开展就业服务活动，加强对公共就业服务和职业中介服务的指导和监督，逐步完善覆盖城乡的就业服务体系。

第三十四条 县级以上人民政府加强人力资源市场信息网络及相关设施建设，建立健全人力资源市场信息服务体系，完善市场信息发布制度。

第三十五条 县级以上人民政府建立健全公共就业服务体系，设立公共就业服务机构，为劳动者免费提供下列服务：

（一）就业政策法规咨询；
（二）职业供求信息、市场工资指导价位信息和职业培训信息发布；
（三）职业指导和职业介绍；
（四）对就业困难人员实施就业援助；
（五）办理就业登记、失业登记等事务；
（六）其他公共就业服务。

公共就业服务机构应当不断提高服务的质量和效率，不得从事经营性活动。

公共就业服务经费纳入同级财政预算。

第三十六条 县级以上地方人民政府对职业中介机构提供公益性就业服务的，按照规定给予补贴。

国家鼓励社会各界为公益性就业服务提供捐赠、资助。

第三十七条 地方各级人民政府和有关部门不得举办或者与他人联合举办经营性的职业中介机构。

地方各级人民政府和有关部门、公共就业服务机构举办的招聘会，不得向劳动者收取费用。

第三十八条 县级以上人民政府和有关部门加强对职业中介机构的管理，鼓励其提高服务质量，发挥其在促进就业中的作用。

第三十九条 从事职业中介活动，应当遵循合法、诚实信用、公平、公开的原则。

用人单位通过职业中介机构招用人员，应当如实向职业中介机构提供岗位需求信息。禁止任何组织或者个人利用职业中介活动侵害劳动者的合法权益。

第四十条 设立职业中介机构应当具备下列条件：
（一）有明确的章程和管理制度；
（二）有开展业务必备的固定场所、办公设施和一定数额的开办资金；
（三）有一定数量具备相应职业资格的专职工作人员；
（四）法律、法规规定的其他条件。

设立职业中介机构，应当依法办理行政许可。经许可的职业中介机构，应当向工商行政部门办理登记。

未经依法许可和登记的机构,不得从事职业中介活动。

国家对外商投资职业中介机构和向劳动者提供境外就业服务的职业中介机构另有规定的,依照其规定。

第四十一条 职业中介机构不得有下列行为:

(一)提供虚假就业信息。

(二)为无合法证照的用人单位提供职业中介服务。

(三)伪造、涂改、转让职业中介许可证。

(四)扣押劳动者的居民身份证和其他证件,或者向劳动者收取押金。

(五)其他违反法律、法规规定的行为。

第四十二条 县级以上人民政府建立失业预警制度,对可能出现的较大规模的失业,实施预防、调节和控制。

第四十三条 国家建立劳动力调查统计制度和就业登记、失业登记制度,开展劳动力资源和就业、失业状况调查统计,并公布调查统计结果。

统计部门和劳动行政部门进行劳动力调查统计和就业、失业登记时,用人单位和个人应当如实提供调查统计和登记所需要的情况。

第五章 职业教育和培训

第四十四条 国家依法发展职业教育,鼓励开展职业培训,促进劳动者提高职业技能,增强就业能力和创业能力。

第四十五条 县级以上人民政府根据经济社会发展和市场需求,制定并实施职业能力开发计划。

第四十六条 县级以上人民政府加强统筹协调,鼓励和支持各类职业院校、职业技能培训机构和用人单位依法开展就业前培训、在职培训、再就业培训和创业培训;鼓励劳动者参加各种形式的培训。

第四十七条 县级以上地方人民政府和有关部门根据市场需求和产业发展方向,鼓励、指导企业加强职业教育和培训。

职业院校、职业技能培训机构与企业应当密切联系,实行产教结合,为经济建设服务,培养实用人才和熟练劳动者。

企业应当按照国家有关规定提取职工教育经费,对劳动者进行职业技能培训和继续教育培训。

第四十八条 国家采取措施建立健全劳动预备制度,县级以上地方人民政府对有就业要求的初高中毕业生实行一定期限的职业教育和培训,使其取得相应的职业资格或者掌握一定的职业技能。

第四十九条 地方各级人民政府鼓励和支持开展就业培训,帮助失业人员提高职业技能,增强其就业能力和创业能力。失业人员参加就业培训的,按照有关规定享受政府培训补贴。

第五十条 地方各级人民政府采取有效措施,组织和引导进城就业的农村劳动者参加技能培训,鼓励各类培训机构为进城就业的农村劳动者提供技能培训,增强其就业能力和创业能力。

第五十一条　国家对从事涉及公共安全、人身健康、生命财产安全等特殊工种的劳动者，实行职业资格证书制度，具体办法由国务院规定。

第六章　就业援助

第五十二条　各级人民政府建立健全就业援助制度，采取税费减免、贷款贴息、社会保险补贴、岗位补贴等办法，通过公益性岗位安置等途径，对就业困难人员实行优先扶持和重点帮助。

就业困难人员是指因身体状况、技能水平、家庭因素、失去土地等原因难以实现就业，以及连续失业一定时间仍未能实现就业的人员。就业困难人员的具体范围，由省、自治区、直辖市人民政府根据本行政区域的实际情况规定。

第五十三条　政府投资开发的公益性岗位，应当优先安排符合岗位要求的就业困难人员。被安排在公益性岗位工作的，按照国家规定给予岗位补贴。

第五十四条　地方各级人民政府加强基层就业援助服务工作，对就业困难人员实施重点帮助，提供有针对性的就业服务和公益性岗位援助。

地方各级人民政府鼓励和支持社会各方面为就业困难人员提供技能培训、岗位信息等服务。

第五十五条　各级人民政府采取特别扶助措施，促进残疾人就业。

用人单位应当按照国家规定安排残疾人就业，具体办法由国务院规定。

第五十六条　县级以上地方人民政府采取多种就业形式，拓宽公益性岗位范围，开发就业岗位，确保城市有就业需求的家庭至少有一人实现就业。

法定劳动年龄内的家庭人员均处于失业状况的城市居民家庭，可以向住所地街道、社区公共就业服务机构申请就业援助。街道、社区公共就业服务机构经确认属实的，应当为该家庭中至少一人提供适当的就业岗位。

第五十七条　国家鼓励资源开采型城市和独立工矿区发展与市场需求相适应的产业，引导劳动者转移就业。

对因资源枯竭或者经济结构调整等原因造成就业困难人员集中的地区，上级人民政府应当给予必要的扶持和帮助。

第七章　监督检查

第五十八条　各级人民政府和有关部门应当建立促进就业的目标责任制度。县级以上人民政府按照促进就业目标责任制的要求，对所属的有关部门和下一级人民政府进行考核和监督。

第五十九条　审计机关、财政部门应当依法对就业专项资金的管理和使用情况进行监督检查。

第六十条　劳动行政部门应当对本法实施情况进行监督检查，建立举报制度，受理对违反本法行为的举报，并及时予以核实处理。

第八章　法律责任

第六十一条　违反本法规定,劳动行政等有关部门及其工作人员滥用职权、玩忽职守、徇私舞弊的,对直接负责的主管人员和其他直接责任人员依法给予处分。

第六十二条　违反本法规定,实施就业歧视的,劳动者可以向人民法院提起诉讼。

第六十三条　违反本法规定,地方各级人民政府和有关部门、公共就业服务机构举办经营性的职业中介机构,从事经营性职业中介活动,向劳动者收取费用的,由上级主管机关责令限期改正,将违法收取的费用退还劳动者,并对直接负责的主管人员和其他直接责任人员依法给予处分。

第六十四条　违反本法规定,未经许可和登记,擅自从事职业中介活动的,由劳动行政部门或者其他主管部门依法予以关闭;有违法所得的,没收违法所得,并处一万元以上五万元以下的罚款。

第六十五条　违反本法规定,职业中介机构提供虚假就业信息,为无合法证照的用人单位提供职业中介服务,伪造、涂改、转让职业中介许可证的,由劳动行政部门或者其他主管部门责令改正;有违法所得的,没收违法所得,并处一万元以上五万元以下的罚款;情节严重的,吊销职业中介许可证。

第六十六条　违反本法规定,职业中介机构扣押劳动者居民身份证等证件的,由劳动行政部门责令限期退还劳动者,并依照有关法律规定给予处罚。

违反本法规定,职业中介机构向劳动者收取押金的,由劳动行政部门责令限期退还劳动者,并以每人五百元以上二千元以下的标准处以罚款。

第六十七条　违反本法规定,企业未按照国家规定提取职工教育经费,或者挪用职工教育经费的,由劳动行政部门责令改正,并依法给予处罚。

第六十八条　违反本法规定,侵害劳动者合法权益,造成财产损失或者其他损害的,依法承担民事责任;构成犯罪的,依法追究刑事责任。

第九章　附　则

第六十九条　本法自2008年1月1日起施行。

参考文献

[1] 马克思，恩格斯. 马克思恩格斯选集[M]. 北京：人民出版社，1972.

[2] 彼得·F. 德鲁克. 管理——任务，责任，实践[M]. 北京：中国社会科学出版社，1990.

[3] 彼得·F. 德鲁克. 有效管理者[M]. 北京：工人出版社，1989.

[4] 加里·S. 贝克尔. 人力资本[M]. 北京：北京大学出版社，1987.

[5] 西奥多·W. 舒尔茨. 论人力资本投资[M]. 北京：北京经济学院出版社，1990.

[6] 赫伯特·A. 西蒙. 管理行为[M]. 北京：机械工业出版社，2007.

[7] 弗莱蒙特·E. 卡斯特，詹姆斯·E. 罗森茨维克. 组织与管理：系统方法与权变方法[M]. 北京：中国社会科学出版社，2000.

[8] 赵曙明. 人力资源管理研究[M]. 北京：中国人民大学出版社，2001.

[9] 赵曙明. 国际人力资源管理[M]. 北京：中国人民大学出版社，2012.

[13] 赵曙明. 人力资源战略与规划[M]. 北京：中国人民大学出版社，2012.

[14] 赵曙明. 人才测评：理论，方法，工具，实务[M]. 北京：人民邮电出版社，2014.

[15] 劳伦斯·S. 克雷曼. 人力资源管理[M]. 北京：机械工业出版社，2009.

[16] 郝忠胜，刘海英. 人力资源管理与绩效评估[M]. 北京：中国经济出版社，2005.

[17] 刘爱军. 薪酬管理：理论与实务[M]. 北京：机械工业出版社，2008.

[18] 朱飞. 绩效管理与薪酬激励[M]. 北京：企业管理出版社，2008.

[19] 李宝元. 绩效管理：原理方法实践[M]. 北京：机械工业出版社，2009.

[20] 张磊. 人力资源信息系统[M]. 大连：东北财经大学出版社，2002.

[21] 吴振兴. 人事经理工作手册[M]. 哈尔滨：哈尔滨出版社，2006.

[22] 刘远我. 人才测评：方法与应用[M]. 北京：电子工业出版社，2011.

[23] 苏永华. 人才测评操作实务[M]. 北京：中国人民大学出版社，2011.

[24] 于桂兰，于楠. 劳动关系管理[M]. 北京：清华大学出版社，2011.

[25] 蔡剑，张宇，李东. 企业绩效管理[M]. 北京：清华大学出版社，2007.

[26] 周三多，陈传明，鲁明泓. 管理学：原理与方法[M]. 南京：南京大学出版社，2011.

[27] 范秀成，英格玛·比约克曼. 外商投资企业人力资源管理与绩效关系研究[J]. 管理科学

学报. 2003（2）.

[28] 周其仁. 市场里的企业：一个人力资本与非人力资本的特别合约[J]. 经济研究，1996（6）.

[29] 楚杰. 雅芳的"迎新培训"——一个新人的培训体验. 经营管理者[J]，2003（10）.

[30] 朱永新. 管理心理学[M]. 北京：高等教育出版社，2006.

[31] 赵国祥. 管理心理学[M]. 合肥：安徽人民出版社，2010.